高麗時代史硏究의 成果와 課題

朴龍雲 著

圖書出版 新書苑

저자 朴龍雲 소개

평북 선천군에서 출생
서울대학교 사범대학,
고려대학교 대학원 석사·박사과정을 마치고
동 대학원에서 문학박사 학위 취득
성신여자대학교 조교수를 거쳐
현재 고려대학교 한국사학과 교수

저 술

『高麗時代 臺諫制度 硏究』
『高麗時代史』〈上·下〉
『高麗時代 蔭敍制와 科擧制 硏究』
『고려시대 開京 연구』
『高麗時代 官階·官職 硏究』외 論文 다수

高麗時代史硏究의 成果와 課題

1999년 4월 15일 초판1쇄 인쇄
1999년 4월 25일 초판1쇄 발행

著 者:朴龍雲
發行人:任星烈

圖書出版 新書苑

(110-100) 서울특별시 종로구 교남동 47-2(협신 209호)
등록번호 제1-1805(1994.11.9)
전화번호 739-0222·0223 팩스번호 739-0224

값 12,000원

신서원은 부모의 서가에서 자식의 책꽂이로
'대물림'할 수 있기를 바라며 책을 만들고 있습니다.
잘못된 책은 연락주십시오.

고려시대사 연구의 성과와 과제

박용운 저

도서출판 신서원

머 리 글

　역사를 연구하고 관련 전적을 편찬하는 활동을 해온 학회나 기관들에서 그간 거의 정례적으로 「回顧와 展望」 또는 「硏究成果와 課題」 등의 명칭이 붙은 글들도 공표하여 왔다. 정해진 기간 동안에 어느 분야의 무슨 연구가 이루어졌고, 그 수준은 어느 정도였는가를 평가함과 동시에 거기에서 새로운 과제를 찾고 또 앞으로의 바람직한 연구방향을 모색해 보고자 하는 시도에서였다. 따라서 이 일 역시 새로운 역사사실의 규명에 못지않는 중요한 작업의 하나였다고 해도 좋다는 생각이다.
　그런 연유로 해서 필자는 20여 년 이전부터 학회나 기관의 요청에 응하여 이 관계의 글을 쓰기 시작해 이후 여러 차례 거듭하였다. 그 때마다 나의 한계성을 절감해야 했던 기억이 지금도 생생하지만, 그러면서도 어쩔 수 없었다는 핑계를 대며 만용을 부리곤 하였다. 그러나 다시 생각해도 그것은 곧 나를 되돌아보고 반성하는 시간이기도 하였다는 뜻에서 지금껏 후회는 없다.
　이제 이렇게 하여 쓰여진 글들을 모아 책으로 엮고자 하면서는 매우 망설였다. 그것은 우선 이 글들이 과연 본래의 목적에 얼마나 부합되는 것들이었는가에 의문이 없지 않고, 또 꽤 오래 전에 쓰여진 글을 지금 새삼스럽게 모아놓는다고 해서 무슨 의미가 있겠는가 하는 점에서였다. 그리고 이들은 다시 말할 필요도 없이 일정한 계획하에 쓰여진 것이 아니어서 체계가 서 있지 않다는 점도 몹시 마음에 걸렸다. 하지만 그럼에도 불구하고 이 글들은 필자 자신이 그때 그때의 주제에 대하여 어떻게 이해하였고, 그것이 이후의 연구자들과 어느 정도의 연관성을 가졌으며, 또 내 스스로도 거기에 얼마나 충실하게 공부하여 갔는가를 점검해 보는 계기도 된다는 데에 생각이 미쳐 여러 문제점을 무릅쓰고 용기를 내었다. 아울러 1900년대의 마지막 해를 당하여 'Y2K'니, '밀레니엄'이니 해서 많은 말이 오가는 요즈음 얼마는 되지 않더라고 마침 그 같은 세기의 후반으로부터 말기에 걸쳐 주로 글을 썼던 필자로서는 그 분위기에 휩쓸릴 것까지는 없지만 나름으로의 정리는 필요하겠다는 욕심이 작용한 것도 한몫을 하였다. 그리하여 지금은 종래와 견해를 달리하게 된 부분도 補註를 첨가하는 간략한 때움질로 메꾸면서 원문 그대로를 싣는 형식을 취하여 엮은 것이다.

글의 내용상 여기에는 여러 선배, 동료 연구자들의 이름이 거명되었다. 그리고 이들 각 연구자들의 논지를 소개하는 과정에서 異見이 제기되기도 하고, 또 비판 비슷한 언급도 있는 것으로 안다. 이는 글의 성격상 불가피하게 포함되었던 것들을 그대로 옮겨놓은 데서 말미암은 것이지만, 거기에 혹 잘못이 있거나 유쾌하지 못한 부분이 눈에 띄더라도 그 연유를 참작하여 연구자 여러분께서 널리 헤아려 주시기 바란다.

끝으로 내용이 부실한 데다가 시장성도 거의 없어 보이는 글을 말끔한 책으로 펴내주신 新書苑의 任星烈 사장 이하 임직원 여러분에게 감사를 드린다. 그리고 원고의 입력으로부터 교정과 찾아보기의 작성에 이르기까지 여러 모로 수고를 해준 金蘭玉 고려대학교 강사 및 대학원의 고려시대사 전공자들에게도 고마운 뜻을 전하여 둔다.

1999년 4월
저 자

차 례

머리글

1. 武臣亂 이후의 政治制度에 대한 硏究成果와 課題 · —— 11
2. 1977년~1988년의 高麗時代史 硏究와 課題 · —— 45
    - (1) 머리말 …… 45
    - (2) 單行本과 資料集의 出刊 …… 46
    - (3) 政治史 分野 …… 51
    - (4) 經濟史 分野 …… 71
    - (5) 社會史 分野 …… 82
    - (6) 對外交涉 分野 …… 91
    - (7) 思想史 分野 …… 96
    - (8) 敎育·歷史와 文學·美術·音樂 등의 分野 …… 106
    - (9) 맺음말 …… 112
3. 高麗期 政治史 硏究, 1989년~1993년의 回顧와 展望 · —— 115
4. 1981年度 高麗時代史硏究의 回顧와 展望 · —— 169
5. 1984年度 高麗時代史硏究의 回顧와 展望 · —— 203
6. 高麗의 中央政治機構에 대한 硏究成果와 課題 · —— 237
    - (1) 序論 …… 237
    - (2) 廣評省·內奉省·內議省 …… 238
    - (3) 中書門下省 …… 243
    - (4) 尙書省 …… 252
    - (5) 中樞院 …… 258
    - (6) 郞舍와 御史臺 …… 266
    - (7) 都兵馬使와 式目都監 …… 270
    - (8) 政治體制와 權力構造 …… 275
    - (9) 結語 …… 278
7. 北韓의 高麗時代史 敍述 · —— 283
8. 書評 · —— 313
    - (1) 李成茂著, 『朝鮮初期 兩班硏究』 …… 313
    - (2) 金龍善 編著, 『高麗墓誌銘集成』 …… 327
    - (3) 李佑成 著, 『韓國中世社會硏究』 …… 340

찾아보기 · — 349

1

武臣亂 이후의 政治制度에 대한 研究成果와 課題

(1)

　高麗時代史는 그 시대 자체로서의 특성과 역사적 의의를 지니고 있을 뿐만 아니라 三國社會가 전개·발전되어 간 자취를 살피고, 또 朝鮮社會의 밑바탕을 이해하기 위해서는 어쩔 수 없이 돌아보게 되는 전환기의 역사로서도 중요성이 있다. 그러나 이러한 의식 위에서 高麗史研究가 활기를 띠게 된 것은 비교적 최근의 일에 속한다.

　근대적인 학문으로서 韓國史를 처음 개척하기 시작한 日帝官學者들의 연구의식은 다분히 저들의 總督政策과 직결되어 있었으므로 古代史가 그 중심이 되었다. 고려시대에 관한 연구는 극히 미미한 상태에 머물렀으며 그나마도 대상의 선정이나 결과는 다른 분야에서와 마찬가지로 저들의 總督政策에 부응하는 방향에서 이루어지고 있었다. 극히 어려운 조건 속에서도 민족적 긍지를 가지고 학문적 대결을 시도한 몇 분 韓國史家들에 의하여 귀중한 연구성과가 나왔으나 日本

'官學아카데미즘'流의 학풍에서 오는 제약성을 완전히 벗어난 것은 못되었다.

　해방과 독립은 韓國史의 연구와 서술에도 일대 전환의 계기를 마련하였다. 당연한 귀결이겠지만 韓國史硏究의 주체가 모두 韓國人으로 바뀌었으며 이들은 새로운 시각에서 韓國史의 방향책정을 모색하였다. 그러나 이러한 새로운 韓國史의 방향에 대한 모색이 열매를 맺기도 전에 6·25라는 커다란 시련이 닥쳐왔다. 그러므로 새로운 역사의식을 가지고 본격적인 韓國史의 연구와 서술이 수행된 것은 戰亂이 끝나고 사회가 안정되어 간 1950년대 후반기를 기점으로 하여 6·70년대의 약 20년간이었다고 할 수 있다.

　특히 이 시기에는 高麗史에 대한 인식이 높아지고 따라서, 質·量 양면에서 어느 분야 못지않은 발전을 이루어 주목할 만한 연구업적들이 쏟아져 나왔다. 그 동안 좋은 논문을 발표해 온 李基白·邊太燮 두 교수가 각각 『高麗兵制史硏究』(1968)와 『高麗政治制度史硏究』(1971)를 출간하여 高麗史의 연구수준을 한 단계 높여 놓은 사실이 무엇보다 이것을 단적으로 말해 준다.

　본고에서 다루고자 하는 武臣亂 以後의 政治制度에 관한 논문은 30여 편을 헤아릴 수 있는데, 그 대부분도 이 시기의 업적에 속하는 것들이다. 일반적으로 고려후기로 일컬어지는 武臣亂 이후의 高麗社會에 대한 연구는 武臣亂과 뒤이은 그들의 집권, 그리고 蒙古의 침입과 지배, 거기에 따른 정치적 변천 등에 초점이 맞추어지고 있다. 거기에는 정치체제나 제도는 물론 그것을 움직여 간 지배자층에 대한 연구도 포함된다. 위에 든 논문들은 이러한 고려 후기사회의 본질을 해명하는 데 역점을 둔 勞作들이다.

　이하 내용별로 분류하여 그 개략을 소개하고 약간의 卑見도 첨가하기로 하겠다. 전기에서 시작하여 후기 문제에까지 미친 연구에 대해서는 본고와 관련되는 한도 안에서 이를 아울러 다루기로 한다.

(2)

國家權力이 發動되는 媒介體인 政治制度는 한 사회의 본질을 해명하는 데 있어 일차적인 연구과제가 된다. 따라서 연구자들은 그것의 실체를 파악하는 데 많은 노력을 기울여 왔으며, 그 가운데서도 특히 권력의 중심이 되는 중앙의 상층 정치기구는 대상의 초점이 되었다.

이 방면에 커다란 관심을 베풀어 괄목할 만한 업적을 남긴 이는 邊太燮씨였다. 「高麗의 中書門下省에 대하여」(『歷史敎育』10, 1967)와 「高麗宰相考」(『歷史學報』35·36, 1967)를 발표하여 高麗 최고중앙정치권력의 중심을 中書門下省에 두는 시각을 정립한 氏는 그와 병립할 수 있는 또 하나의 정무기관인 中樞院에 주목하여 이들 兩府宰樞의 合坐機關에 연구를 집중시켰다. 그 성과가 「高麗都堂考」(『歷史敎育』11·12, 1969)로 나타났다. 이 논문은 고려 전기의 都兵馬使로부터 후기의 都堂〔都評議使司〕에 이르는 기구의 설치와 개편·확대, 그 구성과 기능면의 변혁을 동적으로 파악하는 데 주안점을 둔 것이다. 그리하여 고려 후기의 都堂은 이전의 都兵馬使에 비하여 성격상 전혀 달라졌다는 결론을 내리고 있다. 즉 都兵馬使는 宰樞중에서 判事와 使, 그밖에 副使와 判官으로 구성되었는데, 이는 순전히 국방·군사 문제만을 회의하는 임시기관에 불과하였다. 그런데 이는 무신란 이후 기록에서 자취를 감추었다가 高宗 후년에 가서 다시 나타나기 시작한다. 그러나 이 때에는 그 성격이 이전과 달라져 이제는 재추 전원이 회의원이 되고 또 국가의 모든 대사를 合坐·會議하게 되었다. 이러한 都兵馬使의 변질이 곧 忠烈王 5년의 都評議使司로의 개편을 가져오게 된다. 이같이 하여 대두한 都評議使司는 구성과 기능이 더욱 확대 강화되어 宰臣·密直 이외에 三司의 正員도 재추로서 都堂에 합좌하게 되고 여기에 商議까지 합해지게 되었으며, 그 기능도 合議機關인 동시에 국가 서무를 직접 관장하는 行政機關으로, 임시기관에서 상설기관으로 변하였다는 것이다. 결국 고려후기에는 중앙과 지방의 행정이 都堂에 일원화되어 전기의 中書門下省 중심의 정치체제가 후기에 이르러 都堂中心體制로 바뀐 내용을 분명히 해준 셈이다.

지금까지 都兵馬使·都評議使司에 대해서는 末松保和씨의 「高麗兵馬使考」(『東洋學報』39-1, 1956)와 「朝鮮議政府考」(『朝鮮學報』9, 1955)가 있어 부분적인 해명이 되어왔던 것인데, 이제 우리는 邊太燮씨의 연구로 그것에 대한 전반적인 이해가 가능해지게 되었다. 고려후기 정치권력의 핵심체인 都堂에 대한 전반적인 이해가 가능해지게 되었다는 것은 高麗의 정치체제 해명에 중대한 진전을 뜻하는 것이며 그런 점에서 이 논문은 높이 평가된다. 더욱이 都堂의 구성과 기능에 대한 시간적인 변질과정을 잘 정리하여 전기에서 후기에 이르는 高麗 정치체제의 推移를 밝히고 있는 점은 논문의 가치를 더해 주고 있다. 그러나 한편으로 이 연구는 高麗의 가장 중요한 정치기구를 주제로 하고 또 그것의 권력관계를 따지면서도 권력발동의 중심을 이루는 王權과의 관계나, 都堂의 주요 구성원인 宰·樞 사이의 관계 등에 대하여 언급이 없어 좀 아쉬운 감을 남기고 있다. 그리고 이미 여러 사람이 지적했듯이 都兵馬使가 都評議使司로 바뀌고 이후 조직이나 성격상에 있었던 변천과정에 대하여는 세밀히 추구하면서도 그 같은 변화를 초래한 정치적 이유나 사회적 배경 등에 대한 설명을 결하고 있는 점도 하나의 흠이라면 흠이 될 것이다. 지엽적인 문제이긴 하지만 忠烈王 4년 10월에 설치한 必闍赤〔別廳宰樞〕을 그 뒤에야 성립되는 內宰樞制와 동일하게 본 것도 재고해 볼 필요가 있다고 생각되었다.

高麗에는 都堂과 성격을 달리하는 또 하나의 宰樞會議機關으로 式目都監이 있었다. 邊太燮씨의 「高麗의 式目都監」(『歷史敎育』 15, 1973)은 이 기구의 실체를 都堂과의 관계 위에서 해명한 논문이다. 씨는 李齊賢이 『櫟翁稗說』에서 "都評議使는 혹 式目都監使라고도 칭하였다"는 서술을 긍정하고 그것은 忠宣王 2년 권력구조의 개편에 따라 式目都監이 '邦國의 重事'를 관장하여 일시적이나마 도당의 지위를 차지하였던 데서 연유하는 것임을 밝히고 있다. 武臣亂 이전의 式目都監은 대내적인 法制・格式을 관장하는 재추회의기관으로 대외적인 國防・軍事 관계를 관장하는 都兵馬使와 병렬적인 위치에 존재하였다. 그러나 高宗朝 이후 都兵馬使의 都堂化에 따라 式目都監은 그에 종속되는 결과를 초래하여 이후 단순한 式目錄事 중심의 무력한 기구로 전락하고 말지마는, 忠宣王 2년~忠肅王代까지에는 都堂에 대신한 권력기구로 등장, 그의 가장 특징적인 일면의 모습을 들어낸 시기였다는 점에 논지의 초점을 모으고 있는 것이다.

논자 자신이 밝히고 있듯이 이 연구는 단순히 式目都監이라는 하나의 官署를 분석했다기보다는 고려의 최고 정치기관인 都堂과의 권력관계를 해명한 것으로서 고려의 정치체제에 대한 이해를 좀더 깊게 하는 데 공헌하고 있다. 다만 논지의 전개가 너무 법제적인 해석에 치우친 감이 없지 않고 또 전기에 法制・格式을 관장하던 式目都監이 忠穆王 이후 臺諫에 대한 논핵을 담당하는 기구로서 역할이 컸던 것 같은데, 그 같은 기능의 변이에 대한 납득할 만한 설명이 없는 것이 아쉽지만 커다란 뜻은 수긍되는 점이 많다.

　　高麗의 宰相은 '宰5·樞7'로 일컬어지거니와 여기서 宰臣 5職은 中書門下省에, 樞密 7職은 中樞院에 속하는 高位官員을 이른다. 이들이 '宰樞兩府'를 구성하여 군국의 대사를 관장한 사실은 위에서 설명한 바와 같거니와 高麗의 중앙정치기구 가운데서 中樞院이 차지하는 비중이 극히 컸던 사실도 충분히 짐작된다. 따라서 中樞院[樞密院 또는 密直司]은 항상 중요한 연구대상의 하나로 주목되어 왔으며 그 결과가 邊太燮씨의 「高麗의 中樞院」(『震檀學報』41, 1976)과 朴龍雲의 「高麗의 中樞院 硏究」(『韓國史硏究』12, 1976)로 나타났다. 두 논문은 모두가 中樞院의 설치와 구조 및 그 기능 등 일반적인 문제들을 다룬 것인데, 中樞院은 宋制의 영향을 받아 成宗 10년에 설치되었으며 그것은 王權의 강화와 유관하리라는 점, 관원은 상·하 이중의 구조로 조직되었다는 점, 그리고 中樞院의 軍事的 機能은 고려후기에 이르러서야 뚜렷해진다는 점 등에 의견의 일치를 보고 있다.

　　그렇다고 양자가 모든 면에서 동일한 관점에 서고 있는 것은 물론 아니다. '中樞南北院'의 해석 문제나 樞密의 품계 등에 상당한 이견이 제시되고 있으며 특히 中樞院의 군사적 기능 문제에 있어, 전자는 고려후기에 이르러서야 그것이 뚜렷해지지만 미약하나마 전기에 있어서도 그러한 성격을 내포하고 있었다고 주장한 것에 비해서 후자는 전기에 있어 중추원의 그 같은 직능을 전혀 인정하지 않고 있는 것이다. 이러한 양자의 견해 차이는 엄정한 비판과 좀더 구체적인 연구를 통하여 해소되어질 것이다. 앞으로의 귀추가 주목된다 하겠다.

　　中書門下省이 논의의 초점이 되었다면 뒤이어 당연히 정무집행기관인 尙書省도 考究되어야 할 것이다. 邊太燮씨의 또 하나의 논문인 「高麗時代 中央政治機構의 行政體系」(『歷史學報』47, 1970)가 바로 이 문제를 다룬 것인데, 高麗의 행정이 尙書6部를 중심으로 수행되었음을 논하면서 아울러 尙書省制의 성립과 조직 그리고 尙書都省의 문제들을 다루었다. 여기에는 武人執政機構의 성립과 忠烈王朝의 상서성 기구 축소, 그리고 都堂의 대두에 따른 6部의 虛設化 등 고려후기의 尙書省에 관한 내용도 포함하고 있지만 문제의 시각이 전기의 尙書省機構와 행정체계에 중점이 두어 졌으므로 자세한 언급은 피한다.

고려에서 빼놓을 수 없는 중앙 관부 가운데 하나에 中外 錢穀의 출납과 會計의 사무를 관장한 三司가 있다. 이에 대하여는 역시 邊太燮씨의 「高麗의 三司」(『歷史敎育』17, 1975)와 周藤吉之씨의 「高麗朝에 있어서 三司와 그 地位」(『朝鮮學報』77, 1975) 등 두 편의 논문이 찾아진다. 이 둘은 발표된 시기도 같지마는 논지의 전개 방식도 거의 동일하여 高麗의 三司와 宋의 그것과를 비교 검토하면서 조직과 기능, 그리고 변질된 후기 三司의 내용 등을 다루고 있다. 高麗의 三司는 稅貢과 祿俸 등을 관장하여 중외 전곡의 출납을 회계하는 일을 담당했으나 財務行政의 기본적인 기능은 공식 기구인 尙書戶部가 장악하여 三司는 단순한 회계기관의 역할을 하였을 따름이며 따라서 그 지위도 낮아서 尙書6部보다도 下位에 있었다. 그러나 후기에 가서는 관직이 독립되고 관원수가 증가하며 官秩도 상승, 判三司事와 左右使는 都堂에 참석하여 국사를 의논하게 되는 등 기구상의 강화 확대와 지위의 상승이 이루어진다.

이러한 관점에서 두 연구는 논지를 같이하고 있다. 그런데 周藤吉之씨는 후기에 기구가 확대 강화되고 지위가 상승한 것은 그의 職掌에 있어서도 같은 결과를 초래했으며 그 이유는 元朝에 대한 事大關係上 국가재정이 중요 문제로 부각되었던 때문이라고 보았다. 이에 비하여 邊太燮씨는 기구상의 강화 확대에도 불구하고 그 기능에 있어서는 도리어 약화되는 현상을 빚었다고 하여 정반대되는 의견을 제시하였다. 그 이유는 강력한 都評議使司가 대두하여 중외 전곡의 출납사무까지도 통할하게 되었기 때문이라는 것이다. 이러한 견해 차이가 생기게 된 것은 아마 一元的인 行政機構로서의 고려후기 都堂의 존재를 어떻게 인식하느냐 하는 데에 기인된 것으로 보인다. 이 문제는 都堂과 三司와의 관련성에 대한 보다 구체적인 연구를 통하여 해결해야 할 것이다. 부가하여 三司의 지위 상승이라는 면을 대외문제와 결부시켜 해석하려는 견해만은 일단 재고의 필요가 있지 않을까 생각한다.

위에서는 中書門下省과 中樞院, 그리고 이 곳의 고위 관원들로 구성되는 합좌기관을 주대상으로 하여 고찰하였다. 그런데 中書門下省의 2品以上官은 省宰·宰相으로서 군국의 중사를 의논 처리하였던 것이지만 3品以下官들도 省郞·郞舍라 하여 저들에 대응될 만한 중요한 역할을 담당하고 있었다. 이들은 군왕을 諫諍하는 임무를 맡고 있었기 때문에 諫官이라고도 하였는데, 監察司인 御史臺의 臺官과 함께 臺諫이라고 하여 합하여 부르는 것이 보통이었다. 臺諫은 言官으로서 時政의 得失을 논하며 백관의 규핵과 諫諍·封駁 및 署經權을 행사하여 정무수행상에 차지하는 비중이 지극히 컸다. 그러므로 이들 臺諫에 대한 연구도 高麗의 정치구조나 주권의 소재 등을 밝히는 데 꼭 필요한 작업의 하나가 되었다.

이 문제에 대하여는 일찍이 金龍德씨가 「高麗時代의 署經에 대하여」(『李丙燾博士華甲紀念論叢』, 1956)를 발표하여 臺諫의 직권중 하나인 署經權 행사의 실제적 연구와 그것을 통하여 臺諫制度가 갖는 역사적 의의를 논한 바가 있었다. 씨의 주장중 諫官의 범위문제나 武臣亂 이후의 臺諫의 활동을 일률적으로 부인하는 의견에 대해서는 의문의 여지가 없지 않지마는, 臺諫이 王權을 규제하는 귀족세력의 대표적 기관으로 파악된 점은 정당한 견해로 받아들여도 좋을 것 같다.

　朴龍雲의 「高麗朝의 臺諫制度」(『歷史學報』 52, 1971)와 「高麗時代 臺諫機能의 變遷」(『史叢』 17·18, 1973)은 臺諫制度에 대한 보다 포괄적인 내용을 파악하려고 시도한 논고이다. 앞의 것은 臺諫의 구성·직권·자격 등 제도 자체의 문제와 武臣亂 이전의 臺諫의 기능을 '對王權規制'라는 측면에서 다룬 것이며, 뒤의 것은 武臣亂 이전에 대간의 對王權規制 機能이 정상적으로 운용되었다는 것을 전제로 하고 그 이후를 다시 武臣執權時代의 痲痺期, 蒙古干涉時代의 回復期, 恭愍王·禑王時代의 正常期, 그리고 昌王·恭讓王時代의 極盛期로 구분하여 서술한 것이다.

　위 논고의 기본적 입장은 臺諫이 王權의 전제성을 규제하는 제도라는 점에서 그 의의를 찾고 있다. 그런데 이에 반하여 宋春永씨는 「高麗御史臺에 관한 一研究」(『大丘史學』 3, 1971)에서 "御史臺의 기능은 국왕의 전제와 횡포를 억제한 면보다는 오히려 왕권을 강화하는 면으로 더 강하게 작용한 것 같다"는 견해를 피력하였다. 원래 臺諫制度는 왕조의 자기규제 내지는 자기보완의 한 방법으로 설치한 것이기 때문에 이러한 성격의 일면이 있을 것은 당연한 것이다. 그러나 우리가 문제로 삼아야 할 것은 이러한 표면상의 의미보다는 내면으로 들어가 권력이 발동되는 단계에서 王權과 臺諫權이 어떠한 상호작용 관계에 있었느냐 하는 점을 따져보아야 한다고 생각한다. 이 때 臺諫이 행사한 時政에 대한 論劾·諫諍·封駁·署經權 등은 아무래도 왕권을 제약하는 방향에서 작용된 것으로 보인다. 아무튼 이 문제는 앞으로 臺諫制度 설치 당시의 목적이나 사정에 대한 추구와 政治思想史 방면의 깊은 연구에 의해서만 해결될 것이므로 지금 당장 단정하여 어떤 결론을 내리는 일은 삼가야 할 것이다.

(3)

高麗社會는 毅宗 24년(1170)의 武人쿠데타를 계기로 크게 변모하였다. 과거 문신 중심의 門閥貴族社會가 무너지고 새로이 武臣이 집권하게 되는 정치적 변동이 있었을 뿐만 아니라 여기에 사회·경제적 변혁까지도 수반되어 그 이전의 사회와는 전혀 양상을 달리하고 있는 것이다. 그러므로 우리는 보통 武臣亂을 분수령으로 고려시대사를 대별하여 전기와 후기로 나누는 것이다. 이처럼 武臣亂으로 一轉된 고려사회의 정치질서는 이후 蒙古와의 관계가 깊어지면서 再轉되며 다시 元·明交替期인 恭愍王朝에 이르러 새로운 진통을 겪는다. 결국 親明을 표방한 李成桂派에 의하여 威化島回軍과 私田改革이 단행되어 고려왕조는 무너지고 말지마는 史家의 문제의식은 이러한 전환기의 역사에 집중되었다.

한편 최근에는 지금까지의 문제의식이 정치·외교상의 사건에 치우쳐 피상적인 고찰에 빠지기 쉬웠던 점을 반성하면서 그보다는 고려 후기사회가 이룩한 內在的인 발전과정을 밝혀야 한다는 입장에서 노력한 성과가 나오고 있다. 이것은 역사인식상 바람직한 방향이라고 생각되며 그럼으로써 고려 후기사회가 지니는 독자성도 정당하게 평가할 수 있게 되리라 기대된다.

그러면 먼저 武臣亂의 원인과 그 사회상에 대한 논의부터 검토하기로 하자. 武臣亂이 일어나게 된 원인은 무엇인가. 이에 대한 해답은 간단한 듯하면서도 그리 수월치만은 않은 것 같다. 일찍이 尹瑢均씨는 「高麗 毅宗朝에 있어서 鄭仲夫亂의 素因과 그 影響」(『靑丘學叢』2, 1930:

『尹文學士遺藁』)에서 난의 원인을 文·武 사이의 반목과 대립에 두었다. 씨의 논고는 武臣亂을 다룬 처음의 것이고 또 그것이 문학상에 끼친 영향까지도 고찰하는 여유를 보이고 있다는 점에서 높이 평가되는 것이었지마는 문제를 너무 단순화한 느낌이 든다. 그러므로 崔氏政權의 몰락을 간단히 武臣에 대한 文臣의 승리로 처리하는 등 여기저기에 문제점을 남기고 있다.

邊太燮씨는 단순히 文武의 대립에서 그 원인을 찾는 데 반대하고, 武班은 외면적인 멸시 천대에도 불구하고 내면적으로는 점차 그들의 세력을 增長시켜 무시할 수 없는 현실적 지위를 구축하여 갔으며 "이러한 武班의 현실적 세력의 성장이 武臣亂 발생의 기반이 되었다"고 주장하였다.〔「高麗武班研究」(『亞細亞研究』8의 1, 1965)〕 그러나 여기에도 武臣亂을 단순한 정권교체로 보지 않고 사회경제체제의 큰 변혁에 따른 정치적 변동현상이라고 이해할 때 상부권력층의 일익을 형성하는 武班 그 자체의 지위 향상 상승에서 체제변혁의 요인을 구하는 것은 큰 무리라는 비판의 여지는 남는다. 姜晉哲씨는 武臣亂은 "고려전기의 田柴科的 社會經濟體制의 모순이 政治權力面에 폭발한 것이며 그 저변에는 당시의 社會經濟體制의 矛盾으로 무한한 苦難을 겪고 있는 農民들의 신음이 있었다는 것을 잊어서는 안된다"고 강조한다.〔邊太燮 著, 「『高麗政治制度史研究』서평」(『歷史學報』52, 1971)〕 武臣亂은 武臣들 자신의 힘만으로 성공한 것이 아니라 그 배후에는 병사들의 가담과 협력이 있었으며 이러한 병사들의 움직임은 고통하는 농민에의 동조의식이었다고 파악하는 것이다. 요컨대 武臣亂의 原因論은 각각이 그것들대로 타당성을 갖는 것이며 우리는 이들을 종합하는 방향에서 이해해야 할 것으로 생각된다.

쿠데타 이후 수립된 武臣政權의 성격이나 특질 및 당시의 사회상에 대한 연구도 활발히 진행되었다. 閔丙河씨의「高麗 武臣執政時代에 대한 一考」(『史學硏究』6, 1959)가 그 하나인데, 武臣政治는 대외적인 自主性이 강한데 그 특징이 있었다는 파악은 정당한 이해라고 생각되며 또 武臣亂중에도 德望이 있거나 廉直했던 사람, 武臣과 인척 또는 친분이 있던 사람, 도피 은둔한 자 등 많은 文臣이 화를 면하였고, 미구에 武臣들이 자기 정권의 강화를 도모하려는 데에서 舊系文臣의 포섭과 新系文臣을 등용하여 文臣은 무신정권하이기는 하였지만 그의 지위가 안정되었다는 설명은 당시로서는 武人政權의 새로운 일면을 밝힌 것으로 평가된다. 다만 논지중에 武人政治의 자주성을 강조하면서 "그 집정기간이 길었었다면" 하는 가정을 전제로 韓國史가 世界史的인 中世封建制로 발전했을 가능성을 이야기하고 있는 것은 좀 문제가 있다. 역사상의 가정이나 封建制槪念의 적용 그 자체에도 문제가 있거니와 高麗의 武臣政權을 日本의 武家執政府인 鎌倉幕府와 비교하여 설명하는 방법은 재고되어야 할 것으로 생각한다. 아마 前田直典씨의 학설에 영향을 받은 듯하지만 그의 학설 자체에 무리가 있음을 감안하여 깊이 생각해야 할 것이다.

金鍾國씨의「高麗 武臣政權의 特質에 관한 一考察」(『朝鮮學報』17, 1960)은 앞서 든 前田씨의 高麗武臣政權時代 이후 中世社會說에 대한 논거를 염두에 두고 당시 정권담당자인 武臣들의 私兵集團에서 중핵을 이루는 門客이나 奴婢, 그리고 경제적 기반인 田土 관계를 고찰하여 무신정권의 진보적인 요소를 인정 평가한 것이며,「高麗武臣政權과 僧徒의 對立抗爭에 관한 一考察」(『朝鮮學報』21·22, 1961)은 국초 이래 왕실과 寺院이 서로 떨어질 수 없는 긴밀한 관계에 있었으므로 寺院 勢力은 왕실의 권위를 부정하며 구지배체제의 파괴를 역사적 과제로 띠고 등장한 武臣政權에 대하여 불가피하게 항쟁하게 되었다. 그러므로 武臣政權과 寺院의 대립은 정치적으로는 왕실을 중심으로 하는 지배층과 武臣을 중심으로 하는 지배층과의 투쟁이며, 경제적으로는 구 지배체계에 의존하는 寺院經濟가 신흥지배층인 武臣政權의 압박에 대항해서 일어난 것이었다고 파악하고 있다. 武臣政權下 사회상의 일면을 밝힌 것으로 평가된다.

武臣政權 수립 이후의 武班에 대한 연구로는 邊太燮씨의 「高麗後期의 武班에 대하여」(『서울大 人文社會科學』12, 1966)가 찾아진다. 이 연구는 고려후기의 武班을 武臣政權期와 武臣政權이 해체된 이후의 두 시기로 구분하고, 특히 武臣政權期는 이를 다시 형성기와 확립기 그리고 붕괴기의 셋으로 나누어 각 시기의 특징을 고찰한 것이다. 武人政權의 제1기는 鄭仲夫가 정권을 탈취하면서부터 明宗 26년에 崔忠獻이 李義旼을 제거할 때까지의 明宗朝로서 이 때는 아직 武臣政權이 확립되지 못하여 武人執政은 정부의 공식적 관직의 권위를 필요로 하였고 정치는 武臣勢力의 집합체인 重房이 중심이 되었으며, 대립자인 文臣勢力에 대하여도 심한 견제를 가하지 않을 수 없었던 시기이다. 제2기는 崔氏執權期를 말하는데, 당시의 武人執政은 막대한 私兵에 뒷받침된 독자적인 武家執政府를 설치하고 敎定都監의 長으로 초월적인 권력을 장악하여 정사를 오로지했다. 따라서 이제는 일반 武人들의 옹호가 필요없게 되어 오히려 武班과 重房이 억압되고 文臣이 보호되는 특징을 나타내었다. 그 뒤에 金俊·林衍 등에 의하여 崔氏政權이 타도되는 戊午擧事가 성공하여 武人政權은 제3기로 접어들게 되는데, 이미 이 때는 武人의 집정기구나 무력의 보위가 약체화를 면치 못하여 마침내 元宗 11년 林惟茂를 마지막으로 王政復古가 이루어지게 된다. 그런데 국정이 武人으로부터 왕에게 반환되었다 하여 이후 武班이 곧 武臣亂 이전과 같은 상태로 몰락한 것이 아니라 100여 년간에 걸쳐

그들이 구축한 지위 기반은 흔들리지 아니했으며, 麗末에 이르러서는 대표적 武人인 李成桂가 高麗를 타도하고 신왕조를 개창하게 된다는 내용을 담고 있다.

이 연구는 고려후기의 武班에 대한 전체적인 내용을 포괄하고 있을 뿐더러 시기를 적절히 구분, 각 시기가 지니는 특징을 요령있게 서술하여 그것을 체계적으로 이해하는 데 큰 도움을 준다. 실증적인 연구도 정밀하여 큰 줄기를 잘 이끌어 갔는데, 그러나 李仁任이나 譯官 出身인 趙仁規, 심지어 王 측근의 內僚·內竪들까지도 武班으로 간주하여 논리를 전개시킨 점에는 약간의 불안이 없지 않다. 이들을 武班으로 보는 이유는 將相으로 출정한 일이 있거나 武職을 가졌던 데 두고 있으나 고려후기에는 武班의 文職兼帶나 文班의 武職兼帶가 일반화되어 있었고 그러면서도 자기 출신 반을 명확히 구분하고 있었다 하는데〔「高麗朝의 文班과 武班」(『史學硏究』11, 1961)〕, 그렇다면 일시적으로 출정했다거나 武職을 지녔다 하여 武班으로 단정하여도 좋은 것일까. 文班과 武班을 구분하는 일정한 기준이 먼저 설정되어 있어야 이러한 혼란을 피할 수 있었을 것이다. 아울러 李成桂의 신왕조 개창이 마치 文班에 대한 武班의 승리인양 설명하는 것도 무리가 있다고 생각된다. 그러나 이 점은 이미 다른 비평에서 지적된 바가 있으므로 여기서는 다시 언급하지 않겠다.

高麗의 정치적 지배세력을 家門中心으로 연구하는 방식은 藤田亮策씨의 「李子淵과 그의 家系」(『靑丘學叢』13·15, 1933·1934) 이래 귀족사회의 본질에 접근할 수 있는 한 좋은 방법으로 흔히 채택하였다. 邊太燮씨의 「高麗朝의 文班과 武班」도 武臣亂을 경계로 그 이전과 이후 두 시기로 나누어 각 시기의 家門을 분석한 것이지만 이 연구는 단순한 가문의 분석에 그치지 않고 兩班體制와 관련지어 관직과 신분을 따져본 것이다. 전기에는 文班中心의 門閥貴族社會가 형성되며 이는 武臣亂을 계기로 붕괴 해체된다. 武臣亂의 참다운 역사적 의의는 바로 여기에 있다. 그리하여 귀족사회가 붕괴된 이후 文班과 武班 사이에는 신분적 차이가 없어져 文武班官職간에 상호 교통이 일반화된다는 결론이다. 논지중에는 전기사회의 文班만을 '貴族'으로 규정한 문제 등 몇 가지 이견이 제시되기도 하지만 武臣亂 이후의 변질된 사회상에 대한 설명은 충분한 설득력을 가지고 있다.

閔賢九씨의 「高麗後期 權門世族의 成立」(『湖南文化研究』 6, 1974)은 武臣亂 이후의 변혁과 새로운 양상의 對元關係가 전개됨에 따라서 재편성되는 고려후기의 지배세력을 계보적으로 추적한 논고이다. 그리하여 武臣執權下에서 등장한 武臣勢力과 '能文能吏'의 새로운 官人출신의 정치세력, 對元關係가 전개되는 가운데 대두된 신흥세력, 그리고 후기까지 일부 온존되어 온 전기 이래의 門閥貴族 등이 새 지배층을 형성했음을 밝히고 있다. 이들은 忠烈王 중엽에 이르러 어느 정도의 사회안정이 이루어지는 것과 때를 같이하여 새 지배세력으로서의 정착을 보게 되며 이것의 구체화가 忠宣王 卽位敎書에 보이는 '宰相之宗'의 선정으로 나타난다. '宰相之宗' 즉 '權門世族'의 성립은 많은 정치적·사회적 격변을 바탕으로 하는 것이지만 그 구체적인 존재형태는 家門을 매개로 하는 것으로서, 말하자면 새로운 支配的 家門群의 대두를 의미하는 것이다. 武臣亂으로 문신 중심의 문벌귀족사회는 무너졌지만 새로이 '權門世族'이 등장함으로서 본질적인 의미에서 身分制社會의 재정비가 이루어진 셈이며 따라서 고려후기를 통하여 전반적으로 科擧보다는 蔭敍를 통한 官人으로의 진출도 활발하게 된다는 요지이다.

정치적·사회적 상황과 깊은 관련을 맺으면서 구체적인 가문의 분석을 통해 논리를 전개시킨 본 연구는 충분한 설득력을 가지며 방법상에도 바람직한 방향이라고 생각된다. 이제 우리는 이 논문으로 지금까지 막연하게 이해하고 있었던 고려후기 지배세력의 정체를 상당히 구체적으로 알 수 있게 되었다. 武臣亂으로 문신 중심의 門閥貴族社會가 붕괴 해체되고 변혁된 새로운 사회가 이룩되었다. 그러면 이 변혁된 새로운 사회의 지배층으로 史書에 '權門世族'·'權勢之家'·'宰相之宗' 등으로 표현되는 이들의 정체는 무엇이며 그들이 지배하는 후기사회의 성격을 어떻게 규정해야 할 것인가. 이 문제는 누구나가 궁금하게 생각하여 왔던 것인데, 이제 그 해결의 실마리가 잡혀가는 것 같다. 논자는 꼬집어서 후기도 '貴族社會'라고 말하고 있지는 않지만 "貴族制社會의 재정비"라든가 또는 "科擧보다 蔭敍를 통한 官人으로의 진출" 등의 표현을 하고 있는 것으로 미루어보아 貴族社會를 염두에 두고 서술한 것으로 생각이 된다. 물론 그렇다고 하더라도 후기의 貴族社會는 전기의 그것과 많은 점에서 성격을 달리하고 있을 것은 분명한 것이다.

　이러한 문제를 앞에 놓고 먼저 아쉽게 생각되는 것은 '貴族' 내지는 '貴族社會'에 대한 개념이 아직 불분명하다는 사실이다. 그에 대한 명확한 이해없이 귀족사회 문제를 논의하는 것은 논의 그 자체를 불분명하게 만들 염려가 있다. 아울러 논자 자신도 지적했듯이 '權門世族'[補]의 보다 구체적인 존재양상과 정치적 역할 그리고 農莊의 발달로 특징지워지는 경제질서 등이 파헤쳐질 때 그의 성격이 보다 선명하게 드러날 수 있을 것이다. 앞으로 이 방면의 성과가 자못 기대된다.

補〕 金光哲의 『高麗後期世族層硏究』(東亞大出版部, 1991)를 비롯한 근자의 연구에서 고려후기의 지배세력을 '權門世族'으로 지칭하는 것은 옳지 않다는 비판이 많이 나오고 있다.

고려말의 정치를 주도하고 나중에는 조선왕조를 개창하는 데 중심이 된 부류를 新進士大夫라고 이른다. 이들을 개념지우고 성립과정을 밝힌 것은 李佑成씨의 업적에 속한다. 「高麗朝의 '吏'에 대하여」(『歷史學報』23, 1964)가 그것을 논한 것인데, 무신지배의 기초가 확립되고 정국이 상대적으로 안정됨에 따라서 정치 행정의 실무상 '能文能吏'의 文士가 이상적 관료로 등용되었다. 이 새로이 대두한 '能文能吏'의 관료형이 곧 士大夫로서 그들의 계보는 대개 지방의 鄕吏層과 연결되며 科擧를 통하여 중앙정계로 진출한 學者的 官僚群이라 한다.

李起男씨의 「忠宣王의 改革과 詞林院의 設置」(『歷史學報』52, 1971)는 이들 士大夫에 의한 하나의 정치 실상을 고찰한 논문으로 주목된다. 忠宣王의 처음 재위기간은 불과 수개월에 지나지 않았지만 즉위 이틀 뒤에 時弊를 혁파하고자 발표한 즉위교서, 이어서 행한 政房의 폐지와 전면적인 관제개혁 등 그의 혁신정치는 볼만한 것이 있었다. 왕의 이 같은 혁신정치는 元勢力과 연결되어 있는 權勢家를 제거하여 王權을 강화시키는 데 그 목표를 두고 있었으며 이 목적을 위하여 설치된 것이 詞林院이었다. 詞林院은 본래 翰林院이던 것이 이처럼 고쳐진 것이지만 政房과 樞密院承旨房이 폐지된 뒤에 그들 직임까지도 겸하게 하여 강력한 권력기관으로 성장시키고 이 곳의 學士들과 함께 개혁정치를 수행해 갔다. 그런데 이 詞林院學士들의 성분을 분석해 보면 대개 科擧에 등제하여 진출한 鄕吏出身의 신진세력으로 선비의 기질인 淸廉이 공통으로 나타나고 있다. 그들의 이러한 성분은 고려 후기사회에서 보이는 士大夫의 屬性 그대로인 것으로서, 忠宣王의 개혁정치는 士大夫政治라고 불러 좋을 것이며 그것은 士大夫社會가 형성되어 가는 한 과정이기도 하다는 결론이다.

씨의 논고는 고려후기에 새로이 대두하는 정치지배세력과 사회변화의 일면을 설득력있게 전개한 것으로 높이 평가해도 좋을 것 같다. 단, 學士들을 바로 士大夫로 규정하기 위해서는 그들의 학문이나 사상에 대한 규명이 보충되어야 할 것이라는 점은 이미 지적된 바 있거니와, 忠宣王의 개혁정치가 "士大夫社會가 성립돼 나가는 중요한 한 과정"이었다고 한다면 그 뒤의 士大夫社會와의 연결 문제도 언급되었더라면 하는 생각이 든다.

閔賢九씨의 「辛旽의 執權과 그 政治的 性格」(『歷史學報』38·40, 1968)은 恭愍王代의 政治的 變革의 추이를 국내외 정세와 관련지어 고찰한 논고이다. 武將勢力의 대두에 따라 야기된 王權의 약화를 만회하려는 恭愍王의 의도가 辛旽의 등용을 가져오며, 따라서 辛旽의 집권기간 동안에 수행되는 田民推整事業·散官統制 등의 정책은 集權的 性向을 나타내고 그 효과도 상당히 거둔다. 그러나 恭愍王의 개혁정치가 내포하는 자기부정적 성격, 개혁의 추진세력 미약, 거기에다가 대외관계가 불리하게 작용하고 또 東寧府征伐로 保守的 武將勢力이 재평가되면서 辛旽이 몰락하게 된다는 정세의 설명이 설득력있게 잘 전개되었다. 씨의 논고중 특히 주목되는 것은 辛旽의 집권기간에 신진 문신세력이 대두 성장했다는 사실을 들고 있는 점이다. 恭愍王代의 개혁적 배경 속에서 성장한 이들은 辛旽의 몰락 이후 보수적 무장세력과 대립의 형세를 이루더니 마침내는 신흥의 무장 李成桂와의 제휴하에 그들을 제거하고 대규모의 개혁을 통하여 사회를 재편성하게 되었다는 것이다. 대단히 중요한 사실을 시사하고 있는데, 그것이 크게 중요한 문제인 만큼 좀더 구체적인 연구를 통하여 그 실체가 선명하게 드러나야 하리라 생각된다.

이밖에 고려후기 정치사회상의 일면을 추구한 논고로 金昌洙씨의 「麗代惡少考」(『史學研究』12, 1961)와 「成衆愛馬考」(『東國史學』9·10, 1966)

두 편이 주목된다. 전자는 麗末의 사회혼란을 배경으로 횡행하던 불량배들의 이야기이지만 이들이 왕 또는 권세가에 아부하여 政爭에서 폭력수단으로 이용되었다는 점에서 한번쯤 주의해 둘 필요가 있는 문제였다고 생각된다. 후자는 高麗 忠烈王 이후부터 朝鮮初期에 걸쳐 史書에 산견되는 成衆愛馬의 명칭·성격 등에 관한 고찰로서, 씨는 종래 이를 '部隊'·'官名' 등으로 잘못 이해하여 온 점을 지적하고 새로이 "국왕에 시중하고 궁궐을 숙위하는 官吏들에 대한 총칭" 또는 "숙위, 近侍職에 종사하는 文武官人層에 대한 총칭"이라고 파악했다. 그런데 씨의 주장처럼 成衆愛馬는 내용상 內侍·茶房·司循·司衣 등 宮內官으로 일정한 임기가 끝나면 그 가운데 우수한 자가 品官이나 지방관으로 진출하였던 모양인데, 그렇다면 流外의 雜職者가 틀림없는 이들을 앞서의 규정대로 '官吏' 또는 '文武官人層' 등으로 파악하는 것은 좀 무리가 있을 듯하다. 일정한 신분층으로 파악하는 이상 이들이 어떤 신분계층에 속하며 또 그 계층과 어떤 관계에 있었는가 하는 신분적인 면에서 좀더 연구되었으면 한다.

　　文炯萬씨의「麗代 '歸鄕' 考」(『歷史學報』23, 1964)는 歸鄕을 단순한 형벌로서 연구하는 데 그치지 않고 후기 고려국가의 지배체제 내지 권력구조와 결부시킨 점에서 중요한 의의를 가지고 있다. 즉 고려중기까지 중죄로써 시행되어 오던 歸鄕이 후기에 접어들면서 형벌로서의 의미가 해소되는데 그 이유는 고려 후기사회의 구조가 官人地主를 중심으로 한 지방사회의 형성·발전에 의하여 변모된 데 있다는 것이다. 지방세력의 대두 문제는 고려 후기사회의 본질을 해명하는 열쇠가 된다는 것은 누구나 인정하고 있다. 그 실증적인 한 예를 歸鄕罪의 해소에서 찾은 셈이다. 그러나 지방세력의 대두 문제가 이 한 가지 점만으로 확정될 성질의 것은 아니다. 정치적·경제적·신분적 제측면에서 검토를 거쳐야 하는 것이다. 씨의 논고에서도 "地主的 官人層의 형성"이니 "지방에서의 兩班社會의 성립"이니 하는 주장을 하고 있으나 이 점에 대한 실증적인 뒷받침이 없어 설득력을 덜고 있다.

高麗 멸망의 중대한 한 단서로 평가되는 威化島回軍에 관한 연구로는 李相佰씨의「威化島回軍考」(『東洋史會紀要』1, 1936)와「李朝建國의 硏究」(『震檀學報』4·5·7, 1936·1937) 그리고 李延馥씨의「威化島回軍新考」(경희대『高鳳』4-1, 1960) 등이 찾아지므로 아울러 여기에 부기해 둔다.

(4)

武臣들의 쿠데타 이후 고려사회의 양상이 그 이전의 사회에 비하여 크게 변모했음은 위에서 설명한 바와 같다. 그 가운데 특히 武臣執權下에서 국가통치의 지배기구에 야기된 변화는 커다란 주목거리의 하나가 되었다. 武人政治機構의 중심체로 변질된 重房의 대두나 敎定都監·政房·書房의 신설 및 무력장비로서의 都房·三別抄의 설치 등이 그 중요한 내용이었다. 그러므로 武臣政權時代를 해명하는 열쇠는 곧 이들의 실상을 밝히는 데 있다고 인식되었으며 그 결과가 몇 편의 논문으로 발표되었다.

內藤雋輔씨의「高麗時代의 重房 及 政房에 대하여」(『稻葉博士還曆記念滿鮮史論叢』, 1937)는 이 방면의 처음 논문이었다. 그 성과로 우리는 重房과 政房에 대하여 대체적인 윤곽은 잡을 수 있게 된 셈인데, 그러나 본 연구는 重房에 대한 정확한 이해를 하지 못하고 있으며 또 政房

을 重房의 후신으로 잘못 파악한 까닭에 사료의 해석이나 그 결론에 있어 사실과는 상당한 거리가 생기고 말았다.

武臣執權機構에 대한 본격적인 연구는 金庠基씨의 「高麗 武人政治機構考」(『東方文化交流史論攷』, 1948)에서 찾아볼 수 있다. 이 연구는 武人政治時代를 3기로 나누고 그 각 시기에 설치된 武人政治機構의 실체를 추적한 것이다. 그리하여 武人政治의 초기는 아직 武臣의 중심세력이 잡히지 아니한 때로서 그들의 정치기구도 또한 독특한 것이 생기지 못하고 재래 上·大將軍의 집회소였던 重房이 幕府로 화하여 대권을 행사한 것으로 파악하였다. 그러다가 崔忠獻의 專擅時代가 되면서 그의 獨裁的 政廳으로서 敎定都監이 설치된 이래 역대 權臣은 그 長인 敎定別監이 되어 정권을 弄斷했으며, 銓選의 권한도 이미 崔忠獻 때부터 그의 자의에 맡겨져 있었는데, 崔怡〔崔瑀〕에 이르러 이를 조직화하여 그 기구로 政房을 私第에 두었다. 권력기관으로는 家兵集團인 都房을 조직, 6번으로 편제하여 更日番直의 제도를 세웠으며 이는 崔怡 때 內·外都房으로, 다시 崔沆 때에는 36번으로 강화 확충되었다. 都房과 병행하여 崔怡가 조직한 特選騎兵隊인 馬別抄와 文史에 종사하는 書房 3番도 권력기관의 일종으로서 의의를 가지거니와 특히 書房은 庚癸의 亂 이후 오랜 동안 屛息되었던 文人의 叙用을 말하여 주는 한 가지 실례로서 커다란 의미를 지닌다. 이처럼 崔氏執政時代에 잘 정비되었던 武人政治의 기구는 그 후기에 해당하는 金俊·林衍 때에도 承襲 運用되다가 林惟茂의 몰락으로 武臣政權이 붕괴함에 따라 거의 폐지되고 만다는 것이다.

실증성이 대단히 강한 이 연구는 武人政治機構에 대한 현재 우리의 이해가 거의 여기에 의지하고 있다는 점 하나만을 생각하더라도 그 공헌은 충분히 짐작할 수가 있다. 각 정치기구의 성격이나 상호관계 등이 좀 더 부각되었으면 하는 아쉬움은 있지만 이는 장차의 과제에 속하는 문제라 생각된다.

武臣執權機構는 武人政治의 몰락과 함께 대부분 폐지되고 말지만 政房만은 비록 廢置가 거듭되었을지언정 이후에도 그대로 남아 知印房·劄子房 혹은 尙瑞司 등으로 명칭을 바꾸면서 중요한 역할을 하였다. 이에 대한 연구로는 金成俊씨의 「高麗政房考」(『史學硏究』 13, 1962)가 있어 그 개략을 알 수 있거니와, 그 이후 金潤坤씨도 「麗末鮮初의 尙瑞司」(『歷史學報』 25, 1964)를 발표하여 昌王 때에 와서 政房이 尙瑞司로 바뀌기까지의 역사적 과정과 배경 그리고 변모한 尙瑞司의 기능 등을 논하고 있다. 요컨대, 초기의 政房은 신흥관인들의 관료로의 진출에 교량적 역할을 하였지만 이후에는 도리어 기성관인들의 세력구축의 발판으로 이용되고 있었으므로 신흥관인층은 자기발전을 위해 '罷政房 復科田'을 표방하고 투쟁하게 되었다. 이와 같은 政房權臣과 新興官人層 사이의 정치적·경제적 이해관계의 상반이 政房 廢置의 반복으로 나타났으며, 결국 역사는 후자의 승리로 돌아가 새로운 성격의 尙瑞司가 성립했다는 것이다.

이상의 입론에는 政房이 지니는 역사적 의미가 잘 부각되어 특히 인상이 깊다. 그런데 한 가지 씨는, 忠宣王의 政房 폐지는 政房內에 있는 기성권세가를 제거하려는 신진관인들의 개혁에 의한 것으로 보고 있으나 당시의 政房必闍赤[補] 官員은 오히려 신진세력의 범주에 속하는 무리라는 실증적인 연구도 나와 있으므로 政房이 언제 어느 세력의 기반이 되었느냐 하는 문제는 좀더 구체성을 띠어야 할 것으로 생

[補] 이 부분은 朴龍雲이 「고려후기의 必闍赤(필자적·비칙치)에 대한 검토」(『李基白先生 古稀紀念 韓國史學論叢〔上〕』, 1994) : 『高麗時代 官階·官職 硏究』, 고려대 출판부, 1997), 255~262쪽에서 부정하고 있다.

각된다.

  崔氏政權의 무력장비로서 중요한 역할을 담당한 것은 都房 이외에 또 三別抄가 있었다. 三別抄는 다 알고 있듯이 左·右別抄와 神義軍을 일컫거니와 이들은 대외전쟁의 수행 등 公的인 임무를 띠고 있었고 국고에서 祿俸도 받고 있었으므로 公兵의 성격이 강하여 순수한 私兵 集團인 都房과는 구별되어야 할 존재였다. 그러나 한편으로 보면 창설 자체부터가 武人執政인 崔怡의 손에 의해 조직되었으며 정변이 있을 때마다 權臣의 수족으로 활약하여 私兵的 성격도 농후하게 풍기고 있었다. 池內宏씨의 「高麗의 三別抄에 대하여」(『史學雜誌』37-9, 1926)와 金庠基씨의 「三別抄와 그의 亂에 就하야」(『震檀學報』9·10·13, 1938·1939·1941)는 이들 삼별초의 기원과 임무·조직·성격 그리고 元과의 화친정책에 반대하여 일어났던 항쟁을 다룬 것이다. 三別抄를 이해하는 귀중한 연구로 생각되나 여기서는 論外의 문제이므로 자세한 소개는 피하기로 한다.

(5)

  13세기 초엽에 이르러 크게 성장 발전한 북방의 蒙古族은 中原을 석권하고 이어서 그 세력을 韓半島에까지 미쳐왔다. 高麗는 蒙古軍의 침입에 대항, 江華島로 천도하여 30여 년간에 걸쳐 끈질긴 항전을 계속했으나 종국에는 和議를 하지 않을 수 없었고 그 결과 蒙古의 지배하에 놓이게 되었다. 이후 양국의 관계는 밀도를 더해 갔으며 그에 따라 정치상의 여러 문제가 발생하고 또 새로운 기구가 설치되기도 하였다.

　그 대표적인 하나는 征東行省의 신설일 것이다. 다 알고 있듯이 征東行省은 蒙古帝國이 日本遠征을 위한 준비와 수행을 목적으로 高麗에 설치한 기구이다. 이 기구에 대하여는 일찍이 池內宏씨가「始建의 征東行省과 그 廢罷에 대하여」(『桑原博士還曆記念東洋史論叢』, 1931)와 『元寇의 新研究』(1931) :「高麗에 있었던 元의 行省」(『東洋學報』 20-3, 1933) 등 일련의 논문을 발표하였거니와, 그후 이어서 高柄翊씨의「麗代 征東行省의 研究」(『歷史學報』 14·19, 1961·1962) 및 北村秀人씨의「高麗에 있었던 征東行省에 대하여」(『朝鮮學報』 32, 1964)가 추가되었다. 그런데 北村씨의 논문은 池內씨 연구가 征東行省의 변혁과정과 기능에 치우친 점을 보완하여 그것의 내부구조나 高麗朝에 있어서 이 기구가 갖는 의의 등을 밝히는 데 주안점을 두었다. 그러므로 두 사람의 視角에 본질적인 차이는 발견되지 않으며 그 결론도 같게 나오고 있다. 즉 忠烈王 6년(1280)에 제2차 日本遠征을 위하여 처음 설치된 征東行省은 그 뒤에 몇 번의 置廢를 거듭하다가 忠烈王 13년(1287)에 다시 두게 되는데, 이 때 설치된 征東行省은 그 이전과 성격을 달리하는 것이라 한다. 元이 이번에 설치한 것은 日本의 遠征과는 전혀 관계없이 高麗를 자기 통제하에 두기 위한 地方統制機關으로서 둔 것이며, 그리하여 필요에 따라서는 元人 行省官을 파견하여 高麗의 내정감독을 담당하는 기관으로 전환하곤 했다는 것이다. 그리고 高麗로서도 征東行省을 통하여 元에 恭順의 뜻을 표명, 저들과 유대를 강화하며 그리하여 行省의 장관인 高麗王은 국내외적으로 지배자로서의 자기 지위를 확보할 수 있게 되었다 한다.

　이 같은 北村씨의 주장은 征東行省에 대한 재래의 학설을 부연한 것인데 高柄翊씨는 이와는 전혀 다른 새로운 견해를 제시하고 있다.

즉, 처음에 征東行省은 일본의 원정을 위해 설치한 것이지만 그것이 단념된 이후에는 단순히 형식상·명의상의 존재를 넘어서지 못했다는 것이다. 忠烈王 13년에 征東行中書省이 征東行尙書省으로 바뀌고 동시에 忠烈王도 行省平章政事에 임명되지만 이것은 단순한 명칭의 변경에 불과한 것이요, 行省이 새로 설치된 것도 아니며, 또 그 이전의 성격과 격이 변동된 것도 아니다. 한때 忠宣王의 反元的 개혁정치, 忠烈王黨과 忠宣王黨의 알력 등이 元을 자극, 元人 行省官을 파견하여 직접 고려 내정에 통제와 간섭을 한 일도 있었으나 이것도 고려측의 강력한 반대를 받아 실패한 이후에는 전과 같이 형식상·명의상의 존재로 되돌아갔다. 그러므로 征東行省에는 高麗王의 자동직인 丞相 아래에 平章政事·右丞·左丞·叅知政事·郎中·員外郎·都事 등의 관직이 있었으나 '添設省官'했던 몇 년간을 제외하면 平章政事〔종1품〕, 左丞·右丞〔정2품〕, 叅知政事〔종2품〕의 임명은 없었고 다만 대부분 高麗人으로 임명하는 郎中〔종5품〕, 員外郎〔종6품〕, 都事〔종7품〕 등이 있었을 따름이었다. 그러면 이처럼 형식상·명의상의 존재에 불과한 征東行省이 무슨 목적으로 계속 유지 존속했으며 또 어떤 성격을 지녔던 것인가. 이에 대하여 씨는 첫째로 高麗王을 左丞相으로 임명함으로써 명예를 부여하고 은총을 보여주는 것이며 동시에 高麗의 元帝國 내에서의 지위를 규정 확정하자는 것이었다. 둘째로 征東行省은 高麗와의 公的인 연락기관이었다. 셋째로 征東行省이 附元勢力層의 私用機關이 되었으며 그 층의 이익을 옹호하는 역할을 했다는 점 등 세 가지를 들고 있다.

위에 든 두 가지 상반된 견해는 고려후기의 역사를 보는 태도와 사료해석상에서 유래하는 바가 크다고 생각되는데, 역사서술은 객관적이고 논리적이며 실증성이 강해야 한다는 것은 다시 말할 필요가 없는 것이다. 그런 의미에서 北村씨의 주장이 긍정을 받기 위해서는 高柄翊씨가 그에 앞서 지적한 바 있는, 첫째 行省의 長인 左丞相에 항상 高麗王이 임명되었던 점, 둘째 征東行省 관리에 원칙적으로 高麗人을 임용했던 점, 셋째 平章, 左丞·右丞, 叅知政事 등의 요직을 비워두고 하급직에 高麗人만 充用했던 점, 넷째 대소사건은 征東行省이라는 간접적인 기구를 통하지 않고 직접 사신이 와서 처리했던 점 등의 의문에 대한 충분한 해명이 뒤따라야 한다. 그러나 北村씨의 논지에는 이에 대한 납득할 만한 해명을 결하고 있어 퍽 유감스럽다.

다음 元과의 사이에서 야기된 또 하나의 문제로 南滿洲의 遼陽과 瀋陽 일대를 관할하는 瀋陽王과의 관계가 있었다. 이에 대한 考究로는 丸龜金作씨의 「麗·元關係의 一齣」(『青丘學叢』 18, 1934)과 岡田英弘씨의 「元의 瀋王과 遼陽行省」(『朝鮮學報』 14, 1959)이 있다. 두 연구는 모두가 遼瀋地方과 高麗와의 관계를 간단히 살피고 이어서 高麗의 왕족으로 瀋陽王을 임명한 것은 이 곳에 살고 있는 高麗의 유망민과 被虜人에 대한 통제를 편케 하고 또 高麗王을 견제하기 위함에서였다는 점을 밝히고 그 실례를 들어 설명한 것이다. 생각컨대 이 문제는 遼瀋地方에 대한 보다 깊은 해명이 있어야 그 결론이 좀더 선명해지리라 보여진다. 岡田씨의 경우 忠宣王이 처음 왕위에서 물러나는 것이 마치 遼陽行省의 지지를 잃은 데에 원인이 있는 것처럼 설명한 것은 日人 연구자들이 흔히 그러하듯이, 고려후기의 역사 진행에 外勢를 지나치게 강조하는 경향에서 유래한 오류로 생각되는바 재고해야 할 것이다.

金成俊씨의 「麗代 元公主出身王妃의 政治的 位置에 대하여」(『韓國女性文化論叢』, 1958)는 元勢力의 영향을 염두에 두고 忠烈·忠宣 두 王代의 정치상황을 분석한 논고로 주목된다. 趙妃의 薊國大長公主 詛呪事件과 忠宣王의 퇴위, 韓希愈 事件, 忠宣王의 복위 등 일련의 정치

적 문제는 忠宣王이 世子時에 忠烈王의 寵妃 無比와 崔世延 일당을 숙청한 데서 비롯한 王 父子間의 불화와 그 黨與의 세력다툼으로 야기되었음을 밝히고 여기에 작용한 元勢力의 영향을 고찰하고 있는 것이다. 당시의 복잡한 麗元關係와 고려의 정치사건이 합리적으로 잘 정리되어 높이 평가된다. 그런데 한 가지 忠宣王의 혁신정치가 元 世祖의 치적을 모방하여 수행된 것이며 그것이 실패한 원인은 忠烈王을 둘러싸고 있던 嬖幸들의 훼방이 크게 작용한 점에 있다는 논지는 달리 생각해 볼 수도 있는 문제다. 씨의 설명에 타당성이 없다는 것은 아니지만 본질적으로 忠宣王의 혁신정치는 反元的 性格을 지니는 士大夫政治이며 그렇기 때문에 元과 결부되어 있는 權勢家—여기에는 忠烈王의 嬖幸도 포함되지만—의 반동과 元의 간섭으로 실패했다는 실증적인 연구도 있는 것이다. 元의 使者가 監察司에 들어가 忠宣王이 제정한 新定 官制의 서류를 압수한 사실도 단순히 忠烈王派의 책동으로만 볼 것이 아니라 그 내용이 反元的 성격을 띠운 데 더 큰 이유가 있었을 것으로 이해하는 것이 더욱 설득력이 있어 보인다.

이밖에 元과의 직접적인 관계 위에서 야기된 문제를 다룬 논고로 高柄翊씨의 「高麗 忠宣王의 元 武宗 擁立」(『歷史學報』17·18, 1962)이 더 찾아진다. 이것은 忠宣王의 在元生活과 그가 元의 武宗 擁立에 참여한 결과가 高麗의 정세에 미친 영향을 살핀 것이다. 元이 고려 내정의 監臨官으로 주재시켰던 達魯花赤을 다룬 연구로는 池內宏씨의 「高麗에 駐在했던 元의 達魯花赤에 대하여」(『東洋學報』18-2, 1929)가 있고, 元의 海東靑 徵求에 응하여 설치한 鷹坊에 대하여는 旗田巍씨의 「高麗의 鷹坊」(『歷史敎育』10-6·7, 1935)과 內藤雋輔씨의 「高麗時代의 鷹坊에 대하여」(『朝鮮學報』8, 1955)가 있어 아울러 밝혀둔다.

(6)

高麗의 지방조직은 郡縣制度로 되어 있었다. 본래 군현제도는 국가가 민중을 지배 통치하기 위하여 편성한 지방행정구획의 조직을 말하는 것이다. 그러므로 高麗의 집권층은 일찍부터 이 방면에 많은 관심을 베풀어 점차적으로 地方官制를 정비하여 갔거니와, 이것도 고려후기로 오면서 크게 변모하게 되었다. 그러면 실제적인 연구성과를 검토하면서 그 내용을 알아보기로 하자.

먼저 尹武炳씨의 「高麗時代 州府郡縣의 領屬關係와 界首官」(『歷史學報』17·18, 1962)은 지방행정의 체계와 구획의 실제를 추구한 연구로 주목된다. 씨는 이 논고에서 지방행정구획으로서의 道制와 按察使〔후기의 安廉使〕의 外官任務를 부인하고 미약하나마 중앙과 地方州縣 사이의 중간기구 역할은 京·都護府·牧의 守令官인 界首官이 담당했음을 밝히고 있다. 그런데 蒙古의 침입 이후 牧·都護府가 다량으로 설치되어 계수관은 제 기능을 상실하고 말았으므로 그에 대신하여 按察使가 중요성을 띠어온다. 그리하여 高宗 말년이나 元宗代에는 이미 按察使의 지방 통제기능이 시작된 것으로 믿어지며 昌王 때에는 安廉使〔忠烈王 2년에 개칭〕의 秩을 높이고 이름도 都觀察黜陟使로 고친다. 그후 다시 恭讓王 元年에 이르러 마침내 安廉使를 중앙관리 가운데서 임명 파견하는 제도를 폐지하고 전임지방관으로서 觀察使의 임명제가 확립되며 따라서 道制도 지방행정구획으로 확정되는 과정을 거쳤다고 한다.

앞서 고려전기의 外官制를 다룬 바 있는〔『韓國史研究』2(1968)〕 邊

太燮씨는 이어서「高麗 按察使考」(『歷史學報』40, 1968)를 발표하여 이 문제에 언급하고 있다. 씨는 초기의 按察使가 주로 州縣을 순찰하는 감찰기능을 하였으며 麗末에 이르러서야 그의 官秩이 승격되고 또 專任制가 된다고 한 점에서 尹氏와 의견을 같이하고 있다. 그런데 이러한 의견의 일치에도 불구하고 按察使가 중앙과 지방 주·현의 중간 행정기능을 수행한 시기에 대해서는 양씨가 상당한 거리를 보이고 있다. 즉 전자는 그 시기를 高宗末이나 元宗代로 추정한 데 비하여 후자는 전국적인 按察使制가 성립한 것은 睿宗代이며 仁宗朝에는 5道按察使制가 완성된 것으로 파악하고 있는 것이다. 여기에서 우리는 專任과 非專任의 지방관을 어떻게 인식해야 하며, 또 비록 제한된 분야에서나마 중앙과 지방의 중간기구로서 후대까지 존속하였던 界首官과 按察使와의 관계 등이 새로운 문제점으로 등장하게 됨을 알게 된다. 두 논문은 高麗의 지방행정 조직에 대한 개척적인 연구로 높이 평가받아 마땅하지만 동시에 미해결의 문제도 내포하고 있다 하겠다.

대체적으로 高麗의 지방조직은 남방 5道에 대해 북방은 兩界로 구성되었다. 그러므로 지방관제의 해명에 있어서 양계의 조직문제는 5道의 그것에 못지않은 중요한 과제의 하나다. 이 문제에 대한 논고로는 末松保和씨의「高麗兵馬使考」와 金南奎씨의「高麗 兩界兵馬使에 대하여」(『李弘稙博士回甲紀念韓國史學論叢』, 1969)가 있으나 아무래도 본격적인 연구로는 邊太燮씨의「高麗兩界의 支配組織」(『高麗政治制度史硏究』, 1971)에서 찾아야 할 것 같다. 兩界는 군사적인 특수지역인만큼 그 조직도 南道의 州·縣과는 달리 州·鎭으로 편성되고 그 각 州·鎭에는 모두 外官이 설치되어 통치조직이 강화되어 있었다. 뿐 아니라 主牧體制도 일원화되어, 강력한 권한을 쥐고 있는 兵馬使를 정점으로 명령체계가 확립되어 있었으며 또 각 기능에 따른 分道制의 특설 등도 兩界組織의 특징적인 점이었다. 그런데 이와 같은 兩界의 지배조직은 高宗 18년 이후의 蒙古侵入과 그에 이은 雙城摠管府 및 東寧府의 설치로 인하여 붕괴되고 만다. 일단 해체되었던 兩界制는 몽고세력의 후퇴와 함께 부활하지만 이 때는 北界의 南道化가 진행되어 마침내 恭讓王朝에는 兩界에도 5道와 같이 都觀察黜陟使가 설치된다. 이처럼 고려후기에 兩界의 특수한 통치 방법이 점진적으로 일반화하여 전국이 획일적인 지방행정구획으로 개편된 것은 고려 지방통치제도의 커다란 발전을 의미하는 것으로 파악되었다.

씨의 연구는 兩界의 조직·특성·변천과정 등이 매우 치밀하게 분석 정리된 노작으로 높이 평가된다. 다만 麗末에 이르러 北界가 南道化함에 따라 전국이 단일적인 행정조직으로 편성하게 된 것에서 발전적인 요소를 구할진대 그와 같은 변모가 초래된 사정과 그 내용 및 그것이 행정편제상·국방상에 차지하는 위치 등이 좀더 자세하게 설명되어야 했을 것이라 생각된다.

또 하나의 특수행정구역인 京畿에 대한 연구로는 역시 邊太燮씨의 「高麗時代 京畿의 統治制」(『高麗政治制度史研究』, 1971)가 찾아진다. 이 연구는 고려 초기부터 말기에 이르는 京畿統治機構의 개편과 그 지배방법의 변천을 살핀 것이다. 成宗 14년에 赤縣과 畿縣이 설치되고 이를 바탕으로 顯宗 9년에는 京畿가 이루어지며 이는 文宗朝에 이르러 지역이 확대되어 大京畿制가 성립했다가 얼마 안 가서 原京畿로 복귀한다. 그에 따라 통치기구도 바뀌어 開城府에서 尙書都省으로, 다시 開城府로 돌아가는 변천과정을 겪었다. 그 이후 高宗 19년의 몽고침입과 그로 말미암은 遷都로 京畿는 황폐를 면치 못하며 元宗 11년의 환도를 기다려서야 비로소 복구된다. 이후에도 몇 차례의 변화를 거쳐 恭讓王 2년에는 文宗 때의 구제에 따라 京畿를 확장하여 左道와 右道

로 나누고 여기에 각각 都觀察黜陟使가 설치됨으로써 京畿도 南道·兩界와 똑같은 일반적인 행정체제로 개편된다. 그런데 이 같은 京畿의 확장은 朝臣에 대한 給田을 위하여 실시된 것이라 한다. 이와 같은 요지의 본 연구는 高麗의 지방행정조직 전반을 염두에 두고 京畿를 고찰한 논고로서 그것의 특수성과 일반화 과정이 잘 부각되었다. 한가지 '大京畿'의 성립 이유가 朝臣들에 대한 給田의 필요성에서 비롯되었다는 주장은 이미 비판의 대상이 되었거니와 논문 전체의 큰 뜻은 타당성이 강한 것으로 생각된다.

(7)

이상에서 지금까지 고려후기 정치문제를 다룬 논고들을 개관하여 보았다. 그 결과 내용이나 방법면에서 권장할 만한 훌륭한 연구업적이 많았던 점을 확인할 수 있었지만 한편으로 시정·보완할 점도 없지는 않았다. 그러면 앞으로 좀더 바람직한 연구성과를 올리기 위하여 어떤 점들에 유의해야 할 것인가. 이 문제는 이미 여러 사람들에 의하여 좋은 지적이 있는 터이지만 이를 다시 한번 확인하여 보다 큰 발전을 기약코자 하는 것이다.

우선 첫째로 사회의 본질을 이해하는 데 유효한 문제들이 보다 많이 논의되었으면 한다. 말하자면 문제의 선정대상을 좀더 역사성이 강한 것으로 선택하는 것이 바람직하다는 이야기다. 이것은 어떤 작은 문제를 연구의 대상으로 할 경우에도 그것이 사회 본질의 큰 줄기를 이해하는 하나의 요소로서 考究될 것을 필요로 한다는 말과도 통한다.

둘째로 정치제도사는 제도의 조직이나 기능 변천과정 등의 단순한 法制的·靜態的 考察에만 그칠 것이 아니라 그 제도 속에서 활동한 구체적인 인간과 그 행위까지도 포함하는 動態的 接近方式이 가미 연구되어야 하겠다는 것이다. 制度史硏究의 궁극적 목적이 그 제도를 마련한 사회상황과 제도를 토대로 전개된 당시의 역사적 실체를 해명하는 데 있다고 한다면 제도적 기구 안에서 실제로 사회를 움직여 간 인간의 활동상황을 분석함으로서 보다 진실에 가까이 접근할 수 있을 것이며 또 제도와 현실과의 乖離現象도 분명히 파악될 수 있겠기 때문이다.

셋째로 理論的인 뒷받침에 많은 배려가 필요하다고 생각된다. 여기에는 역사이론뿐 아니라 政治學·社會學 등 인접 사회과학의 소양도 아울러 일컫는다. 이론에 대한 뒷받침이 튼튼하지 못할 경우 우리는 역사의 해석이나 사회성격을 규정하는 데 객관성을 잃은 자의적인 것이 되고 말 우려가 많은 것이다. 근자에 고려사회의 성격에 대한 논의가 일어나 '貴族制'·'家産官僚制'·'貴族官人社會' 등이 다시 검토된 바 있거니와 이들의 개념적 이해가 결여되어 있어 적지 않은 혼란을 겪었던 사실이 기억에 생생하다. 그러나 한편 역사는 개개의 사실을 분석 종합하여 하나의 역사상을 엮어가게 되므로 이론도 사실의 뒷받침이 있어야 할 것임은 다시 말할 필요가 없는 것이다. 요컨대 역사 연구는 사실의 고증과 이론이 결합된 위에서 진행되는 것이 바람직하다 할 것이다. 이것은 韓國史 연구가 너무 실증적인 면에 치우친 결과로 초래된 제약성을 극복할 수 있는 길이라고도 생각된다.

넷째로 史料活用의 폭을 넓혀야 하겠다는 것이다. 최근『高麗史』·『高麗史節要』등의 관찬사료 이외에『高麗圖經』·金石文과『東國李相國集』·『櫟翁稗說』·『三峰集』등 30여 종에 가까운 文集類 및『東文

選』・高僧傳・族譜・地誌類, 그리고 중국측의 『唐書』・『宋史』・『元史』 등에 이르는 다양한 사료를 이용하는 경향이 현저해지고 있다. 여기에 조선초기의 『王朝實錄』도 특히 고려후기를 연구하는 데 1급사료로 취급되고 있으며 또 實學者들의 저술에서도 의외의 좋은 자료들을 얻고 있다. 이 같은 史料의 광범한 수집은 高麗時代史의 깊고 넓은 연구를 위하여 환영할 만한 일이며 앞으로도 계속되어야 할 것으로 생각한다.

다섯째로 中國史 내지 東洋史에 대한 깊은 이해가 필요하다고 생각한다. 이것은 有史 이래의 韓半島와 大陸과의 관계, 특히 제도적인 면에서 깊은 연관을 맺고 있었던 점을 감안한다면 더 강조할 필요조차 없을 것이다.

해방 이전부터 오늘에 이르는 고려후기 정치제도의 연구성과를 회고・전망하는 일은 短見의 필자로서는 힘에 겨운 짐이었다. 그러므로 혹 언급하지 못한 논고도 있겠고 그렇지 않은 경우라 하더라도 논문의 값어치를 제대로 드러내지 못한 점이 많을 것이며 또 옳지 못한 관점과 견해를 가지고 비판 비슷한 서술도 있었을 것으로 추정되어 심히 염려된다. 이 모든 과오는 오직 필자에게 있음을 자인하며 연구자 여러분의 寬恕 있으시기 바란다.

(『韓國史論』2, 1977년 12월)

2

1977년~1988년의 高麗時代史 研究와 課題

(1) 머리말

　근대적인 학문으로서의 韓國史學에 대한 연구와 서술은 日帝의 기간을 거치고 해방 이후, 특히 1960년대부터 한층 활발하게 이루어져 왔다. 그리하여 그 성과도 매우 컸다고 자부하고 있는 터이지만, 1970년대에 들어와 국사편찬위원회에서『한국사』20권을 펴낼 수 있었던 것도 그들 덕분으로 보아 좋을 것 같다. 고려시대사 부분은 이『한국사』가운데에서 권4~권8까지의 5권으로 1973~1975년에 걸쳐 출간되었는데, 뒤이어 1977년에는 그 때까지의 論著를 回顧와 展望의 형식을 빌어 검토하여『韓國史論』2로 내놓았다. 1976년도까지 공표된 고려시대사 분야의 연구와 서술에 관한 성과는 이들 책자에 대략 종합·정리된 셈이다.

　그러므로 본고는 다시 이를 기점으로 하여 그 이후 10여 년간의 고려시대사에 관한 연구성과를 살펴보려는 목적에서 집필되는 것이다.

하지만 사실 이 기간의 논저는 정기적으로 행해지는 회고와 전망뿐 아니라 특별히 기획된 책자에 의해서 이미 대부분 검토된 바 있다. 즉 국사편찬위원회刊『韓國史研究彙報』제21·25·29·33·37·45·48·51호에서 李熙德·尹龍爀·朴龍雲·許興植 등이 1977~1984년도까지의 성과를, 그리고『歷史學報』제84·104·106집에서는 李熙德·金塘澤·閔賢九 등이 몇 년간씩을 묶어 1976~1986년도까지의 성과를 검토하고 있으며, 또 河炫綱은 1982년도 歷史學會刊『現代韓國歷史學의 動向, 1945~1980』에서, 姜晉哲은 1984년도刊『震檀學報』57에서「韓國學研究 半世紀-中世史」라는 제목으로 각 해당 시기의 성과들을 살피고 있는 것이다. 이밖에도 비슷한 종류의 글들을 몇몇 더 대할 수 있거니와, 따라서 각각의 논저들은 벌써 상당히 구체적으로 소개·평가되었다고 이해하여 무방할 듯하다. 거기에 더하여 이 기간에 발표된 전체 논저의 수가 어림잡아 5·6백 편에 달하는 방대한 양인 데다가 본고의 필자 자신이 지니는 능력의 한계까지 감안할 때에 그것들에 대한 하나하나의 검토는 불가능에 가까운 일일 뿐더러 또 그럴 필요도 없을 것 같다. 그러므로 이 자리에서는 커다란 줄기를 개관하는 데 그치려고 하지마는, 그런 속에서나마 중요 논점과 과제 등을 함께 찾아보는 노력만은 기울이고자 한다. 앞으로의 고려시대사 연구와 서술에 조금이나마 보탬이 될 수 있었으면 하는 바람에서이다.

(2) 單行本과 資料集의 出刊

1977년부터 1988년 사이의 기간에는 이전과 비교하여 좀 다른 몇

2. 1977년~1988년의 高麗時代史 研究와 課題　47

가지 특징적인 현상이 나타났다. 그 하나가 전문 연구인력의 증가에 따라 매년 발표되는 논문의 숫자가 크게 늘어났다는 사실과 더불어 각 연구자들이 자신의 글들을 묶어 단행본을 많이 출간한 점이 아닐까 생각된다. 아래에 먼저 그 같은 연구서들을 들면 다음과 같다.

① 河炫綱, 『高麗地方制度의 研究』(韓國研究院, 1977).
② 姜晉哲, 『高麗土地制度史研究』(高麗大出版部, 1980).
③ 朴龍雲, 『高麗時代 臺諫制度 研究』(一志社, 1980).
④ 洪承基, 『高麗時代 奴婢研究』(韓國研究院, 1981).
⑤ 許興植, 『高麗科擧制度史研究』(一潮閣, 1981).
⑥ 許興植, 『高麗社會史研究』(亞細亞文化社, 1981).
⑦ 金杜珍, 『均如華嚴思想研究』(韓國研究院, 1981).
⑧ 邊太燮, 『'高麗史'의 研究』(三英社, 1982).
⑨ 洪承基, 『高麗貴族社會와 奴婢』(一潮閣, 1983). 여기에는 ④의 저술이 포함되어 있다.
⑩ 金杜珍, 『均如華嚴思想研究』(一潮閣, 1983). 여기에는 ⑦의 저술이 포함되어 있다.
⑪ 申千湜, 『高麗敎育制度史研究』(螢雪出版社, 1983).
⑫ 李熙德, 『高麗儒敎政治思想의 研究』(一潮閣, 1984).
⑬ 金忠烈, 『高麗儒學史』(高麗大出版部, 1984).
⑭ 李樹健, 『韓國中世社會史研究』(一潮閣, 1984).
⑮ 金成俊, 『韓國中世政治法制史研究』(一潮閣, 1985).
⑯ 許興植, 『高麗佛敎史研究』(一潮閣, 1986).
⑰ 金塘澤, 『高麗武人政權研究』(새문社, 1987).
⑱ 金龍善, 『高麗蔭敍制度研究』(韓國研究院, 1987).
⑲ 河炫綱, 『韓國中世史研究』(一潮閣, 1988). 여기에는 ①의 저술이 포함되어 있다.
⑳ 정용숙, 『高麗王室族內婚研究』(새문社, 1988).
㉑ 宋芳松, 『高麗音樂史研究』(一志社, 1988).

㉒ 孫弘烈, 『韓國中世의 醫療制度硏究』(修書院, 1988).

이들 이외에 일본인의 저술도 몇몇 눈에 띤다. 즉,

㉓ 周藤吉之, 『高麗朝官僚制の硏究』(法政大學出版局, 1980).
㉔ 有井智德, 『高麗李朝史の硏究』(國書刊行會, 1985).
㉕ 浜中昇, 『朝鮮古代の經濟と社會』(法政大學出版局, 1986).

등이 보이며, 또 博士學位論文으로 제출되었으나 아직 정식으로 출간하지 않은 것으로,

㉖ 辛虎雄, 『高麗刑法史硏究』(1986).
㉗ 尹龍爀, 『高麗 對蒙抗爭史 硏究』(1987).
㉘ 金光哲, 『高麗後期 世族層과 그 動向에 관한 硏究』(1987).

등도 찾아진다. 전해 듣기로는 이처럼 박사학위를 취득하기 위해 제출된 논문은 몇 편 더 있다고 하거니와, 아마 불원간에 모두 활자화되리라고 기대된다.

지금 이 저술들은 언뜻 살피더라도 대개는 어느 한 주제를 집중적으로 다루고 있음을 알 수가 있다. 그리고 그 분야는 정치·경제·사회·사상·교육·문화 등 각 방면에 걸치고 있음도 쉽게 파악된다. 고려시대사의 연구 역시 깊이와 다양성을 더해 가고 있다는 단적인 증거이다.

그러나, 비단 고려시대사에 한한 것은 아니지만 학계의 일각에서는 그러한 단행본 가운데에 혹 史料의 충분한 검토와 같은 과정을 결여한 것은 없는 지에 대해 우려가 표명되고 있다. 논자들로서는 마땅히

귀를 기울여야 할 지적이라 생각된다. 만약에 그같은 면에서 조금이라도 꺼려지는 점이 있다면 우리들은 반드시 시정하여야 하며, 그러한 바탕 위에서 집중적인 연구작업이 계속되어야 할 것이다.

다음 이 시기의 사실로 하나 더 눈이 가는 것은 위에서와 같은 전문적인 연구서가 아니라 學說史를 중심으로 하여 엮은 槪說書의 출간이다.『高麗時代史』〈上·下〉(朴龍雲 著, 一志社, 1985·1987)가 그것인데, 이는 시대사의 형태를 취하면서도 각각의 주제들에 대해 연구자들은 어떻게 생각하여 왔는가를 대학생 정도이면 이해할 수 있도록 알기 쉽게 설명한 入門書와 같은 저술로, 고려시대사의 일반화에도 얼마간 기여하지 않을까 예상된다.

그러나 이들 못지않게 커다란 의의를 지니는 일은 역시 史料의 발굴·조사·정리 작업이 아니었을까 싶다. 역사의 연구에 있어 사료의 중요성은 거의 절대적이거니와, 더욱 고려시대사처럼 이용할 수 있는 전적이 비교적 적은 경우에 古文書나 金石文 및 불교관계 기록 등은 매우 귀중한 자료가 된다. 그러므로 이 방면에도 오래 전부터 관심이 기울여져 왔었는데, 그것이 근자에 결실을 맺어 몇 권의 자료집으로 나오게 된 것이다. 그 가운데서도 특히

○ 李基白編,『韓國上代古文書資料集成』(一志社, 1987).
○ 許興植,『한국의 古文書』(民音社, 1988).

는 古文書에 관한 처음의 정리로서 의미가 크다고 할 수 있다. 불교관계의 것으로는,

○『韓國佛敎全書』4~6(東國大 佛敎全書編纂委員會, 1983~1984).

이 출간되어 우리들이 보다 정확한 자료를 손쉽게 이용할 수 있게 하였다는 데에서 주목되며, 또 앞서도 제시한 許興植, 『高麗佛敎史硏究』(一潮閣, 1986)는 불교사로서뿐 아니라 그에 관계되는 새로운 자료들을 다수 소개하고 있어서 이 점에서도 큰 몫을 담당할 것으로 보인다.

이밖에 개별 논문의 형식을 빌어 새로이 소개된 자료들도 몇몇 눈에 띈다. 예컨대,

○ 閔賢九,「閔漬와 李齊賢-李齊賢 所撰「閔漬 墓誌銘」의 紹介 檢討를 중심으로-」(『李丙燾九旬紀念 韓國史學論叢』, 1987).
○ 金龍善,「高麗 墓誌銘 二例-高瑩中과 그의 孫女 高氏夫人 墓誌銘」(上同).
○ 金龍善,「新資料 高麗 墓誌銘 17點」(『歷史學報』117, 1988).

등이 그러한 것들이다. 이는 黃壽永 編,『韓國金石遺文』(一志社, 1976)에 이어지는 성격을 지닌 일련의 작업으로서 고려시대사의 연구에 상당한 도움을 줄 것이 예상된다. 그리고 趙東元은 이미 정리된 바 있는 것이기는 하지만 전국 각지의 金石文을 道別로 나누어 1979년부터 연차적으로 『韓國金石文大系』를 내놓고 있는데, 그는 여기에서 金石文의 拓本을 사진으로 제시하여 보다 정확한 자료를 제공함으로써 역시 연구에 많은 도움을 주리라 생각된다. 모두 특기할 만한 성과라 하겠다.

고려시대사 연구의 확산·심화에 밑바탕이 되고 자극제 역할을 할 이와 같은 사료의 조사·소개와 학설사의 정리 및 전문연구서의 출간 등은 앞으로도 우리들이 계속해서 관심을 가지고 추진해야 하리라는 것은 새삼 강조할 필요조차 없다고 본다.

(3) 政治史 分野

1) 羅末麗初의 豪族과 高麗王朝의 確立過程

그러면 지금부터 각 분야별로 논문들에 대해 알아보기로 하는데, 먼저 정치사 부문에서는 여전히 羅末麗初의 전환기가 큰 관심을 끌어 後三國과 豪族 및 고려의 건국과 王權에 관한 연구가 다수 나온 사실이 확인된다. 그 가운데 우선 後百濟에 대한 것으로는 朴敬子, 「甄萱의 勢力과 對王建關係」(『淑大史論』 11·12 합집, 1982)와 申虎澈의 「後百濟 甄萱 硏究(Ⅰ)」(『百濟論叢』 1, 1985);「後百濟의 支配勢力에 대한 分析」(『李丙燾九旬紀念 韓國史學論叢』, 1987)이 찾아지며, 泰封과 그의 건국자 弓裔에 대한 연구로는 申虎澈, 「弓裔의 政治的 性格」(『韓國學報』 29, 1982)·李貞信, 「弓裔政權의 成立과 變遷」(『鄭在覺古稀記念 東洋學論叢』, 1984)·金到勇, 「弓裔 勢力形成考」(『東義史學』 2, 1985)·崔圭成, 「弓裔政權의 支持勢力」(『東國史學』 19·20 합집, 1986)·鄭淸柱, 「弓裔와 豪族勢力」(『全北史學』 10, 1986) 등이 눈에 띤다. 여러 각도에서 사실의 규명에 노력해 온 흔적을 엿볼 수 있거니와, 특히 마지막의 鄭淸柱 논문은 弓裔와 寧越·溟州·淸州·公州 등지에 존재했던 호족세력과의 관계를 추적한 새로운 시각의 글로서 주목된다.

고려를 건국하고 後三國을 통일한 太祖 王建과 관련한 논문도 다수 발표되어, 朴漢卨은 「高麗 王室의 起源-高麗의 高句麗繼承理念과 관련하여-」(『史叢』 21·22 합집, 1977)에서, 崔根泳은 「高麗 建國理念의 國系的 性格-王建의 성장과정을 中心으로-」(『韓國史論』 18, 국편위, 1988)에서 각기 그의 出自에 따른 문제를 다루었고, 또 文暻鉉,

「王建太祖의 民族再統一의 硏究」(『慶北史學』1, 1979)와 朴漢卨, 「高麗太祖의 後三國 統一政策」(『史學志』14, 1980)은 후삼국의 통일과정과 그 정책을 종합적으로 취급한 것이다. 이에 비해 鄭容淑은, 太祖의 결혼정책만을 따로 다룬 「高麗初期 婚姻政策의 추이와 王室族內婚의 성립」(『韓國學報』37, 1984)을 발표하였고, 李泰鎭과 朴漢卨은 각각 「金致陽 亂의 性格-高麗初 西京勢力의 政治的 推移와 관련하여-」(『韓國史硏究』17, 1977)와 「羅州道大行臺考」(『江原史學』1, 1985)에서 太祖와 西京勢力 및 羅州와의 특수한 관계를 밀도있게 추적하였다. 그리고 金光洙는 후삼국의 통일에 따르는 一國家意識의 전제로서 '三韓'이라는 領域意識과 '朝鮮'을 시원으로 하는 민족사적 역사의식이 그 기초가 되었다는 취지의 「高麗建國期-國家意識의 理念的 基礎」(『高麗史의 諸問題』, 1986)를 발표하고도 있다.

그러나 羅末麗初에 있어서는 역시 호족의 문제가 더욱 큰 관심의 대상이 되었다. 물론 위의 논고들 가운데에서도 이와 관련되는 것들이 많지만, 崔根泳의 「8~10世紀 地方勢力 形成의 諸要因」(『閔丙河停年紀念 史學論叢』, 1988)처럼 호족세력이 대두하게 되는 원인을 다룬 글과 더불어, 아래의 논문들은 그 호족의 실체인 村主層 및 城主·將軍·地方官 등과 그들의 조직문제까지 취급한 연구로서 주목되는 것이다.

○ 金光洙, 「羅末麗初의 豪族과 官班」(『韓國史硏究』23, 1979).
○ 尹熙勉, 「新羅下代의 城主·將軍-眞寶城主 洪術과 載岩城將軍 善弼을 中心으로-」(『韓國史硏究』39, 1982).
○ 金周成, 「新羅下代의 地方官司와 村主」(『韓國史硏究』41, 1983).
○ 全基雄, 「羅末麗初의 地方社會와 知州諸軍事」(『慶南史學』4, 1987).

그리고 다음의 논문들은 특정 지역의 호족을 검토하고 있다. 즉,

○ 金光洙,「高麗建國期의 浿西豪族과 對女眞關係」(『史叢』 21·22 합집, 1977).
○ 金甲童,「高麗建國期의 淸州勢力과 王建」(『韓國史硏究』 48, 1985).
○ 朴敬子,「淸州豪族의 吏族化」(『淑大 원우논총』 4, 1986).
○ 文秀鎭,「高麗建國期의 羅州勢力」(『成大史林』 4, 1987).
○ 金周成,「高麗初 淸州地方의 豪族」(『韓國史硏究』 61·62, 1988).

등과 같이 연구자들은 각기 浿西地方과 淸州·羅州의 호족세력을 살피고 있으며, 또 鄭淸柱는「新羅末·高麗初 豪族의 形成과 變化에 대한 一考察—平山朴氏의 一家門의 實例 檢討—」(『歷史學報』 118, 1988)라는 논제에서 드러나듯이 특정 가문을 중심으로 하여 호족문제에 접근하고 있다. 이와 같이 호족은 그의 出自나 성분·지배조직에 대한 해명뿐 아니라 그들이 번성했던 지역 또는 그러한 바탕을 지녔던 가문을 검토하는 방식 등에 의해 실체를 밝히는 작업이 이루어져 왔음을 알 수 있거니와, 이러한 접근은 앞으로 더 시도될 것이 예상된다.

그런데 한편 근자에는 우리들이 이처럼 당시 역사의 주체세력으로 이해하고 있는 이 '豪族'에 대해, 과연 저들을 그렇게 불러도 좋겠는가 하는 용어상의 문제를 제기한 논자가 있어 주의가 끌린다. 李純根은 「羅末麗初 '豪族' 용어에 대한 연구사적 검토」(『聖心女大論文集』 19, 1987)에서 그의 개념과 성격 및 사용 연혁 등을 검토한 뒤 우리나라 羅末麗初期의 지방세력을 '豪族'으로 나타내는 것은 적절치 못하다는 결론을 내고 있는 것이다. 氏의 지적처럼 우리들은 그 동안 이 용어를 엄정한 검증과정을 거치지 않은 채 사용하여 온 것이 사실이다. 그런 점에서 이번의 논고는 의미가 크다. 하지만 호족이 촌주에서 기원했다

는 설이 지니는 제약성에 대한 설명은 아직 그렇게 충분한 설득력을 가지고 있지 못한 듯한 느낌이 드는 등 숙고를 요하는 대목도 없지 않아, 앞으로 좀더 논의가 필요할 것 같다.

 이 '豪族' 용어문제에 앞서 종래와 같이 고려초기의 정권을 豪族聯合政權이라고 이해하는 데 대해서도 의문이 제기되었다. 당시에도 왕권이 호족의 지배영역에까지 발동될 수 있었으므로 그 정권의 형태를 호족연합정권이라고 성격지우는 것은 옳지 않다는 주장이 나온 것이다. 朴菖熙의 「高麗初期 '豪族聯合政權'說에 대한 檢討 - '歸附'豪族의 정치적 성격을 중심으로 -」(『韓國史의 視角』, 1984)가 당해 논문인데, 그 뒤 이와 의견을 같이하는 글이 몇 편 더 발표되었다. 嚴成鎔, 「高麗初期王權과 地方豪族의 身分變化 - '豪族聯合政權'說에 대한 檢討 -」(『高麗史의 諸問題』, 1986)·黃善榮, 「高麗 太祖時期 官僚研究」(『東義史學』 3, 1987)·鄭景鉉, 「高麗太祖代의 徇軍部에 대하여」(『韓國學報』 48, 1987) 등이 그것이다. 요컨대 이 문제는 왕권과 지방호족 사이에 이루어진 표면상의 군신관계가 어느 정도의 실질적인 의미를 지니는 것이었느냐는 데 귀착될 것 같다. 그러므로 우리는 이를 국왕의 호족에 대한 징벌권이나 그 지역에서의 징세권·군사동원권 등의 문제를 구체적으로 세밀하게 천착하는 과정을 통해 해결해 가야 하리라고 생각된다.

 호족의 문제는 王位繼承과 관련하여 더 논의가 진행되었다. 姜喜雄의 「高麗 惠宗朝 王位繼承亂의 新解釋」(『韓國學報』 7, 1977)은 그 같은 연구의 하나이다. 여기에서는 惠宗朝를 전후한 시기에 왕실과 호족세력이 왕위를 둘러싸고 전개한 정쟁이 취급되고 있는 것이다. 잘 알려져 있듯이 고려의 왕권은 그 뒤에 光宗이 혁신정치를 단행하면서 호족세력을 억누르고 어느 정도의 안정을 찾게 되거니와, 이것이 논자들의 관심을 끌어 그에 관한 각종 연구가 이루어졌다. 李基白編, 『高麗光宗硏究』(一潮閣, 1981)는 그 점을 잘 말해 주는 논문집이다. 여기에는 李鍾旭의 「高麗初 940年代의 王位繼承戰과 그 政治的 性格」과 吳星의 「高麗 光宗代의 科擧合格者」를 포함하여 光宗代를 다룬 여러 편의 논고가 실려 있다. 아래의 논문도 같은 범주의 글들이다.

○ 金杜珍, 「高麗 光宗代의 專制王權과 豪族」(『韓國學報』 15, 1979).
○ 全基雄, 「高麗 光宗代의 文臣官僚層과 '後生讒賊'」(『釜大史學』 9, 1985).
○ 黃善榮, 「高麗初期 公服制의 成立」(『釜山史學』 12, 1987).

이밖에 光宗朝와 그 이후의 정치문제를 다룬 崔圭成, 「高麗初期 官僚體制와 政治擔當勢力의 變遷」(『鄭在覺古稀記念 東洋學論叢』, 1984)과 鄭容淑, 「高麗王室 族內婚의 展開와 變質」(『李丙燾九旬紀念 韓國史學論叢』, 1987) 등도 찾아진다. 다양한 문제의식을 엿볼 수 있거니와, 이처럼 가능하면 작은 주제를 잡아 보다 깊이있게 추구하는 노력은 바람직한 방향이므로 앞으로도 계속하여 권장되어야 하리라 생각된다.

2) 高麗社會의 性格論과 科擧·蔭叙制

70年代에 들어와 고려사회의 성격에 대한 논쟁이 일어났다. 이전까지는 고려를 貴族制社會로 이해하여 왔었는데, 그와 달리 官僚制 내지 家産官僚制社會로 보아야 한다는 새로운 주장이 대두된 때문이었다. 朴龍雲의 「高麗 家産官僚制說과 貴族制說에 대한 檢討」(『史叢』 21·22 합집, 1977)는 이러한 과정에서, 귀족제나 가산관료제 등의 개념을 중심으로 검토해 본 결과 역시 전자의 주장이 옳았다는 논지를 편 것이

다. 그러나 곧이어 朴菖熙는「高麗時代 '貴族制社會'說에 대한 再檢討」(『白山學報』23, 1977)를 발표하여 후자의 견해를 표명했던 자신의 입장을 재천명하고 있다. 그 뒤에도 심심찮게 논의되고 있는 것으로 미루어 아직 이 문제는 완결을 보지 못한 채 남아 있는 상태라고 해야 할 것 같다.

그런데 이 논쟁이 진행된 초기부터 귀족제사회설을 주장한 측에서는 蔭叙制를, 관료제사회설을 주장한 측에서는 科擧制를 입론의 근거로 제시하였다. 그리하여 官人을 선발하는 이들 두 제도가 새삼스럽게 연구자들의 관심을 끌어 그에 관한 많은 논문들이 나오게 되었다. 그 가운데 음서제의 해명에 치중한 것으로는 우선

○ 許興植,「高麗의 科擧와 門蔭制度와의 比較」(『韓國史研究』27, 1979).

를 들 수 있는데, 그러나 氏는 여기에서 음서제도에 대한 연구와 더불어 그것을 자신이 이전부터 검토해 온 科擧制와 여러 방면으로 비교하여 결국 전자보다는 후자가 더 중요한 기능을 담당했다는 의견을 내놓았다. 이에 비해 뒤이어 발표된,

① 韓忠熙,「高麗前期社會의 性格에 대하여－科擧·蔭叙出身의 歷官 分析을 中心으로－」(『韓國史論集』9, 1982).
② 朴龍雲,「高麗時代 蔭叙制의 實際와 그 機能(上·下)」(『韓國史研究』36·37, 1982).
③ 金龍善,「高麗時代의 蔭叙制度에 대한 再檢討」(『震檀學報』53·54 합집, 1982).
④ 盧明鎬,「高麗時의 承蔭血族과 貴族層의 蔭叙機會」(『金哲埈華甲紀念 史學論叢』, 1983).

에서는 음서제 자체에 관한 전면적인 재검토와 함께 그의 중요성을 크게 강조하는 입장을 취하여 새로운 국면을 열었다. 하지만 특히 後三者 사이에도 ②에서는 종래와 달리 한 명의 관료가 여러 명의 자손에게 蔭職을 줄 수 있었다고 파악한 데 반해 ③·④에서는 여전히 '1 人1子'의 원칙이 주장되는 등 구체적인 문제들에 대해서는 상당한 의견의 차이를 보이고 있다. 그 뒤 朴龍雲은 다시「高麗時代의 蔭叙制에 관한 몇 가지 問題」(『高麗史의 諸問題』, 1986)를 발표하였고, 金龍善은 力著인『高麗蔭叙制度研究』(韓國研究院, 1987)를 출간했지만 견해 차이는 여전한 실정이다. 역시 앞으로 해결해야 할 과제들이라 하겠다.

科擧制에 대해서는 許興植의 (2)-⑤ 저술이 나와 종합적인 이해가 가능하게 되었고, 張東翼의「高麗時代의 官僚進出(其一)-初仕職-」(『大丘史學』12·13 합집, 1977) 또한 많은 도움을 주는 연구였다. 그리고 얼마 뒤에는 柳浩錫이「高麗時代의 國子監試에 대한 再檢討」(『歷史學報』103, 1984);「高麗時代의 覆試」(『全北史學』8, 1984);「高麗時代의 制科應試와 그 性格」(『宋俊浩停年紀念論叢』, 1987) 등 일련의 勞作을 발표하여 그 깊이를 더해 주었다. 물론 이 가운데에서 柳浩錫의 國子監試에 대한 연구의 경우 그 성격을 國子監에의 入學資格試驗이라고 파악하여 종래 여러 사람들이 科擧의 예비고시로 이해해 왔던 바와는 상당히 다른 주장을 폄으로써 새로운 문제가 제기되기도 하였다. 이에 대해 근자에는 朴龍雲이「高麗時代 科擧의 考試와 體系에 대한 檢討」(『韓國史研究』61·62, 1988)에서 국자감시는 역시 科擧의 예비고시로 파악하는 게 좋겠다는 논증을 하고 있거니와, 그는 이외에도 본고를 통해 '東堂監試'를 東堂試와 監試〔國子監試〕의 合成文句로 설명하는 등 科擧의 각종 시험명을 재검토하고 있다.

科擧制는 이들 논문뿐 아니라 文炯萬의「高麗科擧制度에 있어 赴

學資格의 再檢討」(『釜山史學』4, 1980)와 李楠福, 「麗末鮮初의 座主·門生關係에 關한 一考察」(『鄭在覺古稀記念 東洋學論叢』, 1984)·崔惠淑, 「高麗時代 知貢擧에 대한 硏究」(『崔永禧華甲紀念 韓國史學論叢』, 1987) 등에 의해서도 새롭게 밝혀진 부문이 많다. 그리고 특히 金龍善의 「蔭叙制度와 科擧制度의 比較」(『高麗蔭叙制度硏究』, 1987)에서는 음서출신자와 함께 과거출신자의 진출 문제가 밀도있게 다루어졌다. 하지만 아직 科擧는 그의 핵심 과제 가운데 하나인 응시자격 문제가 그렇게 잘 해명되어 있다고는 생각되지 않는다. 아울러 급제자에 대한 정밀한 분석이 결여되어 있는 등 더 추적해 보아야 할 과제들은 꽤 많은 것 같다. 앞으로의 연구가 기대된다.

3) 統治組織 關係

정치권력이 발동되는 매개체인 통치기구나 관직체계 등에도 전과 다름없이 논자들의 관심이 베풀어졌다. 그리하여 다양한 주제들이 다루어졌는데, 하지만 이 시기에 무엇보다 주목받은 대상은 이른바 3省 體制가 성립되기 이전의 통치기구들인 廣評省과 內奉省·徇軍部 등이었다. 아래에 그 논문들을 들어보면 다음과 같다.

① 李基東, 「羅末麗初의 近侍機構와 文翰機構의 擴張」(『歷史學報』 77, 1978).
② 木下禮仁, 「『三國遺事』金傅大王條에 みえる '冊尙父誥'についての一考察」(『朝鮮學報』 93, 1979).
③ 邊太燮, 「高麗初期의 政治制度」(『韓沽劤停年紀念 史學論叢』, 1981).
④ 張東翼, 「金傅의 冊尙父誥에 대한 一檢討」(『歷史敎育論集』 3, 1982).
⑤ 趙仁成, 「弓裔政權의 中央政治組織 — 이른바 廣評省體制에 對하여 —」

(『白山學報』33, 1986).
⑥ 鄭景鉉,「高麗太祖代의 徇軍部에 대하여」(『韓國學報』48, 1987).

 이 가운데 ①·②는 참고적인 것이며 ③이 그 문제를 본격적으로 다룬 것인데, 여기서는 종래 廣評省 및 徇軍部를 호족세력과 밀접한 관련이 있는 기구로 보아왔던 바와는 달리 왕명을 받들어 행하는 행정기구적 성격으로 이해한 점이 특이하다. 이에 대해 ④는 재래의 설을 따랐지만 ⑤·⑥은 견실한 고증을 거쳐서 후자와 같은 결론을 내고 있어 유의해 둘 필요가 있을 것 같다.
 文翰機構인 翰林院과 史館에 대해서는 崔濟淑의「高麗翰林院考」(『韓國史論叢』4, 1981)와 邊太燮,「高麗의 文翰官」(『金哲埈華甲紀念 史學論叢』, 1981) 및 申守植,「高麗前期의 史館制度」(『誠信史學』6, 1988)가 발표되어 대체적인 윤곽을 잡게 되었으며, 좀 개괄적이기는 하나 朴天植,「高麗前期의 寺·監 沿革考」(『全北史學』5, 1981)와 文炯萬,「高麗特殊官府研究-諸司都監各色의 分析-」(『釜山史學』9, 1985)은 諸寺·諸監·諸司都監各色을 이해하는 데 도움을 주는 글들이다.
 그리고 朴龍雲은 그 전부터 취급해 오던 臺諫問題를 계속 추적하여「高麗時代의 臺諫과 宰樞文武兩班」(『誠信女大論文集』12, 1979)을 내놓았고, 鄭鎭禹 역시「高麗前期의 王權制約-諫諍·封駁을 중심으로-」(『淸州大 人文科學論集』2, 1983)에서 대간과 왕권 및 재상들과의 관계를 다루었다.
 이러한 통치기구들에 대한 연구는 대소의 차이는 있더라도 권력구조와 관련을 갖게 마련이다. 그런데 아직까지는 이 점이 그렇게 부각되고 있지 못한 경우가 많은 듯하다. 아울러 고려 때의 핵심적인 통치기구에 해당하는 中書門下省이나 尙書省 등이 다루어지고 있지 않다는 것 또한 좀 생각해 볼 문제이다. 물론 이들에 대해서는 先學들의 훌륭한 연구성과가 나와 있으나 운영의 실제면 등은 더 밝혀져야 할 것으로 보이는 것이다.

官職體系問題에 있어서는 金光洙의 「高麗時代의 權務職」(『韓國史研究』 30, 1980)과 鄭杜熙, 「高麗末期의 添設職」(『震檀學報』 44, 1978)이 두드러진 업적으로 꼽힌다. 그리고 張東翼은 「高麗前期의 兼職制에 대하여」(『大丘史學』 11·17, 1976·1979)에서 겸직제 문제를 다루어 이 방면의 이해에 단서를 열었다. 관직과 표리관계에 있는 官階에 대해서, 초기의 것은 金甲童이 「高麗初期 官階의 成立과 그 意義」(『歷史學報』 117, 1988)에서, 成宗 14년부터 채택되는 文散階는 朴龍雲이 「高麗時代의 文散階」(『震檀學報』 52, 1981)에서 각각 분석하고 있다. 하지만 이와 같은 몇몇 주제에 대한 해명에도 불구하고 관직과 관계되는 연구는 초보적 단계에 머물고 있다고 해도 과언이 아닐 듯싶다. 승진문제, 借職·試職 문제 등 앞으로 해결해 가야 할 과제들이 산적해 있는 것이다. 이 방면에도 더 관심을 기울일 필요가 있음을 알 수 있다.

그러면 다음으로 지방통치조직에 관한 연구상황을 알아보기로 하는데, 이 부문에서도 역시 國初의 문제가 중요 관심사의 하나로 지목되어 여러 편의 논문이 쓰이고 있다. 다 아는 대로 고려왕조에서 정식으로 상주하는 지방관을 파견한 것은 成宗 2년이다. 그러므로 종래에는 이 이후의 郡縣制 문제를 중심으로 논의하여 왔었다. 하지만 근래에 건국기, 특히 太祖 23년의 郡縣改編을 전후한 시기의 지방통치조직에 대한 중요성이 인식되면서 그 문제들이 집중적으로 다루어진 것이다. 州를 의제로 검토한 金甲童의 「'高麗初'의 州에 대한 考察」(『高麗史의 諸問題』, 1986)을 비롯하여 李義權의 「高麗의 郡縣制度와 地方統治政策」(上同) 및 朴宗基의 「『高麗史』 地理志의 '高麗初' 年紀實證—

太祖代 郡縣改編의 背景-」(『李丙燾九旬紀念 韓國史學論叢』, 1987);「高麗 太祖 23년 郡縣改編에 관한 硏究」(『韓國史論』 19, 1988) 등이 그러한 것들이다. 그리고 邊太燮은 「高麗初期의 地方制度」(『韓國史硏究』 57, 1987)에서 이 시기의 지방에 대한 중앙권력의 침투 문제를 취급하고 있지마는, 모두가 군현제의 해명에 기여가 많을 것으로 짐작된다. 浜中昇의 「十世紀末における高麗州縣制の施行」(『朝鮮學報』 84, 1977)과 江原正昭의 「高麗朝外官の歷史的展開」(『朝鮮歷史論集』 上, 1979)는 成宗朝 이후의 군현제를 다룬 논고로써 아울러 이 방면의 이해에 참고가 된다.

　지방관도 당연히 하나의 큰 주제가 되어 활발한 논의가 있었다. 金潤坤은 「麗代의 按察使制度 成立과 그 背景」(『嶠南史學』 창간호, 1985)에서 道의 장관인 按察使를 설치 목적에 중점을 두어 고찰하였고, 李惠玉은 「高麗時代의 守令制度硏究」(『梨大史苑』 21, 1985)에서 牧使 이하의 각급 수령들에 대해 제도사적인 추적을 하고 있으며, 元昌愛는 「高麗 中·後期 監務增置와 地方制度의 變遷」(『淸溪史學』 1, 1984)에서 睿宗朝 이후 말단 外官으로 설치되는 監務를 주제로 잡아 연구하고 있다.

　한편 朴宗基는 「高麗의 郡縣體系와 界首官制」(『韓國學論叢』 8, 1986)에서 界首官 문제를 다루고 있는데, 그는 이를 종래의 통설과 같이 京·都護府·牧의 장관으로만 보지 않고 知郡事·縣令·防禦使·鎭將 등도 포함한다는 주장을 펴 주목된다. 자료가 보강되어 그의 주장이 사실로서 확인될 경우 군현제의 이해에 상당한 진전이 예상되는만큼 좀더 논의가 전개되었으면 좋을 듯싶다. 이밖에 일정 지역을 예로 하여 守令制를 검토한 張東翼의 「高麗後期 守令任命 實態」(『慶北大論文集』 36, 1983)와 金皓東,「高麗 武臣政權時代 地方統治의 一斷面」(『嶠南史

學』 3, 1987)도 찾아지므로 함께 들어둔다.

지방관을 보좌하여 통치의 실무에 임했던 鄕吏들의 역할이 매우 컸다는 것은 잘 알려진 사실이다. 따라서 이들에 대해서도 관심이 베풀어졌는데, 趙榮濟의 「高麗前期 鄕吏制度에 대한 一考察」(『釜山史學』6, 1982)은 成宗朝 이후 그들의 직제가 정비되어 가는 과정을 살핀 것이다. 그런가 하면 李純根은 「高麗初 鄕吏制의 成立과 實施」(『金哲埈華甲紀念 史學論叢』, 1983)에서 향리제가 성종 2년에 공식적으로 마련되기에 앞서 이미 고려초기부터 지역에 따라서 단계적으로 성립되었음을 논증하여 우리에게 많은 시사를 주고 있으며, 李勛相은 「高麗中期 鄕吏制度의 變化에 대한 一考察」(『東亞硏究』 6, 1985)에서 睿宗朝에 上戶長制가 신설되고, 다시 무신집권기에 詔文記官이 설치되어, 향리의 職掌이 이들 上戶長・詔文記官과 함께 都領 등 3人에 의해 분화・운영되는 三班體制로 되었음을 밝혀, 종래 좀 막연히 이해하여 왔던 향리직제의 구조 파악을 진일보시키고 있다. 바람직한 연구방향이었다고 생각된다. 이들 이외에 朴宗基는 部曲吏를 따로 떼어내어 검토하였고[「高麗의 部曲吏」(『高麗史의 諸問題』, 1986)], 朴恩卿은『世宗實錄』 地理志의 續姓 분석을 통해 고려후기 향리층의 변동상황을 살피고 있다[「高麗後期 鄕吏層의 變動」(『震檀學報』 64, 1987)]. 그리고 李純根은 향리층에 대한 간접지배 방식으로 설치되었던 事審官에 대해서도 추적하고 있거니와[「高麗時代 事審官의 機能과 性格」(『高麗史의 諸問題』, 1986)], 한결같이 주목되는 논고들이었다.

兩界의 통치구조에 대해서는 그의 장관인 兵馬使를 중심으로 하여 다룬 小見山春生의 「高麗前期兵馬使機構に關する一考察」(『朝鮮史研究會論文集』 20, 1983)이 찾아진다. 아울러 西京의 통치조직은 李根花가 「高麗成宗代의 西京經營과 統治組織」(『韓國史研究』 58, 1987)에서 취급

하고 있으며, 朴宗基의 「高麗時代 村落의 機能과 構造」(『震檀學報』 64, 1987)는 촌락의 문제를 새로운 시각에서 검토한 것이었다. 앞으로 이 방면의 연구에 一助가 되리라 생각된다.

4) 軍制關係

軍制는 李基白·姜晉哲 두분 교수의 연구와 논쟁 과정을 거치면서 보다 선명하게 윤곽이 드러났거니와, 洪承基, 「高麗초기 中央軍의 組織과 役割－京軍의 性格」(『高麗軍制史』, 1983)과 金塘澤, 「高麗초기 地方軍의 形成과 構造－州縣軍의 性格」(上同)은 대략 전자의 이해와 맥락을 같이 하는 것이었다. 그런데 얼마 전부터 이들과는 좀 다른 몇 가지 異見이 제시되었다. 그 하나가 京軍인 6衛의 설치시기 문제인데, 이전에는 그 때를 成宗 14년으로 보아왔으나 鄭景鉉은 「高麗前期 武職體系의 成立」(『韓國史論』 19, 1988)에서 이미 光宗朝 후반기에는 마련되었을 것이라는 견해를 내놓고 있는 것이다. 구체적인 사료의 제시와 함께 전개된 그의 논지는 상당한 설득력이 있다고 생각되는 것이어서 앞으로의 귀추가 주목된다.

張東翼은 「高麗前期의 選軍－京軍 構成의 이해를 위한 一試論－」(『高麗史의 諸問題』, 1986)에서 選軍에 대한 검토를 통해 경군을 軍班氏族 등의 특정군인층과 농민군인의 이원적 구성으로 되어 있었다는 논지를 폈다. 크게 보면 종래의 府兵制說과 軍班制說을 함께 수용하는 입장을 취한 것인데, 그러나 이들 두 학설간의 대립·논쟁 역시 정밀한 검증을 수반한 것이었으므로, 요는 그 같은 논리를 얼마나 잘 극복할 수 있을까가 문제될 듯하다. 하지만 府兵制說과 軍班制說도 각기 그 나름대로 의문점을 내포하고 있는 것인만큼 그것들을 해소시켜 보려는 새로운 시도로서 평가해 주어야 할 것 같다.

閔賢九는 「高麗後期의 班主制」(『千寬宇還曆紀念 韓國史學論叢』, 1985) 에서 重房이 上·大將軍의 회의기구로 기능하고, 그의 최고 지위에 있는 鷹揚軍上將軍이 班主로써 막중한 권력을 가지게 되는 것은 고려전기에서부터가 아니라 武臣政權期에 들어와서 비롯된다는 점을 지적하고 있다. 그리고 趙仁成은 「高麗 兩界 州鎭의 防戍軍과 州鎭軍」(『高麗光宗硏究』, 1981)에서 종래와 달리 防戍軍은 州鎭軍과 같은 체계내에 있지 않았다는 사실을 밝히고 있다. 軍制에 대한 우리의 이해에 수정을 불가피하게 하는 연구로 생각된다. 부가하여 金南奎의 「高麗의 水軍制度」(『高麗軍制史』, 1983) 역시 水軍 관계를 정리한 논고로서 그 의미가 클 듯하다.

고려 후기 내지 말기의 軍制는 연구가 매우 부진한 부문중의 하나인데, 다행스럽게 근자에는 이를 해명하기 위한 글도 몇 편 씌어지고 있다. 우선 閔賢九의 「高麗後期의 軍制」(『高麗軍制史』, 1983)는 그 개괄로서 우리에게 줄거리를 알려준다. 이 이외에 개별 문제에도 관심을 기울여 李永東은 恭愍王 때 설치된 忠勇衛를 주제로 한 「忠勇衛考」(『陸軍第三士官學校論文集』 13, 1981)를 발표하였고, 吳宗祿은 都巡問使를 다룬 「高麗末의 都巡問使－下三道의 都巡問使를 中心으로－」(『震檀學報』 62, 1986)를 내놓고 있으며, 元의 영향하에서 생긴 萬戶府制에 대해서는 崔壹聖·崔根成 兩氏가 각기 「高麗의 萬戶」(『淸大史林』 4·5 합집, 1985) 및 「高麗 萬戶府制에 관한 硏究」(『關東史學』 3, 1988)를 발표하고 있는 것이다. 그리고 許興植, 「高麗末 李成桂(1335~1408)의 세력기반」(『歷史와 人間의 對應, 高柄翊回甲紀念 史學論叢』, 1984)과 柳昌圭, 「李成桂의 軍事的 基盤」(『震檀學報』 58, 1984)에서는 공히 이성계가 거느리고 있던 私兵을 다루어 당시의 군사문제를 이해하는 데 많은 도움을 주고 있다. 하지만 이러한 몇몇 연구에도 불구하고 고려후기의 군제는 아직 개척적 단계에 머물고 있다는 느낌이다. 더욱 적극적으로 관심을 쏟아야 할 필요성이 절실한 분야라 하겠다.

5) 武臣政權과 '權門世族'·新進士類

고려전기 文臣 중심의 귀족정권은 仁宗代에 일어난 이른바 李資謙의 亂과 妙淸의 亂으로 크게 동요되더니, 다시 毅宗 24년(1170)에 폭발한 武臣亂으로 인해 붕괴되고 만다. 이런 사실에 유의하여 朴性鳳은 「高麗 仁宗朝의 兩亂과 貴族社會의 推移」(『高麗史의 諸問題』, 1986)에서 전자를 다루었고, 金南奎는 「高麗 仁宗代의 西京遷都運動과 西京叛亂에 대한 一考察」(『慶大史論』 창간호, 1985)에서 妙淸亂만을 주제로 취급했는데, 특히 여기에서는 묘청 등이 주장한 金國征伐論을 부정적으로 보았고, 반란 과정에서 趙匡이 담당한 역할을 크게 강조하는 등의 좀 색다른 면도 주장되고 있다.

이후 발생한 武臣亂의 원인에 대해서는 그 동안 여러 논자들이 다각도로 검토하여 왔다. 黃秉晟의 「高麗 毅宗代의 政治實態와 武人亂」(『朴性鳳回甲紀念論叢』, 1987)은 그 일부를 다시 생각해 본 것이지만, 河炫綱의 「高麗 毅宗代의 性格」(『東方學志』 26, 1981)과 E. J. Schultz, 「韓安仁派의 登場과 그 役割」(『歷史學報』 99·100 합집, 1983)은 당시 국왕인 의종과 문신세력 사이의 갈등·대립에서 그 요인을 찾고 있는 새로운 시각을 제시하여 흥미롭다. 또다른 하나의 原因論으로써 거듭 음미해 볼 필요가 있을 것 같다.

다 아는 대로 이 武臣亂이 성공을 거두게 됨에 따라 武臣政權이 수립되어(1170) 꼭 100년간 지속되었다. 우리들은 그 시기를 보통 셋으로 나누어, 처음 쿠데타를 일으켜 권력을 잡은 李義方·鄭仲夫로부터 慶大升을 거쳐 李義旼이 집권하는 明宗朝 26년간을 무신정권의 성립기로, 이어서 崔忠獻 등 崔氏 4代가 집권하는 60여 년간을 확립기, 이후 金俊과 林衍·林惟茂 父子가 집권하는 기간을 붕괴기로 파악하고 있거니와, 이 기간의 각 정권에 대한 연구도 상당히 진척되었다. 그 하나로 우선 金塘澤,「李義旼 政權의 性格」(『歷史學報』 83, 1979)을 들수 있다. 무신란에 참여했거나 초기의 무신정권에서 중요한 위치에 있던 武人들을 분석하여 그들을 가담집단과 비가담집단으로 나누고, 다시 전자를 온건집단·주동집단·행동집단으로 분류한 토대 위에서 李義旼政權의 성격까지 추적해 간 본고는 성립기의 무신정권을 이해하는데 크게 기여하는 바가 있으리라 평가되는 것이다. 邊太燮,「武臣政權期의 反武臣亂의 性格-金甫當의 난과 趙位寵의 난을 중심으로-」(『韓國史研究』 19, 1978)와 黃秉晟,「金甫當亂의 一性格」(『韓國史研究』 49, 1985) 역시 무신정권이 성립되는 과정에서 발생한 反武臣亂을 다룬 연구로 참신한 맛을 보이고 있다.

崔忠獻政權에 대해서는 林允卿이「崔忠獻政權의 成立과 그 性格」(『梨大史苑』 20, 1983)에서, 金塘澤은「崔忠獻政權과 武人」(『李丙燾九旬紀念 韓國史學論叢』, 1987)에서 다시 한번 검토하고 있다. 그리고 역시 金塘澤은「高麗 武人政權과 國王」(『韓國學報』 42, 1986)에서 최충헌과 그의 후계자들이 왕권을 능가하는 권력을 장악하고 있었음에도 불구하고 왕위에 오르지 못한 이유를 국왕의 권위가 가지는 사회적 의미와 관련지어 추적하여 흥미를 끌고 있거니와, 羅滿洙의「高麗 武人執權期의 國王과 文班」(『震檀學報』 63, 1987)에서도 이 점에 관한 얼마간의 언급이 발견된다.

崔氏武臣政權은 제4대 집정인 崔竩에 이르러 그의 家奴 출신 무인인 金俊 등에 의해 무너지는데, 이를 집중적으로 분석해 상당한 성과를 거두고 있음도 확인된다. 아래에 그 글들을 소개하면 다음과 같다.

○ 許興植,「1262년 尙書都官貼의 分析(上)」(『韓國學報』27, 1982).
○ 野澤佳美,「金俊の政變について」(『史正』12, 1982).
○ 洪承基,「高麗 崔氏 武人政權과 崔氏家의 家奴」(『震檀學報』53·54 합병호, 1982).
○ 鄭修芽,「金俊勢力의 形成과 그 向背」(『東亞研究』6, 1985).
○ 金大中,「崔竩政權의 武力基盤解體와 沒落」(『朴性鳳回甲紀念論叢』, 1987).

저들 무신정권은 자기네의 권력을 유지·천단해 가기 위해 여러 가지 기구와 私兵組織을 새로이 만들었다. 그 하나로 幕府的 政廳 역할을 한 敎定都監에 대해서는 金潤坤이〔「高麗武臣政權時代의 敎定都監」(『嶺南大 文理大學報』11, 1978)〕, 文士들의 숙위기구였던 書房에 대해서는 趙仁成이〔「崔瑀政權下의 文翰官」(『東亞研究』6, 1985)〕 각각 검토하고 있다. 그리고 門客·家僮·勇士·死士 등으로 불리던 私兵과 그 기구로 발전한 都房組織에 대한 연구로는 鄭杜熙,「高麗 武臣執權期의 武士集團」(『韓國學報』8, 1977)·旗田巍,「高麗の武人崔氏の家兵」(『洪淳昶還曆紀念 史學論叢』, 1977)·旗田巍,「高麗武人の政權爭奪の形態と私兵の形成」(『古代東アジア史論集』上, 1978)·柳昌圭,「崔氏武人政權下의 都房의 설치와 그 向方」(『東亞研究』6, 1985) 등이 찾아지며, 또 公兵이냐 私兵이냐의 여부로 논란이 있는 三別抄를 주로 다룬 것으로는 金塘澤,「崔氏政權과 그 軍事的 基盤-都房·夜別抄·神義軍 조직의 政治的 背景-」(『高麗武人政權研究』, 1987)을 볼 수 있다. 삼별초는 뒤에 고려와 몽고조정에 대항하여 봉기하지마는, 아래의 글은 이 문제를 취

급한 것들이다.

  ○ 金潤坤,「三別抄의 對蒙抗爭과 地方郡縣民」(『東洋文化』 20·21 합집, 1981).
  ○ 李佑成,「三別抄의 遷都抗蒙運動과 對日通牒-'珍島政府'의 한 資料-」(『韓國의 歷史像』, 1982).
  ○ 羅鍾宇,「高麗武人政權의 沒落과 三別抄의 遷都抗爭」(『圓光史學』 4, 1986).

무신정권기의 문제 가운데에서 연구자들이 주목한 다른 하나의 과제는 당시 文士들의 동태였다. 사실 무신정권하에서도 많은 文臣들이 벼슬을 하였지만, 이들이나 또는 그렇지 않은 사람들의 경우에도 각기 어떠한 입장을 취했는가 하는 점이 관심을 끈 것이다. 그리하여 다음과 같이

  ○ 李佑成,「高麗 武臣政權下의 文人知識層의 動向」(『嶺南大開校 30週年 紀念論文集』, 1977).
  ○ 金毅圭,「高麗武人政權期 文士의 政治活動」(『韓㳓劤停年紀念 史學論叢』, 1981).
  ○ 張叔卿,「高麗 武人政權下 文士의 動態와 性格」(『韓國史研究』 34, 1981).
  ○ 南仁國,「崔氏政權下 文臣地位의 變化」(『大丘史學』 22, 1983).
  ○ 姜芝嫣,「高麗 高宗朝 科擧及第者의 政治的 性格」(『白山學報』 33, 1986).

등의 여러 편 논문이 씌어졌거니와, 이들 역시 당시 사회상을 파악하는 데 도움을 주는 글들로 평가된다.

이상에서 살폈듯이 무신란의 원인과 각 시기 무신정권의 성립 및

성격, 그리고 지배기구들에 대한 연구가 주제별로 다양하게 이루어지고 있다. 이것은 몇 가지 문제가 하나의 주제로 묶여 검토되는 경향이 있었고, 또 편수도 그렇게 많지 못했던 종전과 비교하여 볼 때 괄목할 만한 발전이요, 바람직한 방향이라고 생각된다. 앞으로 이런 각도에서 더욱 정밀한 작업이 진행되리라 기대된다.

그러면 무신정권기가 끝나고 몽고와의 관계가 긴밀해진 이후의 역사에 대한 연구는 어떠한가. 다음에는 이 부문을 살피기로 하는데, 종래에는 이 시기를 다룰 때 몽고의 영향이나 그와 관계된 사항의 파악이라는 데 너무 큰 비중이 두어졌었으나, 이제는 그 점을 시정하여 고려 자체의 정치과정에 중점을 두고 있다는 사실이 우선 지적되어야 할 것 같다. 당연한 방향전환이라고 생각되거니와, 이런 시각에서 현재 당시의 정치적 지배세력으로 이해되고 있는 '權門世族'과 新進士大夫〔新進士類〕문제가 논자들의 관심을 모은 과제의 하나가 된 것은 오히려 자연스런 추세라 할 것이다. 그리하여 이 문제는 먼저 李泰鎭의 「高麗末·朝鮮初의 社會變化」(『震檀學報』55, 1983)에서 일부 다루어지고 있음을 본다. 하지만 보다 본격적인 논의는 金光哲의 『高麗後期 世族層과 그 動向에 관한 硏究』(1987)에서 이루어지고 있는데, 그런데 氏는 여기에서 우리들이 지금 고려후기의 정치적 지배세력을 지칭하는 용어로 사용하고 있는 '權門世族'이라는 말은 부적절하다는 지적을 하고 있어 주목된다. 用例上으로 보면 '權門'과 '世族' 등으로 나타나고 있는데, 이 가운데 權門은 당해 시기에 권력을 행사하던 인물들을 지칭한 말에 지나지 않았고, 계층을 규정할 수 있는 용어는 世族 뿐이었으므로 '權門世族'이라 하기보다는 '世族'으로만 쓰는 게 옳다는 주장이다. 나아가서 氏는 世族에 상대되는 세력을 지칭하는 용어로 사용하고 있는 士大夫도 그 말이 고려전기부터 널리 쓰이고 있을 뿐더러 의미도 문무관료 전체를 뜻하고 있으므로 부적당하다는 의견을 밝히고 있다. 이 점에 대해서는 필자도 꽤 오래 전에 같은 견해를 개진한 일이 있지마는〔「李成茂著『朝鮮初期 兩班硏究』書評」(『亞細亞硏究』 66, 1981)〕, 최근에 당시의 지배세력을 '권문세족'과 신진사대부의 두 부류만으로 구분하여 파악하는 데 반대하는 의견 역시 제시되고 있어 〔李益柱,「高麗 忠烈王代의 政治狀況과 政治勢力의 性格」(『韓國史論』 18, 1988)〕이 문제는 앞으로 좀더 신중한 검토를 거쳐야 할 것 같다.

'권문세족'・사대부의 용어 문제를 제기한 金光哲은 그에 앞서 忠烈王과 忠宣王代의 政治勢力과 정국의 추이를 분석하고 있다.「洪子藩 硏究 —忠烈王代 政治와 社會의 一側面—」(『慶南史學』창간호, 1984):「高麗 忠烈王代 政治勢力의 動向」(『昌原大論文集』7-1, 1985):「高麗 忠烈王의 現實認識과 對元活動」(『釜山史學』 11, 1986)이 그것들이다. 李益柱의 위에 든 논문도 같은 주제를 취급하였고, 盧鏞弼의「洪子藩의 '便民十八事'에 대한 硏究」(『歷史學報』 102, 1984)는 忠烈王 22년에 首相으로 기용된 홍자번이 올린 정치・경제 등에 관한 18조목의 개혁안을 분석한 것으로서, 모두가 당시의 정치상황을 이해하는 데 큰 도움을 주는 연구들로 판단된다.

고려후기에 여러 차례 시도되는 정치적・사회경제적 개혁운동 가운데에 忠肅王代의 것을 다룬 글이 姜順吉,「忠肅王代의 察理辨違都監에 대하여」(『湖南文化硏究』 15, 1985)이다. 곧이어 整治都監이 중심이 되어 추진된 忠穆王代의 개혁운동은 閔賢九가「整治都監의 設置經緯」(『國民大論文集』 11, 1977)와「整治都監의 性格」(『東方學志』 23・24 합집, 1980)에서 취급했는데, 그 운동을 恭愍王代에 시행되는 反元革新運動과 연결시켜 일련의 선상에서 이해하고 있는 것이 인상적이다.

공민왕의 즉위과정과 그의 초기 정치상황은 역시 閔賢九의「高麗

恭愍王의 卽位背景」(『韓㳓劤停年紀念 史學論叢』, 1981)과 「益齋 李齊賢의 政治活動-恭愍王代를 中心으로-」(『震檀學報』51, 1981)에서 다루어지고 있으며, 朱碩煥의 「辛旽의 執權과 失脚」(『史叢』30, 1986)에서는 동왕 14년부터 辛旽이 중심이 되어 추진한 개혁운동의 내용이 검토되었다. 거기에 이은 禑王代의 양상은 朴天植, 「高麗 禑王代의 政治權力의 性格과 그 推移」(『全北史學』 4, 1980)와 高惠玲, 「李仁任政權에 대한 一考察」(『歷史學報』 91, 1981)에서, 恭讓王代의 상황은 趙啓纘의 「朝鮮建國과 都評議使司」(『釜山史學』 8, 1984) 및 「朝鮮建國과 尹彛·李初事件」(『李丙燾九旬紀念 韓國史學論叢』, 1987) 등에서 분석되고 있다. 각기 여말에 전개된 정치적 사건을 해명하는 데 진력한 논고들로 이해되거니와, 그러나 軍制를 살피는 과정에서도 지적한 바처럼 후기의 정치사 또한 연구가 크게 미흡한 실정이다. 이 방면 역시 더욱 관심이 베풀어져야 할 부분인 것이다.

(4) 經濟史 分野

1) 土地制度

지금부터는 經濟史 분야의 연구에 관해 살펴보도록 하자. 그러나 사실 경제사 분야라고 했지만 당시의 주업이 농업이었던 관계로 토지 및 그와 결부된 것들이 대부분이거니와, 그 가장 큰 주제는 역시 고려 때 토지제도의 근간이던 田柴科였다. 전시과란 다 알고 있듯이 文武百官과 府兵·閑人 등 무릇 국가의 관직에 복무하거나 또는 職役을 부담하는 자들에 대하여 그들의 지위에 따라 응분의 田土와 柴地를 分

給하는 제도를 말하는데, 이것은 景宗 元年에 始定된〔始定田柴科〕 이후, 穆宗 元年의 改定을 거쳐〔改定田柴科〕 文宗 30년에 更定되었다〔更定田柴科〕. 그리하여 연구는 먼저 이 제도가 처음 마련되는 始定田柴科가 왕권이 확립되어 가는 정치형세와 관련하여 이루어지고 있음을 알려준다. 金塘澤,「崔承老의 上書文에 보이는 光宗代의 '後生'과 景宗 元年 田柴科」(『高麗光宗研究』, 1981)・全基雄,「高麗 景宗代의 政治構造와 始定田柴科의 성립기반」(『震檀學報』59, 1985)・黃善榮,「高麗始定田柴科의 再檢討」(『釜山史學』10, 1986) 등이 그러한 것들이다.

목종과 문종 때의 변천을 포함한 전시과 전반에 관한 설명은 姜晉哲의 (2)-② 저술에서 이루어지고 있다. 그런데 여기서도 그런 면이 나타나고 있지만, 이 이후에 논자들이 가장 크게 관심을 가진 주제는 전시과의 성격에 관한 것이었다. 즉, 전시과가 어떤 종류의 토지 위에 설정되었겠느냐 하는 것인데, 이는 그의 경영과 公田・私田 및 收租率 과도 얽혀 있는 복잡하면서도 중요한 과제로써 상당수의 논문들이 발표되고 있는 것이다. 아래에 그 논고들을 적어보면 다음과 같다.

① 李成茂,「高麗・朝鮮初期의 土地所有權에 대한 諸說의 檢討」(『省谷論叢』 9, 1978).
② 李成茂,「公田・私田・民田의 槪念-高麗・朝鮮初期를 中心으로-」(『韓㳓劤停年紀念 史學論叢』, 1981).
③ 金容燮,「高麗前期의 田品制」(上同).
④ 浜中昇,「高麗田柴科の一考察」(『東洋學報』63-1・2, 1981).
⑤ 浜中昇,「高麗前期の小作制とその條件」(『歷史學研究』507, 1982).
⑥ 金塘澤,「高麗時代 私田의 槪念에 대한 再檢討」(『震檀學報』53・54 합집, 1982).
⑦ 姜晉哲,「高麗時代의 地代에 대하여-특히 農莊과 地代問題를 중심으로-」(上同).

⑧ 姜晉哲,「高麗前期の'地代'に就て-田柴科體制下に於ける'地代'の意義と比重-」(『史學』52-3·4, 1983).
⑨ 朴鍾進,「高麗初 公田·私田의 性格에 관한 재검토」(『韓國學報』37, 1984).
⑩ 洪承基,「高麗前期 家田과 朝家田의 稅額·租額과 그 佃戶의 經濟的 地位-公田관계 史料의 檢討를 중심으로-」(『歷史學報』106, 1985).
⑪ 金載名,「高麗時代 什一租에 관한 一考察」(『淸溪史學』2, 1985).
⑫ 浜中昇,「高麗の公田と私田」(『古代國家の支配と構造』, 1986).
⑬ 浜中昇,「高麗民田の租率について」(『朝鮮古代の經濟と社會』, 1986).
⑭ 金琪燮,「高麗前期 農民의 土地所有와 田柴科의 性格」(『韓國史論』17, 1987).
⑮ 金泰永,「高麗兩班科田論」(『朴性鳳回甲紀念論叢』, 1987).
⑯ 洪承基,「高麗時代 私田에 대한 一考察」(『李丙燾九旬紀念 韓國史學論叢』, 1987).
⑰ 朴國相,「高麗時代의 土地分給과 田品」(『韓國史論』18, 1988).

종래 姜晉哲 등 논자들은, 兩班科田을 비롯하여 전시과에 의해 분급된 각종 지목의 토지는 대체적으로 국초에 豪族들로부터 몰수하여 국가가 확보한 국유지 위에 설정되었고-軍人田은 제외-, 그것의 경작·생산과 田租의 수취·운송 등을 책임진 것은 田主가 아니라 지방관이었으며, 收租率은 私田이 1/2, 公田이 1/4이었는데, 이 때의 私田租 50%는 地代의 개념에 해당하며, 公田租 25%는 地稅의 개념에 해당하는 것이었다고 설명하여, 이것이 통설로서의 위치를 굳혀 왔다. 한데 위에 든 논문들에서는 이와 상당히 다른 의견들이 제시되고 있어 주목된다. 그 하나로 浜中昇은 ④·⑤에서 전시과에 의해 지급된 토지는 국가가 따로이 확보하고 있는 국유지가 아니라 당해 兩班官僚 등이 본래부터 소유하고 있는 所有地 위에 설정하여 놓고 免租를 해주는 형식을 취하는 것이었으며, 그 경영 역시 당해자들에게 맡겨져 있었다는 견해를 제시했다. 그리고 收租率에 있어서도 李成茂는 ①·②에서 1/4公田租는 국유지를 소작 주었을 경우에 받아들이는 地代였고, 白丁農民들의 소유지인 民田에서는 1/10租를 거두는 제도였다고 주장했거니와, 이는 ③論文에 의해 적극적인 지지를 받았다. 물론 그 뒤에도 姜晉哲은 ⑦·⑧을 통해 自說을 확인하고 있으며, ⑩·⑬·⑮에서 부분적으로는 동조를 얻었다. 하지만 많은 논자들은 浜中昇·李成茂의 견해에 기우는 듯하다. 그 가운데 특히 朴國相의 ⑰은 그 점을 보다 합리적으로 해석하려는 시도를 하고 있어 관심을 끌지마는, 어떻든 전시과체제에 대한 새로운 이해의 문제는 우리들의 또다른 과제로 크게 부각되고 있다는 느낌이다. 아울러 그 과정에서 노출된 公田과 私田에 대한 각자의 견해차도 비슷한 문제점으로 생각된다.

여러 종류의 개별 地目들에 관한 연구도 꽤 많은 숫자가 눈에 띠는데, 여기서도 새로운 견해가 제시되고 있음이 발견된다. 功蔭田의 경우, 종래에는 그 지급대상이 ① 全官吏라는 설과, ② 全官吏가 대상이긴 하나 그 가운데 특별한 공훈을 세운 자에게 한정되어 있었다는 설 및 ③ 5品 이상 고급관료설 등으로 나뉘어져, 그 가운데에서 ③이 정설로 통용되어 왔으나, 근자에 다시 ①·②의 설이 옳았다는 주장이 나오고 있는 것이다. 金東洙,「高麗의 兩班功蔭田柴法의 解釋에 대한 再論」(『全南大論文集』26, 1981)·朴天植,「高麗史 食貨志'功蔭田柴'의 檢討」(『全北史學』7, 1983)·金龍善,「高麗 功蔭田柴의 지급대상과 그 時期」(『震檀學報』59, 1985)가 그것들이다. 또 종래 6品 이하 하급관료의 자녀중 未仕未嫁者에게 지급했던 토지로 이해하여 온 閑人田에 대해 文喆永은「高麗時代의 閑人과 閑人田」(『韓國史論』18, 1988)에서 同正職을 처음으로 받고 산직체계 속에 대기해 있는 관인을 한인으로 보고 그들에게 지급된 토지가 곧 한인전이라는 신설을 내놓고 있다.

관심을 끌 만한 문제의 제기로 생각된다.

　寺院田에 대해서는 崔森燮, 「高麗時代 寺院財政의 硏究」(『白山學報』 23, 1977)·金潤坤, 「麗代의 寺院田과 그 耕作農民-雲門寺와 通度寺를 중심으로-」(『民族文化論叢』 2·3 합집, 1982)·李相瑄, 「高麗寺院經濟에 대한 考察」(『崇實史學』 1, 1983)·李炳熙, 「高麗前期 寺院田의 分給과 經營」(『韓國史論』 18, 1988)에서 검토되고 있다. 그리고 屯田은 安秉佑가〔「高麗의 屯田에 관한 一考察」(『韓國史論』 10, 1984)〕, 莊·處田은 역시 李相瑄이〔「高麗時代의 莊·處에 대한 再考」(『震檀學報』 64, 1987)〕각각 분석하고 있으며, 麗初의 祿邑과 食邑 등에 대한 것으로는 洪承基, 「高麗初期의 祿邑과 勳田」(『史叢』 21·22 합집, 1977) 및 朴春植, 「羅末麗初의 食邑에 對한 一考察」(『史叢』 32, 1987)·李景植, 「古代·中世의 食邑制의 構造와 展開」(『孫寶基停年紀念 韓國史學論叢』, 1988)가 찾아진다. 이들 또한 새롭게 밝힌 부분이 많아 당해 토지를 이해하는 데 도움을 주는 글들이다. 그밖에 姜晉哲은 「麗代의 陳田에 대한 權利問題-村落經濟의 基盤, '農民的 土地所有'와 관련시켜-」(『震檀學報』 64, 1987)를 발표하여 宮嶋博史가 고려 때에는 公田〔民田〕이 陳田化하면 농민은 곧바로 그 토지에 대한 권리를 상실하였다는 주장을 비판하는 입장에서 農法과 함께 이 陳田 문제를 깊이 다루고 있어 주목되며, 洪淳權의 「高麗時代의 柴地에 관한 고찰」(『震檀學報』 64, 1987)은 전시과에 따른 柴地의 지급을 미개간토지의 분급이라는 면과 결부시켜 해석한 흥미있는 논고였다. 이 자리에 아울러 소개하여 둔다.

　무신정권의 수립(1170)을 전후하여 권력자들에 의해 대토지겸병이 진행되어 전시과체제가 무너지고 農莊이 성립한다. 아래의 논고들은 이러한 고려후기 토지지배관계의 변화양상에 대하여 다룬 것이다.

① 姜晉哲,「高麗의 農莊에 대한 一研究-民田의 奪占에 의하여 형성된 權力型農莊의 實體追求-」(『史叢』 24, 1980).
② 姜晉哲,「高麗時代의 地代에 대하여-특히 農莊과 地代問題를 중심으로-」(『震檀學報』 53·54 합집, 1982).
③ 金泰永,「科田法의 성립과 그 성격」(『韓國史研究』 37, 1982).
④ 李景植,「高麗末期의 私田問題」(『東方學志』 40, 1983).
⑤ 李景植,「高麗末의 私田捄弊策과 科田法」(『東方學志』 42, 1984).

여기서는 공통적으로 고려후기에 들어와 야기된 토지지배관계의 문란상과, 奪占·開墾·賜牌占田 등의 요인에 의한 농장의 형성 및 그 농장의 구조와 성격 등을 검토하고 있다. 그 가운데 특히 ①·②는, 私田·農莊은 私的인 대토지지배의 특수한 한 형태로서 지배의 거점인 莊舍를 중심으로 하여 그 주변에 형성된 넓은 토지의 집적이라는 것, 그것은 地主制的인 기반 위에 성립되어 있어 농장주와 경작자 사이에는 私的인 지배·예속 관계가 이루어지고 있었다는 것, 농장주는 小作佃戶로부터 地代에 해당하는 分半收益의 租를 수취했다는 것 등을 지적하고 있어 그에 관한 우리들의 이해에 많은 도움을 준다. ③에서도 사전·농장은 收租權에 의한 것도 있었지만 본질적으로는 所有權에 입각한 토지지배라는 점을 강조하고 있는데, 그러나 ④·⑤에서는 오히려 수조권의 집적·집중에 의한 경우에 더 중점을 두고 있어서 얼마간의 견해차를 볼 수 있다. 앞으로 더 추구해 가야 할 과제가 남겨지게 된 셈이다.

농장과도 일정한 관계를 가지는 賜田 문제에 대해서는 浜中昇의 「高麗後期の賜給田について-農莊研究の一前提-」(『朝鮮史研究會論文集』 19, 1982)와 박경안,「高麗後期의 陳田開墾과 賜田」(『學林』 7, 1985)에서 취급되고 있다. 그리고 洪承基는 兼并 문제에 초점을 맞춘「高麗末

兼幷에 대하여」(『史學硏究』39, 1987)를 발표하고 있거니와, 모두들 고려후기의 토지지배관계를 밝혀 나가는 데 一助가 되는 글로 생각된다.

토지제도를 해명함에 있어 量田과 農業技術 문제도 빼놓을 수 없는 과제가 된다. 고려 때에 量田單位로서 주로 사용된 제도는 結負法이었거니와, 이에 대해서는 呂恩暎이「高麗時代의 量田制」(『嶠南史學』2, 1986)와「高麗時代의 量制」(『慶尙史學』3, 1987)에서 종래의 설을 비판하는 관점에서 분석하고 있으며, 兼若逸之도「『高麗史』'方三十三步' 및 『高麗圖經』'每一百五十步'의 面積에 대하여」(『孫寶基停年紀念韓國史學論叢』, 1988)에서 같은 문제를 취급하고 있다. 그리고 토지를 의미하면서 동시에 面積을 나타내기도 하여 그간 논의가 분분했던 田丁에도 관심이 베풀어져 朴禮在,「高麗時代의 '田丁'에 대하여」(『空士論文集』15, 1982)와 呂恩暎,「高麗時代의 田丁」(『嶠南史學』3, 1987)이 나왔고, 浜中昇은 量田制와 함께 量田事業을 다룬「高麗前期の量田制について」(『朝鮮學報』109, 1983):「高麗後期の量田と土地臺帳」(『朝鮮學報』112, 1984)을 발표하고도 있다.

농업기술에 대해서는 현재 고려전기부터 이미 連作農法이 보편화되어 常耕이 가능했다는 주장과, 그와 같은 기술의 발전을 이룬 것은 후기 내지 말기이기 때문에 그 이전에는 歲易하는 休閑農法이 중심이었다는 주장으로 엇갈려 있다. 魏恩淑,「나말여초 농업생산력 발전과 그 주도세력」(『釜大史學』9, 1985)·李景植,「高麗前期의 平田과 山田」(『李元淳華甲記念 史學論叢』, 1986)·魏恩淑,「12세기 농업기술의 발전」(『釜大史學』12, 1988)이 전자의 견해를 밝힌 논고이고, 李泰鎭,「畦田考-統一新羅·高麗時代 水稻作法의 類推-」(『韓國學報』10, 1978)·李泰鎭,「14·5세기 農業技術의 발달과 新興士族」(『東洋學』9, 1979)·宮嶋博史,「朝鮮史硏究と所有論」(『人文學報』167, 1984)이 후자의 견해를 취한 논고이다. 量田制와 農法은 토지제도나 收租, 나아가서는 사회변혁과도 밀접하게 연결되어 있는 중요한 문제중의 하나임에도 불구하고 아직 미심한 면이 많은 것이다. 역시 앞으로 극복해 가야 할 과제라 하겠다.

2) 國家財政關係

근자에 이르러 연구의 폭이 넓어지면서 國家財政의 측면에 관한 논문도 몇 편 발표되었다. 安秉佑,「高麗初期 財政運營體系의 成立」(『高麗史의 諸問題』, 1986)이 그 하나인데, 여기서는 麗初의 土地分給과 收取關係·祿俸 등의 문제가 개괄적으로 언급되고 있다. 반면에 朴鍾進의 두 논고,「忠宣王의 財政改革策과 그 性格」(『韓國史論』 9, 1983)과 「高麗末의 濟用財와 그 性格」(『蔚山史學』 창간호, 1988)은 모두 고려후기의 재정을 다룬 것이다. 즉, 전자는 忠宣王의 개혁정치 가운데에서 재정 부분에 관한 내용을 집중적으로 취급한 것이고, 후자는 고려말기에 南原府와 淸州牧의 재정구조를 안정시키기 위해 그 곳 守令이 설치했던 濟用財를 검토한 것이거니와, 특히 뒤의 글은 구체성을 띠고 있을 뿐더러 지방재정에 대한 처음의 논고로서, 앞으로 이 방면 연구에 한 자극제가 될 듯싶다.

국가재정 가운데서 가장 큰 부문을 차지하는 것의 하나가 관리들에게 대우·보수로 현물을 지급하는 祿俸이었다. 이에 관한 諸規定은 『高麗史』 卷80 食貨志 3 祿俸條에 명시되어 있지마는, 그에 의하면 녹봉제도가 정비되는 때는 文宗 30년이며, 仁宗朝에 이르러 更定되는 것으로 나타나 있다. 이와 관련하여 外官祿의 제정시기 문제를 취급한 浜中昇,「『高麗史』食貨志外官祿條の批判」(『朝鮮歷史論集』上, 1979)도 나오게 되었으나, 역시 전반적인 검토는 崔貞煥에 의해 이루어지고 있다. 즉, 그는「高麗祿俸制의 成立過程」(『大丘史學』15·16 합집, 1978):「高麗 祿俸制의 運營實態와 그 性格」(『慶北史學』2, 1980):「高麗 祿俸制의 變遷」(『大丘史學』18, 1980) 등 일련의 논문을 통해 祿俸制의 성립과 운영·성격 및 변천 문제 등을 다루고 있는 것이다. 氏는 이어서 文武班祿 가운데서 中書門下省의 녹봉에 관한 규정을 따로 떼어 내 정밀하게 분석한「高麗 中書門下省의 祿俸規定-『高麗史』食貨志 祿俸條의 검토-」(『韓國史研究』50·51, 1985)를 발표하고도 있다.

이러한 논자들의 노력 덕분으로 우리들은 국가재정에 관하여 꽤 많은 지식을 얻게 되었다. 하지만 이 부분의 연구는 이제야 시작된 듯한 느낌이다. 잠시 살펴보더라도 國用과 王室財政·國家財政機構와 그들의 시대적 변천 등의 기본적인 과제들이 아직 제대로 밝혀져 있지 않은 것이다. 그리고 녹봉제 역시 좀더 깊이있게 다루어져야 할 문제들은 상당수에 달하는 것 같다. 앞으로의 성과가 기대되는 분야중의 하나이다.

그 같은 국가의 재정은 租稅와 貢賦·徭役〔力役〕 등 3稅로 충당되었던만큼 이들 또한 큰 관심의 대상이 되었거니와, 이 가운데서도 田地에 대하여 부과하는 租稅는 일찍부터 연구자들에 의한 검토가 있었다. 그러나 이 부분은 앞 대목에서 이미 다루었으므로 여기서는 다시 언급할 필요가 없겠는데, 그에 비하면 特産物을 다루는 貢賦와 勞動力을 징발하는 稅役인 徭役에 관한 연구는 의외로 부진한 편이었다. 이런 속에서 우리가 貢賦 문제를 추구한 李惠玉의「高麗時代 貢賦制의 一研究」(『韓國史研究』31, 1980)와 徭役 문제를 다룬 역시 李惠玉의「高麗時代 庸〔役〕制 研究」(『梨花史學研究』15, 1984) 및 李貞熙의「高麗時代 徭役의 運營과 그 實態」(『釜大史學』8, 1984):「高麗後期 徭役收

取의 實態와 變化」(『釜大史學』 9, 1985)의 4편 논고를 대할 수 있게 된 것은 매우 반가운 일이다. 다만 이들은 깊이가 좀 덜하다는 게 흠이라면 흠일 것 같고, 그런 점에서 李惠玉,「高麗時代 三稅制에 대한 一考察」(『梨大史苑』 18·19 합집, 1982)·朴鍾進,「高麗前期 賦稅의 收取構造」(『蔚山史學』 창간호, 1987) 또한 개괄적이라는 느낌을 받는다. 稅役 硏究의 이러한 所以然은 논자들이 모두 지적하고 있듯이 주로 史料의 제약성 때문인 듯한데, 앞으로 이 문제를 극복하는 일이 우리의 과제가 될 것 같다.

전국 각지에서 거둔 租稅 등을 선박에 의하여 수도 開京으로 운반하는 것을 漕運, 그 담당기관을 漕倉이라 불렀다. 이에 관한 연구로는 우선 孫弘烈의 「高麗漕運考」(『史叢』 21·22 합집, 1977)와 北村秀人의 「高麗初期の漕運についての一考察―『高麗史』食貨志漕運の條所收成宗十一年の輸京價制定記事を中心に―」(『古代東アジア史論集』 上, 1978):「高麗時代の漕倉制について」(『朝鮮歷史論集』 上, 1979)가 눈에 띠는데, 조운에 드는 船賃인 輸京價 문제를 비롯하여 초기의 60浦制度에서 12 漕倉制로의 이행과 漕船 및 漕倉의 구조·분포·기능·구성원 등 조운제 전반에 대하여 분석한 논고로 상당한 성과를 거두고 있다. 뒤이어 崔完基도 「高麗朝의 稅穀運送」(『韓國史硏究』 34, 1981)에서 같은 주제를 다루고 있지마는, 金載名 역시 「高麗時代의 京倉」(『淸溪史學』 4, 1987)에서 개경에 위치한 조창인 左倉과 右倉 이외에 여러 倉·庫들을 검토하여 이 방면의 이해에 도움을 주고 있으므로 아울러 소개해 둔다.

3) 商工業

고려시대는 농업 위주의 自然經濟가 중심이었으므로 商工業은 그렇게 활발하지 못한 때였다. 하지만 그 나름으로의 경제활동은 있었고, 따라서 이 부분에도 당연히 많은 관심을 베풀어야 했으나 실제에 있어서는 그렇지가 못한 형편이었다. 이런 가운데에서 최근에 金東哲이「고려말의 流通構造와 상인」(『釜大史學』 9, 1985)을 발표하고 있지마는, 그는 이 논고에서 고려후기에 이르러 貢物代納制가 성행하고 民間手工業이 발달하는 변화에 힘입어 상업이 활발하게 전개될 수 있었다는 주장과 함께, 지방상업의 경우는 전라도를 중심으로 한 船商의 활동상을, 그리고 도시상업은 開京 등의 市廛商業이 더욱 발전한 예를 들어 설명하고 있다. 뜻있는 연구였다고 생각된다. 이어서 田壽炳은 「高麗時代의 商業政策」(『東洋文化硏究』 창간호, 1986)을 통해 市廛과 酒店·茶店 등의 상점 및 金屬貨幣의 보급정책에 따른 상업의 장려 등에 대해 살피고 있는데, 그 내용은 대략 지금까지 알려져 온 것이지만 그들을 상업의 보호정책이라는 측면에서 다시 검토하고 있다.

徐吉洙의「高麗時代의 貸借關係 및 利子에 관한 硏究」(『國際大論文集』 9, 1981)는 논제 그대로 고려 때의 이자 문제를 다룬 좀 색다른 논고이다. 그리하여 당시에는 法定利子率이 年利 3割3分3厘强이었다는 것, 元金과 利子가 同額이 되면 그 이상의 이식은 받을 수 없게 되어 있었다는 것과, 그리고 貸錢層과 借錢層 등에 대해 하나하나 밝혔거니와, 고려시대의 경제상황을 이해하는 데 도움을 주는 한 연구로 평가된다.

다음으로 우리의 중요한 식품이면서 동시에 국가재정면과도 관련이 깊던 소금에 대하여 연구가 나온 사실도 지나칠 수 없을 것 같다. 姜順吉,「忠宣王의 鹽法改革과 鹽戶」(『韓國史硏究』 48, 1985)·權寧國,「14세기 榷鹽制의 成立과 運用」(『韓國史論』 13, 1985)·洪鍾佖,「高麗後期 鹽業考」(『白山學報』 30·31 합집, 1985)가 그것들인데, 여기에서는

忠宣王이 단행한 개혁정치의 일환으로 실시된 鹽專賣制를 중심으로
하여 그 전후의 鹽法 운용에 관한 여러 문제들이 체계적으로 다루어
지고 있다. 염법 역시 종래에는 다소 등한시되어 온 주제의 하나인데,
이렇게 세 논자가 일시에 검토의 결과를 발표하고 있어 좀 기이하다
는 느낌이 없지 않으나, 그러나 이것은 본 주제가 그만큼 중요한 과제
라는 반증에 다름 아니라는 생각이다. 이들 덕분으로 우리는 고려의
염법에 대해 좀더 깊이 이해할 수 있는 계기를 맞았다고 할 것이다.

하지만 이러한 몇몇 성과에도 불구하고 수공업이나 화폐 문제를
추구한 논고는 찾아지지 않는다. 아울러 상업 부분도 아직 미개척의
상태 그대로라고 해도 지나침이 없다는 느낌이 들 정도로 보인다. 앞
으로의 과제가 이 곳에도 많다는 것을 알 수 있다.

(5) 社會史 分野

1) 身分關係

다음은 社會史 분야에 대하여 검토할 차례이다. 여기서는 身分制
및 家族과 親族組織·社會施設·民亂 등의 문제가 주 대상이 되겠거니
와, 그 가운데 신분제에 대해서는 우선 良賤制理論의 제기에 따른 논
쟁이 주목된다. 종래 고려 때의 신분구조는 학자에 따라 조금씩 차이
를 보였다 하더라도 대체적으로 兩班·貴族과 中間階層, 그리고 一般
良人과 賤人의 4층으로 되어 있었으며, 이 가운데에서 前二者는 지배
층, 後二者는 被支配層을 구성하는 것으로 파악해 왔다. 한데 얼마 전
부터 그와 달리 당시 法制上의 身分은 良人과 賤人의 二分法으로만

되어 있어서, 4分法에서 말하는 一般良人 이상은 신분적으로 구분되었던 게 아니라 같은 良身分層에 속하는 존재였으며, 그리하여 이들과 賤身分層 사이에만 구별이 되었다는 주장이 나온 것이다. 물론 이렇게 신분을 良賤으로 二分해야 한다는 처음의 주장은 조선사회를 대상으로 하여 제기된 것이지만[韓永愚,「朝鮮前期의 社會階層과 社會移動에 관한 試論」(『東洋學』8, 1978)], 얼마 뒤 許興植은「高麗時代의 身分構造」(『高麗社會史研究』, 1981)에서 고려사회도 그 같은 구조였다는 의견을 밝히고 있다. 이에 대해 宋俊浩는「朝鮮兩班考-朝鮮朝 社會의 階層構造에 관한 한 試論-」(『韓國史學』4, 1983)에서 사회계층론으로는 재래의 구분이 더 의미가 있다는 논리를 폈는가 하면, 劉承源은「良賤制의 沿革」(『朝鮮初期身分制研究』, 1987)에서 전자의 견해를 적극 지지했다. 그러나 살펴보면 양자의 주장은 고려사회에 관한 한 그렇게 정밀한 분석의 토대 위에서 전개된 것 같지는 않다. 아마 각 신분층에 대한 보다 구체적인 검증과정을 거치는 작업이 선행되어야 하지 않을까 하는 생각이다.

良賤制論과 함께 근자에 신분과 관련하여 많은 논의가 되었던 또 하나의 문제는 鄕·部曲·所民에 대한 것이었다. 鄕·部曲·所는 특수행정구역이라는 점에서 관심을 모으기도 했지만 보다 큰 특징은 그 주민이 집단적 천민이었다는 데 초점을 맞추어 온 것이 재래의 연구였다. 그러다가 얼마 뒤에는 그들도 良民的 存在였다는 견해가 몇몇 학자들에 의하여 제기되었거니와, 근래에 이 점을 뒷받침하는 논고들이 더 나오고 있는 것이다. 朴宗基의「高麗時代 鄕·部曲의 變質過程-中央集權化 過程과 관련하여-」(『韓國史論』6, 1980)와「13세기 초엽의 村落과 部曲」(『韓國史研究』33, 1981)이 그러한 예이다. 그리고 金龍德도「部曲의 規模 및 部曲人의 身分에 對하여(上·下)」(『歷史學報』88·89, 1980·

1981)에서 이전에 자신이 주장했던 賤民說을 부정하고 새로이 部曲人 良人說을 내놓았다. 그런가 하면 李佑成은 「李朝時代 密陽古買部曲에 對하여-部曲制의 發生 形成에 關한 一推論-」(『震檀學報』 56, 1983)을 통해 部曲은 越境地에서 비롯했다는 신설을 제창하면서 비록 부분적으로는 천민이 주거하는 部曲도 있었으나 대부분은 그렇지 않았다는 설명을 하고 있으며, 朴宗基는 「高麗 部曲制의 構造와 性格-收取體系의 運營을 中心으로-」(『韓國史論』 10, 1984)에서 부곡을 아예 수취체계와 관련시켜 파악하는 새로운 시각을 제시하였고, 所를 전문으로 다룬 金炫榮 역시 「고려시기의 所에 대한 재검토」(『韓國史論』 15, 1986)에서 비슷한 견해를 보이고 있다. 요컨대 전반적인 추세는 鄕・部曲・所民도 良人이었다는 쪽으로 기울고 있음을 알 수 있다. 하지만 이 견해를 긍정한다 하더라도 그들이 고려의 전시기에 걸쳐서 그러했을까는 또다른 문제이며, 아울러 鄕・部曲・所民은 일반 군현민보다 여러 모로 불리한 대우를 받도록 규정되어 있는 제사료에 대해서도 보다 정밀하게 재검토해 볼 필요가 있지 않을까 한다.

이밖에 신분문제를 취급한 논고로는 金基德의 「高麗朝의 王族封爵制」(『韓國史研究』 52, 1986)가 찾아지는데, 이는 封爵制의 해명에 치중한 것이긴 하지만 그를 통해 王族을 보다 잘 이해할 수 있도록 설명을 가한 노작으로 평가된다. 그리고 朴龍雲은 「高麗前期 文班과 武班의 身分問題」(『韓國史研究』 21・22, 1978)에서 武班家門 출신 역시 귀족적 존재였다는 사실을 밝히고 있으며, 北村秀人은 良人의 한 부류인 貢戶를 다룬 「高麗時代の貢戶について」(『大阪市立大 人文研究』 82-9, 1981)를 발표하여 이 방면의 이해에 一助하고 있다.

그러나 무엇보다 다대한 성과를 거둔 것은 洪承基의 奴婢에 대한 연구였다고 생각된다. 아래에 그 논고들을 들면 다음과 같다.

○ 「高麗時代 私奴婢의 法制上 地位」(『韓國學報』 12, 1978).
○ 「高麗時代 公奴婢의 性格」(『歷史學報』 80, 1978).
○ 「高麗時代의 奴婢와 土地耕作」(『韓國學報』 14, 1979).
○ 「高麗前期 奴婢政策에 대한 一考察-國王과 貴族의 政治的 利害와 이에 따른 奴婢에 대한 입장의 차이-」(『震檀學報』 51, 1981).
○ 「元의 干涉期에 있어서의 奴婢出身 인물들의 政治的 進出」(『韓國史學』 4, 1983).

보다시피 公·私奴婢의 연원으로부터 소유주와의 관계와 성격·생활·토지경작 문제, 나아가서는 그들에 관한 정책과 元 干涉期에 정치적으로 활약한 奴婢出身 인물들의 분석에 이르기까지 실상 하나하나를 해명·정리하고 있는 것이다. 같은 주제를 다룬 것으로 金世潤, 「高麗後期의 外居奴婢」(『韓國學報』 18, 1980)·黃雲龍, 「高麗賤流顯官考」(『釜山史學』 4, 1980)·鄭容淑, 「『高麗史』刑法志 奴婢項의 檢討-撰者의 對奴婢觀과 관련하여-」(『韓國史研究』 46, 1984)·梁寧祚, 「麗末鮮初 良賤交婚과 그 所生에 대한 研究」(『淸溪史學』 3, 1986) 등도 보이거니와, 이들에 의해 우리는 노비의 실체에 상당히 접근할 수 있었다고 생각된다.

그러나 이러한 진척에도 불구하고 앞서 지적했듯이 良民의 위치 문제를 비롯하여 驛民과 莊·處民 등 각 신분층에 관한 검토는 앞으로 꾸준히 추진되어야 할 과제들이다. 아울러 고려 후기 내지 말기에 커다란 동요를 겪는 신분제에 대해서도 그렇게 많은 관심을 베푼 것 같지 않다. 이 부문 역시 우리들의 계속적인 노력을 필요로 하고 있다고 하겠다.

2) 家族·親族關係

家族이나 親族構造는 그간 논자들의 주의를 많이 끄는 주제가 되

지 못했었으나 근래에 이르러서는 괄목할 만한 진전을 보였는데, 그것
은 특히 崔在錫·許興植·盧明鎬 등 諸氏의 연구에 힘입은 것이었다.
즉 崔在錫은 이에 관한 글로

○「高麗後期家族의 類型과 構成-國寶 131號 高麗後期 戶籍文書 分析
  에 의한 接近-」(『韓國學報』3, 1976).
○「高麗時代의 婚姻制度」(『高麗大 人文論集』27, 1982).
○「高麗時代의 親族組織」(『歷史學報』94·95 합집, 1982).
○「高麗朝의 相續制와 親族組織」(『東方學志』31, 1982).
○「韓國家族史에서의 서로 다른 두 原理에 대해」(『歷史學報』106, 1985).

등의 勞作을 발표하였고, 許興植도

○「國寶戶籍으로 본 高麗末의 社會構造」(『韓國史研究』16, 1977).
○「密陽朴氏 漢城公派의 14·5세기 戶口單子와 그 分析」(『白山學報』23,
  1977).
○「高麗戶口單子의 新例〔光山 金璉·金積〕와 國寶戶籍과의 比較分析」
  (『史叢』21·22 합집, 1977).

에 이어서, 거기에 몇 事例를 더 보탠 위에「高麗時代의 家族構造」와
「高麗時代의 親族構造」를 함께 다룬 저술『高麗社會史研究』(1981)를
내놓고 있는 것이다. 그리하여 여기에서 가족의 규모나 分家 문제에
대한 검토와 더불어 率婿家族과 같은 가족 구성상의 특이성 및 가족
내에서 강화되어 있는 여자의 지위, 婿留婦家의 婚習 등 몇 가지 점이
지적되었다. 아울러 친족구조에서도 本族보다 조금은 못했다 하더라도
外族과 妻族이 매우 큰 비중을 차지했으므로 조선후기에서와 같이 父
系로만 이어지는 血緣集團은 성립되지 않았다는 점 역시 강조되었다.

비록 전자가 당시는 주로 一夫多妻制였다고 한 반면에 후자는 一夫一妻制라 이해하였고, 또 종래 小家族制를 말하여 온 바와는 달리 이 곳에서는 大家族·中家族制를 강조하고 있어서 얼마간의 異見이 노출되고는 있지만, 이들에 의해 우리는 고려기의 가족과 친족제도에 대해 꽤 가까이 접근할 수 있게 되었다고 생각되는 것이다.

盧明鎬는 친족구조를 중점적으로 분석하여 위의 양자와 대략 같은 결론에 도달하고 있다. 그는 먼저 成宗 4년에 제정되는 五服制를 다룬 「高麗의 五服親과 親族關係 法制」(『韓國史硏究』 33, 1981)를 발표하고 있거니와, 여기에서 고려의 친족구조는 非父系 친족인 外族이 本族과 거의 대등한 비중을 차지하는 兩側的 親屬(bilateral kindred)에 입각한 제도였다는 결론을 내놓고 있는 것이다. 그 뒤에 공표한 일련의 논문들도 같은 논리로 일관하고 있다.

① 「羅末麗初 親族組織의 變動」(『金龍德停年紀念 史學論叢』, 1988).
② 「高麗初期 王室出身의 '鄕里' 勢力 – 麗初 親屬들의 政治勢力化 樣態 –」(『高麗史의 諸問題』, 1986).
③ 「李資謙一派와 韓安仁一派의 族黨勢力 – 高麗中期 親屬들의 政治勢力化 樣態 –」(『韓國史論』 17, 1977).
④ 「高麗時代 鄕村社會의 親族關係網과 家族」(『韓國史論』 19, 1988).

①에서 그 같은 친족조직이 형성되는 배경을 살피고 있으며, ②에서는 왕실출신들이 非父系的인 直系祖先의 貫鄕을 자기의 鄕里로 삼고 있음을 논증하였다. 그리고 ③에서는 睿宗·仁宗代에 정치적으로 서로 대립했던 李資謙一派와 韓安仁一派의 族黨勢力을 분석하여 거기에도 또한 非單系的인 系譜關係가 내포되어 있음을 확인하고 있으며, ④에서는 鄕村社會 역시 兩側的 親屬關係에 의해 구성되고 있음을 밝

히고 있는 것이다.

몇몇 논자들은 貴族家門 내지는 土姓의 연구라는 입장에서 종종 家系를 추적한 글을 발표하였다. 아래의 논문이 그러한 것들이다.

○ 朴龍雲,「高麗時代의 海州崔氏와 坡平尹氏 家門分析」(『白山學報』23, 1977).
○ 朴龍雲,「高麗時代의 定安任氏·鐵原崔氏·孔巖許氏 家門分析」(『韓國史論叢』3, 1978).
○ 李樹健,「高麗前期 土姓研究」(『大丘史學』14, 1978).
○ 李萬烈,「高麗 慶源李氏 家門의 展開過程」(『韓國學報』21, 1980).
○ 李樹健,「高麗後期 '土姓' 研究」(『東洋文化』20·21 합집, 1981).
○ 金蓮玉,「高麗時代 慶州金氏의 家系」(『淑大史論』11·12 합집, 1982).
○ 朴龍雲,「高麗時代 水州崔氏家門 分析」(『史叢』26, 1982).
○ 朴龍雲,「高麗時代의 茂松庚氏家門 分析」(『李丙燾九旬紀念 韓國史學論叢』, 1987).

하지만 조상을 기준으로 한 친족집단의 존재를 긍정하지 않는 입장을 취하는 盧明鎬는 이러한 파악방식에 대해 매우 비판적인데, 그러나 비록 그렇다고 하더라도 家門까지를 부정할 필요가 있을까는 의문시되는 점이 많다. 아울러 氏도 지적하고 있듯이 정치권력 관계에서는 사회적 의례의 경우와는 달리 혈연관계 이외의 요소가 크게 작용하게 마련이므로 그 문제 하나하나를 친족조직과 너무 깊게 관련지어 설명하는 데에도 일말의 불안이 없지 않다. 정치적 제양상은 귀족사회적 특성에서 因由하는 바도 많지 않을까.

그렇지만 어떻든 우리는 상기한 연구들에 의해 고려기의 가족과 친족구조에서 여자 또는 外族·妻族의 비중이 상당히 컸다는 사실만은 분명하게 알 수 있었다. 그리고 이러한 점은 相避制를 다룬 金東洙,「高麗

時代의 相避制」(『歷史學報』102, 1984)와, 女子의 지위를 주제로 삼아 따로 검토한 金銀坡의 「相續形態를 中心으로 본 高麗時代 女子의 地位」(『全北史學』3, 1979) 및 朴敏子, 「高麗時代의 女性의 地位」(『德成女大論文集』12, 1983), 그리고 戶籍制度를 취급한 金英夏·許興植, 「韓國中世의 戶籍에 비친 唐宋 戶籍制度의 影響」(『韓國史硏究』19, 1978)·白承鍾, 「高麗後期의 '八祖戶口'」(『韓國學報』34, 1984)에서 다시 확인되고 있다. 토지상속 문제에 있어 申虎澈이 「高麗時代의 土地相續에 대한 再檢討」(『歷史學報』98, 1983)를 통해 長子 우선의 直子間 分割相續을 주장한 반면에 崔在錫·李義權은 각기 「高麗朝에 있어서의 土地의 子女均分相續」(『韓國史硏究』35, 1981):「高麗時代 父母田의 子女均分相續再論」(『韓國史硏究』44, 1984)과 「高麗의 財産相續形態에 관한 一考察」(『韓國史硏究』41, 1983)에서 子·女에게 균분 상속되었다는 주장을 펴 한때 논쟁을 전개한 일도 있지만, 이 역시 같은 맥락에서 풀어가는 게 온당할 듯싶다.

사회문제와 관련된 것으로 本貫制에 대해서는 金壽泰, 「高麗 本貫制度의 成立」(『震檀學報』52, 1981)과 蔡雄錫, 「高麗前期 社會構造와 本貫制」(『高麗史의 諸問題』, 1986)가 찾아진다. 아울러 喪禮와 祭禮 등은 鄭吉子, 「高麗時代 火葬에 대한 考察」(『釜山史學』7, 1983)·許興植, 「高麗의 佛敎와 融合된 社會構造」(『東洋文化硏究』10, 1983)·崔在錫, 「高麗時代의 喪·祭」(『鄭在覺古稀記念 東洋學論叢』, 1984)에서 이루어지고 있다. 한결같이 당시의 사회적 제양상이나 관습을 이해하는데 보탬이 되는 글들이다. 함께 소개하여 둔다.

3) 社會政策·施設

社會政策·施設에 관한 논고들도 몇몇 눈에 뜨인다. 그 하나로 우선 賑恤 문제를 다룬 朴杰淳의 「高麗前期의 賑恤政策」(『湖西史學』 12·13, 1984·1985)을 들 수 있겠는데, 현상적인 고찰에 치우쳐 노력에 비해 평가에서는 손해를 볼 듯하다. 그런가 하면 崔昌茂는 「高麗時代의 倉積救貧에 關한 考察」(『慶北大 社會科學』 4, 1985)에서 사회시설의 일부인 黑倉이나 義倉·常平倉 등을 취급하고 있으나 매우 간략한 서술로 그치고 있으며, 오히려 좀더 자세한 설명은 義倉에 한한 것이지만 朴鍾進, 「高麗前期 義倉制度의 構造와 性格」(『高麗史의 諸問題』, 1986)에서 들을 수 있다.

한편 孫弘烈, 「高麗時代의 醫療制度」(『歷史敎育』 29, 1981)는 의료와 관련된 제기구와 그의 조직·운영 등을 종합적으로 검토한 것이다. 그러므로 여기서도 東西大悲院·濟危寶·惠民局 등의 사회시설들이 소개되고 있다. 그리고 李泰鎭의 「高麗後期의 인구증가 要因 生成과 鄕藥醫術 발달」(『韓國史論』 19, 1988)은 13세기 중반 이후 鄕藥醫術의 발달에 따른 소아사망률의 감소와 인구증가 현상을 다룬 흥미있는 논고로, 거기에 수반된 사회경제의 변화 문제를 함께 추구하고 있는 점이 특히 인상적이다.

4) 武臣政權期 民亂

그러면 다음으로 이들과는 좀 다른 과제로서 무신정권기에 발생했던 이른바 民亂에 대한 연구상황을 알아보도록 하자. 이 문제에 대해서도 역시 논자들이 관심을 가져 발표한 몇몇 논고들이 보이거니와, 洪承基는 「高麗 武人執權時代의 奴婢叛亂」(『全海宗華甲紀念 史學論叢』, 1979)을 통해 당시에 일어난 노비들의 여러 반란이 지니는 성격을 중심으로 하여 살폈다. 이에 비해 旗田巍는 「高麗の武人と地方勢力-李

義旼と慶州一」(『朝鮮歷史論集』上, 1979)에서 慶州民의 봉기와 李義旼과의 관계를 검토하고 있지마는, 이 주제는 金皓東,「高麗 武臣政權下에서의 慶州民의 動態와 新羅復興運動」(『民族文化論叢』2·3집, 1982)과 金塘澤,「高麗 崔氏武人政權과 國王」(『韓國學報』42, 1986)에서도 다루어지고 있다.

한편 尹龍爀은「高麗 對蒙抗爭期의 民亂에 대하여」(『史叢』30, 1986)에서 高宗朝의 民亂을 몇 단계로 나누어 검토·소개하고 있으며, 李貞信의「高麗時代 公州 鳴鶴所民의 蜂起에 대한 一硏究」(『韓國史硏究』61·62, 1988)는 명학소민 亡伊·亡所伊 등의 항쟁을 종합적이면서도 체계적으로 다루어 이에 관한 우리들의 이해의 폭을 한층 높여줄 수 있으리라 생각된다. 이들 民亂은 사회기층민의 항거운동이라는 새로운 시각의 정립과 더불어 사건 하나하나를 심도있게 분석하는 작업이 계속되고 있는만큼 앞으로 보다 좋은 성과가 나올 것이 기대된다.

(6) 對外交涉 分野

고려 때는 주변의 여러 민족과 유난히도 접촉·충돌이 많았던 시기였다. 前期에는 대륙의 5代·宋·遼〔契丹〕·金〔女眞〕및 日本과, 그리고 후기에는 元〔蒙古〕·明 등과 혹은 우호적인 교류관계를 가지기도 했지만 많은 충돌과 전쟁을 치르기도 했던 것이다. 그러므로 이에 관한 연구가 그렇게 활발한 편은 아니나 얼마간 이루어졌다. 먼저 5代와의 관계를 다룬 것으로 李龍範,「胡僧 襪囉의 高麗往復」(『歷史學報』75·76 합집, 1977)과 金在滿,「五代와 後三國·高麗初期의 關係史」(『大東文化

研究』17, 1983) 등이 보이며, 宋과의 교섭에 대한 것으로는 全海宗, 「高麗와 宋과의 關係」(『東洋學』7, 1977)·羅鍾宇,「高麗時代의 對宋關係」(『圓光史學』3, 1984)·鄭起燉·金容完,「麗·宋 關係史 研究」(『忠南大 人文科學研究所 論文集』12-1, 1985) 등이 찾아지는 것이다.

다음 契丹과의 관계를 다룬 논고도 몇 편 눈에 띈다. 그 가운데 李龍範의「高麗와 契丹과의 關係」(『東洋學』7, 1977)는 國初의 교섭으로부터 成宗·顯宗年間에 치른 전쟁 등을 취급한 것인데, 여기서는 제2차전 때의 중요 쟁점 가운데 하나가 江東6州問題였다는 지적을 하고 있어 주목된다. 그에 이은 方東仁,「高麗前期 北進政策의 推移」(『領土問題研究』2, 1985)는 처음에는 大同江以北 淸川江以南을, 뒤에 다시 淸川江以西北 鴨綠江以東 지역을 '군사지역(military zone)'으로 설정하고 北進政策을 추진해 나가는 과정에서 야기된 거란과의 관계를 살핀 것이다. 한데 이 곳에서는 對外關係가 북진정책에 수반되어 다루어졌고, 그에 따른 국내문제와의 관련성에도 유의함으로써 그 성과를 한층 더 높이고 있다. 바람직한 방향이라고 생각된다. 이밖에 韓圭哲의「後三國時代 高麗와 契丹關係」(『富山史叢』1, 1985)와 金在滿,「契丹·高麗 國交前史」(『成均館大 人文科學』15, 1986)는 주로 초기의 접촉문제를 검토한 논고로서 역시 이 시기 양국간의 관계를 이해하는 데 일정한 도움을 준다.

女眞과의 교섭에 대해서는 아래의 논문들에서 다루어졌다.

① 金九鎭,「公嶮鎭과 先春嶺碑」(『白山學報』21, 1976).
② 方東仁,「尹瓘九城再考」(上同).
③ 金光洙,「高麗前期 對女眞交涉과 北方開拓問題」(『東洋學』7, 1977).
④ 金九鎭,「尹瓘 九城의 範圍와 朝鮮 6鎭의 開拓-女眞勢力 關係를 中心으로-」(『史叢』21·22 합집, 1977).

⑤ 方東仁,「高麗의 東北地方境域에 關한 硏究—特히 尹瓘의 九城設置 範圍를 中心으로—」(『嶺東文化』창간호, 1980).
⑥ 崔圭成,「高麗初期 女眞問題의 發生과 北方經營」(『白山學報』26, 1981).
⑦ 崔圭成,「高麗初期의 女眞關係와 北方政策」(『東國史學』15·16 합집, 1981).

이 가운데 ③·⑥·⑦은 고려가 여진에 대하여 취한 회유와 무력 정벌의 양면정책과 그 내용의 실제를 살핀 것인데, 그중에서 특히 ③은 그것을 통한 북방개척의 본질을 고려적 농업사회의 확대라는 측면에서 파악하고 있어서 눈길을 끈다. 한데 그간에 고려조정은 尹瓘으로 하여금 우리의 동북면 일대를 위협하는 여진족을 구축하고 9城을 쌓았다가 얼마 뒤에 되돌려 준 일이 있지마는, ①·②·④·⑤는 바로 그 9城의 위치 문제를 새롭게 조명한 논고들로서 의미가 클 것 같다.

종래 그에 대해서는 日人學者들이 수립하여 놓은 咸興平野一帶說이 오랫동안 유력시되어 왔었다. 그런데 여기에서는 범위가 그보다 훨씬 더 넓은 豆滿江北까지였다는 새 의견이 제시되고 있는 것이다. 철저한 고증과 차분한 논리로 전개된 본고들은 그만큼 설득력이 큰 셈인데, 다만 아직은 그것을 확증할 만한 결정적인 사료가 결핍되어 있는 상황이기 때문에 논쟁은 앞으로 더 있게 될 것으로 보인다.

日本과의 관계는 李鉉淙,「高麗와 日本과의 關係」(『東洋學』7, 1977)와 羅鍾宇,「高麗前期의 麗·日貿易」(『원광사학』1, 1981)에서 개괄적인 설명이 되고 있다. 그러나 양국간에는 공식적인 국교가 열려 있지 않았고 특별한 접촉도 없었던 관계인 듯, 더 이상의 자세한 논급은 찾아지지 않는다.

고려에 崔氏武臣政權이 수립되어 있던 13세기 초엽에 대륙의 북방에서 몽고족이 발흥하여 그 세력을 우리나라에까지 뻗쳐오면서 양국 간에는 무력충돌이 일어나게 되었다. 그리하여 제1차의 침입을 받은 고려는 당시의 武人執政이던 崔瑀의 주장에 따라 江華島로 서울을 옮기고 30년 가까운 기간 동안 저들과 전쟁을 치렀거니와, 그 경과와 전략 및 고려가 취한 海島入保策 등이 물론 연구자들의 관심을 끌었다. 周采赫, 「初期 麗·蒙戰爭 略察」(『淸大史林』 3, 1979)·尹龍爀, 「蒙古의 2차 侵寇와 處仁城 勝捷」(『韓國史硏究』 29, 1980)·尹龍爀, 「高麗의 海島入保策과 蒙古의 戰略變化」(『歷史敎育』 32, 1982)·張世原, 「高麗武人政權 末期의 抗蒙政策」(『群山實業專門大學論文集』 7, 1984) 등이 그러한 문제를 다룬 논고들이다.

그런데 국민의 역량을 항몽대열에 결집시켜 전쟁을 승리로 이끌었어야 할 무신 주도하의 고려조정은 정작 고식적이며 소극적인 대책으로 일관하였다. 이와 관련하여 江華로의 천도 역시 항몽의지의 천명이라는 일면도 없지 않으나, 그보다는 오히려 무신정권 담당자들이 自政權의 보호와 자신들의 안전을 배려한 면이 더 많은 조처였다는 비판도 없지 않은 것이다. 무신정권의 항몽태도에 대한 이러한 비판적 견해는 얼마 전부터 대두되어 오던 것이지만, 尹龍爀, 「崔氏武人政權의 對蒙抗戰姿勢」(『史叢』 21·22 합집, 1977)와 金潤坤, 「江華遷都의 背景에 關해서」(『大丘史學』 15·16 합집, 1978)·尹龍爀, 「高麗의 對蒙抗爭과 江都-江華遷都(1232)와 江都 경영을 중심으로-」(『高麗史의 諸問題』, 1986) 등이 다시 확인시켜 주고 있다.

이에 비하여 평소에는 억눌림을 받던 농민과 천민들이 항몽전에 적극적으로 참여하여 많은 전적을 세우고 있다. 그러므로 현재 여러 논자들은 일반 백성들이 항몽의 주체였다는 견해를 보이고 있거니와, 아래의 글들에도 그같은 시각이 잘 드러나 있다.

○ 金潤坤, 「抗蒙戰에 參與한 草賊에 대하여」(『東洋文化』 19, 1979).
○ 孫弘烈, 「忠州奴軍의 亂과 對蒙抗戰」(『湖西文化硏究』 1, 1981).
○ 尹龍爀, 「13세기 몽고의 침략에 대한 호서지방민의 항전」(『湖西文化硏究』 4, 1984).
○ 張世原, 「對蒙抗爭 主體의 性格에 關해서-別抄와 草賊의 義兵的 活動을 中心으로-」(『群山實業專門大學論文集』 9, 1986).

한데 여기에서 한 가지 더 눈길이 가는 것은 이러한 백성들의 항몽전이 지역별로 검토되고 있다는 사실이다. 앞으로 더욱 계발되고 또 장려되어야 할 부분이라 생각된다.

이러한 항전의 보람도 별로 없이 고려조정은 결국 몽고와 화의를 맺고 開京으로 還都하여 두 나라는 더욱 긴밀한 관계에 놓이게 된다. 그런 속에서 여러가지 사건과 문제가 발생하게 되는데, 張東翼의 「前期征東行省의 置廢에 대한 檢討」(『大丘史學』 32, 1987)는 그 하나로서 元이 일본 정벌을 위해 고려에 설치했던 초기의 征東行省을 취급한 것이고, 鄭鎭禹, 「高麗鷹坊考」(『淸大史林』 3, 1979)・朴洪培, 「高麗 鷹坊의 弊政」(『慶州史學』 5, 1986)은 元에 매의 진헌을 위해 설치한 응방과 거기에서 비롯되는 폐단을 검토한 논고이다. 그런가 하면 元이 우리 영토 일부를 차지하고 和州〔永興〕와 西京 및 耽羅島에 두었던 雙城總管府와 東寧府・耽羅總管府에 대해서는 方東仁이 「雙城摠管府考」(『關東史學』 1, 1982)와 「東寧府置廢小考」(『關東史學』 2, 1984)에서, 高昌錫은 「麗・元과 耽羅와의 關係」(『제주대 논문집』 17, 1984)에서 각각 다루고 있다. 이어서 金九鎭은 「元代 遼東地方의 高麗軍民」(『李元淳華甲記念 史學論叢』, 1986)을 통해 전쟁포로가 되거나 流移하여 만주의 遼陽과 瀋州 일대에 들어가 거주하던 고려인과 그들의 통제 겸 以夷制夷 정책의 일환으로 고려의 왕족중에서 뽑아 임명하던 瀋陽王制에 대하여 검토하고 있고, 金庚來는 그 가운데 瀋陽王 문제를 따로 떼어 考究한 「瀋陽王에 대한 一考察」(『誠信史學』 6, 1988)을 발표하고도 있다. 이러한 과제들은 그간에 논자들이 별반 관심을 쏟지 않았던 것들인데, 하지만 당시를 이해하기 위해서는 이들에 관한 해명도 꼭 필요한만큼 보람있는 작업이었다고 생각된다.

다음 대륙의 정세가 변화하는 恭愍王代에 이르러 고려는 反元·親明政策을 펴게 되지만, 이와 관련된 논고들도 찾아진다. 당시에 단행된 元의 東寧府征伐 문제를 다룬 朴焞, 「高麗末 東寧府征伐에 대하여」(『中央史論』 4, 1985)와 그 뒤에 전개된 明과의 교섭관계를 살펴본 高錫元, 「麗末鮮初의 對明外交」(『白山學報』 23, 1977)가 그것이다. 한편 공민왕 8년과 10년에 각기 고려를 침범했던 紅巾賊에 대하여 고찰한 논고로는 金昊鍾, 「恭愍王의 安東蒙塵에 관한 一硏究」(『安東文化』 3, 1982)와 姜性文, 「高麗末 紅頭賊 侵寇에 關한 硏究」(『陸士論文集』 31, 1986)가 보이며, 이를 전후한 시기의 倭寇 문제를 검토한 글로는 羅鍾宇, 「高麗末期의 麗·日關係-倭寇를 中心으로-」(『全北史學』 4, 1980)가 찾아진다.

그러나 對外關係史의 중요성과 복잡성에 비해 연구활동은 고려의 전·후기에 관한 것을 막론하고 그다지 활발하지 못한 편이다. 고려시대사의 균형있는 발전을 위해서도 이 방면에 좀더 관심을 가질 필요가 있을 것 같다.

(7) 思想史 分野

1) 佛敎關係

高麗期는 佛敎와 儒學 및 道敎·풍수지리·도참사상 등이 두루 유행한 시기였다. 하지만 그중에서도 영향력이 가장 큰 것은 불교였거니와, 따라서 논자들의 관심 또한 여기에 많이 베풀어져 상당수에 달하는 논고가 발표되고 있다. 그 가운데에서 許興植의 「高麗佛敎의 宗派形成에 대한 試論」(『金哲埈華甲紀念 史學論叢』, 1983)·「禪宗九山門과 禪門禮懺文의 問題點」(『歷史敎育論集』 5, 1983)·「高麗의 五敎는 宗派인가?」(『閔錫泓華甲記念 史學論叢』, 1985)·「高麗初 禪宗 九山派說의 疑問點」(『高麗史의 諸問題』, 1986) 등은 종래의 고려초기 敎宗五敎·禪宗九山派說에 대하여 의문을 나타낸 문제제기성 글이지만, 金杜珍, 「王建의 僧侶結合과 그 意圖」(『韓國學論叢』 4, 1981)·韓基汶, 「高麗太祖의 佛敎政策」(『大丘史學』 22, 1988)과 같이 그들 종파와 고려 태조와의 관계를 살핀 논문도 찾아진다.

뒤이은 光宗의 개혁정치와 관련된 연구로는 均如의 활동 및 사상과 함께 다룬 金杜珍의 「均如의 生涯와 著述」(『歷史學報』 75·76 합집, 1977)·「均如의 '性相融會'思想」(『歷史學報』 90, 1981)과 金龍善의 「光宗의 改革과 歸法寺」(『高麗光宗硏究』, 1981)가 두드러진 것들이다. 거기에 이어 역시 金杜珍은 均如의 '性相融會'思想이 성립되는 배경과 관련하여 法相宗을 고찰한 「高麗初의 法相宗과 그 思想」(『韓㳓劤停年紀念 史學論叢』, 1981)과 光宗代 禪宗界 정리의 중심이 된 法眼宗을 취급한 「高麗 光宗代 法眼宗의 登場과 그 性格」(『韓國史學』 4, 1983)을 발표하고 있거니와, 그밖에 몇몇 논자들과 더불어 고려초에 활동했던 佛僧들에 대해서도 검토하고 있어 당시의 불교를 이해하는 데 큰 도움을 주고 있다. 아래에 그 논고들을 소개하면 다음과 같다.

○ 許興植, 「高麗初 佛敎界의 動向-寂然國師碑文의 分析을 中心으로-」(『文學과 知性』 29, 1977).

○ 蔡尙植,「淨土寺址 法鏡大師碑 陰記의 分析」(『韓國史硏究』 36, 1982).
○ 金杜珍,「玄暉(879~941)와 坦文(900~975)의 佛敎思想」(『歷史와 人間의 對應, 高柄翊回甲紀念 史學論叢』, 1984).
○ 許興植,「惠居國師의 生涯와 行績」(『韓國史硏究』 52, 1986).

顯宗朝로부터 文宗朝에 이르는 동안 門閥貴族社會가 확립・발전되면서 불교계는 교종인 法相宗과 華嚴宗에 의해 주도되게 되었다. 崔柄憲의「高麗時代 華嚴學의 變遷-均如派와 義天派의 對立을 중심으로-」(『韓國史硏究』 30, 1980);「高麗中期 玄化寺의 創建과 法相宗의 隆盛」(『韓㳓劤停年紀念 史學論叢』, 1981)과 許興植의「高麗中期 華嚴宗派의 繼承-元景王師를 중심으로-」(『韓國史硏究』 35, 1981)는 그 문제를 검토한 논고이다. 그렇지만 다시 얼마 뒤에는 이들 교종이 지니는 모순이 노정되고 선종과의 대립이 심화되면서 그를 극복하려는 義天의 불교혁신운동과 함께 새로이 開立되는 天台宗이 중요한 의미를 가지게 되는데, 이에 대해서는 許興植,「高麗前期 佛敎界와 天台宗의 形成過程」(『韓國學報』 11, 1978)・李永子,「義天의 天台會通思想」(『佛敎學報』 15, 1978)・李載昌,「大覺國師 義天의 天台宗 開立」(『韓國天台思想硏究』, 1983)에서, 그리고 그 전단계의 天台敎學에 대해서는 金相鉉,「高麗初期 天台學과 그 史的 意義」(『韓國天台思想硏究』, 1983)・蔡印幻,「諦觀의 天台四敎儀」(上同)・金杜珍,「諦觀의 天台思想」(『韓國學論叢』 6, 1984)・李永子,「天台四敎儀의 成立背景과 그 特徵」(『佛敎學報』 23, 1986) 등에서 논급되고 있다. 이 天台宗의 開立으로 선종은 더욱 위축을 면치 못하게 되지만, 그 점은 許興植,「高麗中期 禪宗의 復興과 看話禪의 展開」(『奎章閣』 6, 1982)를 통해 파악이 가능하다.

이밖에 帝釋信仰이나 密敎信仰을 고찰한 金煐泰,「高麗의 帝釋信仰」(『佛敎學報』 15, 1978)과 徐閏吉,「高麗 密敎信仰의 展開와 그 特性」

(『佛敎學報』19, 1982)도 눈에 띈다. 아울러 고려기에 행해진 각종 佛事와 그 성격에 관해서는 金煐泰,「高麗歷代王의 信佛과 國難打開의 佛事」(『佛敎學報』14, 1977)·徐閏吉,「高麗의 護國法會와 道場」(上同)·奧村周司,「高麗における八關會的秩序と國際環境」(『朝鮮史硏究會論文集』16, 1979)·洪潤植,「『高麗史』世家篇 佛敎記事의 歷史的 意味」(『韓國史硏究』60, 1988)·李相瑄,「高麗時代의 飯僧에 대한 考察」(『誠信史學』6, 1988) 등에서 다루어지고 있으며, 또 僧階와 僧政體系는 吉熙星,「高麗時代의 僧階制度에 對하여」(『奎章閣』7, 1983)·張東翼,「惠諶의 大禪師告身에 대한 檢討」(『韓國史硏究』34, 1981)·許興植,「高麗 佛敎界의 組織과 行政制度」(『李丙燾九旬紀念 韓國史學論叢』, 1987) 등에서 검토되고 있다. 다양한 문제들을 구체적으로 분석하여 상당한 성과를 거두고들 있다고 평가된다.

다음으로 무신정권기에 이르면 불교계에서는 종래의 선종이 曹溪宗으로서 확고하게 자리를 잡아 중흥을 이룩함과 동시에 이 曹溪宗과, 그리고 天台宗이 중심이 되어 활발한 信仰結社運動을 전개하는 일대 변혁이 일어난다. 이 당시 조계종의 중심 사찰은 修禪社〔定慧社〕이었고, 그 중심 인물은 普照國師 知訥이었으며, 天台宗의 그것은 白蓮社와 圓妙國師 了世이었거니와, 따라서 연구도 여기에 집중되었다. 먼저 金煐泰는,「高麗의 曹溪宗名考」(『東國思想』10·11 합집, 1978)에서 조계종파의 성립 문제를 살피고 있고, 許興植과 蔡尙植은 각기「13세기 高麗 佛敎界의 새로운 傾向」(『韓㳓劤停年紀念 史學論叢』, 1981)·「高麗後期 佛敎史의 전개양상과 그 경향」(『歷史敎育』35, 1984)에서 무신정권기 불교계의 전반적인 흐름을 개관하고 있다.

그리고 아래의 논고는 頓悟漸修와 定慧雙修로 요약되는 知訥의 禪思想과 그의 修禪社 結社運動을 구체적으로 다룬 것들이다.

○ 高翊晉,「高麗佛敎思想의 護國的展開」(『佛敎學報』 14, 1977).
○ 宋錫球,「普照의 和思想」(『佛敎學報』 15, 1978).
○ 吉熙星,「知訥의 人性論」(『歷史學報』 93, 1982).
○ 崔鎭錫,「知訥思想에 있어서의 情緖問題」(『朴性鳳回甲紀念論叢』, 1987).
○ 李智冠,「知訥의 定慧結社와 그 繼承」(『韓國禪思想硏究』, 1984).
○ 秦星圭,「高麗後期 修禪社의 結社運動」(『韓國學報』 36, 1984).

지눌의 뒤를 이어 수선사를 이끈 인물은 慧諶과 沖止 등인데, 이들의 사상과 활동에 대해서는,

○ 權奇悰,「慧諶의 禪思想 硏究」(『佛敎學報』 19, 1982).
○ 秦星圭,「眞覺國師 慧諶의 生涯와 思想」(『高麗史의 諸問題』, 1986).
○ 秦星圭,「眞覺國師 慧諶의 修禪社活動」(『中央史論』 5, 1987).
○ 秦星圭,「眞覺國師 慧諶의 現實認識」(『金龍德停年紀念 史學論叢』, 1988).
○ 秦星圭,「圓鑑國師 沖止의 生涯」(『釜山史學』 5, 1981).

등에서 검토되고 있다. 아울러 다음과 같이

○ 金塘澤,「崔氏武人政權과 修禪社」(『歷史學硏究』 X, 1981).
○ 兪瑩淑,「崔氏武臣政權과 曹溪宗」(『白山學報』 33, 1986).

등 수선사와 당시 조정의 실권자였던 崔氏政權과의 관계를 추구한 논고도 찾아볼 수 있다.

天台宗의 白蓮社結社는 了世 이후 그의 제자 天因과 天頙 등에게 계승되면서 크게 번성하거니와, 이들에 관한 연구도

○ 高翊晉,「圓妙了世의 白蓮結社와 그 思想的 動機」(『佛敎學報』 15, 1978).

○ 蔡尙植,「高麗後期 天台宗의 白蓮社 結社」(『韓國史論』 5, 1979).
○ 高翊晉,「圓妙國師 了世의 白蓮結社」(『韓國天台思想研究』, 1983).
○ 李永子,「天因의 法華懺法의 展開」(上同).
○ 高翊晉,「白蓮社의 思想傳統과 天頙의 著述問題」(『佛敎學報』 16, 1979).
○ 李永子,「天頙의 天台思想」(『佛敎學報』 17, 1980).

등 적지 않은 숫자이다. 살펴보면 내용상 서로 중복되는 부분도 꽤 많이 발견이 되나 각개의 사실을 밝히는 데 기여한 일정한 공로는 인정된다.

이 시기를 지나고 몽고간섭기가 되서는 신앙결사 등의 혁신운동은 크게 위축되고 불교계는 점차 보수화·타락화의 길을 걸었다. 하기는 그런 속에서나마 수선사의 계승을 표방하고 나선 迦智山門 출신인 一然의 활동이 두드러져, 金相鉉의「『三國遺事』에 나타난 一然의 佛敎史觀」(『韓國史硏究』 20, 1978)과 蔡尙植의「普覺國尊 一然에 대한 硏究」(『韓國史硏究』 26, 1979)에서 그 부분이 다루어지고 있다. 그리고 그의 뒤를 이어 한 高峯을 이룬 太古나 懶翁 등의 활동을 취급한 徐閏吉,「高麗末 臨濟禪의 受容」(『韓國禪思想研究』, 1984)·崔柄憲,「太古普愚의 佛敎史的 位置」(『韓國文化』 7, 1986)·朴虎男,「檜巖寺和尙 懶翁의 無生法 考察」(『畿田文化研究』 16, 1987) 등도 발견된다.

하지만 麗末의 불교는 점차 타락하여 한 사회을 이끌어 갈 지도이념으로서의 지위를 상실해 갔다. 그와 같은 가운데에서 마침내 반대세력의 배척을 받게 되는 것이다. 아래의 논문은 그 점을 다룬 것들이다.

○ 宋昌漢,「鄭道傳의 斥佛論에 對하여」(『大丘史學』 15·16 합집, 1978).
○ 金海榮,「鄭道傳의 排佛思想」(『淸溪史學』 1, 1984).

○ 宋昌漢,「金貂의 斥佛論에 對하여」(『大丘史學』 27, 1985).
○ 宋昌漢,「朴礎의 斥佛論에 對하여」(『大丘史學』 29, 1986).

이밖에 麗末의 불교 문제를 검토한 논고는 여러 편이 더 찾아진다. 그러나 여기에 하나하나 소개하는 일은 그만두려 하지만, 요컨대 각 분야에 걸친 과제들이 광범하게 분석·연구되고 있다는 사실만은 확인된다. 차제에 역사학의 입장에서 말한다면, 그들 연구에서 불교사상보다는 불교사상사의 측면에 관심을 베푼 업적이 좀더 많아졌으면 하는 바람이 없지 않다는 느낌의 일단을 적어둔다.

2) 儒學關係

신앙생활을 지도한 게 불교였다면 정치이념을 제공하고 윤리·도덕의 기반이 된 것은 유학이었다. 그러므로 이 분야에 관한 논문 역시 다수가 나오게 되었는데, 李熙德,「高麗時代의 天文觀과 儒敎主義的 政治理念」(『韓國史研究』 17, 1977)·李熙德,「高麗初期의 自然觀과 儒敎政治思想」(『歷史學報』 94·95 합집, 1982)·秦榮一,「高麗前期의 災異思想에 관한 一考」(『高麗史의 諸問題』, 1986)와 같이 天文·自然現狀과 유교정치사상과의 관계를 살핀 것이 그 일례라 할 수 있다. 그런가 하면 유학자요 정치가인 崔承老나 崔冲 등의 사상과 활동에 나타난 유교정치관을 고찰한 趙南國,「崔承老의 時務論과 儒佛觀」(『柳承國華甲紀念論文集』, 1983)과 李熙德,「崔冲의 思想과 儒敎政治倫理」(『崔冲研究論叢』, 1984)도 찾아지며, 또 관료선발에서 유학이 담당한 기능을 검토한 朱雄英,「高麗前期 官僚選拔體系와 儒學의 機能」(『大丘史學』 31, 1986)이나, 經筵을 다룬 權延雄,「高麗時代의 經筵」(『慶北史學』 6, 1983) 등의 논고도 눈에 띈다. 한결같이 고려시대의 유교정치이념을 밝히기 위해 진력한 글들로 평가된다.

이와 함께 유교의 의례를 고찰한 업적 역시 보인다. 그것은 주로 李範稷에 의한 것인데, 그는 『高麗史』 禮志의 분석과 더불어 거기에 실려 있는 吉禮와 軍禮 등 五禮의 각 항목과 내용을 검토하여 많은 성과를 거두고 있는 것이다. 그 논고들을 열거하면 아래와 같다.

○ 「『高麗史』 禮志의 分析」(『韓㳓劤停年紀念 史學論叢』, 1981).
○ 「高麗史 禮志 '吉禮'의 검토」(『金哲埈華甲紀念 史學論叢』, 1983).
○ 「高麗史 禮志 '軍禮·賓禮'의 검토」(『明知史論』 창간호, 1983).
○ 「高麗時期의 五禮」(『歷史敎育』 35, 1984).

孔子를 享祀하는 文廟制에 대해서는 朴贊洙가 「文廟享祀制의 成立과 變遷」(『鄭在覺古稀記念 東洋學論叢』, 1984)에서 다루고 있다. 즉, 그는 여기에서 중국의 文廟가 언제 우리나라에 들어와 제도로 성립되었으며, 그 변천은 어떠했는가 하는 점을 살피고 있는 것이다. 그리고 金鎔坤은 「高麗 顯宗代의 文廟從祀에 대하여-崔致遠의 경우를 中心으로-」(『高麗史의 諸問題』, 1986)와 「高麗 忠肅王 6年 安珦의 文廟從祀」(『李元淳華甲記念 史學論叢』, 1986)에서 논제 그대로 우리나라 사람으로 각각 文廟에 종사되는 崔致遠과 安珦의 경우를 당시의 정치상황과 관련하여 검토하고 있다.

우리나라의 유학은 麗末에 朱子性理學이 도입됨으로써 큰 전기를 맞게 되지마는, 그것의 전래가 지니는 의의가 그처럼 큰만큼 전래시기나 전래자, 당시 성리학의 성격 등이 또 하나의 중요 과제로 논의되어 왔다. 그 가운데 우선 전래시기와 관련해서는 文宗~睿宗年間에 우리의 유학은 이미 北宋流의 성리학과 접하고 있었다는 새로운 견해가 나와 주목된다. 文喆永,「麗末 新興士大夫들의 新儒學 수용과 그 특징」(『韓國文化』3, 1982)·尹絲淳,「朱子學以前의 性理學 導入問題」(『崔冲研究論叢』, 1984)가 그 같은 주장을 편 논고인데, 음미해 볼 만한 문제 제기로 생각된다. 그러나 朱子性理學으로 한정할 경우는 麗末인 忠烈王 때 들어왔다는 데 대략 의견을 같이하고 있다. 한데 여기서는 다시 그 전래자가 安珦이냐, 혹은 白頤正 내지 李齊賢이냐 하는 문제가 논자들 사이에서 제기되고 있다. 鄭玉子,「麗末 朱子性理學의 導入에 대한 試考」(『震檀學報』51, 1981)와 李炳赫,「程朱學 傳來와 麗末漢文學」(『東方學志』36·37 합집, 1983)이 그 점을 집중적으로 고찰한 논고이지마는, 요는 세 사람 가운데 누구에게 더 비중을 두느냐 하는 논의인 것 같다. 이밖에 고려에 처음 도입된 주자학의 성격을 주로 다룬 상술한 바 文喆永의 논문과 周采赫,「元 萬卷堂의 設置와 高麗儒者」(『孫寶基停年紀念 韓國史學論叢』, 1988)를 비롯하여,

○ 文璟鉉,「麗末 性理學派의 形成」(『韓國의 哲學』9, 1980).
○ 吳錫源,「易東 禹倬思想의 硏究」(『安東文化』5, 1984).
○ 朱雄英,「家廟의 設立背景과 그 機能」(『歷史敎育論集』7, 1985).
○ 李源明,「性理學 受容의 背景에 關한 一考察」(『서울여자대학논문집』 16, 1987).

등도 麗末의 주자학 문제를 검토한 글들로, 그에 대한 우리의 이해에 도움이 되므로 이 자리에 같이 소개하여 둔다.

3) 道敎와 風水地理·圖讖思想

고려시대에는 道敎와 풍수지리·도참사상 등도 유행했던 관계로

그에 관한 연구도 얼마간 이루어지고 있다. 먼저 도교의 경우 간단한 논급이긴 하지만 守庚申의 습속 등을 살핀 安啓賢의 「韓國人의 佛教 信仰과 '守庚申'」(『韓國宗敎』 6, 1981)이 나오고, 뒤이어 道觀인 福源宮과 그리고 淨事色 등의 각종 齋醮機構와 함께 도교의 전반적인 흐름 및 그에 관계된 資料 등의 문제를 검토한 梁銀容의 「高麗道教의 淨事色考」(『韓國宗敎』 7, 1982):「高麗時代의 道教와 佛教」(『韓國宗敎』 8, 1983):「高麗道教의 歷史資料」(『韓國宗敎』 10, 1985)가 발표되고 있는 것이다. 이 가운데 특히 후자는 고려시대의 도교를 학술적으로 다룬 기초적 연구로서 의미가 크다고 생각된다.

풍수지리·도참사상과 관련된 것으로는 崔柄憲, 「高麗時代의 五行的 歷史觀」(『韓國學報』 13, 1978)이 주목된다. 그는 여기에서 陰陽五行說이 참위설 등과 결합되어 건국의 정당성이나 遷都論을 내세우는 데 있어서뿐 아니라 지방관제나 일상생활에까지 영향을 미쳤다는 사실 등을 구체적으로 지적하고 있는 것이다. 李熙德도 「高麗時代 五行說에 대한 硏究-『高麗史』 五行志를 중심으로-」(『歷史學報』 79, 1978)를 발표하고 있는데, 거기에서 『高麗史』 五行志에 보이는 각종의 祥瑞說과 咎徵說에 대한 분석과 함께 그것이 군주의 德治와도 관련이 많았다는 점을 밝히고 있다. 사상의 이해에 그치지 않고 그와 결부된 갖가지 역사적 사실들을 해명하려 한 노력이 돋보이는 논고들이었다. 뒤이어 나온 李熙德의 「高麗時代 祈雨行事에 대하여-『高麗史』 五行志를 중심으로-」(『東洋學』 11, 1981)와 金永炫, 「高麗時代의 五行思想에 관한 一考察」(『忠南史學』 2, 1987) 역시 같은 맥락에서 씌어진 글이다.

民間信仰 내지는 雜祀로 표현된 尹以欽, 「『高麗圖經』에 나타난 宗教思想-民間信仰을 중심으로-」(『柳承國華甲紀念論文集』, 1983)와 李世賢, 「麗代의 雜祀와 그 信仰性에 대한 硏究」(『群山大學論文集』 7,

1984)도 찾아지고 있다. 도교나 도참사상 등도 마찬가지지만, 더더욱 심한 자료의 제약을 받는 이들 문제를 주제로 삼아 해명을 시도한 것 자체부터가 의미있는 일이었다고 이해된다. 백성들의 생활사에 대한 해명이 강조되고 있는 요즈음의 추세와도 관련하여 우리들은 이런 방면에 한층 더 관심을 가질 필요가 있지 않나 생각된다.

(8) 敎育·歷史와 文學·美術·音樂 등의 分野

고려시대의 중요한 교육기관으로 중앙에는 國子監〔國學 또는 成均館〕과 12徒, 그리고 지방에는 鄕校가 있었는데, 그 가운데에서 가장 대표적인 것은 國立大學格인 國子監이었다. 따라서 논자들의 관심도 자연이 여기에 집중되는 경향을 띠었다. 아래에 그 논고들을 열거하면 다음과 같다.

○ 朴天植,「高麗前期의 國子監 沿革考」(『全北史學』6, 1982).
○ 金奉斗,「高麗前期 敎育政策에 關한 考察」(『國史硏究』3, 1982).
○ 辛虎雄,「高麗前期의 敎育政策과 官學」(『關東史學』1, 1982).
○ 辛虎雄,「高麗中期 國學에 관한 小考」(『韓國學論集』2, 1982).
○ 申千湜,「高麗中期 敎育理念과 國子監 運營-仁宗代의 學式을 中心으로-」(『明知史論』창간호,1983).
○ 申千湜,「高麗 國子監職官 變遷考」(『史學硏究』36, 1983).
○ 申千湜,「高麗 國子監 敎官의 補任過程과 陞轉」(『歷史敎育』3, 1983).
○ 申千湜,「高麗 敎育制度史 硏究」(『關東史學』2, 1984).

이들 연구에서는 국자감의 설립과 조직·운영 등 갖가지 내용이 다루어졌는데, 그 가운데 어떤 것은 직관이나 교수 문제 등 하나의 주제를 집중적으로 추구하여 성과를 올리고 있으나 그렇지 못한 논문도 있는 것 같다. 대체적으로 너무 포괄적이지 않나 하는 느낌이 드는 것이다. 입학자격에 관한 學式만 하더라도 앞으로 좀더 면밀한 규명이 필요할 듯하며, 또 科擧制와의 관계를 살피고, 실제로 국자감에서 공부한 인물들을 찾아 분석하는 일도 유용할 듯하므로 이런 과제들에 대해서도 한번 생각해 보는 게 어떨까 한다.

崔冲이 세운 文憲公徒 등 私學 12徒에 관한 것으로는 孫仁銖,「韓國私學의 傳統과 崔冲의 位置」(『崔冲研究論叢』, 1984)・朴性鳳,「崔冲의 人間像과 私學 12徒」(上同) 등의 논고가 보인다. 하지만 이들에게서도 그렇게 참신한 맛은 찾아지지 않는다.

아마 이 시기 교육사에서 거둔 가장 큰 성과는 지방학교의 연구에서일 듯하다. 종래 고려 때의 지방학교는 仁宗 때 처음 설치되었고 그 명칭은 鄕學이었다고 보아왔다. 그런데 이와 달리 늦어도 成宗朝부터는 鄕校가 지방학교로 존재했다는 연구가 구체적인 사료와 함께 제시된 것이다. 朴贊洙,「高麗時代의 鄕校」(『韓國史硏究』 42, 1983)가 그것이다. 이어서 宋春永은「高麗時代 鄕校의 變遷史的 考察」(『歷史敎育』 41, 1987)・「高麗時代의 鄕校 敎育政策」(『歷史敎育論集』 11, 1987)에서 이에 대해 보다 구체적으로 논하고 있다. 宋春永은 또한 西京學校를 세밀하게 검토한「高麗時代의 西京學校」(『大丘史學』 28, 1985)도 발표하고 있지만, 지방학교에 대한 종래 우리의 이해는 좀 바뀌어져야 하지 않을까 하는 생각이 많이 든다.

歷史認識과 歷史敍述에 관한 연구 역시 꽤 많은 숫자가 눈에 띈다. 그 가운데에서 국사편찬위원회가 주관하여 펴낸『韓國史의 意識과 敍述』(1981)에 실린 金毅圭,「高麗前期의 歷史認識」과 鄭求福,「高麗後

期의 歷史認識과 敍述」은 전반에 관한 종합적인 설명이고, 또 韓國史硏究會에서 편찬한『韓國史學史의 硏究』(1985)에 실린 申瀅植,「高麗前期의 歷史認識」과 金相鉉,「高麗後期의 歷史認識」도 유사한 내용으로 되어 있다. 한편 개별적인 과제를 취급한 논고들도 찾아지는데, 우선 實錄에 관한 것으로는 金成俊의「高麗七代實錄編纂과 史官」(『民族文化論叢』1, 1981)과 鄭求福의「高麗時代의 史館과 實錄編纂」(『精文硏 제3회 國際學術會議論文集』, 1984)을 들 수가 있다. 그리고『海東高僧傳』에 대해서는 金炯佑,「『海東高僧傳』에 대한 再檢討」(『南都泳華甲紀念 史學論叢』, 1984)와 金相鉉,「『海東高僧傳』의 史學史的 性格」(『鄭在覺古稀記念 東洋學論叢』, 1984) 등의 논고가 있어 우리의 이해를 많이 돕는다.

고려후기에 저술된『三國遺事』를 검토한 논문도 최근에 몇 편 추가되었다. 蔡尙植,「至元 15년(1287) 仁興寺刊『歷代年表』와『三國遺事』」(『高麗史의 諸問題』, 1986)・鄭求福,「三國遺事의 史學史的 考察」(『三國遺事의 綜合的 檢討』, 1987)・金泰植,「三國遺事에 나타난 一然의 고려시대인식」(『蔚山史學』창간호, 1987) 등이 그것이다. 그리고 李奎報 撰述의『東明王篇』에 대해서도

○ 卓奉心,「『東明王篇』에 나타난 李奎報의 歷史認識」(『韓國史研究』44, 1984).
○ 金哲埈,「李奎報『東明王篇』의 史學史的 考察－舊三國史記 資料의 分析을 중심으로－」(『東方學志』46・47・48 합집, 1985).
○ 鄭景鉉,「李奎報와『東明王篇』에 대한 一考察」(『陸士論文集』32, 1987).

등에서 취급되고 있으며, 또 李承休가 지은『帝王韻紀』는 劉璟娥가

「李承休의 生涯와 歷史認識-『帝王韻紀』를 中心으로-」(『高麗史의 諸問題』, 1986)에서, 李齊賢이 지은 『櫟翁稗說』・「金公行軍記」・「忠憲王世家」 등에 대해서는 鄭求福이 「李齊賢의 歷史認識」(『震檀學報』 51, 1981)에서 각각 다루고 있다. 당시의 역사서술과 역사인식에 대한 우리의 이해에 깊이를 더해 준 논고들로 평가된다.

다음으로 文學 분야에 대해 잠시 눈을 돌리기로 하겠는데, 역시 연구의 대부분은 무신정권기에 활동했던 文人인 林椿・崔滋・李奎報・陳澕 등의 저술과 문학에 대한 내용이다. 아래에 그것들을 일괄 소개하면 다음과 같다.

○ 李東歡, 「林椿論」(『朴晟義還曆紀念論叢』, 1977).
○ 劉明鍾, 「高麗海東七賢의 思想-林椿을 中心으로 하여-」(『石堂論叢』 8, 1983).
○ 秦星圭, 「林椿의 生涯와 現實意識」(『韓國史硏究』 45, 1984).
○ 朴性奎, 「『補閑集』攷」(『朴晟義還曆紀念論叢』, 1977).
○ 金塘澤, 「崔滋의 『補閑集』 著述動機」(『震檀學報』 65, 1988).
○ 朴菖熙, 「『補閑集』에 나타난 崔滋의 意識內容」(上同).
○ 柳在泳, 「李奎報 硏究」(『圓大論文集』 12, 1978).
○ 鄭尙均, 「李奎報論」(『서울시립산업대학논문집』 18, 1985).
○ 朴菖熙, 「李奎報의 본질에 대한 연구」(『外大史學』 창간호, 1987).
○ 朴性奎, 「陳澕論」(『高麗大 語文論集』 24・25 합집, 1985).

이들보다 좀 뒤지는 시기의 인물인 益齋와 三隱의 文學에 대한 검토로는 李炳赫, 「益齋의 思想과 文學」(『釜山大 人文論叢』 24, 1983)과 朴天圭, 「三隱과 麗末 漢文學」(『東洋學』 9, 1979)이 찾아진다. 益齋 李齊賢과 三隱인 李穡・鄭夢周・李崇仁은 당대를 대표하는 정치가이면서 동시에 文人이었던 관계로 고찰의 대상이 되었다고 생각되거니와,

각기 이들의 작품을 이해하는 데 도움이 되는 논고들이므로 함께 부기하여 둔다.

고려시대 사람들은 뛰어난 미술 작품들을 남기고 있어서, 그간 이에 관한 연구도 부단히 계속되었다. 그 가운데 浮石寺의 無量壽殿과 祖師堂은 安東 鳳停寺의 極樂殿과 더불어 우리나라에서 가장 오래 되고 또 아름다운 木造建築物의 하나로 알려져 왔거니와, 金東賢의 「浮石寺 無量壽殿과 祖師堂」(『佛敎美術』 3, 1977)은 바로 이들에 대한 고찰이며, 文明大의 「浮石寺 祖師堂 壁畵試論」(上同)은 그 벽화에 관하여 검토한 논고이다. 이어서 石塔에 대하여는 鄭永鎬가 「高麗時代 石塔의 特性에 관한 硏究」(『檀國大論文集』 11, 1977)에서 취급하고 있고, 高僧들의 墓塔인 浮屠는 역시 鄭永鎬가 「高麗初期 石造浮屠 硏究」(『東洋學』 10, 1980)를 통해 살피고 있다. 아울러 우리가 세계에 자랑하는 磁器文化에 관하여는 李基白, 「高麗의 文化와 磁器」(『韓國學報』 14, 1979)가 있어 우리에게 상당한 知見을 주고 있으며, 그밖에 繪畵論을 다룬 洪善杓의 「高麗時代 繪畵論 小考」(『藝術論文集』 20, 1981)도 찾아지는 것이다.

音樂 분야에 있어서는 宋芳松의 「『高麗圖經』 所載 鄕樂器의 音樂史的 意義」(『韓國學報』 39, 1985);「高麗의 大樂署와 管絃房」(『韓國學報』 44, 1986)과 全用宇의 「『高麗史』 樂志의 史學史的 檢討」(『湖西史學』 14, 1986)가 주목을 끄는 논고들이다. 특히 宋芳松은 위의 글에 얼마를 더 보태『高麗音樂史硏究』라는 專著를 내었다 함은 (2)-㉑에 소개한 바 있다.

끝으로 印刷文化에 대해 조금 살펴보기로 하겠는데, 고려 때는 다 아는 대로 大藏經 간행의 필요에서 처음에는 木版印刷術이 발달하였다. 그리하여 顯宗~宣宗年間에 걸쳐 마침내 初雕大藏經板을 刻成하게 되지만, 이것이 高宗 19년에 이르러 蒙古의 兵火로 인해 불타 버리자 다시 再雕大藏經을 만들게 되었다. 이것이 오늘날까지 전해 오는 유명한 8萬大藏經이거니와, 논자들은 여기에도 관심을 기울여 여러 편의 논문을 발표하고 있다. 그 가운데 전자를 다룬 것으로

○ 千惠鳳,「高麗 初雕大藏經-그 源流, 影響 및 異說의 檢討를 中心으로-」(『成均館大 人文科學』9, 1980).
○ 千惠鳳,「高麗 初雕國前本 目連五百問事經에 대하여」(『東方學志』23·24 합집, 1980).

가 보이며, 후자에 대한 것으로는

○ 徐首生,「八萬大藏經板研究」(『韓國學報』9, 1977).
○ 閔賢九,「高麗의 對蒙抗爭과 大藏經」(『韓國學論叢』1, 1978).
○ 朴相國,「海印寺 大藏經板에 대한 再考察」(『韓國學報』33, 1983).

등을 대할 수가 있는 것이다.

이 木版印刷는 동일 출판물에 대해 많은 양을 만들어내는 데에는 효과적이었으나, 적은 부수의 책을 여러 종류에 걸쳐 인쇄하는 데는 그렇지가 못했다. 후자의 경우는 이동식인 活版印刷가 더욱 편리한 방법이었던 것이다. 이에 고려인들은 金屬活字를 발명하여 드디어 高宗 21년(1234)경에 『詳定古今禮文』을 인쇄해 내기에 이르지만, 그 실물은 전해 오지 않고 현재 우리들이 볼 수 있는 것은 그 뒤 禑王 3년(1377)에 간행한 『直指心經』이다. 金基泰의「高麗 金屬活字發達의 背景考察-特히 直指心經의 존속 經緯를 中心으로-」(『도서관』230, 1978)와「'直指心經'의 保存經緯에 대한 考察」(『奎章閣』6, 1982)은

이 문제를 다룬 것이다.

미술이나 음악·인쇄문화 등은 다시 말할 필요도 없이 특수 분야에 속한다. 그럼에도 연구논문이 지속적으로 나오고 있는 것은 매우 다행한 일이다. 앞으로 더욱 좋은 글들이 발표되었으면 한다.

(9) 맺음말

지금까지 1977년 이후 오늘에 이르는 기간에 공표된 논저들을 중심으로 하여 살펴보았다. 그 과정에서 우선 느낄 수 있었던 것은 연구자가 대폭 늘어나고, 그에 따라 논문의 숫자가 매우 많아지면서 동시에 논제도 다양화되고 있다는 점이었다. 그리고 그 논저들은 대체적으로 고려시대 역사의 본질을 이해하는 데 도움을 주는 글들이었다는 점 역시 확인할 수 있었다. 이러한 사실은 새로운 자료의 발굴·정리 작업과 더불어 앞으로의 고려시대사 연구에 밝은 전망을 가지게 하는 부분이다.

하지만 부정적인 면도 없지는 않았다. 그 하나로 논제의 다양화에도 불구하고 분야에 따라서는 연구가 매우 부진한 곳도 찾아진다는 것이다. 예컨대 사회신분 문제나 고려후기의 軍制 같은 것이 그러한 부문이다. 또 하나, 量에는 반드시 質이 따라야 하는데 그렇지 못한 논고도 상당수 발견된다는 것이다. 이미 알려진 몇 가지 사실들을 엮어서 내놓는 것이 그 같은 일 사례이다. 이러한 문제점들은 물론 하루 속히 시정되어야 할 것이다.

10여 년에 걸친 논저들을 소개한다는 생각은 참으로 무모한 것이었다. 줄거리만 이야기한다고 했지만, 그러다 보니 많은 글이 누락됨을 면치 못하였고, 또 거론된 논고들 가운데에도 잘못 소개한 부분이 많았을 것으로 예상된다. 이러한 모든 과오들은 논자 여러분께서 寬恕하여 주시기 바란다.

(『國史館論叢』 제10집, 1989년 12월)

3

高麗期 政治史 硏究, 1989년~1993년의 回顧와 展望

(1)

고려시대사에 관한 연구는 최근의 몇 년간에도 계속하여 활발하게 이루어져 왔음이 확인된다. 1989년부터 1993년의 현재까지 발표된 논저들 가운데 정치사 분야에 대한 것들로 한정하여 보더라도 저서 15여 권에 논문은 130여 편이 찾아지는 것이다.

본고는 이들 논저를 소개·검토하고자 하는 기획에 의해 마련된 것이지마는, 그 시기는 1989년 이후로 잡는 게 좋다는 생각이다. 1988년까지의 논저는 매우 개략적인 고찰로 그친 것이긴 하였으나 이미 검토가 되었기 때문이다.〔朴龍雲,「1977년~1988년의 高麗時代史 硏究와 課題」(『國史館論叢』제10집, 1989)〕물론 그 이후에도 1989년도분은 金龍善에 의해 검토된 바 있고〔「回顧와 展望:韓國史學界 1987~1989, 高麗」(『歷史學報』128, 1990)〕, 또 저서에 대해서도 개별적으로 평가가 이루어진 사례 역시 없지 않아서 얼마간의 중복을 피하기는 어려울 듯싶지만, 그 같은 일면이 있기는 해도 일정한 체계를 가지고 정리한다는 뜻에서 1989년 이후의 논저는 일괄하여 살펴보고자 하는 것이다.

그런데 생각해 보면 이 경우에 있어서도 單行本으로 나온 저서의 내용 하나하나를 모두 대상으로 삼아 별도로 고찰할 필요는 없을 것 같다. 이 기간에 공표된 單行本으로는,

① 河炫綱, 『韓國中世史論』(新丘文化社, 1989).
② 金南奎, 『高麗兩界地方史硏究』(새문사, 1989).
③ 金甲童, 『羅末麗初의 豪族과 社會變動硏究』(高麗大 民族文化硏究所, 1990).
④ 李基白, 『高麗貴族社會의 形成』(一潮閣, 1990).
⑤ 朴龍雲, 『高麗時代 蔭敍制와 科擧制 硏究』(一志社, 1990).
⑥ 金龍善, 『高麗蔭敍制度硏究』(一潮閣, 1991).
⑦ 金光哲, 『高麗後期世族層硏究』(東亞大出版部, 1991).
⑧ 尹龍爀, 『高麗對蒙抗爭史硏究』(一志社, 1991).
⑨ 정용숙, 『高麗時代의 后妃』(民音社, 1992).
⑩ 申虎澈, 『後百濟 甄萱政權硏究』(一潮閣, 1993).
⑪ 李基白 등, 『崔承老上書文硏究』(一潮閣, 1993).

등이 눈에 띠며, 또 아직 공간되지는 않았어도 박사학위논문의 형식을 빌어 발표된 것으로,

⑫ 鄭淸柱, 『新羅末 高麗初 豪族硏究』(1991).
⑬ 鄭景鉉, 『高麗前期 二軍六衛制硏究』(1992).
⑭ 張東翼, 『麗·元關係史 硏究』(1992).
⑮ 劉善浩, 『高麗郵驛制硏究』(1992).

⑯ 柳浩錫,『高麗時代 科擧制의 運營과 變遷에 관한 硏究』(1993).
⑰ 全基雄,『羅末麗初의 文人知識層硏究』(1993).

등이 찾아지는데, 이들 저서중에는 상당 부분이 새롭게 쓰여진 논문으로 구성된 예가 보이기는 하나, 반대로 전부 혹은 많은 부분을 이미 공표된 논문을 가지고 엮은 예도 적지 않기 때문이다. 각자의 저술은 자기가 뜻하는 방면의 문제들을 집중적으로 연구하여 얻은 결과물로서 하나같이 큰 의미를 지니는 것들이라고 판단된다. 그러나 이미 발표되어 한번 논의를 거친 부분들은 다시 검토할 필요가 없다고 생각되는 것이다.

　金龍善은 여기저기에 흩어져 실려 있던 고려 때의 墓誌銘을 모아 『高麗墓誌銘集成』(翰林大 아시아文化硏究所, 1993)을 내놓았다. 고려시대의 묘지명이 갖는 사료로서의 가치는 새삼 강조할 필요조차 없거니와, 그것을 한 권의 책으로, 더구나 될 수 있는 한 원형에 가까운 상태로 연구자들에게 제공한 씨의 공로는 매우 크다고 생각된다. 다만 여기에는 고려 때에 작성된 묘지명으로 한정한 까닭에 우리처럼 꼭 보아야 할 것들이 일부 제외되어 있는 게 좀 아쉽기는 하다. 麗末鮮初에 활동한 인물들의 묘지명이 그것이지마는, 그런 점을 비롯한 몇 가지 사항에 대해서는 앞으로 더 논의하기로 하고 이 자리에서는 역시 더 이상 언급하지 않는 게 좋을 듯하다.

　이런 저런 사정에 따라 제외시킬 것은 시키고, 다만 단행본 가운데서 새로 쓰여진 부분만 보태더라도 전체 논문의 숫자는 물론 130편을 훨씬 상회한다. 아마 140편 내외가 되지 않을까 추측되거니와, 이들 정치사 관계 논문들을 다시 그 성격에 따라 몇 부문으로 분류하여 소개하여 보기로 하겠다. 그 과정에서 한정된 지면 관계로 인해 본의 아니게 혹 언급하지 못하는 논문의 경우도 나올 듯싶은데, 이 점은 논자 여러분께서 넓은 마음으로 헤아려 주시기 바란다.

(2)

먼저 豪族과 고려의 건국 및 그 이후의 왕조 확립과정에 관계된 글부터 살피는 것이 순서일 것 같다. 그 가운데 호족에 대한 것부터 보면, 우선 ① 金壽泰, 「高麗初 忠州地方의 豪族―忠州劉氏를 중심으로―」(『충청문화연구』 제1집, 1989)를 들 수 있다. 이 글은 논제에서도 드러나듯이 충주지방에 존재한 호족들의 모습과 그들의 출신성분, 그리고 특히 그 대표가 되는 忠州劉氏의 세력형성과정 및 이 세력이 고려초기의 왕위계승과 같은 중요 정치변동과 어떤 관련을 가지고 있었는가를 밀도있게 추적한 것으로, 惠宗과 定宗・光宗代 등의 상황에 관한 새로운 시각은 한층 유념할 필요가 있는 대목이라고 생각된다. 그런데 이 논고에 대해서는 이미 호족세력의 구조나 존재양태 등의 문제가 홀시되었다는 비판이 있었으므로〔金龍善, 「回顧와 展望 : 韓國史學界 1987~1989, 高麗」(『歷史學報』 128, 1990), 149쪽〕 여기서는 더 이상 언급하지 않으려 하거니와, 그 같은 문제점은 아래의 논문에서는 많이 보강되고 있다. 즉,

② 金甲童, 「羅末麗初 地方勢力의 動向 : 溟州勢力」(『羅末麗初의 豪族과 社會變動硏究』, 高麗大 民族文化硏究所, 1990).
③ 申虎澈, 「新羅末・高麗初 昧谷城〔懷仁〕將軍 龔直―지방호족 존재양태의 일단―」(『湖西文化硏究』 제10집, 1992).

에서는 각기 溟州豪族인 王順式・王乂 등의 세력과 昧谷城將軍인 龔直 세력이 왕권과 설정하고 있던 관계뿐 아니라 그들이 마련하고 있던 관직체계나 토착적 기반 등을 비교적 깊게 다루고 있는 것이다. 그리고,

④ 鄭淸柱,「新羅末・高麗初의 羅州豪族」(『全北史學』 14, 1991).
⑤ 安永根,「羅末麗初 淸州勢力의 動向」(『朴永錫華甲紀念 韓國史學論叢』 上, 探求堂, 1992).

도 고려의 건국과 특별한 관계를 지녔던 羅州와 淸州의 호족을 새삼 조명해 본 논고들인데, 이렇게 중요 지역별의 규명작업은 얼마 전까지 시도되어 온 접근방식의 하나로 그 나름 의미있는 일이라고 생각된다. 그것이 축적됨으로써 호족에 관한 역사상이 그려질 수 있으리라 판단되기 때문이다. 단, 그 과정은 다시 말할 필요도 없이 논증에 무리가 없어야 하는데 어떤 글에서는 그렇지 못한 사항도 없지 않은 듯하다. 사료의 부족 때문이었겠지만 그런 점은 우리 모두가 재삼 돌아보아야 할 문제라는 생각이 든다.

李純根은 근자에 羅末麗初期의 지방세력을 '호족'이라 지칭한 것은 적절치 못하다는 의견을 개진한 일이 있거니와[「羅末麗初 '豪族' 용어에 대한 연구사적 검토」(『聖心女大論文集』 19, 1987)], 이번 ⑥「羅末麗初 地方勢力의 構成形態에 관한 一研究」(『韓國史研究』 67, 1989)에서 그 같은 견해를 다시 확인하고 있다. 그는 사료상에 城主・將軍・帥・賊・豪傑・雄豪 등으로 나타나는 지방세력은 기본적으로 武裝勢力集團 내지는 그 대표자를 뜻하는 말이었고, 그들 구성원도 주로 지방 토착사회에서 유리되어 나온 流民이나 草賊 등의 무리로 구성되었다고 보았다. 그러므로 이들이 물론 지방 토착세력에 기반을 두고 성장한

것은 아니며 또 血族集團의 首長과 같은 성격을 지니는 것도 아니었
다고 한다. 선대부터 이어오는 지역적 또는 혈연적 기반을 토대로 생
성된 지방세력도 없지는 않았으나 그것은 예외적이라 할 정도로 드물
었다고 이해하였다. 따라서 羅末麗初의 지방세력을 호족이라는 용어로
표현하는 것은 여전히 옳지 않다는 주장을 펴고 있는 것이다.

하지만 아직 씨의 주장이 그렇게 선뜻 납득되어지지는 않는다. 그
것을 받치고 있는 구체적인 논증이 좀 미흡하다고 생각되기 때문이다.
견훤과 궁예의 예를 들어 설명하고 있지만 이들처럼 토착적 바탕이
미약한 세력이 주류였을까, 아니면 그 반대의 경우가 수적으로 월등하
게 많았을까는 아직 제대로 밝혀지지 않은 채로인 것이다. 지금까지는
후자의 입장에 서는 논자들이 많았던 것으로 알고 있다. 浜中昇은 ⑦
「신라말기·고려초기 城主·將軍에 대하여」(『李佑成定年紀念論叢, 民族
史의 展開와 그 文化』上, 창작과 비평사, 1990)에서 성주·장군은 당연히
호족세력인 것으로 간주하고 그들의 권력관계를 살피고 있지마는, 위
에 든 申虎澈의 ③論文을 비롯한 많은 글들이 당시의 지방세력을 호
족적 존재로 보는 데 긍정하고들 있는 것이다. 아울러 ⑧ 金甲童, 「豪
族聯合政權說의 檢討」(『羅末麗初의 豪族과 社會變動 研究』, 高麗大 民族
文化研究所, 1990)처럼 호족의 개념 및 用例를 검토한 결과로도 이 시
기의 지방세력을 호족으로 파악한다고 해서 별다른 하자가 있어보이
지 않는다는 의견도 나오고 있는만큼, 이 문제는 좀더 신중하게 다루
어져야 하지 않을까 생각된다.

이 용어의 문제와 함께 그간 학계에서는 '豪族聯合政權'說에 대
해서도 상당한 논쟁이 있어 왔는데, 근자에 발표된 논문 가운데서 역
시 이 과제를 다룬 글이 찾아진다. 새로운 논리나 자료가 제시된 것
은 아니지만 심재석은 ⑨「高麗國家의 成立-太祖의 王權에 關한 研

究―」(『里門論叢』제9집, 1989)에서 종래 朴菖熙가 주장하였던 바 국왕과 歸附豪族 사이에는 실제적인 君臣간의 상하관계가 성립되었으므로 고려초기의 정권을 호족연합정권으로 볼 수가 없다는 논지를 되풀이 강조하고 있고, 또 高麗 太祖의 王權이 상당히 강하였다고 이해하여 호족연합정권설을 비판하는 입장에 섰던 鄭景鉉도 ⑩「高麗太祖의 王權―특히 그 權威의 측면을 중심으로―」(『許善道停年紀念 韓國史學論叢』, 1992)에서 종래의 견해를 확인하고 있는 것이다. 나아가서 박종기 같은 이는 ⑪「고려전기 향촌지배구조의 성립과 그 성격」(『역사와 현실』제3호, 1990)에서 호족연합정권설은 일본인 고려사 연구자들이 제시한 고려전기=고대사회론의 이론적인 틀을 크게 벗어나지 못하고 있다는 주장마저 펴고 있지마는, 그러나 이 비판만은 좀 과도하다는 느낌이 없지 않다. 과거에 호족연합정권설을 주도하였던 우리나라 연구자들 가운데서 고려전기를 고대사회로 이해한 사람은 없었기 때문이다.

어떻든 이 문제는 그렇다 하고 논자 가운데는 위의 세 사람과는 달리 종래의 호족연합정권설을 지지하는 견해도 있었다. 申虎澈의 주장이 그것인데 그는 ⑫「甄萱政權의 地方支配와 豪族聯合政策」(『後百濟 甄萱政權研究』, 一潮閣, 1993)에서 당시의 국왕과 지방호족과는 호혜적 관계에 있었으며, 군신관계 또한 의례적이고 형식적이었다는 이전의 논리를 확인하면서 그 같은 입장을 정리하고 있는 것이다. 그런데 씨에 있어서 한 가지 특기할 점은 그 같은 주장을 무작정 고집하는 것이 아니라 時期와 地域에 따라서는 前者들이 말하는 지배형태도 나타날 수 있다고 하여 신축성을 보이고 있다는 사실이다. 시기적으로 後三國의 統一 이전에는 歸附豪族들에게 상당한 독자성을 인정함으로써 호족연합정권 형태를 띠었지만 그 이후에는 점차 王權이 강하게 영향을 미치게 됨으로써 그와는 다른 지배형태가 되었으며, 또 지역에 따라서도 다양한 지배양식이 있었다는 것이다. 유사한 견해가 ⑬ 鄭淸柱, 「豪族 硏究의 몇가지 問題」(『新羅末 高麗初 豪族硏究』, 1991)에서도 제시되었거니와, 이러한 의견들은 金甲童이 ⑧論文에서 '聯合'이 지니는 의미와 더불어 중국의 경우를 검토한 뒤에, 麗初의 정치형태를 호족연합정권이라는 틀 그대로에 맞추어 넣기는 어렵다 하더라도 '호족연합적 성격을 가진' 정권이라고 불러 잘못된 것은 아니라고 하는 절충안과 함께 이 문제를 푸는 중요한 열쇠라고 생각된다. 앞으로 왕권과 지방호족과의 관계가 시기와 지역에 따라 보다 구체적으로 검토·분석됨으로써 호족연합정권설 문제는 머지 않아 해결할 수 있으리라 기대되는 것이다.

이상의 호족 문제에 초점을 맞춘 논고 이외에 고려의 건국과 王建太祖의 諸施策을 다룬 글도 여럿이 찾아지는데, 그 가운데에서 우선 洪承基의 다음 두 논문이 주목된다.

⑭「弓裔王의 專制的 王權의 追求」(『許善道停年紀念 韓國史學論叢』, 1992).
⑮「高麗 太祖 王建의 執權」(『震檀學報』71·72 합병호, 1991).

⑭에서는 궁예왕이 崔凝·王儒 등 近畿地域 출신세력을 배제하고 淸州出身 강경파 정치인들의 뒷받침을 받으며 전제적 왕권을 구축하게 되지만, 그 과정에서 밀려난 온건파 청주인 세력이 이반함으로써 궁예정권은 기반이 흔들리게 되는데, 그 같은 상황에서 왕건의 위상은 어떠했는가를 살피고 있으며, ⑮는 역시 궁예왕의 심복이었던 騎將 洪儒 등이 온건파 청주세력의 도움을 받으며 궁예를 몰아내고 왕건을 추대하게 되는 상황이 왕실을 호위하는 군사조직과 관련하여 밀도있

게 추구되었다. 청주세력이 좀 과도하게 평가되지 않았는가 하는 점에서 일말의 불안감이 없지 않지만 왕건이 집권하게 되는 배경과 과정이 종래와는 다른 각도에서 조명되어 이 방면의 이해에 크게 보탬이 될 것 같다.

全基雄은 ⑯「羅末麗初 地方出身 文士層과 그 역할」(『釜山史學』18, 1990)에서 新羅末에서부터 弓裔政權期를 거쳐 고려초기에 이르기까지 크게 활약하는 지방출신 文士層을 하나하나 분석하고 있다. 이는 과거 우리의 연구가 6頭品 출신에 치우쳐 온 데 대한 반성 겸 고려가 文班 中心이요 유교정치이념에 입각한 사회로 자리잡아 가게 된 배경을 찾았다는 뜻에서 의의를 찾을 수 있을 것 같은데, 설명 과정에서 추단이 좀 많은 게 흠이라면 흠이 될 듯싶다. 취지는 유사하지만 慶州崔氏 유학자에 초점을 맞춘 것으로 ⑰ 張日圭,「新羅末 慶州崔氏 儒學者와 그 活動」(『史學硏究』45, 1992)이 눈에 띄며, 또 後三國의 統一戰爭과 太祖의 政策을 검토한 것으로는

⑱ 閔賢九,「韓國史에 있어서 高麗의 後三國 統一」(『歷史上의 分裂과 再統一』上, 一潮閣, 1992).
⑲ 文秀鎭,「王建의 高麗建國과 後三國 統一」(『國史館論叢』35, 1992).
⑳ 金昌謙,「高麗 太祖代 對流移民政策의 性格」(『國史館論叢』35, 1992).

의 세 논고가 찾아지는데, 각 주제에 관한 종합적인 설명으로 엮어져 있다.

다음 光宗代의 정치상황에 대해서는 다음의 두 논고가 발표되었다.

㉑ 盧鏞弼,「光宗 末年 太子 伷의 정치적 역할」(『震檀學報』68, 1989).
㉒ 金基德,「高麗 光宗代 王權强化와 太子冊封」(『朴永錫華甲紀念 韓國史

學論叢』上, 1992).

　이 가운데 전자는 光宗의 장자 伷가 왕 16년(965)에 太子로 책봉을 받은 이후로는 기왕에 우리들이 이해하여 왔던 바와 달리 실권을 쥐고 정계와 불교계에서 상당히 중요한 역할을 담당했다는 논지를 편 것이다. 집요한 추적이 인상적인데, 하지만 현재 전하는 사료도 그러하거니와 光宗이 과단성있게 개혁정치를 밀고 나가던 그 시기에 있어서 10여 세—太子 책봉시에는 10세—의 太子가 비록 內史・諸軍事・內議令의 직책을 받았다 하나 어느 정도의 실권을 가졌을까는 여전히 의문으로 남는다.

　후자는 역시 光宗의 太子 책봉문제를 다룬 것이지마는, 그러나 여기서는 太子冊封 그 자체를 제도사적인 측면에서 접근하여 전자와 문제의식은 사뭇 다르다. 즉 논자는 國初에 왕위계승권자가 아닌 왕자들에게도 '君'類와 함께 '太子'의 칭호가 쓰여졌으나 光宗 16년에 그의 후계자를 太子로 冊封한 이후부터 일반 왕자들은 太子를 칭할 수 없게 되었는데, 이를 전후해서 王族에 대한 일단의 제도 정비가 있었을 것으로 추측되며, 그것은 王權의 安定化라는 의미도 지닌다는 논지를 펴고 있는 것이다. 광종의 왕권강화정책에 대한 새로운 시각으로 주목하여 좋을 듯하다.

　成宗代에 관한 연구는 이전에도 꽤 많이 논의되었던 崔承老와 그의 時務策이 다시 주 대상으로 다루어지고 있다. 구체적으로는,

㉓ 李在云,「崔承老의 政治思想」(『汕耘史學』제3집, 1989).
㉔ 金福順,「崔致遠과 崔承老」(『慶州史學』제11집, 1992).
㉕ 具山祐,「高麗 成宗代 對外關係의 展開와 그 政治的 性格」(『韓國史研究』78, 1992).

이 그들인데 이 가운데 ㉓・㉔는 崔承老의 時務策에 대한 종래의 연구를 좀 보강해 주는 논고들이지만, ㉕는 時務策 등에 나타난 최승로의 외교관을 검토하여 그가 비록 중국 문물을 선별적으로 수용해야 한다는 주장을 폈으나 본질적으로는 중국과의 관계・宋과의 관계를 기축으로 삼으려는 입장이었다고 분석하고, 그 같은 기조는 거란이 침입하는 成宗 12년까지 이어지다가 이 때의 被侵을 계기로 크게 바뀌며, 그에 따라 국내의 정치주도세력도 교체된다는 점까지 살핀 좀 색다른 글이다. 논자는 전자를 華風的 政治理念과 그 추구세력으로, 그리고 후자를 土風에 기반한 그것의 고수세력으로 대비시켜 파악하고 있거니와, 이렇게 이해할 경우 자칫 잘못하면 국내의 정국이 전적으로 對外政策에 의거하여 좌우된 듯한 감을 줄 수 있다는 우려가 없지 않지만 당시의 정치상황을 파악하는 데는 一助가 되리라 생각된다.

한편 이들과 함께 崔承老 上書文에 대한 해설서가 나온 것도 지나칠 수 없는 성과로 평가된다. ㉖ 李基白・盧鏞弼・朴貞柱・吳瑛燮 共著의 『崔承老上書文硏究』(一潮閣, 1993)가 그 책인데, 먼저 原文을 싣고 이어서 校註와 飜譯・註釋을 덧붙이고 있다. 本書에서 가장 힘을 쏟은 분야는 註釋이거니와, 극히 부분적으로 미흡한 감을 주는 곳도 없지는 않으나 전반적으로 다양하면서도 풍부한 내용을 치밀하게 해설하고 있어 책의 무게를 일층 높여주고 있다. 이로써 우리는 고려의 정치체제나 사회성격의 이해에 기본이 되는 本 文書에 쉽게 접근할 수 있게 되었지마는, 맨 뒤에 붙인 李基白의 「崔承老와 그의 政治思想」은 이에 관해 좋은 길잡이가 되는 논고이기도 하다. 현재 이런 類의 작업은 『高麗史』 兵志와 選擧志의 일부가 이루어진 게 고작이거니와, 차제에 食貨志나 刑法志・百官志 등 여러 문서들에 대한 주석서도 나오면 학문의 발전에 기여가 크리라는 점을 아울러 지적해 둔다.

(3)

　다음으로는 중앙의 정치기구와 官階·官職·官員의 充員方式 및 刑法과 12세기의 정치상황을 다룬 논고들을 살펴보도록 하겠다.
　순서에 따라 먼저 중앙의 정치기구에 대한 것부터 검토하는 게 좋다고 생각되는데, 그러나 유감스럽게도 고려시대의 핵심 정치기구인 3省·6部를 다룬 연구는 찾아지지 않고 그에 앞서 두어졌던 廣評省에 관한 논고만이 눈에 띤다. ① 崔圭成,「廣評省考－高麗 太祖代 廣評省의 性格을 중심으로－」(『金昌洙華甲紀念 史學論叢』, 1992)가 그것이다. 익히 알려진 대로 종래 광평성에 대해서는 호족세력을 대변하는 국가의 정책결정기구로 유력한 호족의 최고 출사자리가 되었다는 견해와, 그런 것이 아니라 행정을 담당하는 정부의 공식기구였다는 견해로 엇갈려 왔는데, 本稿는 후자의 의견을 좇는 논지를 펴고 있다. 최근의 연구는 대개 이 같은 경향으로 가고 있는 듯싶거니와, 씨는 자기 입론의 근거로 廣評省의 侍中이나 侍郞 등에 임명되었던 사람들을 구체적으로 분석하여 그들은 모두 호족출신이 아니라는 점을 들고 있다. 하지만 그와 같이 보는 이유로 이들은 王建의 측근 중신 내지는 지지세력이었다는 사실을 강조하고 있는데, 그러나 이 점이 곧 호족출신이 아니라는 명확한 증거가 되는 것은 아니다. 그런 때문에 씨는, 예컨대 대부분의 연구자들이 대표적 호족출신으로 간주하고 있는 朴守卿 같은 이도 호족적 존재로 보는 데 부정하는 입장을 피력하고 있지만, 그러한 몇몇 점들은 재검토해 볼 필요가 있지 않나 생각된다.
　고려의 중앙정치기구가 정비되면서 그 한 官府로 설치되는 것이

中樞院〔樞密院〕이거니와, 金旲希는 그의 하층부를 구성하는 承宣을 검토하였다. 논제는 ②「高麗前期 中樞院 承宣硏究」(『梨大史苑』24·25 합집, 1989)인데, 이 연구의 특징은 承宣職에 임명된 인물들을 하나하나 분석하여 그들의 정치적 성격을 밝히고 있다는 점일 것 같다. 생각컨대 이 같은 방법은 타당한 것이며, 그들의 정치적 기능을 왕권의 안정과 연결시켜 파악한 점도 수긍이 간다. 그러나 이들의 기본 직무인 王命出納과 관련된 군사업무를 가지고 이 기구가 군사적 직무를 띤 官署였다고 말할 수 있을까는 의문이다. 兵馬鈐轄과 관련지어 설명하고도 있지만, 그것이 확실하게 입증되려면 承宣들만이 제도적으로 兵馬鈐轄을 兼帶하게 되어 있었음이 증명되어야 하는데, 이 점 역시 좀 미흡한 듯하다.

金昌賢은 ③「高麗時代 日官에 관한 一考察－日官의 役割과 그 地位를 중심으로－」(『史學硏究』45, 1992)에서 日官制度를 검토하고 있다. 즉 이 제도의 정비와 변천, 그들이 소속하고 있는 司天臺와 太史局과의 관계 및 天文·地理·曆法·測候·刻漏 등 日官이 맡았던 임무와 그들의 역할·지위 문제 등을 살피고 있는 것이다. 日官에 대한 종합적인 고찰로써 이 방면의 이해에 상당한 도움을 줄 것으로 기대된다.

崔貞煥은 ④「權務官祿을 통해 본 高麗時代의 權務職」(『國史館論叢』26, 1991)을 발표하고 있는데, 여기에서 品官權務의 존재를 지적하고 있는 것 등은 커다란 의미가 있어보인다. 權務官制에 대한 종래 우리들의 이해를 바꾸지 않으면 안될 가능성을 예고해 주는 대목이기 때문이다. 그러나 서술과정에서 사용된 용어가 좀 불명확한 점은 약간의 문제가 될 듯싶다. 예컨대 散階와 散職의 구분 같은 게 그것이다. 이밖에도 논란이 될 만한 부분이 몇몇 곳 더 눈에 띄는데, 아마 너무 많은 과제를 의욕적으로 다루다 보니 그러한 문제들이 파생한 것 같다.

다음은 勳制와 初期의 官階를 주 대상으로 삼은 논고들이다. 즉 呂恩映은 ⑤「高麗時代의 勳制」(『慶尙史學』제4·5합집, 1989)에서 관련자료를 면밀히 검토하여 고려 때 사용된 勳制의 실제 내용을 재구성해 제시하는 등 이 방면의 연구를 크게 진척시키고 있는 것이다. 나아가서 그는, 이 곳에서 주제로 삼고 있는 분야와는 좀 다르지만 그 勳制와 功蔭田柴法을 연결시켜 해석하고 있어 매우 주목되는데, 그러나 勳制는 운영 문제 등에서 아직 불분명한 상태로 남아 있는 부분이 있는 만큼 이 점에도 좀더 힘을 기울였어야 했던 게 아닌가 하는 생각이 든다. 이어서 金福姬는 ⑥「高麗初期 官階의 成立基盤 － 浿西豪族의 動向과 관련하여 －」(『釜大史學』제14집, 1990)를 발표해 正匡·正朝 등 初期 官階의 기원을 浿西勢力에서 찾고, 그것의 성쇠까지도 이 세력 또는 그 대표격인 朴守卿家에 견주어 이해하고자 하고 있다. 그렇지만 이러한 이해의 가능성이 아주 없다고는 할 수 없다 하더라도 그러기에는 자료의 뒷받침이 너무 적고 또 접근방식도 좀 무리가 있었던 것은 아닐까 싶다.

다음으로 살펴볼 것은 官員의 충원방식에 관한 연구이다. 다 알고 있듯이 고려 때에 그 같은 방식으로 가장 중요한 기능을 담당한 제도는 科擧와 蔭敍이었거니와, 후자에 대해서는 朴天植이 ⑦「高麗士族의 形成·發展과 階層構造(下)」(『國史館論叢』제29집, 1991)에서 부분적으로 언급하고 있으나 이 자리에서는 논외로 하기로 하고, 주로 연구가 되었던 전자에 대해 검토하기로 하겠다. 먼저 그들 논문을 제시하면 아래와 같다.

⑧ 朴龍雲,「高麗時代의 科擧－製述科의 應試資格」(『高麗時代 蔭敍制와

科擧制 硏究』, 一志社, 1990).
⑨ 朴龍雲,「高麗時代의 科擧-製述科의 運營」(上同書).
⑩ 朴龍雲,「高麗時代의 科擧-明經科에 대한 檢討」(『國史館論叢』20, 1990; 上同書).
⑪ 朴龍雲,「高麗時代의 科擧-雜科에 대한 檢討」(上同書).
⑫ 朴龍雲,「高麗時代의 紅牌에 대한 一考察」(『李佑成定年紀念論叢, 民族史의 展開와 그 文化』上, 1990 ; 上同書).
⑬ 柳浩錫,「高麗時代 進士의 槪念에 대한 檢討」(『歷史學報』121, 1989).
⑭ 柳浩錫,「武人執權期 科擧制의 運營과 薦擧制」(『全北史學』제14집, 1991).
⑮ 李重孝,「高麗時代의 國子監試」(『全南史學』제4집, 1990).

이 가운데 ⑨ ⑩ ⑪은 科擧의 고시과목과 고시방법・급제등급・급제자수와 그들이 제수받은 初職, 그리고 승진 등을 科業別로 구분하여 살핀 것이다. 이들 연구의 특징은 가능한 한 모든 及第事例를 원용하고 있다는 점인데, 그리하여 사실을 보다 구체적으로 밝히는 데 어느 정도 성공을 거둔 듯도 하나, 기본적으로 종래의 연구수준을 조금 보강하는 것 이상은 아니라고 생각된다. ⑫는 급제증서로 수여되던 紅牌에 관한 고찰로서 역시 과거제의 이해에 작은 도움을 주는 글이라 할 수 있다.

과거제에 관한 기왕의 연구에서 논의가 많이 되었던 것 가운데 하나는 응시자격 문제이었다. 필자는 이 문제가 '科擧의 응시자격'이 아니라 製述科 또는 明經科・雜科의 응시자격과 같이 科業別로 구분하여 검토하여야 한다고 믿고 있지만, ⑧ 논문은 이에 따라 제술과의 응시자격을 따로 떼어내어 살핀 것이다. 제술과의 응시자격 문제가 가장 중요하기 때문인데, 종래 이 문제에서 논의의 핵심이 된 것은 일반 백성 또는 部曲民에게 자격이 있었느냐의 여부였다. 본고에서는 모두 부정하는 의견이 피력되었지마는, 긍정하는 논자도 다수가 있다. 요는 이 점을 분명하게 알려주는 사료가 아직은 보이지 않기 때문에 이와 같은 혼선이 빚어졌다고 생각되는데, 따라서 이 과제는 앞으로 더 논란이 있을 것으로 예상된다.

응시자격과 함께 또 하나 많은 논란이 일어났던 문제는 國子監試를 어떤 성격의 시험으로 보느냐 하는 것이다. 한편에서는 그것을 科擧의 예비고사로 파악하는 반면 다른 한편에서는 國子監에의 입학자격시험이었다고 주장하고 있는 것이다. 柳浩錫의 ⑬논문은 進士의 개념이 다양했다는 사실을 밝힘과 동시에 후자의 입장에 서는 자신의 종래 의견을 재확인한 글이지만, 이에 대해서는 이미 ⑧논문에서 비교적 자세하게 검토한 바 있으므로 이 자리에서 재론할 필요는 없을 것 같다. 다만 李重孝는 ⑮논문에서 지금까지 있었던 두 견해를 모두 부정하고 그것은 고려정부가 文治敎養을 흥성시키기 위한 방편으로 설치한 시험으로, 文士의 선발에 목적이 있었다는 새로운 의견을 내놓고 있는데, 과연 국자감시가 그처럼 특정한 목적 아닌 목적을 위한 시험이었을까에 대해서는 더 큰 의문이 따른다. 차라리 씨의 분석에서 드러나고 있듯이 그것은 일정한 목적을 위한 시험이기는 하되 부수되는 몇 가지 기능도 담당했다고 파악하는 것은 어떨까.

⑭는 及第者가 처음으로 관직에 나가거나 또는 이미 관직에 오른 사람이 승진할 때 薦擧가 큰 몫을 담당했던 武臣政權期의 상황을 검토한 논고로, 이는 무신정권 담당자가 自政權의 유지와 안정을 위해 채택한 독특한 정치운영 방식이었다고 분석하고 있다. 특히 전자의 경우에 관해 "비록 명목상이기는 하지만 결국 국왕을 정점으로 하는 과거제에 대한" 무신정권 담당자의 "일종의 견제장치였다"고 보고 있는데, 설득력있는 견해라고 생각된다. 다만 薦擧制의 본래 의미는 논자

도 지적하고 있고 또 『高麗史』 選擧志 序文에 명시되어 있듯이 草野에 묻혀 있는 遺逸을 국가가 발탁·등용하는 제도를 말하므로, 무신정권기에 급제자를 천거에 의해 등용한 것과는 내용이 매우 다른만큼 양자는 준별되어야 하리라고 본다. 후자는 '천거제'가 아니라 무신정권기의 특수 상황을 반영하여 '천거'가 관행했다는 정도로 이해하여 두는 게 어떨까 생각되는 것이다.

朴龍雲은 위에 든 저서의 말미에 ⑯「高麗時代의 蔭敍制와 科擧制에 대한 比較檢討」를 추가하여 蔭敍와 科擧에 대한 사회의식이나 그들 출신의 신분·초직·승진 등을 비교 검토하고, 나아가서 두 제도가 지니는 역사적 의의까지 음미하고 있다. 그리하여 결론 부분에서 과거제는 고려 귀족제사회에 신선한 공기를 불어넣는 역할을 담당하기도 했지만 본질적으로는 신분제의 원리 위에서 운영되었으므로 이 제도가 실시된 사실을 징표로 삼아 고려사회의 성격을 관료제 내지 家産官僚制 사회로 규정하는 데는 동의하기가 어려우나, 반면에 음서제는 관직의 傳授를 가능케 하는 면이 많았으므로 이를 논거로 고려가 귀족제사회였다는 주장을 펴는 것은 상당한 타당성이 있는 것이라 언급하고 있다. 이 같은 이야기는 이미 해묵은 것이지만, 여기에서 다시 확인하고 있는 셈인데, 金龍善은 ⑰「高麗 貴族社會成立論」(『韓國社會發展史論』, 一潮閣, 1992)에서 상기한 문제를 포함하여 그 사이 貴族社會論에서 나왔던 여러 논의를 종합 검토하고 있어 주목된다. 하지만 이 논고는 새로운 견해의 개진이 아니라 지금까지 주장되었던 논지들의 문제점을 지적하고 그 해결 방안을 모색해 보는 데 중점이 두어졌고, 또 本稿가 다루고 있는 분야와는 성격도 좀 다른 부분이므로 이 자리에서는 그 정도의 소개로 그친다.

그러면 다음으로 刑法에 관한 논고에 대하여 알아보기로 하자. 우리의 손에 의해 고려시대의 刑法이 본격적으로 연구된 것은 비교적 근자의 일이거니와, 그럼에도 최근에 여러 편의 글이 발표되었는데 그 가운데 우선 朴恩卿의 ⑱「高麗時代 歸鄕刑에 대한 재검토」(『韓國史硏究』79, 1992)가 주목을 끈다. 歸鄕刑을 지배신분층의 일원이 어떤 죄로 인해 官爵을 박탈당하고 '廢爲庶人'되는 除名에 부가하여 本貫地로 돌아가게 하는 형벌로 파악한 씨는 그 같은 형벌이 고려사회의 어떠한 특성하에서 배태될 수 있었는가에 초점을 맞추어 추구하고 있다. 그리하여 결국 그것은 "士·庶의 신분질서가 엄격하였던 고려 귀족사회에서 자율적인 향촌사회 운영질서가 형성되어 있던 고려시대 本貫의 특성하에서 존재할 수 있었던 것"이라고 말하고 있거니와, 차분한 논지의 전개가 깊은 인상을 주는 논고이다.

韓容根은 高麗律에 관하여 아래의 두 논고를 발표하였다.

⑲「高麗律 성립에 대한 一考察」(『國史館論叢』第21輯, 1991).
⑳「『高麗史』刑法志 序文 및 記事性格 分析」(『朴永錫華甲紀念 韓國史學論叢』上, 1992).

씨가 여기에서 일관되게 규명하고자 한 것은, 한 마디로 말해서 高麗律은 전통적인 우리 고유법을 모태로 한 통일기 新羅律을 繼受했다는 점이었다. 이에 따라 그는 종래 高麗律의 존재 자체를 부정했던 견해와 긍정은 하되 그것은 唐律을 母法으로 했다는 주장을 모두 비판하면서 특히 ⑲ 논문에서 高麗律과 唐律 사이의 차이점을 일일이 지적하고 있다. 이러한 작업은 고려율의 이해에 큰 보탬이 되는 의의있는 일이라 생각되는데, 그러나 씨의 주장이 동조를 얻는 데 난점이 없는 것은 아니다. 논자도 지적하고 있듯이 아직은 新羅律의 체계를 구체적으로 알 수 없어 高麗律과의 비교·검토가 불가능한 데 비해, 唐律과 高麗律은 체제나 내용에 있어 흡사한 부분이 너무 많기 때문이다. 앞으로 좀더 숙고할 문제라 하겠다.

그간 高麗律의 해명에 많은 노력을 기울여 온 辛虎雄은 이번에도 ㉑「高麗律에 있어서 閏刑의 시행문제」(『趙恒來華甲紀念 韓國史學論叢』, 1992)에서 官當收贖法의 문제를 다루고, 이어서 ㉒「高麗時代의 赦免制度」(『金昌洙華甲紀念 史學論叢』, 1992)에서는 赦免의 동기와 과정·운영실태 등 赦免制度 전반에 대해 검토하고 있다. 모두가 고려시대의 刑法 관계를 이해하는 데 일정한 도움을 주는 논고들이라 평가된다.

이어서 살펴볼 것은 肅宗(1095~1105)·睿宗(1105~1122)·仁宗(1122~1146)年間의 정치상황을 다룬 연구들에 관해서이다. 이 시기는 정치·경제·사회 등 각 방면에서 변동의 조짐이 나타남과 동시에 많은 사건이 빈발하였고, 그런 점이 논자들의 관심을 끌어 여러 편의 글이 발표되었지마는, 아래의 두 논문은 그 일부이다.

㉓ 金光植,「高麗 肅宗代의 王權과 寺院勢力-鑄錢政策의 배경을 中心으로-」(『白山學報』36, 1989).
㉔ 鄭修芽,「高麗中期 改革政策과 그 思想的 背景-北宋'新法'의 수용에 관한 一試論-」(『朴永錫華甲紀念 韓國史學論叢』上, 1992).

㉓에서는 우선 義天에 의해 개창되는 天台宗이 王權의 강화와 밀접히 관련되어 있음을 지적한 점에 유의하게 된다. 당시 크게 위세를 떨치던 慶源李氏 세력과 연결된 교단이 불교계를 주도함으로써 왕자 출신인 義天조차 위축을 면치 못하다가 숙종이 이른바 李資義의 난을 진압하고 즉위한 이후에야 그의 강력한 지원을 얻어 새로이 天台宗을

開立할 수 있었다는 것이다. 그런데 사회경제적인 면에서 慶源李氏의 지원세력은 '豪商·大賈'로 표현되고 있는 반면에 천태종 개창의 배후가 된 숙종의 지원세력은 '工商·皂隷'로 나타나 있다. 이와 같이 이자의의 난을 전후하여 왕권을 둘러싸고 일어난 대립·갈등과 天台宗 개창으로 야기된 불교계의 추이와는 각각 그에 연계된 기반세력의 이해관계가 얽혀 있었으며, 여기에 기득권을 지닌 문벌귀족의 경제력을 약화시키고 강력한 왕권의 기반을 구축하려는 숙종의 의도가 결국은 鑄錢政策의 배경도 되었다 한다.

이러한 숙종의 정책을 적극 뒷받침한 부류가 義天으로 대표되는 寺院勢力과 尹瓘으로 대표되는 신흥관료들이었다. 그러므로 그 뒤에 윤관이 주도하는 別武班의 구성이나 女眞 정벌사업도 기본적으로는 숙종대의 왕권강화 구도에서 전개된 것이라 보고 있는 것이다. 숙종대의 제시책에 대한 참신한 시각으로 크게 주목되는 견해인데, 그러나 '豪商·大賈'나 '工商·皂隷'로 표현된 세력의 실체가 어떠한 것이며, 그들이 鑄錢政策과 어떻게 연결되어 있었던가 하는 점이 구체적으로 밝혀지지 않은 것은 좀 아쉽게 느껴진다. 이 부분이 분명해야 논지가 좀더 설득력을 가질 수 있다고 생각되기 때문이다.

鑄錢政策을 비롯하여 숙종대에 펼쳐지는 여러 시책의 배경을 이처럼 ㉓에서는 대내적인 사회경제적 측면을 들고 있는 데 비해 ㉔에서는 宋의 新法이 추구하던 개혁정책에서 찾고 있다. 대외적인 연원을 지적하고 있는 셈인데, 이와 같이 한쪽에서는 대내적인 요인을, 그리고 다른 한쪽에서는 대외적인 요인을 강조하고 있다는 점에서 차이를 보이고 있으나, 그러나 그 추진세력의 중심 인물로 다같이 義天과 尹瓘을 들고 있고, 그 목표가 중앙집권화·왕권강화에 있었다고 하는 데서도 양자의 견해가 일치하고 있다. 앞으로의 더욱 깊은 연구가 기대된다.
　南仁國은 睿宗과 仁宗代의 정치상황을 분석하였다. 아래의 두 논고가 그것이다.

⑤ 「高麗 睿宗代 支配勢力의 構成과 動向」(『歷史敎育論集』13·14 합집, 1990).
⑥ 「高麗 仁宗代 政治支配勢力의 性分과 動向」(『歷史敎育論集』제15집, 1990).

　살펴보건대 논자는 당시의 정치적 추이를 검토함에 있어 먼저 지배세력을 몇 그룹으로 분류하고 그들이 각 쟁점에 대해 어떻게 대응했는가를 살피는 방식을 취하고 있다. 예종대의 경우 ① 王族, ② 外戚, ③ 官僚集團〔宰臣·科擧考試官·경연 참가자〕으로, 인종대는 ① 왕족과 외척, ② 관료집단〔宰臣·樞密·科擧考試官·경연 참가자〕 등으로 정치지배세력을 분류하여 놓고 이 시기에 일어난 여러 시책·사건을 분석하고 있는 것이다. 그러나 이 가운데 왕족을 정치적 지배세력의 하나로 지목한 점은 어떨까. 생각하여 보면 당시의 사건 가운데 왕족이 개입되어 있는 예가 여럿이므로 그 같은 분류에 일면 납득이 가지 않는 것도 아니나 뒤에 소개하는 朴宗基처럼 당시 왕족이 다른 정치세력과 같이 "정책결정이나 정치과정에 참여하면서 자신들의 세력을 재생산할 수 있는 지속적이고 단일한 정치세력이었는가 하는 점에서 의문이 간다"는 비판도 있음을 유의할 필요가 있을 것 같다. 아울러 관료집단의 구성요소에도 문제가 없지는 않은 듯하므로 좀더 숙고하는 게 좋지 않았을까 한다.
　姜玉葉은 ㉗「高麗中期 西京勢力의 政治的 性格」(『白山學報』36,

1989)을 발표, 顯宗~武臣亂(1170)前의 西京圈 출신자들을 추출하여, 그들을 '西京勢力'으로 파악하고 여러 정치적 사건에서의 이들의 역할을 살펴보려 하였다. 그러나 이러한 시도는 많은 노력에도 불구하고 기대한 만큼의 성과를 거두기는 어렵다고 생각된다. 지역적으로 출신이 같다고 해서 하나의 정치세력으로 파악하는 데는 큰 난점이 따른다는 방법상의 문제가 있기 때문이다. 이밖에 ㉘ 姜聲媛, 「妙淸의 再檢討」(『國史館論叢』제13집, 1990)가 보이나 특별히 언급할 만한 내용은 없는 듯하다. 한편 朴宗基는 ㉙ 「12세기 高麗政治史 硏究論」(『許善道停年紀念 韓國史學論叢』, 1992)에서 그 사이 발표되었던 논문들에 보이는 政治勢力의 분류 문제와 政治諸勢力間의 對立構造를 정리하고, 거기에서 드러난 문제점들을 지적하고 있다. 이러한 검토는 과거 우리들의 시각을 되돌아보게 하고, 앞으로의 새로운 이해를 위한 한 계기를 마련해 준다는 점에서 바람직한 일이라 생각되어 함께 소개하여 둔다.

(4)

이어서 살펴볼 부분은 地方統治組織과 그 구조에 관한 논고들인데, 이 문제를 다룬 것으로는 우선 아래의 두 논문이 주목된다.

① 邊太燮, 「高麗時代 地方制度의 構造」(『國史館論叢』제1집, 1989).
② 朴宗基, 「高麗時代 郡縣 支配體制와 構造」(『國史館論叢』제4집, 1989).

①에서는 京・都護府・牧과 州・府・郡・縣・鎭 등 다양한 형태를

띠고 있던 고려 군현제의 성립으로부터 그들 사이에 존재했던 主屬關係와, 界首官과 領郡縣, 民事的 州縣과 軍事的 防禦州鎭의 구성을 검토하고, 곧이어 이들의 상급 지방기구였던 5道按察使制 및 兩界兵馬使制・京畿統治制의 특성을 밝힘과 동시에 이들이 시간이 흐름에 따라 점차 변화하여 麗末에 이르러서는 마침내 일원적인 지방제도로 발전하는 모습까지 살피고 있다. 그간 지방제도에 많은 관심을 가지고 연구 결과를 발표해 온 논자가 그들을 종합하여 하나의 역사상을 재구성해 내고 있다는 데서 의미를 찾을 수 있을 것 같은데, 그러나 자신도 지적하고 있듯이 鄕・部曲・所 등 특수행정구역과 郡縣 아래의 단위인 村에 대한 언급이 없는 것은 아쉬운 점이라 여겨진다. 그런데 이러한 ①의 문제점은 ②논문에서 충실하게 보강되고 있다. 즉 여기서는 군현체제의 내부구조를 아예 郡縣制 영역과 部曲制 영역으로 파악하고, 그들의 성립 및 그들에 대한 중앙정부의 지배와 수취방식, 그리고 기초 행정조직인 村落과 함께 군현체제의 변동 문제까지를 검토하고 있는 것이다. 이와 같은 시각에 대해서는 부곡제가 좀 지나치게 부각되었다는 비판이 있기는 하지만, 어떻든 이로써 논자의 종래 주장은 한층 명료해졌다고 할 수 있다.

金甲童은 ③「高麗王朝의 成立과 郡縣制의 變化」(『國史館論叢』제35집, 1992)를 발표하고 있다. 여기서는 고려왕조의 성립을 전후한 시기의 군현제의 변화상, 즉 군현의 명칭 변경과 邑格의 陞降, 屬郡縣의 형성에 대한 상황 등이 구체적인 예와 함께 정리되었거니와, 역시 논자가 연구하여 온 것들을 체계를 세워 종합한 논고라 생각된다.

그런데 이 시기의 郡縣 改名과 主屬關係의 형성에 관해서는 그에 앞서 金日宇가 ④「高麗初期 郡縣의 主屬關係 形成과 地方統治」(『민족문화』제12집, 1989)에서 밀도있게 다루고 있어 아울러 소개하여 두는 게 좋을 듯싶다. 즉 그는 太祖代의 郡縣 改名에 상당한 의미를 부여해 온 기왕의 연구성과를 수렴한 위에서 이 때 새로이 개편되는 州·府와 일부 郡이 外官의 파견과는 관계없이 主縣으로 설정되었으며, 새로 편입되는 군현은 屬縣이 되었다는 사실을 『慶尙道地理志』와 『大東地志』·『新增東國輿地勝覽』등 여러 地理書를 이용하여 구체적으로 검증하고, 그의 운용 문제도 살피고 있는 것이다. 『高麗史』地理志에 대한 보완의 성격도 지니는 本 연구는 실증적인 작업을 통해 상주하는 外官이 파견되는 成宗 2년 이전의 지방통치 실상에 한 걸음 더 접근했다는 데서 일정한 의미를 부여해도 좋지 않을까 한다. 이밖에 그간 논자들 사이에서 많이 논의되었던바, 『高麗史』地理志에 군현의 改名 및 領屬關係의 時期로 기술된 '高麗初'·'高麗'·'至高麗'의 연대를 고찰한 ⑤ 황인규, 「『高麗史』地理志 '高麗初' '高麗'의 時期 比定試考」(『東國歷史敎育』제3집, 1991)와, ⑥ 배종도, 「『고려사』지리지의 일 고찰-영속관계의 기준연대 추정을 중심으로-」(『역사와 현실』제6호, 1991)도 찾아지나, 모두 나름대로의 試論을 개진한 것으로 이해하여 두는 게 어떨까 싶다.

고려 때는 지방관이 설치되지 않은 屬郡縣이 많이 존재했지마는, 대체적으로 중기에 해당하는 睿宗代부터 이 곳에 말단 外官이긴 하나 監務가 파견되기 시작하여 麗末까지 계속된다. 따라서 이는 중앙집권력의 강화 내지 사회 안정과 밀접하게 관련되게 마련이었고, 그 점이 연구자들의 관심을 끌어 근자에 여러 편의 글이 발표되었다. 지금 들고자 하는 金東洙의 ⑦「고려 중·후기의 監務 파견」(『全南史學』제3집, 1989)도 그 하나인데, 그는 감무를 파견하게 되는 배경을 종래와는 좀 달리 지방사회의 질적 변화에서 찾고 있는 점이 특이하다. 외관이 없음으로 해서 租稅나 貢賦·力役의 差定에서 오는 불이익과 그것의 운송 및 主縣의 왕래에서 비롯되는 폐단 등을 제거함으로써 지방사회를 안정시키고 국가재정의 수요를 확충시킨다는 데서도 감무 파견의 요인을 찾을 수 있지만 보다 본질적인 것은 인구의 증가와 토지생산력의 증대 등에 따른 지방사회의 꾸준한 성장이 그 배경이 되었다는 것이다. 하나의 새로운 시각으로 주목할 필요가 있다고 생각되는데, 그러나 예를 들면, 감무가 대폭적으로 파견되는 睿宗代에 그처럼 지방사회가 성장하여 있었느냐의 문제는 논란의 여지가 없지 않은만큼 그 점에서 이 논지는 역시 한계성을 지닌다고 보아야 할 것 같다. ⑧ 이인재, 「고려 중후기 지방제 개혁과 감무」(『外大史學』제3집, 1990)도 제목에서 드러나는 것처럼 감무를 주제로 한 논고이다. 하지만 논지의 전개에서는 초점이 잘 맞지 않는 부분이 꽤 여러 곳 눈에 띄므로 이 자리에서는 더 이상의 언급을 피한다.

外官은 邑格에 따라 留守使・都護府使・牧使・知州府郡事・縣令 등이 파견되었지만, 그 아래에는 다시 이들을 보좌하는 判官・司錄參軍事・掌書記・法曹・醫師・文師 등의 屬官이 있었다. 이들 屬官은 역시 邑格에 따라서 그 가운데 일부분만이 설치되기도 하고 兼職이 되기도 하였는데, 朴宗基는 ⑨ 「高麗時代 外官 屬官制 硏究」(『震檀學報』제74호, 1992)에서 이들의 구성과 職任, 제도의 성립과정과 변동 등을 살펴 성과를 거두고 있다. 그리하여 논자는 이러한 屬官制가 고려시대 군현제의 특성을 잘 나타내 주는 특유의 제도로서, 광범위하게 존재했던 屬郡縣과 部曲制 영역에 대한 효과적인 지배의 실현과 밀접한 연관성을 가진다는 데까지 언급하고 있는 것이다. 경청할 만한 견해라고 생각되는데, 다만 이미 많은 비판을 받고 있는 司戶〔戶部〕에 대한 논급은 피하는 것이 좋았을 듯싶고, 또 屬官에 보임되었던 官員들에 관한 分析이 없는 것은 좀 아쉽게 느껴지는 부분이다. 그러나 본고는 개척적인 연구이므로 그 점이 논문의 무게를 더는 것은 아니라고 생각된다.

洪承基는 事審官과 鄕吏의 관계를 추적한 ⑩「高麗後期 事審官制度의 運用과 鄕吏의 中央進出」(『東亞研究』제17집, 1989)을 내놓았다. 사심관제는 잘 알려진 대로 太祖 王建에게 신라의 끝 임금인 金傳가 항복해 오자 그를 慶州의 사심으로 삼고 副戶長 이하의 관직 등에 관한 사무를 관장케 한 데서 비롯하거니와, 뒤이어 다른 功臣들도 각각 그 출신지방의 사심관으로 임명하게 되면서 지방세력에 대한 통제책의 하나로 널리 시행된 제도이다. 그런데 중앙의 조정은 이 같은 제도 설치의 목적을 원활하게 달성하기 위하여 사심관과 향리 사이에 혈연관계로 얽히는 것을 차단하는 조처도 물론 취하였다. 하지만 시간이 흐르면서도 이 같은 조처가 계속하여 실효를 거두고 있었을까. 연구자는 그렇지 않았다는 논지를 펴고 있다. 즉, 顯宗 9년에 지방관제가 일단락되어 중앙정부의 지방에 대한 통제 기반이 잡히면서 이제는 사심관제의 목적도 지방민에 대한 정치적 지배에서 경제적 수취로 바뀌게 되었으며, 그에 따라 사심관과 향리의 관계는 오히려 긴밀하게 되어지기 시작했다고 한다. 고려후기에 향리의 자손이 대거 중앙으로 진출하는 것도 이 같은 사심관제 운용의 변화와 관련이 깊다는 주장을 펴고 있거니와, 수긍이 가는 견해이다.

鄕吏制 자체에 관한 연구는 ⑪ 羅恪淳, 「高麗 鄕吏의 身分變化」(『國史館論叢』제13집, 1990)에서 볼 수 있다. 그러나 본고는 향리에 관한 전반적인 문제를 대상으로 삼은 때문에 논지는 좀 피상적으로 흐른 감이 없지 않다.

李樹健은 戶長을 수반으로 하는 향리의 집무청인 邑司를 깊이있게 검토하였다. ⑫「高麗時代 '邑司' 研究」(『國史館論叢』제3집, 1989)가 그것이다. 이에 의하면 邑司는 邑格에 따라 州司·府司·郡司·縣司·

鎭司 등으로 구분되었지만, 屬郡縣에도 屬郡司·屬縣司가 있었으며, 또 鄕·部曲·所 역시 鄕司·部曲司·所司가 설치되어 있었다 한다. 이처럼 각급의 邑司는 鄕吏가 있는 군현이면 으레 있게 마련이었다는 것이다. 향리의 조직과 정원은 성종 2년의 명칭 개정과 현종 9년의 직급별 정원 제정 및 문종 5년의 9단계 승진규정에서 소상하게 드러나고 있거니와, 이들 가운데 邑司를 주도한 세력은 戶長層이었으며, 그 가운데서도 上戶長이 호장의 으뜸으로서 읍사의 주인공이었다. 읍사의 직무와 기능은 外官의 유무, 邑格의 高下, 시기와 지역에 따라 차이가 났으나 한 고을의 행정실무를 총괄한다는 점은 공통적이었다. 결국 이곳이 중심이 되어 향리의 세계를 통할하고 徵兵과 調役을 실현시켜 갔지마는, 首戶長의 '掌印行公'과 邑司 首班의 詣闕肅拜도 중요 업무의 하나였으며 또 邑中의 享祀와 佛事를 주관하기도 했다는 것이다. 그러나 이 邑司는 중앙집권화의 진전과 外官의 증파에 따라 향리제와 함께 후기로 올수록 그 조직체계가 분화되고 권한은 축소되는 변화과정을 겪었다 한다. 군현행정의 실무를 장악하고 향촌사회를 지배했던 邑司에 관한 연구는 지방통치와 사회구조를 규명하는 데 있어 하나의 중요 과제임에 틀림없는 것 같다. 그런 점에서 본고는 높은 평가를 받아 마땅하지만, 이번의 연구를 계기로 邑司와 관련된 여러 문제들 하나하나가 좀더 심도있게 천착되었으면 하는 희망도 가져본다.

(5)

다음으로 검토할 부문은 軍制에 관한 것들이다. 다 아는 대로 고려시대 軍制의 근간은 2軍 6衛로 편제된 京軍과 州縣軍·州鎭軍이었거니와, 그에 앞서 國初에 중요한 기능을 담당한 기구의 하나가 徇軍部였다. 그러므로 이에 대해서도 상당한 관심이 베풀어졌는데, 이것을 주제로 다룬 논고는 아래의 두 편이 찾아진다.

① 鄭景鉉, 「高麗初期 京軍의 統帥體系 – 徇軍部의 兵權에 대한 再解釋을 겸하여 – 」(『韓國學報』 제62집, 1991).
② 崔圭成, 「徇軍部考」(『祥明史學』 創刊號, 1993).

徇軍部의 직임에 대하여 『고려사』 권76, 百官志 1 兵曹條의 협주 기사에는 "아마 掌兵하는 임무를 맡았던 것 같다"고 하였고, 同書 권92, 列傳 洪儒附 裵玄慶傳에는 "兵權을 典掌했다"고 보인다. 이로써 짐작컨대 徇軍部가 兵權을 가졌던 것은 분명한 듯싶거니와, 기왕의 연구에서는 이를 근거로 상이한 두 가지의 견해가 나왔다. 그 하나는 순군부가 중앙군에 대한 최고 통수권을 장악했으되 그것은 호족적 무장 세력가들로 구성된 일종의 군사협의기구였다는 설이며, 다른 하나는 고려정부의 최고 군통수기구이기는 하였으나 太祖 직속의 軍令機構였다는 설이다. 위에 든 두 논문은 근자의 경향과 같이 기본적으로는 후자의 견해와 유사한 입장을 취하고 있다는 점에서 공통적이다. 그러나 구체적인 내용에 들어가서는 여전히 의견의 차이를 드러내고 있는데, ①에서는 우선 경군이 수행한 군사작전의 사례를 분석한 결과 경군의 최고 통수권자는 국왕인 太祖로서, 用兵作戰은 오로지 그로부터 직접 명령을 받은 휘하 장수들에 의해 이루어지고 있음을 밝히고 있다. 순군부가 태조와 장수들 사이에 개재해 있는 軍令系統上의 한 기구는 아니었다는 것이다. 더구나 순군부 관리의 대부분은 문서사무의 행정에 밝은 文士들로서 호족적 존재는 아니었고 군사를 지휘하는 장수들도 아니었다. 따라서 순군부가 장악하고 있었다는 兵權은, 당시의 경군이 부대단위로 병영생활을 하는 상비군이 아니었던 관계로 군사작전의 필요시에는 먼저 군인을 징발 동원해야 하였는데, 바로 그 같은 發兵權을 의미했다고 보고 있다. 그것도 물론 왕명이 있었을 때 한해서 말이다. 순군부는 王命을 받들어 發兵權을 행사하는 기구였지, 用兵作戰權으로서의 掌兵權을 가진 기구는 아니었다는 해석이다. 논자는 「高麗太祖代의 徇軍部에 대하여」(『韓國學報』 48, 1987)에서 이 기구는 중앙에 존재하는 諸兵力의 동태를 감시하는 기구가 아니었을까 추측한 바 있었는데, 그보다는 한 걸음 진전된 견해라고 생각된다.

②에서는 위에서도 지적했듯이 徇軍部가 호족적 무장세력의 統帥府와 같은 성격을 가진 기구가 아니라고 한 점에서 ①의 논지와 동일하다. 그러나 그 곳의 官吏들은 文武兼全한 인물들이 많았다고 본 점, 그리고 그 기능도 지방에 대한 통제업무와 그 곳에서의 조세 징수 및 수송, 지방세력의 반역행위 제압, 국왕의 行幸과 州鎭 巡歷의 계획과 실시, 심지어는 郵驛에 관한 업무까지 관장했다고 주장하고 있어서 이 부분에서는 차이가 크다. 생각컨대 순군부는 史料에 보이듯이 본질적으로 '兵權을 典掌'한 기구였고, 또 당시 중앙의 지방에 대한 통제력 정도 등을 감안할 때 과연 순군부가 이 같은 여러 업무를 관장했을까에 관해서는 의문이 가는 면이 많다. 그러나 아직은 그의 기능을 단정할 만한 단계에 와 있는 것도 아니라고 여겨지는만큼 앞으로 좀더 검토할 필요는 있을 것 같다.

고려시대 군사조직의 핵심이 되는 2軍 6衛와 州縣軍도 당연히 관심을 끌어 그에 관한 여러 편의 글이 발표되었다. 아래에 먼저 그들 논제부터 열거하면 다음과 같다.

③ 洪元基,「高麗 二軍·六衛制의 性格」(『韓國史研究』 68, 1990).
④ 鄭景鉉,「高麗 太祖의 一利川 戰役」(『韓國史研究』 68, 1990).
⑤ 鄭景鉉,「高麗前期 京軍의 軍營」(『韓國史論』 23, 1990).
⑥ 鄭景鉉,「韓國 軍事史研究의 方法論的 反省-高麗前期 中央軍制를 中心으로-」(『軍史』 제23호, 1991).
⑦ 鄭景鉉,「諸衛의 保勝·精勇軍과 '軍人田'」(『高麗前期 二軍六衛制 研究』, 1992).

잘 알려진 대로 고려시대의 京軍에 대해서도 府兵制說과 軍班制說이 서로 대립되어 왔다. 전자는 군인은 곧 농민이었다는 兵農一致制를 주장하는 견해로서, 이렇게 볼 때 京軍과 州縣軍은 番上과 非番의 차이만 있을 뿐 동일한 군인이 되며, 따라서 이들은 立役의 대가로 지급받는 軍人田도 그들 스스로가 경작하는 경작자인 동시에 그 신분은 물론 양민이 된다. 이에 비해 후자의 경우 경군은 군인직을 전문으로 하는 군인들로만 구성되었으며, 따라서 이들은 농민으로 편성된 州縣軍과는 전혀 다른 존재로써 그들에게 지급되는 군인전에 대해서도 收租權者의 위치에 있었고 신분은 鄕吏·胥吏 등과 같은 中流層이었다고 파악한다. 이와 같은 두 학설은 모두 치밀한 고증과 중후한 논리에 입각하고 있어서 큰 설득력을 지닌 것이었지만 또한 양설의 대립만큼이나 여러 문제점과 한계성을 가진 것이기도 하였다. 그리하여 근자에는 두 설을 절충하는 의견이 제시된 일이 있었거니와, ③ 논문도 그 하나로 보아 좋을 것 같다. 즉 洪元基는 경군 4만 5천 명을 이전처럼 동일한 성원으로 간주하고 그들에게 규정된 액수만큼의 군인전을 지급했다고 할 경우 그 토지의 액수는 고려 전국토의 총 結數를 상회한다는 모순점을 지적하고, 한 마디로 말해 고려시대의 경군은 전업적 군인인 軍班氏族으로 이루어진 2軍과 농민층으로 이루어진 6衛의 二元

的 構成이었다고 하면서 그 가운데 田柴科 규정에 의해 토지를 지급 받은 군인은 2軍과, 그리고 6衛의 일부였다고 주장하고 있는 것이다. 이처럼 그는 2軍과 6衛의 구성원이 異質的 存在임을 강조하고 있거니와, 그러면서도 6衛 가운데 金吾衛의 役領 1領과 千牛衛의 常領・海領 각 1領, 그리고 監門衛의 1領은 그의 특성상 開京에 상주하는 군인들이었으며, 다시 그 가운데서 2軍과 같이 田柴科에 규정된 軍人田을 지급받는 부류는 役領과 監門衛의 1領 등 2領뿐이었다고 설명하고 있다. 하지만 동일하게 開京에 상주하는 군인임에도 불구하고 海領과 常領은 왜 토지를 지급받지 못했는지 그에 대한 설명은 없어 얼마간의 의혹을 남기고 있거니와, 동시에 6衛 소속의 나머지 保勝・精勇 38領에게는 그들이 본래부터 소유하고 있던 民田에 대해 과세를 면제하여 주었다는 의견도 펴고 있는데, 그렇다면 면세지의 기준도 문제지만 결국 2군 6위 소속 군인의 토지—수조지와 면세지—가 너무 과다해져 그가 처음 지적했던 모순의 해결에도 어려움이 따르게 된다. 그러므로 이런 몇 가지 문제점들은 좀더 신중한 검토가 필요할 듯싶은 것이다.

④의 一利川 戰役은 高麗 太祖 왕건이 후백제의 신검군을 격파하여 그를 멸망시킨 전쟁이거니와, 여기서는 그 같은 擧兵이 있게 된 배경과 一善郡으로 기동한 이유, 그리고 특히 이 때 동원된 太祖軍의 규모와 편제 등의 문제가 검토되었다. 그 가운데 후자에 대해서는 『高麗史』 등에 4만 3천 내지 6만 3천 명의 병력수가 나오고 左綱・右綱・中軍이니 또는 支天軍・補天軍・佑天軍・天武軍・杆天軍 등의 軍號가 보이고 있지마는, 종래에는 이를 태조대 중앙군의 병력수로 이해하고 군호도 제도화된 편제 명칭으로 간주하여 이것이 후대의 2軍 6衛와 연계되는 것으로 설명하여 왔었는데 본고에서는 여러가지 군사적인 지식을 동원하여 그 점을 모두 부인하고 있다. 상비군으로 존재했다는

2군 6위의 경군 4만 5천 명의 기원부터 부정하는 논지가 표명된 것이다. 이어서 논자는 ⑤에서 開京에 설치된 '左右軍營' 또는 '6衛軍營'의 그 軍營은 상주하는 군사들의 주둔시설을 말하는 게 아니라 직원과 장수들이 소속 군인들의 징집과 통제에 관한 행정업무를 처리하는 일종의 관아였다고 주장하고 있다. 개경에는 4만 5천 명의 경군이 집단적으로 병영생활을 하는 시설은 아예 없었다는 것이다. 이와 관련하여 논자는 2군 6위의 군사들 가운데 다수는 경기와 南方 5道에 거주하는 農民들이었으며 일부분만이 개경에 거주하는 전업적 군인들이었다는 논지까지 펴고 있다. 좀더 구체적으로 말해서 2軍[3領]과 金吾衛의 役領 및 千牛衛의 常領·海領, 監門衛의 1領은 그들 임무로 미루어 개경에 거주하는 군인들로 파악되지만 나머지 각 衛의 保勝과 精勇은 農民軍으로 보아야 한다는 주장이거니와, 그리하여 ⑦ 논문에서는 이 保勝·精勇의 문제와 함께 개경에 거주하는 7領의 군인들만이 田柴科에 규정된 軍人田을 지급받고, 그 이외의 保勝·精勇軍[38領]은 立役時 養戶만을 배당받는 것으로 이해하였다.

　⑥논문도 그러하지만 기왕의 軍制 연구에 대하여 광범한 비판이 수반된 이 같은 논지는 매우 신선한 감을 준다. 만약에 이들 학설이 수용될 수 있다면 고려 군제사의 연구에 큰 진전이 기대되는 것이다. 그러나 ③·⑦ 두 논문 사이에서도 軍人田의 지급대상이 달리 파악되고 있는 데서 나타나듯이 앞으로 더 검토해야 할 과제들은 많으므로 종합적인 검증과정을 거쳐 해결해 가야 하지 않을까 생각된다. 한편 『高麗史』 등에 나오는 숫자를 지나치게 부정한 대목도 눈에 띄는데, 그 점은 좀 불만이다. 전쟁에 동원되는 군인수 같은 것은 과장이 많다고 하지만 명확한 근거가 있다면 모르되 史書의 기록을 지나치게 부정하는 것은 어떨까 생각되는 것이다. 가능한 한 긍정하는 입장에서

합리적으로 설명하여 가는 자세가 보다 바람직하지 않을까.

李昇漢은 肅宗 때에 새로이 편성되는 別武班의 일부였던 降魔軍 문제를 다룬 ⑧「高麗 肅宗代 降魔軍 組織의 政治的 背景」(『歷史學報』 제137집, 1993)을 발표하고 있다. 別武班은 女眞征伐을 목적으로 특별히 조직된 군대였지마는, 그 일부로써 僧徒로 구성된 항마군을 설치한 데는 국왕과 그의 측근인 尹瓘이 당시 상당한 인적·물적 자원을 가지고 있는 사원세력을 효과적으로 통제하기 위한 목적도 개재해 있었다는 것이 주지로, 설득력있는 견해라고 보아 좋을 것 같다. 이에 앞서 朴玉杰은 ⑨「高麗의 軍事力 확충에 관한 硏究」(『軍史』제21호, 1990)를 발표, 발해 유민과 여진계 귀화인의 군사적 활동을 분석하고 있는데, 역시 軍制의 이해에 부분적인 도움을 주는 논고로 평가된다.

시기가 좀 지난 武臣執權期의 軍制에 관한 연구는 아래의 두 논고가 찾아진다.

⑩ 申安湜,「高麗中期의 別抄軍」(『建大史學』제7집, 1989).
⑪ 權寧國,「武臣執權期 地方軍制의 변화」(『國史館論叢』제31집, 1992).

⑩은 무신정권기에 설치되어 對蒙抗爭에서 혁혁한 공로를 세운 別抄軍에 관한 연구이거니와, 여기서는 그의 淵源을 兩界 州鎭軍의 抄軍과 別武班에서 찾고 있으며, 또 그의 존재가 忠烈王 이후 禑王代까지 확인된다는 지적이 우선 주목된다. 아울러 이들을 국가에서 일률적으로 파악하고 있었으며, 그리하여 京別抄가 지방에 파견되었는가 하면 地方別抄가 上京侍衛했다는 점도 밝히고 있는데, 그러나 피난의 江都 政府가 각지에 산재해 있던 別抄軍을 과연 일률적으로 파악할 수 있었는지의 여부는 좀더 자료의 보강이 필요할 듯하며, 또 上京侍衛 같

은 것도 일시적인 것이었는지 아니면 제도적으로 그랬다는 것인지, 이 점도 여전히 더 검토가 요망되는 문제라고 짐작된다.

⑪에서는 재래의 兩界 州鎭軍과 防戍軍, 그리고 南方의 州縣軍 조직이 몽고와의 전쟁 이전까지는 상당한 정도로 유지되어 왔다는 논증이 먼저 주의를 끈다. 그들은 武臣亂을 전후하여 이미 붕괴되었다는 것이 우리의 지식이었기 때문이다. 본고에서는 이어서 高宗 후년부터 중요한 군사조직으로 등장하는 別抄軍에 대해서도 언급하고 있는데, 하지만 그렇게 밀도 있는 검토는 아닌 듯하다.

忠烈王代 이후의 兵制와 관련된 논고도 여러 편이 찾아지는데, ⑫ 邊東明,「高麗 忠烈王代의 萬戶」(『歷史學報』제121집, 1989)는 그 하나이다. 이것은 元이 고려에 설치한 萬戶府와 그 책임자인 萬戶의 임명 문제를 정치사적인 관점에서 추적한 것이지마는, 당시의 兵制 이해에도 보탬이 되는 글이다. 吳宗祿은 ⑬「高麗後期의 軍事 指揮體系」(『國史館論叢』제24집, 1991)에서 13세기 후반 이후부터 麗末에 이르는 시기의 군사 지휘체계를 다루었다. 이 기간에는 都元帥・上元帥・副元帥・元帥니 또는 都統使・都督使・都摠使・都指揮使・都巡察使・都兵馬使・都體察使・都按撫使・都巡問使・巡問使・都節制使 등 각종 지휘관의 명칭이 나오지마는, 이들을 시기별로 요령있게 정리하여 지휘체계를 이해하는 데 큰 도움을 주고 있는 것이다. 그러나 각 시기 사이의 연관성이나 시기별로 특징적인 지휘체계가 이루어지게 된 요인 등의 설명은 좀 미흡하지 않았나 하는 생각은 남는다.

이밖에 宋寅州는 ⑭「元壓制下 高麗王朝의 軍事組織과 그 性格」(『歷史敎育論集』제16집, 1991)을 통해 고려후기의 군제를 개관하고 있다. 그리고 특히 恭愍王代의 군제 문제를 다룬 ⑮ 金大中,「高麗 恭愍王代 京軍의 再建 試圖」(『軍史』제21호, 1991)와 ⑯ 洪榮義,「恭愍王의

反元政策과 廉悌臣의 軍事活動-國防改革을 中心으로-」(『軍史』제23호, 1991)도 눈에 띈다. 모두가 사실의 규명을 위해 노력한 흔적이 엿보이는 글들이므로 함께 소개하여 둔다.

(6)

武臣亂(1170)이 성공을 거두어 武臣政權이 수립됨으로써 고려사회는 일대 전환기를 맞게 된다 함은 다 아는 사실이다. 그러므로 이 시기의 각 방면에 관한 연구도 활발하게 진행되었는데, 먼저 武臣亂의 원인에 대해 추적한 것으로는 河炫綱의 ①「武臣政變은 왜 일어났는가」(『韓國史市民講座』제8집, 1991)가 찾아진다. 그는 종래 이에 관한 연구가 첫째 毅宗의 失政, 둘째 고려 貴族政權의 文武班 차별에 대한 무신들의 불만, 셋째 一般軍人들의 불만에 초점이 맞추어져 왔다고 정리하고, 이것들도 물론 정변 발생의 요인이 됨에는 틀림이 없으나 그러나 충분조건은 되지 못한다는 주장을 펴고 있다. 둘째·셋째와 같은 상황은 비단 毅宗代뿐 아니라 다른 때도 늘 있어온 현상이기 때문에 거기에서 정변의 결정적 요인을 찾는 것은 무리이다. 그리고 첫째 조건도 毅宗代의 史料 자체가 문제일 뿐더러, 사실 의종은 일반적으로 알려져 있는 바와는 달리 군주로서의 임무와 자세를 잘 알고 있었고 또 善政을 베풀려고 노력한 임금이었다 한다. 그러나 당시의 정치적 실권은 文臣貴族들이 장악하고 있어서 의종과 이들 집권귀족 사이에 대립·갈등이 계속되었으며, 그런 가운데 늘 좌절을 맛보아야 했던 의종은 실의에 빠져 놀이에 몰두하게 되었다 한다. 이런 상황을 놓고 볼 때 失政의 책임을 의종에게 묻는 것은 부당하며, 따라서 정변의 원인도 의종의 실정에서 찾기보다는 오히려 국왕 의종과 귀족세력 사이의 대립·갈등에서 구하는 것이 옳다는 견해인 것이다.

이와 같은 주장은 충분히 납득할 수 있는 견해로 판단된다. 하지만 일면 생각하여 보면 마지막의 논리는 논자가 둘째·셋째 조건에 적용하였던 논리와 견주어 볼 때 역시 서로 모순됨을 발견하게 된다. 국왕과 귀족세력 사이의 대립·갈등은 毅宗代에만 있었던 현상은 아니기 때문이다. 또 의종의 失政 문제도 그렇다. 비록 당시 의종이 귀족세력에 눌려 자기의 뜻대로 政事를 펴지 못하고 실의에 빠져 있었다고 하지만―그렇지 않은 면도 많았다―그렇다고 경박한 문신들을 거느리고 無時로 유락을 일삼은 사실이 정당화될 수 있을까는 여전히 의문인 것이다. 그 뒤 金塘澤은 ②「高麗 毅宗代의 정치적 상황과 武臣亂」(『震檀學報』제75호, 1993)에서 의종의 총애를 받아오던 무신들이 정치권력으로부터 소외된 데 그 요인이 있었다는 의견을 내놓고 있거니와, 요컨대 무신란의 원인은 위에서 제기된 여러 가지 조건들이 복합적으로 작용된 데에 있는 것은 아닌지 모르겠다.

武臣政權은 李義方―鄭仲夫―慶大升―李義旼―崔忠獻―崔怡 등이 차례로 담당하여 갔거니와, 金塘澤의 ③「鄭仲夫·李義旼·崔忠獻」(『韓國史市民講座』제8집, 1991)은 서로 상이한 성격을 지니는 각 정권의 推移와 특성을 정리한 논고이다. 『高麗 武人政權硏究』(새문社, 1987)의 力著를 가지고 있는 논자가 각 단계를 알기 쉽게 설명하여 주고 있어 역시 무신정권의 이해에 도움을 주리라 본다.

安永根은 ④「鄭仲夫政權과 宋有仁」(『建大史學』제7집, 1989)에서 鄭仲夫의 사위였던 宋有仁이 鄭仲夫政權 내에서 점하고 있던 위치와 역할 등을 검토하고 있다. 특히 여기에는 그가 무역상인들과 연결을 가졌다는 지적이 있어 주목을 끄는데, 그것을 뒷받침할 직접적인 자료가 보이지 않아 아쉬움은 남지만 무신정권의 다른 일면을 유추케 한다는 점에서 나름대로 의미있는 작업이었다고 생각된다.

심재석의 ⑤「高麗時代 武臣亂에 關한 一考-身分制의 變質說과 관련하여-」(『外大史學』제3집, 1990)는 종래 무신란의 가장 큰 의의를 신분제의 변질에 두어왔던 학설에 대하여 비판한 논고이다. 신분제의 변질이라면 노비나 천민들도 그 이전 시기와는 달리 신분상승의 통로가 제도적으로나 현실적으로 보장 내지 실현될 수 있어야 하는데, 사실 무신정권기에도 그것은 몇몇 개별 인사에 한정되었을 뿐 일반화된 것은 아니었으므로 기존의 주장은 잘못이라는 것이다. 이 같은 논의는 꽤 오래 전에 상당한 정도로 진행된 일이 있었거니와, 여기서는 그 문제를 재정리한 것으로 이해된다.

무신정권기에는 그의 특수성을 반영하여 새로운 기구들이 설치되고 또 기존의 기구였다 하더라도 성격은 많이 바뀌게 되었다. 그러므로 이들도 중요한 연구과제가 되어왔지만, 그를 주제로 한 연구의 하나로 시선을 끄는 논고가 ⑥ 金翰奎,「高麗崔氏政權의 晉陽府」(『東亞研究』제17집, 1989)이다. 그는 비교사학의 입장에서 古代 中國의 幕府에 대해 먼저 살핀 뒤 高麗의 崔氏武人政權期에 그러한 구조와 기능을 가지고 있었던 기구는 흔히 치부하여 온 敎定都監이 아니라 晉陽府였음을 밝히고 있는 것이다. 정권을 위협하는 반대세력을 수색할 목적에서 설치되었고 국가의 비위를 규찰하기도 했던 교정도감은 그 임무로 보아 막부의 기능과는 일치하지 않을 뿐 아니라 과거에 들어왔던 몇몇 조건들도 합당치 않다고 본 그는 역시 교정도감은 政權安保를 위해 존재한 정보·감찰 및 비밀경찰조직이라고 파악하였다. 이에 비해 公侯에 책봉되고 그에 따라 '立府'·'置僚'하여 독립적 정치권력을 실현시킬 수 있도록 한 조처, 즉 晉陽府[晉康府]의 설치와 같은 것은 幕府의 開設로 이해하여 좋다는 것이다. 그리하여 晉陽府는 崔氏의 빈객집단·심복집단이며 동시에 참모의 두뇌집단으로 그 맡은 바의 기능도 고대 중국의 막부와 유사했다고 설명하고 있지마는, 이와 관련하여 최씨정권에 의해 새로이 설치되는 政房·都房·書房도 모두 그에 소속한 기구들이었다는 논지를 펴고 있다.

일일이 논거를 들어가며 차분하게 전개된 이 같은 논자의 주장은 큰 설득력을 가지고 있다. 그에 따라 晉陽府를 幕府的 政廳으로 긍정할 경우 崔氏武人政權의 權力構造에 대한 우리의 이해는 종래와 매우 달라지게 되며, 또 개별적으로만 검토하여 왔던 政房·都房·書房도 유기적으로 파악할 수 있게 된다는 점에서 이번의 연구는 의미가 크다고 생각된다. 그러나 한편 보면 『高麗史節要』卷15 高宗 14年條와 『高麗史』卷77 百官志 2 諸司都監各色의 敎定都監에, 崔忠獻이 擅權하는데 "무릇 施爲하는 바는 모두〔반드시〕都監으로부터 나왔으며, 瑀 때도 역시 그러했다"는 기록이 전하고, 또 敎定都監과 그의 長인 敎定別監의 정치적 역할은 비교적 자주 찾아지는 데 반하여 晉陽府의 그것에 관한 기록은 거의 보이지 않아 여전히 不安은 따른다. 앞으로 당시의 상황과 관련한 종합적인 고찰이 필요할 듯하다.

무신정권 초기인 明宗代에 중요한 기능을 담당하였던 重房과 당시 국왕의 위상을 함께 다룬 논고로는, 羅滿洙의 ⑦ 「高麗 明宗代 武人政權과 國王」(『成大史林』제6집, 1990)과 ⑧ 「高麗 明宗代 重房政治와 國王」(『國史館論叢』제31집, 1992)이 보인다. 여기서는 重房의 역할과 明宗의 활동에 관한 구체적인 자료가 제시되고 있지마는, 그러나 당시 국왕이 武人執政의 선택권을 가지고 있었다고 언급한 것과, 이 시기 民衆이 국왕의 타도가 아닌 反武人政權的 態度를 표방하였고 그것이 간접적으로 국왕의 지위를 지키게 하는 배경이 되었다고 파악한 점은 사실과 다를 가능성도 배제할 수 없으므로 신중한 재검이 필요하지 않을까 싶다. 아울러 위의 두 논문은 사실상 거의 같은 내용으로 구성되어 있어서 읽은 이로 하여금 당황케 하고 있지마는, 그런 일은 필시 삼가해야 하리라고 생각되는만큼, 논자는 재삼 되새겨 보았으면 한다.

이밖에 武人執權期의 文人 문제를 고찰한 논고로

⑨ 柳昌圭,「高麗 武人政權時代의 문인 朴仁碩-고문 존중·계승과 관련하여-」(『東亞研究』 제17집, 1989).
⑩ 朴菖熙,「武臣政權下의 文人들」(『韓國史市民講座』 제8집, 1991).
⑪ 金毅圭,「高麗 武臣執權期와 文臣」(『國史館論叢』 제31집, 1992).
⑫ 金皓東,「高麗 武臣政權時代 文人知識人 李奎報의 農村現實觀」(『國史館論叢』 제42집, 1993).

등이 찾아진다. 그리고 불교와의 관계를 다룬 논고로는,

⑬ 金光植,「高麗崔氏武人政權과 斷俗寺」(『建大史學』 제7집, 1989).
⑭ 秦星圭,「崔氏武臣政權과 禪宗」(『佛敎硏究』 6·7, 1990).
⑮ 金光植,「崔忠獻의 寺院政策」(『史學研究』 제46호, 1993).
⑯ 金光植,「崔瑀의 寺院政策과 談禪法會」(『國史館論叢』 제42집, 1993).

등이 눈에 띄며, 또 風水地理說과 관계된 것으로,

⑰ 이재범,「崔氏政權의 成立과 山川裨補都監」(『成大史林』 제5집, 1989).

이 보인다. 하지만 이들의 연구는 政治史와 직접적인 관련이 적으므로 여기서는 논제를 소개하는 선에서 그치도록 하겠다.

(7)

　崔氏武臣政權 때부터 蒙古의 침입이 시작되어 고려는 30여 년간 전쟁에 휘말린 데다가 그것이 끝난 뒤에는 곧바로 저들의 간섭을 받는 시기로 이어져 큰 시련을 겪지만, 그에 따라 이 기간에는 정치적 지배세력에 변동이 초래되고, 또 누적된 각 방면의 모순이 한계에 다달아 일각에서는 그것을 개혁하여 보려는 운동도 일어났다. 하지만 이 같은 개혁운동은 결국 실패로 돌아가고 머지 않아 고려왕조는 마지막을 맞게 되는데, 따라서 논자들의 관심도 자연히 이들 문제에 많이 베풀어져 당시의 정치적 지배세력과 각 시기의 개혁운동, 그리고 말기의 정치적 사건들이 주된 과제가 되었다.
　그러면 이 가운데에서 먼저 정치적 지배세력을 다룬 논고에 대해서부터 알아보기로 하자. 이미 널리 알려진 대로 종래 고려후기의 정치적 지배세력은 '權門世族'과 '新進士大夫〔新進士類〕'로 이해하려는 경향이 많았으나 근자에 그에 대한 비판이 있어 왔거니와, 아래의 논문도 그 가운데 일부이다.

　① 金光哲, 「'權門' '世族'의 用例」(『高麗後期世族層研究』, 1991).
　② 金光哲, 「高麗後期 改革勢力과 世族」(上同).

　이들 글은 논제에서도 드러나듯이 史書에 보이는 用例를 세밀하게 검토한 점에 특징이 있지마는, 그 결과 기왕에 우리가 흔히 써온 '權門世族'이라는 用語는 찾아지지 않는다는 사실을 우선 지적하고 있다.

대신에 '權門'類와 '世族'類가 주로 쓰였는데, 이 가운데 전자는 특정인의 권력 정도를 뜻하였을 뿐 그 가문의 지위를 말해 주는 용어로 사용한 것은 아니었다고 한다. 그러므로 이것을 가지고 어떤 집단을 지칭하는 계층의 의미나 범주를 나타내는 말로 쓰는 것은 부적절하다고 주장하고 있다. 반면에 '世族'類는 특정 家門에서 어느 정도의 官人을 배출했느냐에 기준을 두고 있어서 당시 가문의 사회적 지위를 말해 주는 계층의 의미로 사용된 면이 많기 때문에 써도 무방하다는 의견을 제시하고 있다. 말하자면 신분 또는 계층적 의미를 내포한 정치적 지배세력을 나타내는 용어로 '世族'이라는 말을 쓰는 것은 옳지만, '權門世族' 또는 '權門'으로 표현하는 것은 부당하다는 견해이거니와, 중요한 문제 제기의 하나로 주목된다 하겠다.

士大夫에 대해서도 用例上으로 볼 때 그것은 入仕方法이나 출신기반 및 경제 정도 등에 관계없이 官人을 지칭하는 용어였다고 말하고 있다. 그러므로 여기에는 世族層이나 하급관료 등이 모두 포함될 수 있었으며, 따라서 종래 世族[權門世族]과 士大夫를 서로 대립되는 정치세력으로 설정한 것 역시 부적절했다는 의견마저 제시하고 있다. 이 같은 주장은 이미 몇 년 전에 발표했던 것을 이번에 책자를 통해 다시 확인하고 있는 것이지만, 유사한 견해는 아래 논고에서도 발견되고 있다. 즉,

③ 金塘澤,「忠烈王의 復位 과정을 통해 본 賤系 출신 관료와 '士族' 출신 관료의 정치적 갈등―士大夫의 개념에 대한 검토―」(『東亞硏究』제17집, 1989).
④ 金塘澤,「忠宣王의 復位敎書에 보이는 '宰相之宗'에 대하여―소위 '權門世族'의 구성분자와 관련하여―」(『歷史學報』제131집, 1991).

가 그들인데, ③은 忠烈王이 왕권의 강화를 위해 譯官・宦官・內僚 등

賤系 출신들을 중용하므로 이에 士大夫들이 반발하였고, 그것이 결국 忠宣王이 父王을 밀어내고 즉위하는 데 한 요인으로 작용하였으며, 그 후 곧 忠烈王이 복위함에 미쳐 양세력은 계속하여 갈등하게 된다는 게 主旨이지마는, 여기에서 士大夫는 관도에 오른 모든 官員을 지칭했다고 파악하고 있는 것이다. ④ 논문 역시 忠宣王 復位年에 '宰相之宗'으로 지정되는 15家門에 대한 분석인데, 이들 '宰相之宗'의 대부분도 종래 '權門世族'으로 이해하여 왔던 바와는 정반대로 士大夫 가문이었다고 언급하고 있다.

한데 고려시대나 鮮初의 士大夫란 실제로 그런 뜻을 지니고 있었다. 이는 고려 때의 文散階 조직이나 『朝鮮王朝實錄』 卷52 世宗 13年 5月 戊辰條에 "4品 이상을 大夫라 칭하고 5品 이하는 士라 칭했다"는 기록을 통해서도 알 수가 있다. 그렇기 때문에 논자에 따라서는 오해를 피하기 위해 士大夫 대신에 士類 또는 士流니, 혹은 士族이란 말을 쓰기도 하였거니와, 어느 경우이든 그것은 정치·경제·사회·사상 등의 제면에서 '권문세족'과는 입장과 성향을 달리하는 고려후기의 정치세력을 지칭하는 학술적 용어로 규정하고 써왔다는 점은 감안해야 하지 않을까 생각된다. 士大夫의 개념은 매우 다양하므로 그 같은 규정은 불가피했기 때문이다. 高惠玲은 ⑤ 「高麗後期 士大夫의 槪念과 性格」(『許善道停年紀念 韓國史學論叢』, 1992)의 논고를 통해 유사한 취지에서 무신정권기부터 麗末까지의 士大夫를 세 시기로 구분해 파악하는게 좋겠다는 의견을 내놓고 있기도 한데, 그러나 士大夫가 정치세력으로서 자기의 역할을 해낼 수 있게 되는 것은 麗末인 恭愍王代에 이르러서부터의 일이라는 견해가 현재 주류를 이루고 있음을 염두에 둘 때 그 같은 구분이 어느 정도의 의미를 지닐까에 대해서는 얼마간의 의문시되는 점이 없지 않다.

한편 盧明鎬는 이와 좀 시각을 달리하여 정치세력을 '族黨勢力'이라는 측면에서 이해하고자 하였다. ⑥「高麗後期의 族黨勢力」(『李載龒還曆紀念 韓國史學論叢』, 1990)이 그 문제를 다룬 논고인데, 그는 고려 전기에 있어서도 개인 대 개인의 관계로 작용하는 양측적 親屬들이 각각의 이해관계나 입장에 따라 동일한 정치세력— 즉 族黨勢力— 을 형성하여 그것이 정국의 전개에 중요한 기능을 하였다는 사실을 강조하여 왔거니와, 이 논리를 고려 후기사회에도 적용시킨 것이다. 그리하여 崔氏武人政權과 李仁任·林堅味·廉興邦 일파의 族黨勢力을 검토하고 있지마는, 정치세력을 파악하는 한 分析의 틀로 주목할 만한 견해라고 생각된다. 다만 이 틀은 넓은 안목에서 각개의 족당세력을 일괄하여 묶어 그의 전체적인 성격 등을 이해하고자 할 때는 어려움이 따를 듯싶은데, 혹시 그에 대한 보완작업은 필요하지 않을까 모르겠다.

다음으로 政局의 推移와 개혁운동을 검토한 논고들 쪽으로 눈을 돌리면, 우선 元의 정치적 간섭과 얽혀 발생한 忠烈王·忠宣王 父子간의 重祚에 따른 제문제를 취급한 연구가 여러 편 찾아져 주목을 끈다. 앞서 소개한 金塘澤의 ③논문도 그 하나인데, 아래의 논고들에서 역시 그 문제가 중점적으로 다루어졌다.

⑦ 이익주,「충선왕 즉위년(1298) '개혁정치'의 성격—관제 개편을 중심으로—」(『역사와 현실』7, 1992).
⑧ 鄭容淑,「元 간섭기 高麗 政局分裂의 원인에 대한 일고찰—忠烈·忠宣王 父子의 갈등관계를 중심으로—」(『趙恒來華甲紀念 韓國史學論叢』, 1992).
⑨ 김광철,「충렬왕대 측근세력의 분화와 그 정치적 귀결」(『考古歷史學志』제9집, 1993).

여기에서는 忠烈王이 측근세력 중심으로 정국을 운영하는 데 대한 정통적인 官僚勢力의 반발과 元의 간섭에 의해 왕위에서 밀려난다는 점, 그로 인해 즉위한 忠宣王이 곧 물러나고 다시 忠烈王이 復位한 뒤 고려의 정치세력은 두 왕을 중심으로 분열·대립하여 정국이 더욱 어지러워진다는 점에는 대체적으로 공통된 시각을 보이고 있다. 그렇지만 충선왕이 일시 즉위하여 시행했던 개혁정치의 성격에 대해서는 ③ 논문이 그의 反元性을 어느 정도 인정하는 데 비해 ⑦은 전면 부정하고 있어 큰 차이를 드러내고 있다. 그리고 ⑧은 당시의 정국 추이에서 元公主 출신인 忠烈王妃의 영향력이 크게 작용했다는 점을 부각시키고 있는가 하면 ⑨에서는 忠烈王 측근세력의 내부 갈등에 중점을 두고 있어 역시 차이가 나타난다. 논자들이 어느 곳에 초점을 맞추었느냐에 따라 이와 같은 차이가 있게 되었다고 생각은 되지만, 앞으로 더욱 면밀한 검토가 요망되는 부분이라 하겠다.

忠肅王代의 정치상황을 다룬 논고로는 다음의 두 편이 찾아진다.

⑩ 鄭希仙,「高麗 忠肅王代 政治勢力의 性格」(『史學研究』제42호, 1990).
⑪ 金光哲,「高麗 忠肅王 12年의 改革案과 그 性格」(『考古歷史學志』5·6 합집, 1990).

이 가운데 ⑩에서는 忠肅王이 즉위하여 父王의 영향권에서 벗어나 스스로의 王權을 수립하여 가는 과정과, 그런 속에서 실세한 무리들이 일으키는 潘王擁立運動 및 立省策動에 의한 시련, 그것을 극복한 뒤의 개혁운동과 또다시 어려움을 겪는 忠惠王과의 重祚 등이 차례로 설명되고 있다. ⑪은 그 가운데에 왕 12년의 즉위교서에서 발표된 개혁안을 구체적으로 분석한 것인데, 요컨대 그 내용은 정치와 사회 기강의 확립, 토지 점탈의 방지, 수취체제의 보완 등을 담고 있긴 하지만 문제의 근원을 파악하여 구조적으로 해결하려는 방안의 모색이 아니라 겉으로 드러난 폐단만을 해결하려 했던 체제보완적인 성격을 지닌 것이었다고 한다. 근자에 이 시기의 개혁운동을 상당히 비판적으로 보는 견해가 자주 나오고 있지마는, 그 같은 입장이 다시 표명되고 있는 셈이다.

忠烈王과 忠宣王·忠肅王·忠惠王, 그리고 恭愍王은 각기 元의 公主 출신을 왕비로 맞았다. 그리하여 이들이 고려의 정치에도 상당한 영향력을 미치는데, 그것은 물론 公主의 집안이 元나라 皇室에서 차지하는 위치에 따라 달랐다. 그런 점에서 공주들의 집안을 살펴 각자의 배경을 확인하고 그들의 영향력이 고려 국내의 정국에 어떻게 작용했는가를 검토한 ⑫ 金惠苑,「麗元王室通婚의 成立과 特徵－元公主出身 王妃의 家系를 중심으로－」(『梨大史苑』제24·25 합집, 1989)와 ⑬ 정용숙,「元公主출신 왕비의 등장과 정치세력의 변화」(『고려시대의 后妃』, 1992)는 당시의 정치상황을 이해하는 데 많은 도움을 주는 논고로 평가된다. 아울러 ⑭ 張東翼,「元의 정치적 干涉과 高麗政府의 對應」(『歷史教育論集』제17집, 1992)과 ⑮ 盧啓鉉,「高麗의 王位繼承問題와 元의 干涉」(『韓國放送通信大論文集』제14집, 1992)도 같은 시기의 정치상황을 종합적으로 다루고 있어 참고가 되는 논고이므로 함께 소개하여 둔다.

이어지는 恭愍王代의 개혁정치는 전에도 자주 거론되던 문제이지마는, 이번 역시 여러 논자들에 의해 취급되고 있다. 그것들을 들면 아래와 같다.

⑯ 李淑京,「李齊賢勢力의 形成과 그 役割－恭愍王 前期(1351~1365) 改革政治의 推進과 관련하여－」(『韓國史研究』64, 1989).
⑰ 閔賢九,「高麗 恭愍王의 反元的 改革政治에 대한 一考察－背景과 發端－」(『震檀學報』제68호, 1989).

⑱ 閔賢九,「高麗 恭愍王代 反元的 改革政治의 展開過程」(『許善道停年紀念 韓國史學論叢』, 1992).
⑲ 洪榮義,「恭愍王 初期 改革政治와 政治勢力의 推移-元年·5年의 改革方案을 중심으로-」上·下(『史學硏究』제42호, 제43·44호, 1990, 1992).

⑯은 공민왕대 정치의 핵심적 위치에 있던 한 사람인 李齊賢을 중심으로 하여 政治勢力이 형성되었다고 보고, 그 성원은 구체적으로 누구 누구였으며 그들의 역할이 어떠했는가를 살핀 것이다. 그리하여 우선 구성원의 문제에 있어 논자는 李齊賢과 학업을 같이 닦은 同門과 科擧에서의 門生 및 그 門生의 門生, 그리고 인척관계나 그의 반대파를 비판하는 입장에 섰던 官員 등에서 구하고 있지마는, 그러나 여기에는 얼마간의 무리가 없지 않은 듯하다. 물론 위에 든 바와 같은 관계가 동일한 정치세력을 형성할 요인이 될 것임에는 틀림이 없으나 반대로 그 같은 관계에도 불구하고 각자의 이념이나 성향 또는 이해 여하에 따라서는 동일한 정치세력에 가담하지 않을 가능성도 많기 때문이다. 아울러 이른바 李齊賢勢力이 공민왕 원년과 5년의 개혁정치를 주도했다고 주장하고 있으나 이 점도 좀더 신중을 기했어야 하지 않았나 싶다. 이 문제에 대해서는 ⑰·⑲에서도 많은 관심을 베풀고 있는바, 예컨대 공민왕 원년에 시행한 개혁정치의 경우 그 주도세력을 전자는 權準·李齊賢 등 공민왕의 王位 추대세력과 燕邸隨從功臣 세력 및 혈연관계가 있는 외척세력의 세 부류를 들고 있으며, 후자는 역시 燕邸隨從臣 계열과 왕위 추대세력, 忠定王代에 비판적 정치활동을 전개한 세력 등으로 구분하여 파악하고 있는 것이다. 많은 노력이 엿보이는 데 비하면 성과는 그에 미치지 못했던 것 같다.

⑰에서는 개혁 추진세력에 대한 검토와 함께 趙日新의 亂이 진압된 뒤에도 附元勢力이 강화되는 가운데, 한편으로는 공민왕을 중심으

로 하는 親王勢力이 결집되고 排元自主意識도 확산되어 공민왕 5년에 전개되는 反元的 改革政治의 분위기가 조성되어 갔음이 지적되고, 이어서 ⑱에 개혁정치의 전개 과정이 附元勢力의 숙청과 雙城지역을 공격하는 제1단계로부터 元 年號의 정지와 改革敎書를 發布하는 제2단계, 그리고 國權의 회복과 새로운 對元關係를 모색하는 제3단계로 나누어 설명되어 있다. ⑲논문은 공민왕 원년과 5년의 개혁안 분석에 중점이 두어졌는데, 그 과정에서 매우 작은 것들이기는 하지만 사실과 차이가 나는 설명도 눈에 띄어 아쉬움이 남는다.

다음 麗末의 정치상황을 다룬 논고로는 ⑳ 李亨雨,「鄭夢周의 政治活動에 대한 一考察-恭讓王代를 중심으로-」(『史學硏究』제41호, 1990)가 주목된다. 이 글은 정몽주가 주제이기는 하지만 그는 당시의 핵심적 정치인 가운데 한 사람이었던만큼 중요 사건과 관련되게 마련이었으므로 이 시기 政局의 추이도 깊이 있게 검토되고 있는 것이다. 그리하여 '權門世族'과 新進士類 세력이 날카롭게 대립하고 있는 가운데에서도 장원으로 급제한 뒤 자신의 능력을 바탕으로 지위를 상승시킨 그는 金佇 사건을 계기로 昌王을 밀어내고 恭讓王을 옹립할 때까지만 하여도 9功臣의 한 사람으로 李成桂와 호흡을 같이했지만 뒤이어 발생한 尹彛·李初 사건의 처리과정을 보고 갈라서게 되지 않았나 이해하였다. 즉 분명하게 확인할 수 없는 사건을 처리하면서 구세력은 말할 것도 없고 온건개량파에 속하는 新進士類들까지 가차없이 제거해 버리는 이성계 일파의 모습에서 易姓革命의 분위기를 파악해내고 이제는 오히려 그들을 견제하는 세력으로 돌아서게 되었다는 설명이거니와, 그의 反李成桂派 세력규합에 국왕인 恭讓王도 상당한 역할을 담당했다는 언급 등은 적절한 지적으로 생각된다. 이리하여 鄭夢周派는 한때 이성계 세력을 능가하기도 했지만 군사력의 뒷받침이 없어 결국

武力을 쥐고 있던 이성계 일파의 비상수단에 의해 뜻은 좌절되고 고려도 멸망하게 되었다고 결론지었다. 정몽주의 학문과 사상, 정치적 이념 및 교우관계 등을 좀더 면밀하게 추적하여 그가 왜 그와 같이 처신하지 않으면 안되었던가 하는 면이 보다 부각되었더라면 하는 아쉬움이 있긴 하지만, 일단 그의 정치활동을 정리했다는 점에서 일정한 평가를 하여주어도 좋을 것 같다.

尹斗守의 ㉑「禑昌非王說의 硏究」(『考古歷史學志』5·6 합집, 1990)는 禑王과 昌王이 王氏가 아니었다는 『高麗史』 등의 기록을 종합적으로 검토·비판한 논고이며, 金貞子의 ㉒「소위 '杜門洞 72賢'의 정치성향」(『釜大史學』제15·16 합집, 1992)은 고려왕조 멸망 뒤에 의리를 지켰던 인물에 대한 연구이다. 이들도 모두 麗末의 정국을 이해하는 데 참고가 되는 논고로 생각된다.

(8)

끝으로 對外關係史를 다룬 논고들에 대하여 알아보기로 하자. 우선 그 하나로 羅末麗初의 諸勢力, 즉 新羅·後百濟와 淸海鎭·開城·晋州·金海 등 지방세력의 對中交涉을 살핀 것으로써 朴漢卨의 ①「羅末麗初의 西海岸交涉史 硏究」(『國史館論叢』제7집, 1989)가 눈에 띄며, 또 특히 고려초기 歸化漢人의 실태와 역할, 그들에 대한 고려측의 정책 등을 검토한 朴玉杰의 ②「高麗初期 歸化漢人에 대하여」(『國史館論叢』제39집, 1992)도 찾아볼 수 있다. 아울러 宋과의 관계를 추적한 것으로는 ③ 全海宗,「高麗와 宋과의 交流」(『國史館論叢』제8집, 1989)

와, ④ 姜吉仲,「南宋과 高麗의 政治外交와 貿易關係에 대한 考察」(『慶熙史學』제16·17 합집, 1990)이 보이는데, 모두 당해 사항을 종합 정리한 글들로 이해된다.

다음 契丹族 遼와의 관계를 취급한 것으로 ⑤ 盧啓鉉,「高麗의 自主外交路線과 領土政策-특히 第2次 麗遼戰爭을 中心으로-」(『韓國放送通信大 論文集』제11집, 1990)를 찾을 수 있고, 女眞族 金과의 관계를 연구한 것으로는 ⑥ 金奉斗,「高麗前期 對女眞政策의 性格」(『朝鮮大 傳統文化研究』제1집, 1990)과, ⑦ 朴漢男,「12세기 高麗의 對金政策論議에 대하여-인종 4년 백관회의 참석자를 중심으로-」(『朴永錫華甲紀念 韓國史學論叢』上, 1992)를 대할 수 있다. 이 가운데 ⑦은 仁宗 4년(1126)의 金에 대한 事大外交의 결정이 마치 당시 정권을 쥐고 있던 李資謙과 拓俊京의 일방적인 주장에 의한 것처럼 서술해 놓고 있는 『高麗史』의 기록을 차분하게 비판해 간 논고로서 주목되는데, 그러나 이외의 논문들에서는 따로이 언급할 만한 내용이 발견되지 않는다. 한편 日本과의 관계에 대한 성과로는 羅鐘宇의 ⑧「高麗前期의 對外關係史硏究-日本과의 관계를 中心으로-」(『國史館論叢』제29집, 1991)가 찾아지거니와, 日本側 史料에 관한 정밀한 분석 등이 돋보이기는 하지만 역시 종합 정리한 논고이므로 이 자리에서는 더 이상의 논급을 피한다.

蒙古와의 전쟁에 관계된 문제는 아래의 글에서 검토되고 있다.

⑨ 尹龍爀,「蒙古의 慶尙道 침입과 1254년 尙州山城의 승첩-高麗 對蒙抗戰의 지역별 검토(2)-」(『震檀學報』제68호, 1989).
⑩ 尹龍爀,「몽고의 침략에 대한 고려 지방민의 항전-1254년 鎭州〔鎭川〕民과 忠州 多仁鐵所民의 경우-」(『國史館論叢』제24집, 1991).

이 가운데에서 ⑨는 몽고군의 경상도에 대한 침입의 상황을 개괄하면서 그 대표적 예로 대구 符仁寺와 경주 皇龍寺의 재난을 소개하고, 이어서 승려 洪之에 지도된 尙州山城의 入保民들이 저들을 무찌른 사실도 함께 고찰한 연구이며, ⑩은 충청도의 鎭州民과 忠州의 多仁鐵所民들이 용감히 싸워 역시 몽고군을 격퇴한 사실을 고찰한 것이다. 몇 안되는 자료를 정밀하게 분석한 위에 현장 답사까지 곁들인 착실한 고증이 매우 인상적인데, 그만큼 설득력은 많아졌다고 할 수 있을 것 같다. 이들 연구는 논자의 저술인 『高麗對蒙抗爭史研究』에도 실려 있지마는, 거기에는 이외에도 수십에 달하는 對蒙抗爭의 사례가 검토·소개되어 있다. 일반백성들이 큰 몫을 담당했던 對蒙抗爭은 특히 자료의 부족으로 사실의 천착에 많은 애로가 있어 왔거니와, 저들 연구는 그런 공백을 어느 정도 메꾸어 준다는 점에서 의미가 크다고 생각되는만큼, 그와 같이 자료를 개발하고 분석하여 가는 작업이 앞으로도 계속되어야 함은 더 말할 나위가 없다고 하겠다.

麗蒙 양국은 오랜 전쟁 끝에 강화를 맺어 결국 고려는 元나라의 지배질서 안에 편입되지만, 그 이후에 전개되는 각종 사건·사태를 보는 시각에 대해서는 周采赫이 ⑪「몽골 : 고려사 연구의 재검토-몽골 : 고려사의 성격 문제-」(『國史館論叢』제8집, 1989)에서 광범하게 다루고 있다. 그리하여 논자는 고려의 정치상황을 元의 그것과 관련시켜 파악할 것과 血統上으로 고려왕이 元皇室 내에서 점하는 위치가 그의 입지에 매우 중요했다는 점 등을 크게 강조하고 있어서 새삼스럽거니와, 후자의 문제가 좀 지나치게 강조되었다는 측면을 제외하면 우리에게 여러 가지를 생각케 하는 논고로 평가된다.

개별적인 주제를 다룬 연구도 몇 편 눈에 띤다. 그 가운데 金渭顯의 ⑫「麗·元 日本征伐軍의 出征과 麗·元 관계」(『國史館論叢』제9집, 1989)는 보다시피 麗元聯合軍의 日本征伐에 관한 것인데, 屯田經略司

에 대한 언급과 같이 흥미를 끄는 대목도 보이기는 하나 대체적으로는 평면적인 고찰에 그친 감이 없지 않다.

金九鎭의 ⑬「麗·元의 領土紛爭과 그 歸屬問題-元代에 있어서 高麗本土와 東寧府·雙城摠管府·耽羅摠管府의 分離政策을 중심으로-」(『國史館論叢』제7집, 1989)와 方東仁의 ⑭「麗·元關係의 再檢討-雙城摠管府와 東寧府를 중심으로-」(『國史館論叢』제17집, 1990)는 元의 고려 영토 침탈에 대한 연구이다. 그러나 元이 각기 西京 및 和州·濟州에 설치했던 東寧府와 雙城摠管府·탐라총관부가 단순한 영토의 침탈로 끝나지 않고 정치적으로도 큰 문젯거리였다 함은 잘 알려진 이야기로서, 여기서는 이들에 관한 종합적인 검토가 이루어져 우리들의 이해를 한 걸음 더 전진시키고 있지만, 그럼에도 불구하고 새로운 내용이 그렇게 많이 찾아지지는 않아 얼마간의 아쉬움이 남는다.

張東翼은 元이 고려에 설치한 또 하나의 기구였던 征東行省에 대해 검토하였다. ⑮「征東行省의 硏究」(『東方學志』제67집, 1990)가 그것이다. 논자는 元측의 자료까지도 활용하면서 특히 征東行省 官員의 출신성분과 활동 및 그에 대한 고려정부측의 자세 등을 중점적으로 분석하여 다대한 성과를 거두고 있거니와, 정동행성의 연구를 진일보시킨 노작으로 평가된다.

(9)

이상에서 최근 4년여 동안에 발표된 고려시대의 정치사 관계 논문들에 대하여 극히 개괄적이긴 하지만 대략 살펴보았다. 그 과정에서 우선 느낄 수 있었던 것은 연구인원과 함께 논문 숫자가 크게 늘어났다는 점이다. 이에 따라 정치사의 각 분야가 검토의 대상이 되었고, 특히 그간에 상대적으로 부진했던 肅宗·睿宗代의 정치상황이나 刑律·邑司와 같은 지방정치 조직, 고려후기의 軍制, 忠烈王~忠穆王代의 정치적 변혁, 麗元關係, 蒙古와의 戰爭 등에 관한 연구가 크게 진척되기도 하였다. 이것은 매우 바람직한 방향으로서 고무적인 현상이라 생각된다.

다음으로 史料 이용의 폭이 넓어지고 있다는 점도 주목하여 좋을 것 같다. 종래에도 『高麗史』나 『高麗史節要』뿐 아니라 文集類와 金石文·古文書 등을 광범하게 채택하여 왔었지만 이제는 地方誌나 外國側 자료 등도 더욱 활발하게 이용하여 좋은 성과를 올리고 있는 것이다. 이 역시 바람직한 방향으로서 적극 권장해야 할 사항이라 생각된다.

이러한 바탕 위에서 연구의 수준도 상당히 높아졌다고 평가된다. 豪族問題에 관한 다각적인 검토나 고려전기의 軍制에 대한 새로운 시각의 제시, 무신정권 기구에 관한 유기적인 이해 등이 그 대표적인 예이다. 더구나 이들 이외에도 주제가 신선하고 논지의 전개가 정연하며 정치한 고증을 수반한 연구가 눈에 많이 띄었다. 여전히 앞날을 밝게 해 주는 긍정적인 측면이라 하겠다.

그러나 한편으로는 부정적인 측면도 있었다. 어떤 사실의 규명이나 새로운 해석이 아니라 과거에 이미 공표했던 내용을 단순히 재구성하거나, 심지어는 거의 같은 내용을 다시 발표한 예도 없지 않다는 데서 그 같은 일면을 볼 수 있다. 이런 점은 물론 하루 속히 시정되어야 할 것이다.

그리고 학문적인 활동에서 연령문제나 개인적인 親疎관계가 작용하지 않았나 의심이 가는 부분도 없지 않은 듯하다. 학문세계에서는 이 같은 일이 있을 수 없으므로 만약에 그런 것이 사실이라면 이 점 역시 조속한 시일내에 청산되어야 하리라고 본다.

아무리 개괄적인 이야기라고는 하지만 어느 개인이 한 분야의 연구를 회고하고 전망한다는 게 얼마나 어려운 일인가는 다들 알고 있으리라 짐작된다. 그럼에도 불구하고 이번에 피치 못할 사정으로 인해 붓을 잡기는 했으나 아마 논자의 뜻을 잘못 이해했거나 제대로 드러내지 못하는 등 과오가 많았으리라 생각된다. 그런 가운데서 더구나 비판 비슷한 언급도 있었을 듯 싶은데, 이 모든 것은 필자의 단견에 기인하는 것이므로 논자 여러분께서는 寬恕하여 주시기 바란다.

(『韓國史論』23, 1993년 11월)

4

1981年度 高麗時代史研究의 回顧와 展望

(1)

　　고려시대사에 대한 연구는 근자에 이르러 크게 활기를 띠어가고 있다는 느낌이 들거니와 지난 81년도는 이 같은 우리의 느낌을 더욱 실감케 해주는 한 해가 아니었나 생각된다. 4권의 전문서적과 40편이 넘는 논문을 새로이 접할 수 있었으니 말이다.

　　예년에 비하여 이처럼 81년도에 보다 큰 성과가 나온 것은 그 동안 꾸준히 연구를 진행시켜 온 許興植・洪承基 두 교수가 각기 『高麗 科擧制度史硏究』(一潮閣, 크라운판, 346쪽)와 『高麗時代 奴婢硏究』(韓國硏究院, 국판, 267쪽)를 내놓았고, 이어서 다시 許교수가 『高麗社會史硏究』(亞細亞文化社, 크라운판, 482쪽)를 출간하는 정력을 보이는 등 이 방면 연구자들의 애쓴 보람에 힘입은 바 크지마는, 전공 시기를 달리하는 학자들이 자기의 관심 분야와 관련하여 高麗期를 다룬 논문을 몇 편 추가한 데다가 신진의 연구자들도 다수 나와 좋은 글을 발표한 덕분이었다. 후자의 예 가운데 특히 李基白編, 『高麗光宗研究』(一潮閣, 국판, 155쪽)는 대학원에서 어느 한 시기를 집중적으로 검토 논의한 결과를 공표한 것으로 우리의 주목을 끄는 바이지만, 하여튼 어느 경우나를 막론하고 고려시대사의 연구에 밝은 전망을 주는 쾌거들이었다. 아래에 이들 각 논저를 몇 개의 분야로 나누어 소개하기로 하겠다.

(2)

政治史에 관계되는 글로는 먼저 위에 든 허흥식 교수의 『高麗科擧制度史研究』부터 살피는 것이 좋을 듯싶다. 이 저술은 다음의 목차가 단적으로 말해 주고 있듯이

    Ⅰ. 高麗 科擧制度의 成立과 發展
    Ⅱ. 高麗 科擧의 應試資格
    Ⅲ. 高麗 禮部試의 諸業別 出題와 及第者의 進出
    Ⅳ. 高麗의 國子監試와 이를 통한 鄕吏의 身分上昇
    Ⅴ. 高麗의 僧科制度와 그 機能
    Ⅵ. 高麗의 科擧와 門蔭과의 比較
    Ⅶ. 選擧志 選場의 分析

등 고려기 과거제도의 전반적인 문제를 다룬 것이다. 종래에 고려시대의 科擧制는 중요한 연구과제로 논의되어 왔고, 그리하여 소박한 설명이긴 하였지만 예비시험인 國子監試와 본시험인 禮部試에 대하여 언급한 글도 있었다〔朴晴湖, 「高麗時代의 儒學發達과 私學十二徒의 功績」

(『史叢』2, 1957) 52쪽]. 그러나 역시 그와 같은 제도에 대한 종합적인 이해는 本書에 의하여 비로소 가능해지게 되었으며 또 재래에 우리가 잘못 알고 있었던 여러 가지 내용도 시정할 수 있게 되었다. 그런 점에서 우선 본 저술의 가치는 높이 평가하여 좋을 것 같다. 그런데 본서는 여기에서 그치지 않고 科擧制와 관련지어 신분문제를 다루고 한 걸음 더 나아가 門蔭制와의 비교를 통하여 고려사회의 성격을 가늠해 보려는 시도를 곁들여 그 성가를 더하고 있으며, 末尾에 광범하게 자료를 모아 禮部試 登科錄을 복원하여 놓고 있는 점 역시 빼놓을 수 없는 공로로 인정된다.

이처럼 『高麗科擧制度史研究』가 지니는 값어치는 여기의 제한된 지면에 일일이 다 열거할 수 없을 정도로 다대한 것인데, 그러나 한편으로 보면 약간 보충·시정되었으면 하는 점도 없지는 않은 것 같다. 그 하나가 애써 작성하여 놓은 登科錄을 좀더 이용했더라면 좋지 않았겠느냐는 느낌이다. 우리의 지나친 욕심이겠지만 科擧及第者를 하나하나 분석해 갔다면 그들의 출신성분 및 진출상황 등이 보다 선명하게 드러날 수 있게 되지 않았을까. 이 점은 과거제 자체뿐 아니라 그의 기능과도 관련하여 한번은 다루어져야 할 과제라고 생각된다. 비슷한 경우는 門蔭에도 해당되는 것 같다. 본서의 서술 가운데는 門蔭出身者가 상당수 누락되어 있기도 하지만-예컨대 崔惟吉·李資謙·尹彦植·梁文燊·梁文秀·崔宗峻·李延壽·趙敦·李抗·金䛐·柳湑 등 등-그들에 대한 정밀 분석과정을 거치지 않은 관계로 蔭敍를 '非常時의 特典'으로만 이해하는 등의 문제가 있게 된 것이 아닌가 살펴진다. 이와 같은 문제성을 안고 있는 이해 위에서 門蔭을 科擧와 비교하는 일은 역시 문제가 되지 않을까 생각된다. 다음 禮部試의 명칭에 대하여 잠시 살피기로 하자. 이는 일찍이 曺佐鎬씨가 「高麗時代의 科擧

制度」(『歷史學報』10, 1958)에서 東堂監試라 밝힌 바 있는데, 본서에서는 "金石文·文集에는 간혹 東堂이라 쓰였을 뿐 東堂監試라고 쓰인 예는 찾아지지 않았다"고 하여〔23쪽〕東堂만을 인정하고 있다. 그러나 『高麗史』禮志에는 분명히 「東堂監試放榜儀」가 수록되어 있고〔同書 卷 68 禮志 10 嘉禮〕, 또 다음과 같이

◇〔顯宗〕八年十月判 東堂監試給暇 兩大業試前三朔 醫卜律書業二朔 算業一朔〔『高麗史』卷73, 選擧志 1 科目 1〕.
◇ 仁宗十一年六月判 各徒儒生 背曾受業師 移屬他徒者 東堂監試毋得赴許〔同書 卷74, 選擧志 2 學校 私學〕.
◇〔高宗 46年 夏4月〕辛卯 停今年東堂監試〔同書 卷24, 世家〕.

라 하여 당시 이 칭호가 자주 쓰였으므로 굳이 부정할 필요는 없을 것 같다. 더욱이 『牧隱詩藁』卷22에 "庚申年(禑王 6年)의 東堂監試를 주관한 이는 모두 나〔李穡〕와 절친한 사이로 知貢擧인 廉東亭〔興邦〕은 나를 따라 擧業을 익힌 姻親이며, 同知貢擧인 朴密直〔形〕은 先君의 門生으로… 云云"한 데 이어 詩 가운데에서 다시 이 시험을 '東堂'이라 부르고 있는 구절도 눈에 띤다. 이 기사는 『高麗史』選擧志 選場條의 내용과 부합되고 있거니와, 禮部試는 곧 東堂監試 또는 東堂이라고도 했던 사실을 확인할 수 있다. 추측컨대 東堂은 東堂監試의 약칭이었던 것이 아닐까.[補] 科擧制는 워낙 큰 문제라 이밖에도 좀더 논의하고 싶은 대목이 있는 듯하나 후일 기회 닿는 대로 다시 검토하기로

[補] 朴龍雲은 「高麗時代 科擧의 考試와 體系에 대한 檢討」(『韓國史硏究』61·62, 1988 ; 『高麗時代 蔭叙制와 科擧制 硏究』, 一志社, 1990), 125~132쪽에서 '東堂監試'란 東堂과 監試를 같이 칭할 때에 사용되던 단순한 合成文句였다고 해석하고 있다.

한다.
 그러면 다음으로 官制에 관한 논고를 살펴보자. 그간 이 방면의 연구로는

① 邊太燮,「高麗初期의 政治制度」(『韓㳓劤博士停年紀念史學論叢』, 知識産業社)
② 崔濟淑,「高麗翰林院考」(『韓國史論叢』 4)
③ 朴天植,「高麗前期의 寺·監 沿革考」(『全北史學』 5)
④ 朴龍雲,「高麗時代의 文散階」(『震檀學報』 52)

가 찾아진다.
 이 가운데 ①은 太祖가 건국한 이후 成宗 원년에 이르러 唐制를 모방한 이른바 3省·6部制가 마련되기까지의 중앙정치기구를 검토한 것이다. 그리하여 廣評省과 內奉省·內議省, 그리고 徇軍部와 兵部가 고려초기의 宰府로서 국정의 중심기관이 되었음을 논하고 있지마는, 이들은 중국의 3省·6部制와는 다른 高麗 나름의 독특한 구조와 권력관계를 이루고 있었음을 아울러 밝히고 있다. 따라서 초기의 제도와 成宗 원년의 3省과를 도식적으로 연결하는 것은 무리라는 점을 지적하고, 또 廣評省과 內奉省의 기능에 대해서도 종래 우리가 이해하여 왔던 바와는 좀 달리 보는 견해까지 제시되고 있다. 고려 국초의 중앙정치 구조에 대한 새로운 의견으로 주목된다 하겠다.
 ②는 고려시대 王命을 制撰하는 官府였던 翰林院에 대하여 그의 설치와 직능 및 翰林院官의 자격·진출 등을 추구한 논고이다. 館職에 대한 최초의 본격적인 연구로서 우선 관심이 가거니와, 결국 한림원의 관원은 당시의 정예분자들로 貴族名門의 자제들이 대부분이었으며 그들의 약 7할이 宰樞에 올랐다는 결론을 내는 한편으로 이들에게는 왕

명을 제찬할 만한 실력이 필요했던만큼 文才를 가진 자는 또한 신분과 가문에 약간의 瑕疵가 있더라도 玉堂에 발탁되어 起家할 수 있있다는 점이 지적되었다. 翰林院官은 及第者만으로 구성되었던 관계상 科擧制가 고려되고 門閥貴族家門과의 관계에도 유념하여 얻어진 결론으로써 主旨는 대체적으로 수긍해도 좋은 방향이 아닐까 생각된다. 다만 논지의 전개 가운데 元鳳省에 대한 설명은 좀 미흡한 감이 없지 않고, 또 諸館殿과의 관계 등도 밝혀졌더라면 하는 바람은 있으나 이러한 문제들도 가까운 시일 안에 규명되리라 기대해 본다.

③은 文宗 官制가 성립되기까지의 諸寺・監에 관한 고찰인데, 광범한 자료의 수집에도 불구하고 논지가 명확하게 드러나고 있지는 않은 것 같다. 좀 정돈이 필요하지 않을까 생각된다.

④는 고려시대 文武兩班의 官階인 文散階에 대하여 살펴본 것이다. 그의 구조에 역점을 두어 5品 以上인 大夫階와 6品 以下인 郞階 사이의 分立에 커다란 의의를 부여하고, 다시 그 각자는 從2品의 奉翊大夫〔전기에는 正3品 銀靑光祿大夫〕 이상과 그 미만, 그리고 從6品下 通直郞 이상과 正7品上 朝請郞 이하로 구분되어 4斷層을 이루고 있었음을 밝히는 한편 그 단층과 官職世界의 重層構造와도 대비시켜 파악하고자 하였다. 官職體系와 관련된 한 연구로서 이 문제는 앞으로 좀더 범위를 넓혀 추구해 가야 하리라 생각된다.

앞에 잠시 소개한 李基白編 『高麗光宗研究』에는 다음의 논문들이 수록되어 있다.

① 李鍾旭, 「高麗初 940年代의 王位繼承戰과 그 政治的 性格」
② 吳星, 「高麗 光宗代의 科擧合格者」
③ 金塘澤, 「崔承老의 上書文에 보이는 光宗代의 '後生'과 景宗元年 田

柴科」
④ 申虎澈,「高麗 光宗代의 公服制定」

　　이미 잘 알려져 있는 바와 같이 光宗은 일련의 개혁정치를 단행하여 왕권을 확립하는 데 크게 기여한 군주이거니와, ①은 그가 惠宗・定宗을 거쳐 즉위하기까지의 왕위계승전과 그에 얽혀 있던 정치세력을 분석한 것이고, ②와 ③은 당시의 정계를 주도한 한 세력인 科擧合格者와 이른바 '後生'에 대해 고찰한 논고이며, ④는 개혁정치의 일환으로 이루어진 公服制定 문제를 다룬 글이다. 하나같이 모두들 지금까지의 연구성과를 철저하게 검토한 바탕 위에 얼마 안되는 사료를 면밀히 분석해 가면서 당시의 역사상을 찾고자 시도한 결과 주목할 만한 새로운 견해들을 제시하고 있다. 그 구체적인 내용은 이미 『歷史學報』 92(1981, 12)에 소개된 바도 있고 해서 이 자리에서는 생략하려 하지만, 일면 고려초기에 관한 史料는 워낙 零星한 까닭으로 여러 가지 추측이 가미되게 마련이고, 그렇게 하다보니 상호간에 견해차도 좀 있는 것 같다. 예컨대 ②에서는 광종의 개혁정치에 적극 관여한 이른바 '後生讒賊'에 科擧合格者인 徐熙・金策 등을 포함시키고 있으나[46쪽] ③에서는 이들을 제외해야 할 것이라는 의견을 표명하고[58쪽] 있는 것이다. 이밖에 光宗代에 이미 叅知政事가 있었던 것처럼 설명한 것이나[71쪽] 侍御司憲을 侍御와 司憲으로 분리해 본 것[89쪽] 등도 약간 문제가 될 듯하나, 어떻든 본 논문들이 학계에 큰 보탬이 되리라는 점만은 다시 논할 필요가 없다.
　　다음 河炫綱씨의 「高麗 毅宗代의 性格」(『東方學志』 26)은 당대의 정치적 난맥상을 時代狀況 속에서 찾으려 한 논고로서 주목을 끈다. 씨는 종래에 의종대의 정치적 혼란과 武人亂의 원인까지를 주로 의종

개인의 방종 경박한 성격과 그로 인한 失政에서 구해 온 데 반대하고 그보다는 오히려 국내외적으로 어려웠던 여건에서 말미암은 바가 더 크다는 주장을 하고 있다. 사실 의종은 우리가 흔히 이해하고 있던 바와는 달리 좋은 정치를 펴보고자 무던히도 애쓰던 임금이었다 한다. 그러나 내외의 위협과 文臣支配層에 의한 왕권능멸풍조 속에서 제 뜻대로 정사를 펼 수 없었으며, 그 같은 상황이 결국은 그로 하여금 방탕한 생활에 빠지게 하였을 뿐더러 文臣勢力에 대한 반발과 혐오감을 초래하여 武臣들이 정변을 일으킬 수 있는 분위기가 조성되었다는 것이다. 특히 武臣亂이 의종과 문신간의 갈등에서 因由한 바 크다는 견해가 인상적인데, 그렇기 때문에 씨는 무신정변의 초기에 의종은 오히려 문신 및 그 추종세력에 대한 무인들의 살해행위를 고무한 것 같다는 의견까지 피력하고 있다. 생각하여 보면 역사를 그 시대의 전체 흐름 속에서 파악한다는 것은 바람직한 일이며 그런 점에서 필자도 本稿의 이해방식에 적극 찬동하고 싶으나, 그러나 한편 의종대는 다른 시기에 비하여 왕권이 비교적 강하였고, 또 무신정변에 희생된 문신의 擧皆가 의종과 친밀한 관계에 있던 사람들이라는 점을 감안할 때 왕이 무인들의 문신 살해행위를 고무한 것 같다는 견해에는 좀 불안감을 느끼게 된다. 정변 당시의 사료에 의하건대 의종은 공포분위기에 사로잡혀 있었던 것이 확실하며, 종국에는 그도 살해되고 말았다는 사실을 염두에 두어야 하지 않을까 생각된다.

武人執權期와 관련하여 당시에 활동한 '文士'들을 다룬 논고로는 다음의 두 편이 보인다.

① 金毅圭,「高麗武人政權期 文士의 政治活動」(『韓沾劤博士停年紀念史學論叢』, 知識産業社)

② 張叔卿,「高麗 武人政權下 文士의 動態와 性格」(『韓國史研究』34)

여기서 '文士'란 文臣과 文人·儒者들 전체를 지칭하는 용어로서 사용된 것이다. 이미 몇 차례 논의된 일도 있듯이 毅宗 24년의 무인정변 때에 많은 文臣들이 살해되었음에도 불구하고 화를 면한 사람들도 상당수가 있어서 그 일부는 무인정권에 참여하였고, 崔氏政權에 이르러서는 新進士類들이 또한 다수 등용되고 있었다. 위의 두 논문은 이들을 文士라 이해하고 그들의 구체적인 동태와 성격 등을 추구하고 있는데, 특히 ②에서는 그 시기를 ⓐ 毅宗 24年: 政變直後 聯合勢力期, ⓑ 明宗 元年~4年: 李義方勢力 掌握期, ⓒ 明宗 5年~9年 8月: 鄭仲夫勢力 掌握期, ⓓ 明宗 9年 9月~13年 7月: 慶大升勢力 掌握期, ⓔ 明宗 13年 8月~26年 4月: 李義旼勢力 掌握期, ⓕ 明宗 26年 4月 이후: 崔忠獻勢力期로 나누고 ⓑ·ⓒ·ⓔ 기간에는 문신들이 크게 억제를 받은 반면 ⓓ·ⓕ 기간에는 상대적이나마 대우가 향상되었다는 점을 밝히는 등 좀더 세분하여 파악코자 시도하고 있다. 어떻든 당시의 문사들은 정계 은퇴계열이나 등장계열을 막론하고 무인정권에 대하여 참여의식과 반발의식을 함께 가지고 있었지마는, 어느 경우나 모두 무인집권기라는 한계상황 속에서 고충과 갈등을 겪어야 했다는 것이 표현은 조금씩 다르지만 두 논자의 공통된 견해인 것 같다. 무신정권의 일면을 검토한 글로 평가된다.

다음으로 고려후기의 정치 문제를 다룬 논고를 찾아보면

① 閔賢九,「高麗 恭愍王의 卽位背景」(『韓㳒劤博士停年紀念史學論叢』, 知識産業社)
② 閔賢九,「益齋 李齊賢의 政治活動」(『震檀學報』51)
③ 高惠玲,「李仁任政權에 대한 一考察」(『歷史學報』91)

등을 발견할 수 있다. 이 가운데 ①은 反元改革政治의 주역인 恭愍王에 주목하여 그가 즉위하기까지의 배경과 그 과정을 추구한 글이다. 즉 그는 忠穆王이 薨去하자 王煦·李齊賢 등 정통적 정치세력의 지지를 받으면서 새 왕위계승 후보자로 물망에 올랐으나 附元輩勢力에 뒷받침된 忠定王에게 패하여 뜻을 이루지 못하였다. 그러나 새 왕의 즉위와 더불어 집권세력으로 등장한 附元輩와 外戚인 尹氏一族 등은 정치적 역량과 식견이 부족했을 뿐 아니라 자체 속에서 심한 권력투쟁을 벌인 위에 마침 倭寇의 침입이 본격화됨으로써 매우 어려운 처지에 놓이게 되는데, 그 동안 元에 머물면서 숙위를 계속하다가 元 公主와 결혼하여 駙馬의 지위를 획득한 공민왕이 마침내 충정왕을 손위시키고 보위에 오르게 되었다는 것이다. 이와 같이 일찍이 忠穆王代의 개혁을 주도한 바 있던 王煦 등의 지지를 받은 공민왕이 당초 附元輩와 밀착되었던 충정왕에 대신하여 즉위한 사실에서 여러 가지 시사를 받을 수 있다는 설명이거니와, 당시 고려의 복잡한 정치상황이 체계적으로 잘 정리되어 이채를 띤다. ②는 유사한 내용을 李齊賢에 초점을 맞추어 살펴본 것이고, ③은 그보다 좀 시기가 뒤지는 禑王代의 정치상에 대해 역시 李仁任을 중심으로 고찰한 논고이다. 이 가운데 ③의 서술중 內宰樞에 관한 설명은 조금 문제가 있는 듯하다. 그리고 李仁任 개인에 대해서도 좀 지나치게 비호한 듯한 느낌이 든다. 비록 李仁任에 관한 사료가 鮮初에 만들어져 그의 부정적인 측면을 강조한 면이 있다손 치더라도 그와 함께 權力의 핵에 위치했던 池奫·林堅味 등의 불법·전횡이 당시의 정권담당자였던 그에게 책임이 적다고 할 수는 없기 때문이다. 그러나 本稿는 禑王代의 정치상황을 예리하게 분석하고, 그리하여 新·舊勢力의 대립과 갈등 속에서 李仁任政權이 차지하는 위치를 설정하는 등 麗末의 실상을 이해하는 데 큰 도움을 주는 노작으로 그 공헌을 높이 평가해도 좋을 것 같다.

이어서 소개하려는 李樹健씨의 「高麗後期 '土姓' 硏究」(『東洋文化』 20·21)는 좀 색다른 논고이다. 이것은 논자가 오랜 시일에 걸쳐 연구해 온 「後三國時代 支配勢力의 姓貫分析」(『大丘史學』 10, 1976) 및 「高麗前期 土姓硏究」(同 14, 1978)에 이은 속고로서 고려후기 지배세력의 진출과 변천과정 등을 土姓의 성장이라는 측면에서 지역별로 정리한 것이다. 방대한 작업의 결과로 얻어낸 본 연구는 당시에 활동한 거의 모든 인물들의 연원과 世系 등이 밝혀져 있어 '權門世族'과 士大夫 등의 정치세력 문제는 말할 것도 없고 豪族과 鄕吏·郡縣制·家門 등 다방면의 연구에 크게 기여할 것으로 생각된다.

朴宗基씨의 「13세기 초엽의 村落과 部曲」(『韓國史硏究』 33)은 지방 군현과 촌락에 관한 연구라는 점에서 위의 논문과 일맥 상통한다. 종래 部曲은 賤人身分集團으로 이해하려는 경향이 짙었으나 최근에 이르러 이를 비판한 金龍德씨의 「部曲의 規模 및 部曲人의 身分에 대하여」(『歷史學報』 88·89, 1980·1981)와 朴宗基씨의 「高麗時代 鄕·部曲의 變質過程」(『韓國史論』 6, 1980)이 발표된 바 있었다. 따라서 상기한 논문은 그와 같은 身分問題와는 다른 각도에서 松廣寺 소장의 「國師當時大衆及維持費」에 보이는 군현과 부곡 및 그곳의 토지 소유문제 등을 분석하여 13세기 초엽 지방사회의 실상을 밝혀보려 한 것이다. 워낙이 제한된 사료를 가지고 다루다보니 해석상에 약간 무리가 있는 듯도 하나 당시의 지방조직 등을 이해하는 데는 큰 참고가 될 논고인 것 같다.

그러면 방향을 조금 바꿔 軍制에 관한 연구를 살펴보자. 이에 대해서는 다음과 같이

① 趙仁成, 「高麗 兩界 州鎭의 防戍軍과 州鎭軍」(『高麗光宗硏究』, 一潮閣)

② 李永東,「忠勇衛考」(『陸軍第三士官學校 論文集』13)

등 두 편의 논문을 찾을 수 있다. 이 가운데 ①은 고려전기 兩界 州鎭의 군사조직에 관한 고찰로서 그들은 防戍軍과 州鎭軍으로 구성된 이원적 조직이었음을 밝히고 있는데, 그와 같은 연구가 조선『文宗實錄』에 실려 있는「高麗式目形止案」의 구체적인 검토를 통하여 설명된 점이 주목을 끈다. 나아가서 여기에는 防戍에 동원되는 京軍과 州鎭軍의 單位나 軍需問題 등도 다루어지고 있어서 이 방면의 이해에 몇 안되는 귀중한 연구성과가 될 것 같다. ② 역시 恭愍王 5년에 설치된 특수군대에 관한 논고로 이 방면의 개척적인 연구다. 主旨인즉, 忠勇衛는 창졸간에 생긴 위기에 대비하는 상비군의 임무와 함께 궁성의 侍衛 및 국왕의 호위를 담당하는 부대였으나, 이들의 보다 더 중요한 기능은 공민왕이 개혁정치를 추진해 나가는 데 수반되는 군사적인 힘의 기반이 되었다는 점에 두고 있다. 그러므로 그 구성원도 이른바 '新興士大夫階層'의 子弟와 元에 갔던 貴族의 質子들이 중심이었으며, 따라서 이 조직은 反元的 性格을 띠어 權門勢族에게 적대적이었다는 설명까지 하고 있다. 이 점 대단히 중요한 언급인 것 같은데, 그러나 잠시 고찰해 보면 元에 質子로 갔던 衣冠子弟, 곧 禿魯花는 '權門世族'의 子弟가 주류를 이루고 있지 않았을까 판단되기도 하므로 위의 설명이 꼭 맞는다고 단정하기는 어렵지 않을까 한다. 그리고 '新興士大夫階層'의 子弟라 했지만 이들의 존재에 대해서도 구체적인 논급이 없어 막연한 느낌이 든다. 本稿는 아마 이런 면의 보완이 좀 필요하지 않았나 싶다.

다음 성격은 각기 조금씩 다르지만 對蒙抗戰의 중심체가 되었던 三別抄와 忠州奴軍에 대한 연구도 보인다. 즉,

① 金潤坤,「三別抄의 對蒙抗戰과 地方郡縣民」(『東洋文化』20·21)
② 孫弘烈,「忠州奴軍의 亂과 對蒙抗爭」(『湖西文化研究』1)

등이 그것인데, 이 가운데 ①은 主題에 불구하고 실내용은 三別抄에 관한 전반적인 문제를 다루었다. 그리하여 그의 성립과 조직·기능 등을 아울러 살피고 있지마는, 그간에 지금까지는 잘 알려져 있지 않던 「高麗牒狀不審條條」를 사료로 이용하는가 하면 지방 郡縣民과의 관계에 유념하는 등 참신한 연구로 그 실체에 한 걸음 더 접근한 감을 준다. 그런데 본고의 논지중에는 몇몇 짚고 넘어가야 할 점들도 있는 것 같다. 三別抄의 봉기를 '革命'으로 파악하고 있는 것이 그 하나의 실례다. 몽고와 손을 잡은 高麗朝廷에 반대하여 일어난 삼별초의 봉기를 민족적인 측면에서 긍정적으로 보아야 한다는 데는 이론이 없으나, 그러나 아무런 정치적·사회적 변혁을 수반하지 않았던 그 사실이 과연 '혁명'의 성격을 가지는 것이었는지, 이 점은 매우 의심스러운 것이다. 이와 관련되는 문제겠지만 당시의 고려조정을 몽고와 '野合'한 '開京政府'라 명명하고, 그에 따라 삼별초에 반대하는 입장을 취한 官人을 '反動官僚'라 지칭하고 있는 것도 좀 지나친 서술이 아닐까.

②는 몽고군의 침입에 대항해 싸운 忠州 奴軍의 실상을 밝힌 논고이다. 요즈음 抗蒙主體로서 일반 백성들의 역할이 크게 주목을 받아왔거니와, 본 연구는 그 좋은 하나의 실례를 제시해 주고 있는 것 같다.

아래의 논고들 역시 對外問題를 주제로 한 글들이다.

① 崔圭成,「高麗初期 女眞問題의 發生과 北方經營」(『白山學報』26)
② 崔圭成,「高麗初期의 女眞關係와 北方政策」(『東國史學』15·16)
③ 羅鍾宇,「高麗前期의 麗·日貿易」(『원광사학』1)

이 가운데 ①과 ②는 太祖~顯宗年間의 女眞의 동태와 그들에 대한 고려의 정책을 살펴본 연구이다. 사료의 분석과 더불어 착실하게 추구해 나갔는데, 다만 이 방면에 관한 근자의 연구성과를 보다 철저하게 검토하지 못한 흠이 있는 것 같다. ③은 고려전기의 麗·日關係를 무역을 중심으로 고찰하였다. 그리하여 고려는 對日貿易에 있어 항상 소극적·거절적 태도를 취하여 온 데 반해 일본은 적극적으로 '進奉貿易'을 요구했다는 결론을 내고 있다. 당시 양국간의 관계를 이해하는 데 일정한 도움을 주리라 생각된다.

(3)

經濟問題를 다룬 논고는 많지는 않지만 그러나 고려사회의 이해에 핵심이 되는 과제들이 다양하게 연구되었다. 그 가운데 公田·私田 및 田品制와 관련하여 收租率을 연구한 다음의 논문들이 우선 주목을 끈다.

① 李成茂,「公田·私田·民田의 槪念」(『韓沽劤博士停年紀念史學論叢』, 知識産業社)
② 金容燮,「高麗前期의 田品制」〔上同〕

①의 主旨인즉 高麗·朝鮮時代 公田과 私田의 개념은 "1) 王土로서의 公田, 2) 所有權을 기준으로 구분되는 公田과 私田, 3) 收租權의 귀속을 기준으로 구분되는 公田과 私田"의 세 가지로 나누어 볼 수 있는데, "고려초기에는 2)의 개념이 많이 쓰였고, 高麗末·朝鮮初期에

는 1)과 3)의 개념이 많이 쓰였으며, 田柴科體制下에서는 2)와 3)의 개념이 다같이 널리 쓰이고 있었다."이 같은 상황에서 民田은 처음에 所有權에 입각하는 私田-私有地였으나 收租權에 입각해서 토지를 구분할 경우 그 租가 國庫 또는 個人의 어느 곳에 귀속하느냐에 따라서 公田이 될 수도 있고 私田으로 될 수도 있었으며, 그에 대한 收取는 什一租法에 의거하고 있었다 한다. 그러므로 종래 고려시대의 民田을 公田-三科公田으로 파악하고 그 收租는 地稅의 개념에 해당하는 4분의 1 公田租率의 적용을 받았다고 이해하여 온 것은 잘못된 견해라는 것이다. 成宗 11년에 公定되는 4분의 1 公田租率은 國有地를 小作주었을 때에 적용하는 규정으로, 그것은 什一租法으로 가는 과도적 收租率에 지나지 않았다는 설명이다. 이 논문은 이미 수년 전에 발표된 바가 있고, 그에 따라 종래의 입장에 서서 그것을 광범하게 비판한 글도 있었다〔姜晉哲,『高麗土地制度史硏究』(高麗大出版部, 1980), 405~409쪽〕. 그러므로 이 자리에서 당장 그 當否를 말하기는 매우 어려운 일인데, ② 논문은 다시 ①에서 주장한 收租率이 옳았다는 견해를 밝히고 있어 고려시대의 租率에 관한 논쟁은 재연된 듯한 느낌이다. 즉, 여기서도 民田〔公田〕에 대한 租稅는 '天下通法'·'舊法' 등으로 칭하여지는 '什一稅', 즉 10分取1하는 것이 고려의 실상이었으며, "4分取1의 규정이 적용되는 公田은 아마도 국가소유지로서 각급 관청에 소속된 특정한 농지인 것"으로 파악되고 있는 것이다. 그런데 ② 논고의 큰 뜻은 이에 그치지 않고 한 걸음 더 내키어 각 收租率을 田品制의 바탕 위에서 이해하려 한 데 있다. 종래 고려시대의 田品은 上·中·下 3等으로 구분하는 것이 일반적이었으나, 그러나 3等田品의 내용이 그렇게 단순한 것만은 아니어서 실제로는 농지의 비옥도에 따라 세 지역으로 나뉘고, 그 지역 안에서 다시 地品에 따라 上等·中等·下等으로 구분되는 9等田品制였으며, 각 조세는 그 田品에 의거하여 수취했다는 것이다. 그 같은 면모의 단서는 成宗 11년 判의 公田租率〔4分取1〕에 관한 자료에서 찾을 수 있다. 주지하고 있듯이 成宗 11년의 判文은 本文과 細註의 두 자료가 『高麗史』食貨志에 실려 있거니와, 그 細註 자료는 中等地域, 本文 자료는 下等地域의 收租率을 밝힌 규정이며, 여기에 함께 보이지 않으나 上等地域에 관한 규정도 물론 당시 있었을 것이라는 주장이다. 만약에 이와 같은 주장이 용인된다면 지금까지 成宗 11년 判의 本文과 細註를 놓고 큰 혼란을 빚어왔던 문제가 아주 정연하게 밝혀진 셈이 된다.

그러나 그렇다고 한다면 당해 논고에서 설명되고 있듯이 "中等·下等 두 지역〔6等級〕의 田品租額이 법으로서 제정·첨가되기 이전부터 실시되고 있었던" 것으로 생각되는 上等地域〔上·中·下 3等級〕의 田品租額은 왜 史書에서 누락되었을까. 또 朝鮮『世宗實錄』에 나타나고 있는 高麗期의 田品에 따른 量田尺인 指尺이 3종밖에 보이지 않는데 그것은 어떻게 된 일일까? 이러한 점들이 의문으로 떠오른다. 하여튼 田品과 租率은 고려시대 토지제도의 근간이 되는 문제이니만큼 앞으로 좀더 신중한 검토가 진행되어야 하지 않을까 생각된다.

아래의 논고는 직접 토지지배와 관련된 문제를 취급한 글들이다.

① 朴禮在,「高麗 顯宗朝의 義倉租規에 엿보이는 公田의 三科區分에 대하여」(『空軍士官學校論文集』13)
② 金東洙,「高麗의 兩班功蔭田柴法의 解釋에 대한 再論」(『全南大論文集』26)

①은 『高麗史』卷80 食貨志 3 常平義倉條의 顯宗 14년 閏9月判에 보이는 一科·二科·三科 公田과 그에 대비되는 私田들을 하나하나

다루고 있다. 그러므로 본 연구는 단일 논문으로는 좀 많다는 느낌을 받을 정도로 여러 가지 문제들이 취급되고 있는데, 그 취지는 요컨대 一科·二科·三科와 같은 公田의 區分이 토지 종목에 의한 것이 아니라 田品等級에 따른 구분일 것이라는 의견인 것 같다. 사료 해석상 하나의 가능성을 제시했다고 생각되거니와, 그러나 이 사료는 二科公田에 대비하여 宮院田·寺院田·兩班田을, 그리고 三科公田에 대비해서는 軍人戶丁·其人戶丁과 같이 구체적으로 유사한 성격의 토지지목을 묶어 公田과 대칭시키고 있는 점으로 미루어 볼 때 3科의 구분을 田品으로 이해하는 데는 좀 무리가 있지 않을까 우려된다. ②는 功蔭田柴에 관한 논의이다. 종래 고려시대의 功蔭田柴에 대해서는 주지하고 있듯이, 1) 5品 이상의 고급관료에게 그들 신분에 대한 우대책으로 지급된 것이라는 학설이 통설로 되어왔고, 이에 대해 2) 그것은 5品 이상관에만 한한 것이 아니라 全官僚를 대상으로 특별한 공훈이 있는 사람들에게 지급되는 田柴였다고 주장하는 반론이 있었다. 이 가운데 본고는 후자의 주장이 정당했다는 사실을 입증하려 한 연구이다. 그리하여 그 논거로서『高麗史』卷78 食貨志 1 田制 功蔭田柴條 文宗 3년 5월의 기사중 '散官減五結'에 나오는 散官의 의미로 미루어 功蔭田柴의 수급대상자가 5品官 이상이라는 주장에 선뜻 수긍할 수가 없고, 또 공음전시제와 상응된다고 하는 蔭敍制 역시 보편적·항례적인 것은 아니었으며 그 혜택도 5品 이상관에 한정되었다고 보기는 어렵다는 점을 들고 있다. 논증에 애쓴 흔적이 뚜렷한데, 그러나 필자 자신 이 문제는 비교적 세밀하게 살펴본 일이 있지만 그 실상은 아마 논자의 이해와 거리가 있었던 게 아닌가 생각하고 있다. 散官과 蔭敍制에 대해 좀더 깊은 검증을 거친 뒤에 위와 같은 주장을 폈어야 하지 않았을까 싶다.

漕運과 利子 문제도 고려의 경제구조를 이해하기 위해서는 한번 살펴볼 필요가 있다. 다음 논고는 그와 같은 과제를 주제로 한 글들이다.

① 崔完基,「高麗時代의 稅穀運送」(『韓國史研究』34)
② 徐吉洙,「高麗時代의 貸借關係 및 利子에 관한 研究」(『國際大論文集』9)

①의 稅穀運送은 漕運制라 하여 전국에서 받아들인 조세를 일정한 장소, 즉 漕倉에 수납했다가 이것을 다시 漕船에 의하여 서울의 京倉으로 운반하는 제도를 이른 것이다. 여기서는 그와 같은 제도의 운영을 고려초기의 豪族時代와 중앙집권 확립 이후 官船에 의거했던 국가 직영기 및 그것이 동요되는 末期로 시대구분하고 그간의 浦와 輸京價, 13漕倉의 설치와 경영, 그리고 漕運路 등 전반적인 문제에 대해 요령있게 정리해 놓고 있다. 따라서 우리는 본 연구를 통하여 쉽게 고려의 조운제에 관한 종합된 지식을 얻을 수 있는데, 그러나 그 가운데 혹 조운제의 성립이 靖宗 때부터라고 이해한 듯한 대목에는 약간의 의문이 가기도 한다.『高麗史』卷79 食貨志 2 漕運條에 "國初 南道水郡 置十二倉"이라 한 설명의 그 '國初'를 靖宗 때로 보기는 어렵기 때문이다. 이밖에 私船漕運에 대해서도 좀 알 수 있었으면 하는 바람은 있으나 이는 우리의 욕심만을 차리는 지나친 요구가 될 것 같다. ②는 제목 그대로 고려시대의 貸借關係 및 利子에 관한 논고로서, 당시의 法定利子率은 公私債 공히 年 3割 3分 3厘강이었고, 이자의 총액이 元本을 넘거나〔一本一利·子母相侔〕이자의 복리계산〔利中生利·利中息利〕은 不法이었다는 점과, 貸錢層은 公債의 경우 供辦都監·官庫·養賢庫였고, 私債는 왕실·사원·권세가 등이었으며 借錢層은 주로 가난한 백성들이었다는 점, 그리고 債權의 담보 및 보증으로는 人質이 많았다는

점 등을 밝힌 것이다. 서술중에는 宮院田을 公田으로 보고 있다든가 宰相을 一品官으로 규정하는 등 몇 곳 문제되는 설명이 눈에 띄기는 하나 주제와 관련되는 사료를 차분히 정리한 위에 전개된 본 연구는 이 방면을 알고자 하는 우리에게 많은 도움을 주리라 본다.

(4)

지난해는 身分과 家族 등 社會史 관계의 연구에 있어서도 괄목할 만한 진전이 있었다. 앞에 잠시 소개한 洪承基씨의 『高麗時代 奴婢研究』는 그와 같은 면모를 잘 보여주는 노작중의 하나이다. 본 저술은

　　제1장 머리글
　　제2장 私奴婢의 性格
　　제3장 公奴婢의 特性
　　제4장 奴婢의 土地耕作과 그 社會經濟的 地位 및 役割
　　제5장 奴婢의 社會經濟的 役割과 地位의 變化
　　제6장 맺는글

등 여섯 개의 장으로 엮어져 있다. 여기에서 저자는 연구의 방법상 "구체적인 사례의 검토"를 중요시했고, 또 "노비를 소유주와의 깊은 관련 속에서" 이해하고자 하였으며, "나아가 하나의 사실을 설명하는 데, 이와 연결되는 여러 사실들을 찾아서 다각적으로 분석해 보도록 하였다"는 점을 밝히고 있다. 그리하여 노비를 "정작 숨쉬고 있는 인간"으로서 파악하여 그 실체를 구명코자 했다는 것이다. 본 연구는 이

를 위해 『高麗史』・『高麗史節要』등 정사류뿐 아니라 文集과 奴婢文書까지도 사료로 폭넓게 이용하고 있지만 그것을 면밀히 검토하면서 정연하게 전개해 간 논리가 또한 깊은 인상을 준다.

하여튼 우리는 이 저술을 통하여 고려시대 奴婢制의 전모를 살필 수 있다. 그 내용을 극히 제한된 지면만이 허락되어 있는 이 곳에서 일일이 소개하기는 어려운 노릇이지마는, 私奴婢는 一賤則賤의 원칙에 따라 부모 가운데 한쪽이라도 노비면 그 소생은 노비가 되었고, 그 소유권은 賤者隨母法에 의거했으며, 이들에 대한 소유주의 권한이 거의 절대적이었다는 점 등이 주목을 끄는 줄거리다.

이와 관련하여 가정의 형성에 있어서도 率居奴婢는 가족원이 주인의 임의에 따라 매매・상속・증여되었으므로 제대로 이루어지기가 어려웠고, 外居奴婢 역시 비슷한 처지였지만 현실적으로는 다소나마 그것이 온존될 수 있었다. 한편 재산권의 경우 솔거노비는 법적인 인정은 받고 있었으나 실제에 있어서 자신의 재산을 가지는 예가 드물었는데, 외거노비는 이와 조금 사정이 달라 재산에 대한 주체적인 권리가 인정되어 있었을 뿐더러 현실적으로도 임의로 처분할 수 있는 독자적인 재산을 가지고 있었다 한다. 公奴婢는 그 연원을 전쟁포로나 중대 범죄인이 그의 가속 및 사노비와 함께 官沒된 데서 찾을 수 있다. 이처럼 공노비는 반역 등 특정 범죄행위에 대한 처벌로 발생하는 경우가 많았던 관계상 貴族層이 그 주요 신분층의 하나가 되었다. 이들 공노비는 다시 供役奴婢와 外居奴婢로 나누어지는데, 양자는 모두 재산에 대한 주체적인 권리가 인정되어 독립된 가계를 꾸려나갈 수 있었으며, 결혼 내지 가정생활도 국가의 배려에 의하여 어느 정도까지는 온전하게 이루어졌을 가능성이 컸다고 결론짓고 있다.

본 저술은 이어서 저들의 役割에 따라 사노비 가운데 솔거노비는

使令奴婢와 農耕奴婢, 외거노비는 管理奴婢와 農耕奴婢·經營奴婢로, 그리고 공노비 가운데 공역노비는 使令奴婢, 외거노비는 農耕奴婢로 구분하고 그들의 사회경제적 지위 및 그 변화에 대해서도 검토하고 있다. 그것은 한 마디로 일반 노비에 비하여 農耕에 관계되는 노비수의 증가와 노비신분층의 사회경제적 지위의 개선 등으로 요약될 수 있겠거니와, 그와 같은 제문제가 李奎報와 李穡의 소유 노비 및 恭讓王 2년의 和寧府 奴婢戶籍과 동 3년의 開城府 奴婢戶籍의 분석을 통하여 확인되고 있음도 특기할 만하다.

본 연구는 앞서 말했듯이 매우 논리성있게 전개되어서 새삼 논의해야만 할 그런 큰 문제는 없는 듯하다. 다만 공노비의 보충 신분층으로 귀족층이 들어지고 있는데 그 귀족층에 대한 개념이 좀 애매한 듯한 생각이 드나 주제와는 별반 관련이 없는 문제이고, 아울러 노비의 신분상승과 그들의 사회적 정치적 진출─특히 고려후기에 있어서─등도 궁금한 과제이나 이는 저자 스스로가 후일의 숙제로 지적해 두고 있으므로 앞으로의 연구를 기다릴 수밖에 없을 것 같다.

아마 洪承基씨가 위의 저술에 이어 발표한 「高麗前期 奴婢政策에 대한 一考察」(『震檀學報』51)은 그가 미루어 두었던 그와 같은 과제의 하나를 천착한 논고인 것 같다. 이 연구는 副題와도 같이 '국왕과 귀족의 정치적 이해와 이에 따른 奴婢에 대한 입장의 차이'를 살핀 것인데, 太祖나 光宗 등의 奴婢政策은 한결같이 왕권의 강화라는 면에서 추구되어 왔으나, 고려가 귀족정치를 지향하는 成宗代부터는 사노비 소유주인 귀족층의 이익도 크게 고려하지 않을 수 없게 되었다 한다. 그리하여 이후 양자 사이에는 타협과 조화가 이루어져 "국왕은 최소한의 왕권을 유지하고 귀족세력은 그들의 권익을 최대한으로 보장하는 선에서" 낙착되었다는 것이다. 그런데 국왕측이 왕권을 강화하려는 노력을 아주 포기한 것은 아니어서, 예컨대 毅宗이 官奴인 鄭諴 등에게 '높은 관직'을 제수하고 '정치권력의 심층부'에 접근시켜 국왕의 이익을 대변하게 한 사실은 그 대표적인 것이라고 지적하고 있다. 논자는 이를 가리켜 寵臣制로 보아도 좋지 않겠느냐는 견해를 비치고 있는데, 생각컨대 당시에 공노비 출신의 宦者인 鄭諴·白善淵 등이 毅宗을 배경으로 威勢를 부린 것은 사실이지만 그들을 과연 국왕의 이익을 대변할 수 있는 소수 정치집단으로 볼 수 있겠는지의 여부에 대해서는 선뜻 판단이 서지를 않는다. 또 그 대표격인 鄭諴의 경우만 하더라도 겨우 正7品職인 權知閣門祗候가 제수되었고, 그것도 귀족세력의 강력한 반대를 받아 3년간이나 끌었던 사실 역시 염두에 둘 필요가 있을 것 같다. 이들의 위치는 공적인 정치권력의 핵심과 거리가 있지 않았을까. 이 문제는 앞으로 좀더 숙고하기로 하자.

序에서 역시 잠시 소개한 許興植씨 저술의 『高麗社會史研究』가 출간됨으로써 우리는 고려사회에 관한 보다 폭넓은 지식을 얻을 수 있게 되었다. 本書는 緖論에서 「高麗時代의 戶口成籍과 그 效用」을 다루었고, 이어서 "Ⅰ. 國寶戶籍으로 본 高麗의 社會構造, Ⅱ. 戶口單子로 본 高麗社會의 斷面, Ⅲ. 高麗時代의 社會構造" 등 3部作으로 꾸몄다. 이중 Ⅰ은 이미 발표된 논문이고, Ⅱ 가운데도 몇몇은 공표된 것이나 여기에 驪州李氏·咸昌金氏·海州崔氏의 戶口單子를 추가하여 그 각 자료의 현존상태와 판독, 가족과 家系, 身分·本·通婚圈 등에 대해 설명하고 있는데, 우선 이러한 작업은 고려의 基層社會를 알 수 있는 사료가 극히 빈약한 오늘의 우리 실정에서 뜻있는 일로 생각된다. 그런데 본 저술의 핵심은 이처럼 帳籍과 戶口單子를 소개 분석하는데 그치지 않고 그것을 토대로 고려시대의 家族構造와 親族組織·身分構造·本과 居住地, 그리고 사회의 불교적 기반 등을 파악하는 데 두어지고 있어서 더욱 주목을 끈다. 이들 문제는 고려시대사의 이해에 매우 큰 비중을 차지하는 과제임에도 불구하고 종래 이 방면에 대한 우리의 연구가 미미한 단계에 머물고 있던 것을 본서에서 비로소 본격적으로 다룬 느낌이 들기 때문이다. 그리하여 여기서는 상기한 문제들에 대하여 포괄적으로 설명하고 있으며, 그런 중에 父系親族觀念의 희박성이 지적되기도 하고, 또 土地의 嫡長子單獨相續說을 부정하는 등 중요한 언급들이 많았다. 이런 점에서 본 저술의 값어치가 크게 돋보이는데, 그러나 한편으로는 서술상의 무리도 좀 눈에 띄는 것 같다. 그 하나가 한정된 자료를 가지고 사실을 너무 일반화하지 않았는가 하는 것이다. 본 논고는 이 방면의 개척적인 연구인 데다가 워낙 어렵고 중요한 문제를 너무 광범하게 취급하다 보니 그랬으리라고 짐작은 되지만 사료의 보강과 좀더 차분한 논증이 뒤따라야 결론에 대한 불안감이 말끔히 씻어지지 않을까 한다.

위에서 다룬 親族과 土地相續·本貫 문제 등에 대해서는 다음과 같은 개별적인 연구들도 있어서 주목된다.

① 盧明鎬,「高麗의 五服親과 親族關係 法制」(『韓國史研究』 33)
② 崔在錫,「高麗朝에 있어서의 土地의 子女均分相續」(『韓國史研究』 35)
③ 金壽泰,「高麗 本貫制度의 成立」(『震檀學報』 52)

①은 成宗 4년에 제정된 五服制에서 外族親이 상당히 강화되어 있고 또 相避親과 禁婚 등의 범위에 있어서도 母族과 妻族이 넓게 관련되어 있는 法制를 들어 고려의 親族組織은 父系單系的인 것이 아니라 父側과 母側이 거의 대칭적인 친족범위를 갖는 '兩側的 親屬'이었다고 주장한 논고이다. 구체적인 사료의 논증 위에 제시된 이와 같은 주

장은 경청할 만한 견해로서 고려의 친족관계를 살필 때 外族의 親緣性을 크게 고려해야 한다는 지적에는 전적으로 동감이 된다.

그러나 한편 잠시 생각해 보면 고려의 친족조직을 '兩側的 親屬'이라고 부를 수 있을 만큼 母側의 비중이 컸던 것인지, 또 그렇기 때문에 父系를 중심으로 하는 姓氏集團 내지는 貴族家門 등을 살피는 것이 의미없는 일인지, 이에 대해서는 약간 이견의 여지가 있을 것 같다. 우선 五服親과 같은 喪制가 佛敎社會인 고려에서 어느 정도 실제와 부합되는 규정이었을까가 의문으로 떠오르고, 또 본고에서 '兩側的 親屬'을 주장하는 논거의 하나로 제시한 蔭敍制의 경우 오히려 蔭職이 父祖에서 子孫으로 이어지는 게 통상이었다고 생각될 뿐더러 당시의 金石文들도 父系中心으로 엮어져 있음을 감안할 때 위의 주장에는 의혹이 없지 않은 것이다. 사실 과거 귀족가문의 연구에 있어서 通婚圈을 중시한 것이 母側의 영향을 염두에 둔 고려였다고 볼 때 그 '家門'에 대한 개념부터 검토했더라면 하는 아쉬움이 남지만, 어떻든 본고를 통해 高麗의 친족조직에서 母側親屬이 지금까지 우리가 생각하여 왔던 것보다는 훨씬 큰 비중을 차지하고 있었다는 점만은 확실히 인식할 수 있게 된 것 같다.

②는 旗田巍씨가 주장한 고려시대 토지의 嫡長子單獨相續說에 대한 반론을 편 연구이다. 그리하여 그 논거로서 高麗의 가족유형은 嫡長子單獨相續을 취하는 直系家族이 아니었다는 논자의 종래 주장을 상기시키고, 아울러 토지가 子女에게 均分相續되는 사례를 들었다. 사실 旗田巍씨의 학설이 제시된 이래 그것에 동조하는 논자도 없지 않았지만 얼마 전부터 여러 학자들이 이에 의문을 제기해 왔었는데, 본고에서 그것이 구체적인 사료의 제시와 함께 새삼 확인된 셈이다. 본 논고에는 이밖에 土地의 私的所有에 대해서도 언급하고 있지마는, 이 점은 학계에

서 공인을 받고 있는 정설을 다시 확인하는 형식을 취하고 있다.

③은 고려 本貫制度의 成立 배경과 그 過程 등을 다룬 논고인데, 本貫이란 당시 사람들이 "籍을 붙여 등록한 지역의 행정구역"을 지칭한 것으로 羅末麗初의 전국적인 人口流動 현상을 배경으로 하여 성립되었다는 점을 밝히고 있다. 실제로 광범위에 걸친 백성들의 流移現象은 高麗가 後三國의 통일을 전후한 시기에 있어서도 계속되었으므로 국가로서는 어떻게든지 이를 막고 戶口狀態를 파악할 장치가 필요하게 되면서 그 한 방법으로 채택한 것이 本貫制度였다는 것이다. 백성들의 거주지를 본관으로 부여하고 그 곳에 籍을 붙여 등록하게 함으로써 流移民을 효과적으로 통제할 수 있도록 하였다는 설명이다. 따라서 고려시대의 本貫은 楊水尺과 같은 특수한 賤人을 제외하고는 良賤의 구별없이 모든 계층의 사람들이 가지고 있었으며, 그것의 성립시기는 고려가 籍을 재정리하는 때와 연결시켜 太祖 末年 내지는 定宗代였으리라고 결론지었다. 매우 참신한 견해로 생각되거니와, 앞으로 本貫과 姓氏와의 관계 및 그것이 그 뒤에 사회적으로 어떤 기능을 담당했는지의 문제 등이 빠른 시일 안에 밝혀졌으면 하는 기대가 크다.

(5)

근자에 思想과 文化 분야의 연구가 활발하게 이루어지고 있는 것은 매우 반가운 일이다. 그 덕택으로 지난해에도 여러 편의 새 논문을 대할 수 있었지마는, 역시 그 주된 것은 佛敎史 관계였다. 그러면 여기서 먼저 고려초기의 佛敎思想을 다룬 논고부터 찾아보면

① 金杜珍,「高麗初期의 法相宗과 그 思想」(『韓㳓劤博士停年紀念史學論叢』, 知識産業社)
② 金杜珍,「均如의 '性相融會'思想」(『歷史學報』90)

등 두 편이 발견된다.

이 가운데 ①은 新羅下代 豪族勢力의 대두와 禪宗의 유행으로 위축을 면치 못했던 法相宗이 後三國·高麗初에 다시 대두하게 되는 배경을 살피고 있다. 즉, 戒를 강조하는 法相宗은 왕권의 강화와 관련이 있었고, 또 그것이 지방의 群小土豪들에게 수용되고 있었으므로 왕실의 관심을 끌어 서서히 대두되기 시작했다는 것이다. 나아가서 현상계의 존재를 그대로 認知하려는 이 사상은 空觀界에까지 그 인식의 폭을 넓히면서 融會의 성격을 지닌 이른바 新法相思想으로 발전하여 光宗代 '性相融會' 사상을 형성시키는 데 중요한 역할을 했다는 점까지 언급하고 있다.

②는 均如의 華嚴思想중에서 '性相融會' 사상을 다룬 논고이다. 性과 相의 融會는 均如가 크게 활동하는 光宗代의 佛敎勢에 비추어 볼 때 華嚴思想의 입장에서 法相宗을 끌어들이는 형태를 취했을 것이지마는, 그것은 眞空을 주체로 모든 事相을 융합하려는 강력한 통합사상이었으므로 光宗의 專制政治와 밀접한 관련을 가지게 되었다는 데서 현실적으로도 큰 의미를 지닌다는 내용이 주지를 이루고 있다. 여기서는 이밖에 均如의 '性相融會' 사상과 法藏의 그것과의 비교 및 義天의 사상과의 차이성 등을 밝히고 있어 당시의 불교사를 이해하는 데 큰 도움을 준다.

위의 연구와 관련되는 것으로 다음의 논고들도 볼 수 있다.

③ 金龍善,「光宗의 改革과 歸法寺」(『高麗光宗研究』, 一潮閣)
④ 崔柄憲,「高麗中期 玄化寺의 創建과 法相宗의 隆盛」(『韓㳓劤博士停年

紀念史學論叢』, 知識産業社)

　光宗의 개혁정치가 한참 진행중인 同王 14년에 창건되는 歸法寺에 대해서, ②에서는 그것을 "전제정치의 이데올로기였던 '性相融會' 사상을 펴려는 목적"과 결부시켜 파악했는데, ③에서는 여기에서 한 걸음 내키어 "光宗이 그의 개혁 추진 작업을 적극적으로 성원해 주는 사회적 지지세력을 획득하는 데 있었다"고 보았다. 한쪽은 사상적인 측면을 강조한 데 비해 다른 한쪽은 사회적 측면에 중점을 두고 있어 그 시각에는 약간의 차이가 나타나나 歸法寺가 광종의 개혁정치와 긴밀한 관계를 가지고 있었다는 점에서는 의견이 같다는 것을 알 수 있다.

　④는 法相宗의 본거가 된 玄化寺가 顯宗 때에 그의 부모의 願刹로서 건립되게 되었다는 그 창건 경위와 이후 宣宗代까지 法相宗 敎團의 발전과정을 역대 住持의 활동을 통해 살핀 것이다. 이로써 우리는 고려 귀족사회의 성립과 더불어 먼저 法相宗이 왕실과 연결되어 당시 불교계의 중심적 위치를 차지하게 된 사실을 보게 되거니와, 玄化寺의 제5대 주지인 慧德王師 韶顯이 李子淵의 제5자라는 데서 이 교단과 仁州李氏와의 깊은 관계도 알 수 있다. 그런데 文宗代에 이르러 새로이 왕실의 願刹로 興王寺가 개창되어 華嚴宗의 본거가 되면서 양 교단은 대립의 양상을 띠게 되었다. 이와 같은 불교계의 대립 양상은 지배세력 사이의 정권다툼과도 깊게 관련된다는 것인데, 앞으로 이 방면의 연구가 크게 기대된다.

　고려후기의 불교 문제를 다룬 논고로는 다음의 것들이 찾아진다.

　① 金塘澤,「高麗 崔氏武人政權과 修禪社」(『歷史學研究』 X, 全南大)
　② 許興植,「13세기 高麗 佛敎界의 새로운 傾向」(『韓沾劤博士停年紀念史學論叢』, 知識産業社)

①은 修禪社, 곧 松廣寺와 武人執政인 崔忠獻·崔怡와의 관계를 통해 당시 曹溪宗이 융성하게 된 이유를 밝힌 연구이다. 잘 알려져 있듯이 門閥貴族과 연결되어 있던 敎宗勢力은 武臣政權의 성립과 더불어 탄압을 받아 쇠퇴하고 대신에 禪宗이 유행하게 되었다. 이와 같은 분위기 속에서 修禪社와 崔氏政權이 관념적인 면에서뿐 아니라 현실적인 이해관계상으로도 상호 밀착되어 있었으므로 조계종은 더욱 번성할 수 있었다는 것이다. 타당한 견해라고 생각된다.

　②는 1170년 무인란을 계기로 고려가 정치적 사회적으로 일대 전환을 하는데 따른 불교계의 변화 양상을 眺望한 논고이다. 12세기의 상황을 염두에 두면서 13세기에는 교종세력이 거의 제거되고 상대적으로 조계종과 天台宗이 주도세력으로 등장하며 불교계의 구심점이 開京에서 지방으로 옮겨진 점, 그리고 불교 종파간의 특성이 지양되고 서로 접근하는 경향을 나타낸 점 등을 그 주된 동향으로 들고 있다. 13세기의 불교사를 이해하는 데 일정한 도움을 주리라 본다.

　張東翼씨의 「惠諶의 大禪師告身에 대한 檢討」(『韓國史研究』 34)는 위의 논고들과 내용이 좀 다른 고려의 僧政體系에 관한 연구이다. 즉 씨는 13세기초인 高宗 3년에 만들어진 것으로서 현재 원형 거의 그대로 남아 있는 松廣寺의 2대 社主 眞覺國師 惠諶의 大禪師告身을 분석하여 당시 僧科·僧階·주지임명 등의 僧政은 국가의 일반 행정기관인 尙書禮部에서 장악하고 있었다는 결론을 얻고, 종래 승정과 관련이 있었으리라고 추측하여 왔던 僧錄司는 승적관리·사원건설·불교의식 등을 관장했다는 점을 밝히는 한편 이러한 僧政體系로 보아 고려시대에는 敎權이 王權 밑에 예속되어 있었다는 데까지 언급하고 있다. 서술중에 僧科가 進士例와 같이 3년 마다 시행되었다는 대목은 사실과 좀 다른 설명으로 생각하지만, 이는 본고가 내고 있는 결론이 고려사회의 이해에 매우 중요한 시사를 주고 있는 데 비하면 그리 큰 문제가 되는 것은 아니라고 본다. 이어서 작년에 발표된 불교관계의 논고 가운데는 圓鑑國師 저술의 『圓鑑錄』을 중심으로 하여 그의 생애와 交友들을 다룬 秦星圭씨의 「圓鑑國師 冲止의 生涯」(『釜山史學』5)가 더 찾아지므로 아울러 이 자리에 소개하여 둔다.

다음 鄭玉子씨의 「麗末 朱子性理學의 導入에 대한 試考」(『震檀學報』51)는 儒·佛交替期에 있어, 性理學의 導入問題를 다룬 논고로 주목된다. 종래 성리학의 도입 경위에 대하여는 安珦-白頤正·權溥·禹倬으로부터 李齊賢·白文寶 등을 거쳐 李穡·鄭夢周 등으로 이어지는 學脈을 통하여 설명되어 왔거니와, 본고에서는 그 가운데서도 李齊賢을 가장 중요한 인물로 보았다. 그는 家學의 전통과 師傅 및 인척에 의하여 성리학에 대한 기본적인 소양을 쌓았을 뿐더러 忠宣王을 따라 元都에 들어가 생활하는 동안 中國 내륙을 여행하는 기회에 성리학의 발상지인 江南地方의 문물을 직접 체험하였고, 또 萬卷堂에서 漢族出身으로 성리학을 주무기로 등장한 新銳 知性들인 姚燧·趙孟頫·閻復 등과의 交驩을 통해 그것에 대한 이해를 보다 깊이 할 수 있었던 점으로 미루어 그가 아마 성리학 도입의 본격적인 통로를 마련했을 것이라는 설명이다. 주변 상황이 매우 설득력있게 전개되었는데, 그러나 그가 으뜸으로 삼았다는 '經明行修'가 성리학을 지칭하는 말은 아닐 것이라는 해석이 있고, 『高麗史節要』의 그의 卒記에도 성리학자적 측면을 부정적으로 서술한 대목이 있음을 감안해 좀더 신중한 검토가 필요하지는 않을는지 모르겠다.

李熙德씨의 「高麗時代 祈雨行事에 대하여」(『東洋學』11)는 『高麗史』五行志의 祈雨行事 기록을 중심으로 그 사상적 배경을 살펴본 것이다. 그리하여 당시의 祈雨祭에는 儒敎的 自然觀을 기조로 한 天人合

一說이 중심되는 사상을 이루고 있었으며, 따라서 旱災가 발생하면 그 대책으로 군주의 責己·修德과 仁政을 베풀기 위한 여러 시책이 강구되었다는 점 등을 밝히고 있다. 그러나 농업국가인 고려로서는 가뭄을 물리치기 위해 이밖에 여러 가지 齋·祭를 실시하여 佛敎에서 여는 각종 道場의 설치 및 超現實的 存在에게 비는 民間信仰의 동원 등도 많았다 한다. 요컨대 祈雨祭와 같은 행사의 검토를 통하여 고려시대 사상체계의 일면을 살피고 있는 것이라 하겠다.

위에서 살펴온 연구들과는 분야를 달리하여 歷史意識과 歷史編纂을 주제로 한 논고도 다음의 두 편이 눈에 띤다. 그 가운데 하나인 鄭求福씨의 「李齊賢의 歷史意識」(『震檀學報』51)은 앞에서도 자주 논의되었던 당해 인물 李齊賢의 時代意識과 역사서술 등에 관한 고찰로, 그는 현실문제를 중시하였고, 그렇기 때문에 그가 저술한 역사서인 『櫟翁稗說』과 「金公行軍記」·「忠憲王世家」 등이 모두 그의 當代史 내지는 當王朝史라는 공통점을 가지며, 그 목적도 후대에 교훈을 주기 위함보다는 현실문제의 해결에 두고 있었다는 점 등을 지적하고, 또 그의 학문적 性向에 대해서도 다루고 있다. 그에 대한 이해를 깊이 할 수 있는 논고로 생각된다. 그 다른 하나는 李範稷씨의 「『高麗史』禮志의 分析」(『韓㳓劤博士停年紀念史學論叢』, 知識産業社)이다. 이는 본래 당해 史書를 편찬한 조선초기 유학자들의 역사에 대한 인식수준을 이해하려는 목적에서 연구된 것이지만, 그러나 그 내용의 분석을 통해 고려시대 儒敎的 禮의 질서가 극히 제한된 지역과 부문에 한해서 적용되었다는 등 중요한 지적을 하고 있어 주목을 끈다.

孫弘烈씨의 「高麗時代의 醫療制度」(『歷史敎育』29)는 논제에서 보듯이 좀 특수한 분야를 다룬 것으로, 太醫監과 尙藥局·東西大悲院·惠民局 등 의료기구와 醫學敎育과 醫員의 科擧, 醫藥官에 지급되는

田柴 및 祿俸, 醫員의 국제간 교류, 그리고 佛敎・道敎・巫覡信仰과 醫業 등 醫療制度 전반에 걸쳐 검토하고 있다. 사실 생각하여 보면 이와 같은 연구는 우리의 실생활과 관련하여 이미 다루어져야 했을 분야임에도 불구하고 그간 도외시되어 오던 것을 본고에 의하여 비로소 그 단서가 열린 듯한 감을 받는다. 그런 뜻에서 본 연구는 매우 값있는 일로 보여지는데, 다만 그 내용이 좀더 밀도있게 전개되었더라면 하는 일말의 아쉬움은 있다. 예컨대 太醫監・尙藥局 등에 대한 『高麗史』百官志의 내용은 百官志의 기록 대부분이 그러하듯이 일정한 검토과정이 필요하며, 醫員의 科擧도 式年試가 아니었던 것 같으므로 이런 저런 몇 가지 점은 좀더 깊게 추구해 보면 어떨까 하는 생각이 든다.

여기에 일일이 그 내용을 소개하지는 않으려 하지만 文學關係의 논고도 다음과 같이

① 金鉉龍,「高麗 夢遊文學 考察」(『建國大學術誌』25).
② 崔信浩,「『櫟翁稗說』의 장르 問題」(『震檀學報』51).
③ 李樹鳳,「淸州郭門 三賢의 文學史的 貢獻」(『湖西文化研究』1).

등 여럿이 찾아지므로 이 자리를 빌어 附記하여 둔다.

(6)

이상에서 지난해에 발표된 고려시대 관계의 논저들을 대략 살펴보았다. 그리하여 우리는 그간에 다음과 같은 몇 가지 사실들을 확인할 수

있었다.
 우선 첫째로, 한 문제를 전문적으로 연구한 결과가 책으로 묶어져 나왔다는 것이다. 이것은 연구자들이 각 주제를 오랜 기간에 걸쳐 여러 각도에서 분석해 온 노력이 열매를 맺은 것이지만 이러한 업적이 고려시대사의 해명에 지대한 공헌을 하리라는 것은 다시 말할 필요가 없겠다.
 둘째로, 하나의 주제에 대한 다각적인 검토뿐 아니라, 또한 그 주제의 횡적인 폭이 넓어져 다양해지고 있다는 점도 주목하여 좋을 것 같다. 지난해는 그와 같은 현상이 특히 家族・親族構造와 佛敎史關係에 두드러졌었지만 앞으로도 좀더 확대될 것이 기대된다.
 셋째로, 史料의 폭이 넓어지고 있다는 점이다. 이미 오래 전부터 역사연구에 있어서 官撰史書 이외에 각 文集・斷片으로 전해 오는 각종 文書・戶籍, 심지어는 族譜類의 이용까지도 논의되어 왔거니와, 이제 그 같은 史料를 크게 활용한 논문들이 많이 나오고 있는 것은 매우 반가운 일이라 아니할 수 없는 것이다.
 넷째로, 그러나 무엇보다 주목되는 일은 고려시대사를 연구하는 人口가 상당히 많아지고 있다는 사실이다. 더구나 이들이 내놓고 있는 논문들이 매우 견실하다는 데서 같은 분야를 공부하고 있는 한 사람으로 고무되는 바가 많다. 거듭 말하거니와 모두가 고려시대사 연구의 앞날에 밝은 전망을 주는 경하할 일이라 생각된다.
 끝으로 이 글을 草하게 된 필자로서 논자 여러분에게 송구하다는 심정의 일단을 부언해 두고 싶다. 사실 이「回顧와 展望」을 부득이 맡게는 되었지만 필자에게는 분에 넘치는 매우 힘겨운 일이었다. 따라서 여러분의 뜻을 제대로 이해하지 못한 부분이 많을 것 같고, 또 사리에 닿지 않는 의견을 가지고 비평 비슷한 언사도 있었을 것 같다. 이는 모두 필자의 우둔과 筆力의 부족에 기인하는 것이요, 다른 뜻은 전혀 없는 것이었다. 寬恕 있으시기 바란다.

(『韓國史研究彙報』 37, 1982년 6월)

5

1984年度 高麗時代史硏究의 回顧와 展望

(1)

　韓國史에 대한 연구와 서술이 점차 활기를 더해 가고 있는 가운데 지난 84년은 高麗史 분야에서도 상당한 성과를 거둔 한 해였다고 생각된다.
　먼저 著書面에서 李熙德 교수는『高麗儒敎政治思想의 硏究―高麗時代 天文·五行說과 孝思想을 中心으로―』(一潮閣)를 펴냈다. 부록까지 합쳐 10편의 논문으로 엮어진 本書는 副題에 나타나듯이 주로 고려시대의 天文·五行說과 孝思想을 밝힌 것으로, 우선 논문집의 형태를 취한 이 방면의 최초 연구서라는 점에서 그 공로가 크다는 사실을 알 수 있다. 여기에 실린 각 논문들은 발표된 그때 그때에 이미 논의된 바 있으므로 지금 새삼스레 다시 언급할 필요가 없을 것 같거니와, 그 동안의 노고가 결실을 맺어 저술로 나온 것은 우리 학계의 큰 기쁨

이 아닐 수 없는 것이다.

　그런데 작년에는 東洋哲學을 전공하는 金忠烈 교수에 의하여 『高麗儒學史』(高麗大 出版部)가 출간되어 思想史의 저술은 하나 더 보태질 수 있었다. '儒'의 字義·沿流로부터 三國·高麗初期의 儒學과 麗末鮮初의 性理學까지를 통관한 이 책은 歷史學徒들에게도 많은 도움을 주리라고 본다. 역시 학계가 거둔 수확의 하나라 할 것이다. 한편 李基白·閔賢九 두 교수의 編著로 나온 『史料로 본 韓國文化史〈高麗編〉』(一志社)도 그냥 지나쳐 버릴 수 없을 것 같다. 고려시대를 다룬 史書에서 필요한 史料를 뽑아 번역하여 싣고, 간단한 해설까지 곁들인 本書는 일반 교양인은 말할 것 없고 史學徒들에게도 原史料에 직접 접하여 보다 생생한 당시의 역사를 음미하게 하는 기회의 폭을 넓혀주고 있다는 점에서이다. 욕심 같아서는 간략한 註解라도 붙였더라면 하는 바람이 없진 않지만, 하여튼 본서는 앞으로 英文版도 나오게 된다 하므로 국내외에서 한국의 문화와 전통을 이해시키는 데 기여하리라 짐작된다.

　이와 같은 세 권의 編·著 이외에 論文도 70여 편이 찾아지고 있다. 이것은 얼마 전 시기에 비하여 퍽 증가된 숫자이며, 그 분야도 정치·경제·사회·사상·문학 등에 두루 걸쳐 있고 揭載誌 또한 다양하여 퍽 고무적인 현상으로 받아들여진다. 다만 논문의 量에는 質의 문제가 뒷받침되어야 한다는 점에서 좀 불안한 감이 있긴 하지마는, 고려시대사에 관심을 가진 학자들이 많아지고, 그리하여 京·鄕 각지에서 논문들이 발표되고 있다는 사실은 일단은 환영할 만한 일이라 생각되는 것이다. 그러면 아래에다 저들 논문의 성격에 따라 몇 가지로 분류하여 차례차례 소개하여 보기로 하겠다.

(2)

먼저 政治史 분야에서는 고려의 건국과 그 뒤의 왕권확립 과정을 다룬 논고부터 살펴보도록 하자. 이에 관한 글로는

① 朴菖熙,「高麗初期 '豪族聯合政權' 說에 대한 檢討-'歸附' 豪族의 정치적 성격을 중심으로-」(『韓國史의 視角』, 永言文化社)
② 鄭容淑,「高麗初期 婚姻政策의 추이와 王室族內婚의 성립」(『韓國學報』37)
③ 李貞信,「弓裔政權의 成立과 變遷」(『鄭在覺古稀記念 東洋學論叢』, 고려원)
④ 崔圭成,「高麗初期 官僚體制와 政治擔當勢力의 變遷」(上同書)
⑤ 兪炳基,「高麗初 豪族의 動向과 王權强化策-光宗의 王權强化策을 中心으로-」(『全州史學』1)

등이 눈에 띠는데, 특히 이 가운데 ①은 종래 고려초기의 정권을 豪族聯合政權이라고 이해하여 온 데 대해 의문을 제기한 논문으로서 주목된다. 朴菖熙씨는 초기에 지방의 豪族들이 中央政府에 歸附하였다는 것은 양자 사이에 君臣關係가 이루어지고, 그리하여 王權이 그 호족의 지배영역에까지 발동될 수 있었음을 뜻하는 내용이었다고 주장한다. 따라서 이러한 사실을 두고 호족들이 독자적인 세력을 가지고 있었다든가, 또는 왕권이 호족들과의 타협·협조에 의해 유지되었다고 하는 전제 위에 성립된 재래의 연합정권설은 잘못이라는 것이다. 요컨대 문제의 핵심은 歸附한 호족과 王權 사이에 이루어진 표면상의 군신관계를 어느 정도의 실제적 의미를 지니는 것으로 파악하느냐 하는 데에 있는 듯싶거니와, 아직 중앙에서조차 떨치지 못하고 있는 왕권이었다

는 점과, 成宗 2년까지만 하여도 兵部와 倉部 등의 官府를 갖추고 독자적인 지위를 누린 많은 호족들이 존재했다는 사실 등을 감안하여 좀더 신중한 검토가 필요하지 않을까 생각된다.

②는 太祖의 婚姻政策에 의한 豪族들과의 結合問題 및 後代王들의 결혼관계와 그에 따른 정치권력의 추이를 취급하고 있다. 이러한 접근은 이미 여러 사람들이 시도한 바 있었는데, 씨는 太祖의 혼인을 弓裔의 휘하에 있던 시기와 왕위에 오른 뒤의 後三國 쟁패기, 그리고 統一事業을 이룩한 뒤의 세 기간으로 나누어 각 시기의 특성을 고찰하고 있다는 점이 좀 특이하며, 그 뒤의 여러 정치적 사건들도 역대 왕의 혼인과 관련지어 설득력있게 전개하였다.

④는 光宗과 景宗代의 정치 담당세력과 그 기구를 함께 다룬 논고로, 새로이 金石文 사료를 동원하는 등 사실을 밝히기 위한 노력이 돋보인다. 그러나 내용중에는 光宗 때에 왕의 전제권이 행사된만큼 官僚制가 수립되었다고 할 수 있다는 설명은 납득하기가 어려우며, 內史令을 王命의 出納을 맡은 실직으로 간주했다든가, 上柱國을 장·차관급의 중요 관료에게 겸직으로 내린 관직인 것처럼 설명한 대목 등은 잘못인 듯하므로 재고해 보았으면 한다.

다음 ③은 弓裔政權과 관련된 王建의 활동을 살폈고, ⑤는 太祖로부터 光宗 때까지의 정치적 상황을 호족과 연관지어 취급했는데, 종래의 설명과 뚜렷하게 다른 내용은 개진되고 있지 않다.

고려는 成宗朝에 이르러 국초의 어려움을 극복하고 지배체제를 정비, 貴族社會를 형성해 가게 된다. 朴漢男씨의 「高麗內侍와 門閥貴族의 形成關係-高麗前期 東萊鄭氏家門을 中心으로-」(『成均館大大學院 首善論集』8)는 이와 같은 貴族社會에서 국왕 측근의 近侍職인 內侍制를 東萊鄭氏 등의 사례를 곁들여 밝힌 글이다. 논지의 초점이 좀

흐린 듯하고, 귀족사회에서 內侍制가 지니는 기능이 지나치게 강조되었다는 느낌을 받지만 그 실체를 이해하는 데는 도움을 얻을 수 있을 것 같다.

중앙의 통치기구에 관해서는 趙啓纘씨의 「朝鮮建國과 都評議使司」(『釜山史學』8)가 찾아지는데, 고려전기의 宰樞合坐機關인 都兵馬使가 忠烈王代에 이르러 都評議使司로 개칭된 이후의 변질된 내용과, 그것이 조선의 건국 과정에서 어떻게 기능했는가를 평범하게 서술하여 놓고 있다. 元昌愛씨의 「高麗 中·後期 監務增置와 地方制度의 變遷」(『淸溪史學』1)은 郡縣制 문제를 다룬 것이다. 다 아는 대로 고려시대에는 地方官이 파견되지 않는 屬郡·屬縣이 많았고, 이에 대하여 중앙정부는 특히 睿宗과 明宗·恭讓王 때에 새로이 말단 外官인 監務를 대폭 설치하거니와, 씨는 이 문제를 설치한 시기의 내외 정세와 설치 지역을 분석하는 방법을 통해 파악하려고 하였다. 예를 들면 睿宗朝의 경우에 對女眞戰이 있은 데다가 설치 지역이 주로 西海道와 交州道·楊廣道라는 점을 중시하여 이 때의 監務 派遣은 流民按撫와 함께 軍人·軍穀의 공급과 관련되어 있었다는 식의 이해이다. 합리적인 이해를 위해 노력한 흔적이 역력한데, 그러나 정작 武臣亂 이후에 있은 明宗年間의 대폭적인 감무 증치는 일반적으로 武臣들의 外官職 진출에 따른 것이라 생각되어 오고 있는데도 여기서는 그 이유를 알 수 없다고 하여 독자를 당황케 하고 있거니와, 역시 감무 문제는 긴 안목에서 볼 때 중앙행정력과 지방사회의 변화라는 측면을 염두에 두고 검토되어야 하지 않을까 생각된다. 이밖에 檢務와 監務를 유사한 것으로 본 점과 南京의 설치와 仁州李氏를 관련지은 점, 按撫使와 按察使의 기능을 비교 설명한 대목 등은 한번 더 살펴주었으면 한다.

秋萬鎬씨의 「高麗僧軍考」(『鄭在覺古稀記念 東洋學論叢』, 고려원)는

그간에 전문적으로 다루어지지 않은 주제이다. 고려 때의 寺院勢力이 僧軍으로 조직되어 自寺保護活動뿐 아니라 특정 귀족의 후원세력 또는 국방을 담당하는 國家 公兵으로서의 역할을 하였다는 사실 등에 대해 논하였는데, 零星한 사료 때문인 듯 징발체계 등에는 논리의 비약이 엿보이기도 하지만, 僧軍에 대한 종합적인 해명을 시도한 논문으로 평가된다.

다음 辛虎雄씨 역시 그 동안 우리들이 별로 주의를 기울이지 않았던 律令 문제를 다루어 「『高麗史』 刑法志의 檢討」(『南都泳華甲紀念 史學論叢』, 太學社) 및 「『高麗史』 刑法志의 無編年・科條的 記事에 對한 檢討」(『關東大 論文集』12)를 내놓아 주목을 끈다. 그러나 씨의 관심은 刑法志에 실려 있는 律令의 내용이 아니라 이미 先學들이 추구하여 온 바와 유사하게 그의 구성 문제나 唐・宋法과의 관련 등을 재검토하는데 그친 감이 있어 아쉬움을 남기고 있다. 앞으로의 연구가 기대된다 하겠다.

한편 鄭容淑씨도 「『高麗史』 刑法志 奴婢項의 檢討－撰者의 對奴婢觀과 관련하여－」(『韓國史硏究』46)를 통해 刑法志의 編目과 함께 그 한 항목인 奴婢項을 분석하여 그것이 설정된 의미를 밝히고 있다. 이 방면의 연구에 대한 기초 작업으로 평가하여 좋을 것 같다.

시각을 조금 바꾸어 관리등용에 관한 연구를 살펴보면 우선 蔭敍制에 대해서는 南仁國씨의 「高麗 門蔭制度의 몇가지 問題」(『歷史敎育論集』6)를 찾을 수 있다. 그러나 이 논고는 지금까지 여러 연구자들이 주장해 온 논점들을 종합・평가하는 입장에서 정리한 것일 뿐 어떤 새로운 견해를 제시하기 위한 글은 아니었던 듯 생각되거니와, 이에 비해 科擧制에 대한 연구는 계속 활발한 움직임을 보이고 있어 주목된다. 지금 그 논문들을 소개하면

① 柳浩錫,「高麗時代의 國子監試에 대한 再檢討」(『歷史學報』103)
② 柳浩錫,「高麗時代의 覆試」(『全北史學』8)
③ 李楠福,「麗末鮮初의 座主·門生關係에 關한 考察」(『鄭在覺古稀記念 東洋學論叢』, 고려원)
④ 柳錫永,「麗·鮮王朝 官僚任用制度에 관한 比較研究-科擧制度를 中心으로-」(『建國大大學院論文集』16)

등과 같은데, 이 가운데 특히 ①은 科擧의 예비시험으로 간주하려는 경향이 많았던 國子監試가 그런 것이 아니라 실은 國子監의 入學資格 試驗이었다는 주장을 편 논고로서 우리의 관심을 모으고 있다. 사료에 보면 製述業監試·明經業監試 또는 그냥 監試로 나오는 것과 國子監試로 표기된 것이 있는데, 그 가운데 前者는 물론 과거의 예비시험을 뜻했지만 後者는 국자감의 입학자격시험을 의미했다는 것이다. 이러한 씨의 논리는 워낙 정연하여 필자로서는 별로 이야기할 형편이 못되지마는, 다만 監試로 기술된 것이 과거의 예비시험만을 뜻했는지, 아니면 본시험인 東堂監試를 의미했을 가능성은 없는지, 이 점이 좀 미심하다.[補] 더구나 씨의 서술중에는 監試를 자신의 주장과 달리 國子監試로 해석한 대목도 나오는만큼[28쪽] 이에 관한 신중한 고려가 필요할 것 같다. 아울러 睿宗 5年 9月判 가운데 新擧者들에 대한 '屬國子監三年'과 '仕滿三百日者'를 종래와는 퍽 다르게 양자를 연결시켜 "3년의 재학기간 동안 300일을 출석해야 한다는 단서"로 해석한 부분도

補〕 그 뒤의 연구〔朴龍雲,「高麗時代 科擧의 考試와 體系에 대한 檢討」(『韓國史研究』61·62, 1988 : 『高麗時代 蔭叙制와 科擧制 研究』, 一志社, 1990), 156~172쪽 및 許興植,「1377년 國子監試 同年錄의 分析」(『書誌學報』17)에서는 國子監試와 監試 모두를 科擧의 예비시험으로 해석하고 있다. 그리고 東堂監試도 東堂試와 監試를 합하여 부를 때 쓰인 용어로 해석하고 있다 함은 앞 章의 補註에서 밝힌 바와 같다.

현실적인 문제가 있는 것 같으며,[補] 또 國子監試와 升補試를 같은 國子監의 입학자격시험으로 보면서 그들의 구분에 관한 언급이 없고, 한 걸음 더 나아가 국자감에 입학할 의사가 없는 사람이 단순히 명예를 위해 두 가지 시험을 모두 치르는 예가 있었다는 설명 또한 잘 납득이 가지 않는 대목중의 하나이다. 이것은 고려의 科擧制가 아직도 풀어야 할 많은 어려운 과제들을 안고 있다는 증거이기도 하지만, 柳浩錫씨는 ②에서 覆試를 취급, 그 개념과 성립 배경 및 성격 등을 밝혀 그 가운데 한 문제를 해결하여 놓고 있다.

③은 시험 자체가 아니라 당해년의 科擧를 주관한 시험관인 座主와 그 밑에서 及第한 門生과의 관계를 추적한 것이다. 그리하여 고려 후기에 커다란 기능을 했던 座主·門生制에 대해 풍부한 자료를 제공하여 이 방면에 관한 우리의 이해를 돕고 있는데, 그러나 이것이 발생하게 된 동기가 단순하게 이른바 新進士大夫들이 '權門世族'과 대결해 나가기 위함에서였다는 주장에는 좀 찬동하기가 어렵다. 科試를 맡아 座主가 된 사람들 대부분이 '權門世族'으로 분류될 수 있는 인물들이기 때문이다. 이 점 한번 더 숙고가 있었으면 한다. ④는 科擧制에 대한 기본적인 내용을 잘 파악하지 못한 상태에서 서술된 것이므로 여기서는 더 언급하지 않기로 하겠다.

金東洙씨는 「高麗時代의 相避制」(『歷史學報』 102)에서 官人의 임용 때에 일정한 범위내의 親族間에는 同一官司 및 統屬關係에 있는 官府에 취임하지 못하게 하거나, 또는 특별한 연고가 있는 지방에 파견하

補) 지금 생각하여 보면 양자를 이렇게 연결시켜 해석하는 게 좀더 타당하지 않을까 싶다. 이 점에 대해서는 朴龍雲, 「高麗時代 科擧의 考試와 體系에 대한 檢討」(『韓國史硏究』 61·62, 1988 : 『高麗時代 蔭叙制와 科擧制 硏究』, 一志社, 1990), 192~193쪽 참조.

지 않도록 하는 제도를 연구하였다. 이러한 相避制는 직무를 처리하는 데 있어서의 情實關係와 함께 특정한 인물이나 家門에 권력이 집중되는 것을 막기 위한 장치로서 마련되었다고 하겠거니와, 고려에서는 이 규정의 적용을 받는 친족의 범위와 補任 官職 등의 규모가 조선시대나 宋代에 비해 훨씬 축소되어 있었다 한다. 그리하여 씨는 이점을 들어 고려가 저들 사회보다 귀족적 속성이 강했다는 데까지 언급하고 있다. 매우 중요한 지적이라고 생각된다. 단, 논자는 상피 규정이 제대로 준수되지 않은 사례를 들면서 그것을 예외적 현상으로 돌리고 있는데, 그러나 이 역시 고려사회의 귀족적 성격과 연결하여 파악하는 것이 어떨까 하는 추측을 해보지마는, 어떻든 本稿는 당시 정치·사회 체제의 일 면모를 밝힌 글로서의 공로를 남기고 있다.

　다음으로 고려 후기사회에 있어서의 정치 문제를 다룬 글도 몇 편 눈에 띠는데 그 가운데 먼저 아래의 논문들이 주목된다.

　① 盧鏞弼,「洪子藩의 '便民十八事'에 대한 硏究」(『歷史學報』102).
　② 金光哲,「洪子藩硏究-忠烈王代 政治와 社會의 一側面-」(『慶南史學』 창간호).

　①은 忠烈王 22년에 首相으로 있던 洪子藩이 백성들의 생활을 안정시키기 위해 올린 18조목의 개혁안을 분석한 것이고, ② 역시 ①에서 다룬 民生安定策도 취급하였지만 그보다는 洪子藩의 집안과 忠烈王·忠宣王 父子間의 알력에서 야기된 사건들의 연구에 중점을 둔 논고로, 방향은 좀 다르다 하더라도 모두가 忠烈王代의 정치·사회상을 밝힌 노작들로 평가된다. 다만 ①의 경우 '便民十八事'의 개혁안이 忠宣王 卽位敎書보다 온건하게 된 이유를 '權門世族'에 속해 있던 洪

子藩의 입장에서 찾아보는 것도 좋으리라는 생각이 들고, ②에서는 洪子藩의 家門과 生涯에 대한 설명 가운데 사실과 조금 어긋나는 대목이 있는 듯하나 논지와는 별반 관계가 없으므로 무시해도 좋을 것 같다.

李用柱씨의 「恭愍王代의 子弟衛에 관한 小研究」(『南都泳華甲紀念史學論叢』, 太學社)는 恭愍王 때에 특별히 설치된 子弟衛가 마치 왕의 변태적인 성욕을 채우기 위한 기구였던 것처럼 서술한 史書나 후대 史家의 잘못을 지적하고, 그것은 당대 名門의 고위직 자제들로 구성하여 왕의 신변을 호위하게 함과 동시에 장차 정치·군사를 이끌어 갈 지도자를 양성하기 위한 것이었다는 사실을 논증하고 있다. 정당한 견해라고 생각된다. 씨는 이를 위해 子弟衛의 구성원들에 대한 家系를 하나하나 소개하고 있는데, 내용은 별로 문제가 될 것이 없으나 그것이 『萬姓大同譜』나 『韓國人의 族譜』와 같은 책에 의거해서는 좀 곤란하다. 역시 家系를 파악하는 데에는 金石文이나 각종 文集에 전해 오는 墓誌銘들이 가장 정확한 자료이므로 그것들을 이용해야 하리라고 본다.

地方勢力의 推移가 고려 후기사회의 변화와 밀접하게 연결되어 있다는 것은 잘 알려진 사실이다. 朴恩卿씨의 「高麗後期 地方品官勢力에 관한 研究」(『韓國史研究』 44)와 金光洙씨의 「高麗官班體制의 變化와 兩班戶籍整理」(『歷史敎育』 35)는 이 문제를 직접 다룬 것으로, 兩者는 다 같이 정치적·사회적 여건으로 인해 중앙에서 지방으로 내려간 다수의 兩班·品官이 그 곳의 지배세력으로 토착했으며, 그리하여 '權門世族'과 대립하면서 麗末의 사회 전환을 주도해 간 新進士類＝新進士大夫層은 鄕吏뿐 아니라 이들과도 관련이 깊었다는 점을 지적하고 있는 것이다. 새로운 안목으로서 주목되는데, 좀더 실증적인 면이 보강되었으면 하는 바람은 있다.

고려를 멸망시키고 조선을 개국한 장본인인 李成桂의 세력기반에 관한 연구도 이루어져 許興植씨의「高麗末 李成桂(1335~1408)의 세력기반」(『高柄翊回甲紀念史學論叢, 歷史와 人間의 對應』)과 柳昌圭씨의「李成桂의 軍事的 基盤-東北面을 중심으로-」(『震檀學報』58)의 두 논문이 나왔다. 전자는 李成桂의 선대가 東北面에 정착하여 기반을 쌓아가는 과정과 李成桂 자신이 각지에서 蒙古의 殘存勢力 및 附元勢力・紅巾賊・倭寇 등을 무찔러 혁혁한 공훈을 세우면서 세력을 크게 확장시키는 내용을 차례로 소개하고 아울러 그가 거느리고 있던 私兵的 性格의 親兵에 대해서도 언급하고 있다. 후자 역시 비슷한 문제를 다루었지만, 여기서는 특별히 그와 같은 私兵組織으로 家別抄集團을 지목하고 있는 점이 특징적이다. 家別抄集團은 東北面一帶의 土豪와 投化女眞人 세력자들이 개별적으로 점유하고 있던 사람들을 가리키는 말로 李成桂 휘하의 軍士集團도 물론 이들이 중심이 되었다는 것인데, 차분한 논지의 전개가 매우 인상 깊다.

이상에서 정치 현상과 정치 기구・제도를 주제로 한 글들을 중심으로 살펴왔거니와, 蒙古와의 관계나 渤海遺民 및 宋・金과 관련된 문제를 다룬 논고들도 꽤 여럿이 발견된다. 그러면 자리를 바꾸어 이들에 대해서 알아보도록 하자.

(3)

고려에 武臣政權이 수립되어 있을 때에 중국 북방에서는 蒙古族이 크게 발흥하여 大帝國을 이루더니 韓半島에 대해서도 침략의 손을 뻗쳐왔다. 그리하여 고려는 江華로 遷都한 뒤 오랜 동안 저들과 전쟁을 하게 되지만, 張世原씨는 「高麗武人政權 末期의 抗蒙政策」(『群山實業專門大學論文集』 7)에서 末期의 武人執政인 金俊·林衍·林惟茂뿐 아니라 당시의 국왕 元宗까지도 蒙古에 親朝하기 이전에는 抗蒙政策을 계속했다는 내용을 소개하고 있다. 종래에는 武人政權 담당자가 시종 항몽태도를 취한 데 비해 국왕측은 몽고와 손을 잡고 왕권을 회복하려 했다는 이해가 일반적이었는데, 이에 반대하는 입장을 표명한 셈이다. 그러나 씨의 주장 가운데는 국왕이 寺院에 행차하여 國利民福을 비는 통상적인 행사를 抗蒙意識의 발로에다 초점을 맞추어 해석하는 등 의식적으로 그 점을 강조하고 있다는 느낌을 주는 면이 많다. 아마 元宗이 취한 소극적인 정책은 장기간의 전쟁을 치른 데 따른 몽고에 대한 不信·危懼感에서 비롯된 것이 아닐까.

對蒙抗爭은 중앙정부와 함께 지방민에 의해서도 활발하게 전개되었다. 尹龍爀씨의 「13세기 몽고의 침략에 대한 호서지방민의 항전-고려 대몽항전의 지역별 검토(1)-」은 그 몇 실례를 살펴본 논고이다. 여기에서 씨는 高宗 18년(1231) 撒禮塔의 제1차 침입이 있었을 때 忠州에 밀어닥친 적군을 이 곳의 奴軍과 雜類別抄가 협력하여 쳐 물리친 사실과, 다시 고종 40년(1253)에 있은 5차 침입 때는 忠州城의 防護別監인 金允侯가 뛰어난 지휘력을 발휘하여 忠州民들과 합심해 적장 也窟이 이끈 몽고의 주력부대와 70여 일간이나 공방전을 벌여 격퇴시킨 내용에 대해 언급하고 있다. 이어서 충남 溫水郡과 大興郡에서도 鄕吏 또는 守令의 지휘를 받은 주민들이 역시 침략군을 무찌른 사실 등을 검토하고 있는데, 이러한 접근은 抗蒙의 주체가 民衆들이었음을 인식시킴으로써 對蒙戰爭의 새로운 면모를 밝히고 있다는 점, 그리고

鄕土史의 연구라는 측면에서도 바람직한 방향이라고 생각된다.

　　方東仁씨의「東寧府置廢小考」(『關東史學』2)는 고려의 逆臣 崔坦·韓愼 등이 國王의 廢立을 자행한 武人執政인 林衍을 벤다는 명분을 내세워 蒙古에 叛附한 것을 기회로 잡아 저들이 慈悲嶺[岊嶺] 이북의 지역을 강점하고 그 관할 官府로 西京에 설치했던 東寧府의 실체를 해명한 논고로서, 그에 대한 우리의 이해에 많은 도움을 주고 있다. 즉 여기서는 東寧府의 置廢 과정과 함께 그로 인해 영토가 많이 축소된 것은 말할 나위도 없고, 蒙古가 그것을 자기네의 分割統治政策에 이용함으로써 고려는 더욱더 자주적인 입장에 설 수 없었다는 내용 등을 지적하고 있는 것이다. 설명 가운데에는 아주 작은 것이긴 하지만 '西北面兵馬使營의 記官인 崔坦'을 '西北面兵馬使의 營記官 崔坦'이라고 표기한 것은 잘못인 듯하고, 東寧府에 逃入한 人員의 推刷를 가지고 '古代的 把握' 운운한 대목 등 좀 납득이 잘 가지 않는 부분도 없지 않으나, 本稿를 통해 東寧府의 실상이 한층 선명하게 드러나질 수 있었다고 평가된다.

　　다음으로 高惠玲씨의「方臣祐(1267~1343)小論」(『高柄翊回甲紀念史學論叢, 歷史와 人間의 對應』)과 金宗鎭씨의「李穀의 對元意識」(『泰東古典硏究』創刊號)은 각기 몽고지배기에 살았던 한 인간상을 다룬 것이다. 즉 전자는 忠烈王代의 宦者인 方臣祐가 元에 들어가 여러 皇太后를 모시면서 크게 출세하여 본국에 남은 일가를 벼슬시키고 受賂하는 등 사회질서를 어지럽히는 행동을 하였으나 일면으로는 忠宣王을 도와서 逆臣의 후손인 洪重喜의 요구에 따른 元에서의 廷辨問題나 立省策動 등을 저지하는 데 많은 공로를 세웠다는 점도 함께 소개하고 있다. 이것이 당대의 최대 학자요 정치가였던 李齊賢이 그의 공적을 기리는 祠堂碑를 쓰게 된 한 중요 원인이지만, 비록 이보다 1세기 후에 저술된 『高麗史』에서는 그의 부정적인 면을 강조하고 있으나 이는 시간적 거리와 시각의 차이에서 온 결과로써 역사사실을 파악하는 데는 이 같은 양면이 아울러 고려되어야 한다는 지적도 해놓고 있다. 한편 후자는, 元 支配下의 고려후기에 두 나라를 왕래하면서 활약했던 李穀의 의식이 그 때의 지식계층에게서 自主를 포기한 것은 아니라 하더라도 事大를 기정 사실로 인정하고 있었다는 사실을 발견할 수 있는 것과 유사하게 다분히 元 指向的이었음을 논한 것인데, 모두가 당시 사회의 단면들을 인물을 통해 추적해 본 논고들이라 이해된다.

高昌錫씨의 「麗·元과 耽羅와의 關係」(『제주대논문집』17)는 論題로서도 짐작되듯이 濟州道를 중심으로 하여 高麗와 元과의 관계를 동시에 고찰한 좀 특이한 논고이다. 그리하여 여기서는 耽羅가 南宋 및 日本에 대한 전략상의 요충지였기 때문에 元 世祖가 일찍부터 관심을 가졌다는 것과, 그리고 이 곳에 入據한 三別抄를 討平한 뒤에는 耽羅國招討司 등의 명칭을 가진 官府를 설치하고 牧馬場을 두는 등 상당히 오랜 기간 동안 저들이 지배 관리하여 온 과정을 비교적 자세하게 살피고 있다. 씨는 이를 위해 우리나라의 史料뿐 아니라 中國側의 史書도 광범하게 이용하여 연구가 매우 깊다는 것을 알 수가 있는데, 단 그럴 경우에도 『耽羅星主遺事』나 『濟州道誌』 등 최근에 만들어진 책자를 자료로 쓸 때에는 신중한 검토가 필요하다는 점만은 유념해야 할 것 같다.

이상은 몽고와의 접촉이 이루어진 뒤의 문제를 논한 것이지만, 다음과 같이 그 이전의 對外關係를 취급한 글도 몇 편 발표되었다.

① 韓圭哲, 「高麗來投·來往契丹人-渤海遺民과 관련하여-」(『韓國史研究』47).

② 羅鍾宇,「高麗時代의 對宋關係」(『圓光史學』3).
③ 趙啓纘,「高麗 武臣執權期의 對金關係考」(『東亞大大學院 論文集』8).

이 가운데 ①은 渤海遺民에 관한 연구로서, 『高麗史』등의 史書에 來投·來往한 사람들이 비록 '契丹人'으로 표기되었다 하더라도 그들의 姓氏가 발해 지배층의 그것과 일치하는 경우가 많으므로 이들 역시 넓은 의미의 발해유민으로 보아야 하지만, 그러나 시간이 경과함에 따라 이들은 발해인으로서의 자기를 喪失해 갔으며 고려에서도 저들을 契丹人으로 인식하게 되었다. 이것은 결국 우리나라 역사의 공간적 영역이 南北國時代에서 신라중심적 고려시대로 축소되는 것을 의미한다는 요지로서, 씨 자신의 지적처럼 來投 契丹人의 생활상에 대한 설명 등에는 좀 무리가 있는 듯하나 발해유민 및 고려와 거란과의 관계를 이해하는 데 도움을 얻을 수 있는 논고로 평가된다.

다음 ②는 親善關係를 유지하고 있던 麗·宋 사이의 정치적·경제적·문화적 교섭을 개관했고, ③은 고려후기에 있어서의 麗金關係를 살펴본 논고이다. 평면적인 고찰에 그쳤다는 느낌이 없지 않은데, 이를 극복하기 위해서는 좀더 분석적인 작업이 필요할 것이라는 생각이 든다.

(4)

經濟史 분야에서도 土地나 稅役 문제 등을 다룬 여러 편의 논문이 발표되었다. 그 가운데 먼저 주목을 끄는 것은 朴鍾進씨의 「高麗初 公田·私田의 性格에 대한 재검토－顯宗代 '義倉租收取規定'의 해석을

중심으로-」(『韓國學報』37)로서 그는 특히 租의 용례에 유의하여 田賦로서의 租는 地代的 意味로 쓰인 것과 地稅的 意味로 쓰인 것이 있어 구분되었는데, 그렇지만 이것은 어디까지나 국가가 매개될 때에만 사용되었다 한다. 그리하여 전국의 토지를 所有權理論에 의거해 일단 公有地와 私有地로 나누고 국가권력이 이들 토지에서 租를 확보하되, 전자에게서는 地代的 意味를 갖는 租를, 그리고 후자에게서는 地稅的 意味를 갖는 租를 받았다는 것이다. 이 때 국가는 확보된 租의 일부를 田柴科라는 명목으로 개인이나 사적 기관에 위임했는데, 그것이 바로 私田이며 그렇지 않고 왕실이나 공적 기관에 租가 납부되는 토지는 公田이었다고 구분하고 있다. 이럴 경우에 公有地는 물론 公田이 되며 私有地는 地稅的 意味의 租가 어디에 귀속하느냐에 따라 公田도 되고 私田도 될 수 있게 된다.

　씨의 이와 같은 논지는 公·私田 구분에 대한 새 시도로서 매우 흥미를 끄는데, 그러나 한편으로 이에 바탕을 두고『高麗史』卷80 食貨志 3 常平義倉條의 '義倉租收取規定'에 나오는 각 土地 地目에 관한 해석에는 약간 의문되는 점도 없지는 않다. 그 하나가 궁원의 收租地인 莊·處田을 2科公田으로 분류하고 있다는 사실이다. 종래 이는 1科公田 또는 3科公田으로 이해하여 왔었다. 이 가운데 특히 후자는 莊·處田이 단순한 토지의 集積만이 아니라 행정조직인 郡縣制의 일환을 이루는 것으로써 村落民이 自家經營하는 民有地, 곧 民田 위에 설정되었으리라는 데 근거를 둔 것이었다. 朴鍾進씨 역시 이에 대해 "장·처전은 莊·處人의 사적 소유지"라고 하여 비슷한 견해를 표시하고 있거니와, 그러면서도 "국가나 왕실에 대하여 갖는 隷屬度나 부담은 다른 사적 소유지〔民田〕에 비하여 강했기" 때문에 그것은 2科公田으로 보는 것이 좋다고 말한다. 그러나 씨의 이 같은 설명이 장·처전을 2科公田

으로 규정할 수 있을 만큼 충분한 설득력을 가지고 있다고는 생각되지 않는다. 씨는 이어서 "莊·處가 왕실에 부담하였던 租는 지대적 의미와 지세적 의미의 중간적 성격을 띠는 것이었다"는 설명도 부가하고 있지만, 이 중간적 성격의 租가 어떤 것인지 애매모호하여 여전히 잘 납득이 가지 않고 있다.

다음으로 兩班田의 경우에 있어서도 씨는 그것을 국가에 대한 부담이 免租된 사유지이거나 양반에 분급된 수조지라고 보고 있다. 이와 같은 주장은 이미 先學들에 의해 제시된 바 있었거니와, 그러나 兩班田이 그처럼 兩班의 民田 위에 설정되었는지 아니면 公有地 위에 설정되었는지는 아직도 해결을 보지 못하고 있는 문제이며, 또 兩班田은 結當 2斗의 義倉米를 내는 2科公田에 대비되는 私田이었던 데 비해 兩班의 民田은 1斗의 義倉米를 내는 것에서 알 수 있듯이 양자는 서로 성격이 다른 토지인데 이들을 동일시할 수 있겠느냐는 의문 역시 일찍부터 제기되어 왔었다. 그럼에도 불구하고 이러한 문제점들에 대한 해명이 없이 종래의 주장이 되풀이되었다는 데서 또한 아쉬움이 남는 것이다. 이밖에 公田·私田과 밀접히 연결되어 있는 差率收租에 관한 충분한 설명을 결여하는 등 本稿는 몇몇 곳 미심한 점이 더 발견되기는 하지만, 그러나 토지제도사에 있어 여러 모로 중요한 문제들을 제기한 勞作으로 평가하여 좋을 것 같다.

安秉佑씨의 「高麗의 屯田에 관한 一考察」(『韓國史論』10)도 이 방면에 관한 처음의 본격적인 논문으로 주목된다. 屯田에는 변경지대나 군사상의 요지에 설치되어 거기서 나오는 수확으로 軍需에 充當하는 軍需屯田〔軍屯田〕과 內地의 일반 州縣에 설치되어 지방관청의 경비를 보충해 주는 州縣屯田〔官屯田〕이 있었거니와, 여기서는 그것의 설치 시기와 배경·지역 및 그 경영과 耕作人 등에 대해 종합적으로 검토하고 있는 것이다. 고려시대의 屯田에 관한 사료는 워낙 零星한 까닭으로 추단이 많아 논지의 전개에 좀 불안감이 뒤따르고 있지마는 당시의 정치적·경제적 상황과 연관시켜 합리적으로 설명해 보려는 노력이 여기 저기에 나타나고 있다.

李相瑄씨의 「高麗時代의 隨院僧徒에 대한 考察」(『崇實史學』2)은 토지 자체에 관한 것이 아니라 寺院에 딸려 있으면서 寺院田 경작에 종사한 이른바 '隨院僧徒'에 대해 살펴본 것이다. 隨院僧徒가 戒를 받고 佛法을 닦는 僧侶와는 구별되는 非僧非俗的 存在로서 주로 寺院田을 경작하는 佃戶의 위치에 있던 부류라는 지적은 이전에도 있었다. 씨는 本稿에서 이를 다시 확인함과 동시에 寺院에서 행한 상업·양조업·목축업·수공업 등의 영리사업도 주로 이들에 의해 영위되었으리라고 추단하고, 나아가서 이들은 寺院의 私兵으로서 寺院의 재산보호 내지는 貴族들의 정치적 배후세력으로 기능했으며, 또 尹瓘이 조직한 別武班중의 降魔軍에서와 같이 국가의 公兵으로서도 중요한 역할을 담당했다는 점까지 언급하고 있다. 鄕吏는 職役擔當者로서 徭役은 면제받았다는 사실을 감안할 때 隨院僧徒의 身分을 논하는 자리에서 '徭役을 기피한 鄕吏'를 지적한 설명은 좀 문제가 있는 듯 생각되거니와, 대체적으로 견실한 고증 위에 전개된 본 논고는 우리들의 隨院僧徒에 대한 이해의 폭을 크게 넓혀주고 있다.

다음 稅役 문제를 주제로 한 것으로는 아래의 두 논문이 찾아진다.

① 李惠玉, 「高麗時代 庸〔役〕制 研究」(『梨花史學研究』15).
② 李貞熙, 「高麗時代 徭役의 運營과 그 實態」(『釜大史學』8).

보다시피 이것들은 收取體系를 이루는 租稅·貢賦·徭役 가운데에

백성들의 노동력을 징수하는 稅項目인 마지막의 문제를 취급한 것으로서 그의 내용과 徵發體制·對象者·免役規定 등에 걸쳐 전반적으로 다루고 있다. 결국 고려시대의 요역제를 다시 한번 정리한 셈인데, 그 가운데 두 논문에서 다같이 貢役을 요역의 일부로 본 것은 분류상 약간의 문제가 있는 것 같다. 貢役은 다 아는 대로 또다른 稅項目인 貢賦에 충당할 現物을 마련키 위해 투하하는 役을 말하거니와, 따라서 그것은 요역과는 범주를 달리한다고 생각되기 때문이다. 아울러 작은 것들이지만 ①에서는 현재 역시 貢賦의 하나로 이해되고 있는 常徭를 役의 物納制였다고 달리 파악하고 있어 좀더 구체적인 설명이 필요할 것 같으며, ②에서는 요역의 면제 대상자 속에 商人을 포함시키고 있는 것도 선뜻 납득이 가지 않는 대목이다. 이처럼 두 논고는 각기 약간의 의문점을 내포하고 있음에도 불구하고 우리에게 徭役制 연구의 중요성을 새삼 확인시켜 주었다고 생각된다.

　　李景植씨는 「高麗末 私田의 家産化와 私田捄弊論」(『歷史敎育』 35)과 「高麗末의 私田捄弊策과 科田法」(『東方學志』 42)에서 다같이 麗末의 私田問題를 다루고 있다. 즉 씨는 田柴科制度에 의해 分給된 收租地가 家産化·祖業田化한 것이 바로 私田問題의 核心이라 이해했으며, 그 대책으로 祿科田制의 新設과 田民辨正事業의 推進 등이 있었으나 근본적인 해결을 보지 못하고, 마침내 이 문제는 당시의 정치세력과 결부되면서 현존하는 私田을 그대로 둔 채 단지 거기서 야기되는 폐단만 제거하자는 私田改善論과 이와 달리 현재의 私田을 일거에 폐지하여 버리자는 私田改革論으로 나뉘어 논전을 하게 되었다 한다. 그리하여 결국은 후자를 주장하는 세력이 승리를 거두어 私田은 革罷되고 새로이 科田法이 제정되었다는 것이지만, 그와 같은 과정에서 麗末에 야기된 田制 문란의 실상과 그 捄弊策의 내용이 비교적 소상하게 파악될 수 있도록 요령있게 전개되었다.

　그런데 한편 씨는 이러한 논지를 펴면서 田柴科制度에 대해서도 언급하여 兩班科田은 현실적으로 世傳되었고, 또 分給收租地는 嫡長子 우선의 單獨傳受가 되던 것으로 그 순위는 嫡子→嫡孫→同母弟→庶孫→女孫으로 되어 있었으며, 그들 토지에 대한 踏驗과 收租도 田主가 직접 행하였다고 설명하고 있다. 그러나 전시과제도에 관한 이 같은 주장은 현재 일반적으로 논의되고 있는 내용과는 매우 다른 것이며, 또 麗末에 제기된 私田問題의 핵심이 分給收租地의 祖業田化에만 있었다는 점에도 의문의 여지가 있는 것 같다. 생각컨대 이러한 견해차는 田柴科體制를 어떻게 이해하느냐에 따른 부분이 있는 것 같고, 그렇지 않은 부분도 있는 듯싶거니와, 앞으로 이 방면에 관한 연구가 좀 더 심화되는 날에 다시 검토하는 기회가 마련되리라고 전망된다.

(5)

　社會史에 관계되는 논문들 역시 여러 편이 공표되어 각 방면에 걸쳐 문제점들이 취급되었다. 그 가운데 朴宗基씨의 「高麗 部曲制의 構造와 性格-收取體系의 運營을 中心으로-」(『韓國史論』10)는 鄕·部曲·所·莊·處를 사회경제적 원리 위에서 이해하여 보려고 한 논고로서 주목된다. 씨는 지금까지 이들에 관한 연구가 주로 군현제적 특성 및 신분제적 특성과 관련하여 추구되어 왔음을 회고하면서 그와는 각도를 달리해 수취체계 일반과 결부시켜 파악함으로써 그 실체에 접근하려고 시도한 것이다. 예컨대 所의 경우에 씨는 종래처럼 독립된 특수행정구역으로 이해하기보다는 郡縣 예하의 일반 村落중에 貢賦의 부담을 위해 특정한 물품을 생산하던 곳이라는 성격으로 규정하는 것이 보다 타당하다고 설명한다. 所는 반국가적인 행위 등으로 인해 강제적으로 편성되어 특정한 役에 집단적으로 동원되는 경우나, 또는 자연적·사회적 제 여건이 특정의 貢物을 생산하는 데 합당하여 所가 되었거나를 막론하고 이 곳이 특정한 役을 부담하는 곳이라는 사실 이외에 다른 일반 군현과 하등의 다른 점이 없었다는 것이다. 그리고 이 곳의 주민들은 그와 같은 특정 물품의 생산에 참여하고 남은 기간에는 본래의 업무인 土地耕作에 종사했으며, 따라서 국가에 대해 지는 稅役도 일반 군현민과 같았다고 한다. 그러므로 所民을 신분적인 면에서 종래와 같이 賤人으로 간주할 이유가 없다는 점도 분명하다고 말하고 있다.

한편 部曲에 대해서도 씨는 城의 수축이나 국가 直屬地의 耕作에 동원되는 등의 특정한 役을 담당한 部曲人과, 그렇지 않고 일반 군현민과 동질적인 성격을 지닌 部曲人의 이원적 구조로 파악하면서 역시 수취체계와 관련지어 설명하고 있다. 현재 우리들이 이해하고 있는 내용과는 매우 다른 점들이 주장되었는데, 하지만 과연 所民의 주된 생산활동이 토지경작에 있었는지, 아니면 특정 貢納品의 제조에 있었는지는 다시 생각해 볼 문제이며, 『高麗史』卷78 食貨志 1 貢賦 睿宗 3年 2月判에 나오는 '貢役'을 "常貢과 徭役의 줄임말"로 해석될 수 있는지의 여부도 잘 알 수가 없고, 또 部曲民이 짊어졌다는 특정의 役에 대한 설명 역시 좀더 실증적이어야겠다는 느낌을 받는다. 그러나 所·部曲 등의 실체를 수취체계와 관련지어 해명하려는 씨의 접근방식은 상당한 설득력을 가지고 있으며, 그에 관한 우리의 이해를 한 걸음 더 전진시켰다고 평가하여 좋을 것 같다. 앞으로 좀더 구체적인 분석이 진행될 모양인데 그 때를 기다려 보기로 한다.

　　白承鍾씨는「高麗後期의 '八祖戶口'」(『韓國學報』34)에서 고려시대 兩班家-논자는 士大夫戶로 표현하고 있다-의 戶籍制인 八祖戶口를 연구하였다. 다 아는 대로 고려 때의 호적에는 四祖戶口式과 八祖戶口式이 있었거니와, 씨의 논증에 의하면 이 가운데 후자는 兩班家〔士大夫戶〕에 한해 작성되었던 것으로, 법제상 그것은 祖父母와 曾祖父母·外祖父母·妻父母 등 8명 조상의 4祖를 기재하는 형식이었다고 한다. 물론 현존하는 실례를 조사하여 보면 이와는 좀 다른 양식도 나타나긴 하지만, 어떻든 이처럼 복잡한 八祖戶口制가 널리 시행된 것은 사실이며, 그리하여 이것은 개인의 신분을 확인하고 과시하는 데 그치지 않고 入仕의 자격이나 蔭敍의 시행 및 事審官·限職制 등과 관련하여 이용되었다는 것이다. 戶籍制를 통해 고려사회의 일면을 밝힌 논고로 이해되거니와, 다만 고려후기의 兩班官僚들 전체를 일컬어 '士大夫'로 표현한 것은 적절치 못한 듯하다. 현재 士大夫는 '權門世族'과 대립하면서 등장한 新進士類만을 지칭하는 용어로 사용되고 있기 때문이다. 아울러 八祖戶口가 음서와 관련을 가진다고 했지만 그것은 우리들이 보통 음서라고 부르는 一般蔭敍가 아니라 특별한 경우에 시행된 功臣子孫蔭敍와 祖宗苗裔蔭敍에 국한되는 것이므로 이것들에 한정시킬 필요가 있으며, 또 그것이 入仕의 자격 및 限職制 등에 활용되기 위해서는 호적에 올릴 人員은 戶의 직위가 높고 낮음에 관계없이 전부 실어야 했을 것 같은데, 사실은 그렇지 않았다는 설명 역시 좀 모순된다. 이 점에 대해서는 약간의 보완이 필요하지 않나 생각된다.

　　다음으로 財産의 相續 문제에 관한 것으로는 崔在錫씨의「高麗時代 父母田의 子女均分相續再論」(『韓國史硏究』44)이 보인다. 여기서 말하는 父母田, 곧 父祖田은 우리들이 흔히 民田이라 불러온 토지를 지칭한 듯싶거니와, 씨는 이 토지가 子·女에게 均分相續되었다고 주장해 왔었다. 그런데 바로 얼마 전에 申虎澈씨에 의해 고려시대의 토지는 '嫡長子優先의 直子間 分割相續制'라는 異見이 제시되었다. 딸에게는 奴婢와 金銀 등의 動産만이 주어졌을 뿐 토지는 상속되지 않았다는 것이다.

본고는 이와 같은 비판에 대한 再批判의 形式을 취하여 발표된 것으로, 女子가 실제로 토지를 소유한 사례가 제시되었고, 또 사료에 나오는 바 子女에게 상속의 대상이 된 '財産'·'家業'·'家産'에는 先學들이 지적했듯이 金銀·布帛·곡물·家具 등의 동산뿐 아니라 土地도 포함되었다고 이해되므로 역시 딸에게도 노비와 함께 土地 또한 상속되었다는 견해가 옳지 않겠느냐는 생각이 많이 든다. 상속에 대한 부모의 意志가 반영된 文契가 있을 경우와, 또 民田과는 성격이 다른 종류의 土地 地目에 관한 상속 문제는 달리 논의되어야 하겠지만, 어떻든 본고는 당대의 가족형태나 친족조직 등 사회구조와도 광범하게 관련지으면서 논지가 전개되어 설득력을 더해 주고 있다는 점은 지적되어 좋을 것 같다.

崔在錫씨는 「高麗時代의 喪·祭」(『鄭在覺古稀記念 東洋學論叢』, 고려원)를 발표하여 고려인의 死亡에서부터 埋藏·喪禮·祭禮에 이르는 문제들도 다루었다. 씨는 주로 개인의 墓誌銘을 분석하는 방법을 통해 당시인들은 私家에서 임종을 맞았지만 佛寺에서 마지막을 마치는 경우도 많았으며 殯所 역시 그러했다는 것, 火葬法이 일반화되어 있었으며 그 이후의 拾骨·佛寺에의 權安·埋骨까지 수 개월 내지 수년이 소요되었다는 것, 그간에 佛敎式의 忌祭禮가 거행되었다는 것, 아들이 없을 때의 主喪은 姪이나 外孫이 수행했다는 것 등을 논하고 있는 것이다. 그리하여 고려시대에는 "長子中心 父系親의 集團 내지 組

織이 존재하여 이러한 喪·祭를 주관하거나 또는 관련을 맺고 있다는 증거는 전혀 나타나지 않았다"는 결론을 내고, 아울러 五服制나 三年喪·百日喪과 같은 제도가 규정 그대로 시행되었다고 보기는 어렵다는 주장을 하고 있다. 현전하는 墓誌銘은 대부분이 고위 관료나 그와 관계된 사람들의 것이므로 일반백성들의 생활을 파악하는 데는 일정한 한계성을 가지는 것이겠지만, 고려시대인들의 葬禮風習 및 意識構造와 親族組織 등을 이해하는 데 많은 도움을 받을 수 있는 논고로 생각된다.

다음 朴杰淳씨의 「高麗前期의 賑恤政策(Ⅰ)」(『湖西史學』12)은 당해 기간의 自然災害에 대한 賑恤과 老弱者·病者 등의 救恤對策까지 살피고자 한 논고이다. 그리하여 (Ⅰ)에서는 賑恤의 개념과 自然災害의 발생에 관해 주로 조사를 해놓고 있거니와, 賑恤政策의 내용은 아직 발표가 되고 있지 않으므로 이 문제는 그 때를 기다려 논의하는 것이 좋을 것 같다.

(6)

고려 때는 佛敎와 儒敎 및 道敎·風水圖讖思想 등이 두루 유행하여 思想上의 複合性을 나타낸 시기였다. 이에 따라 연구도 다방면에 걸쳐 전개되었는데, 먼저 초기의 불교에 관한 것으로는

① 金杜珍, 「玄暉(879~941)와 坦文(900~975)의 佛敎思想-高麗初의 敎禪融合思想과 關聯하여-」(『高柄翊回甲紀念史學論叢, 歷史와 人間의 對應』).

② 金杜珍,「諦觀의 天台思想」(『韓國學論叢』6).

이 찾아진다.

이 가운데 ①은 禪宗僧侶로서 敎宗思想을 융합하려 했던 玄暉와, 반대로 敎宗僧侶로서 禪宗思想을 융합하려 했던 坦文을 중심으로 하여 당시의 敎·禪融合的인 思想傾向을 살펴본 것이다. 그리하여 이러한 사상적 경향은 王權에 대해 聯立的인 統一思想을 제공하는 한편으로 中央貴族化된 地方豪族들에게도 고려국가에 안주할 수 있는 이념이 되었다는 점까지 지적하고 있다.

②는 光宗代 中期에 吳越國의 요청에 따라 그 곳에 들어가 뒤에 天台宗의 敎典이 된 『天台四敎儀』를 저술한 諦觀의 사상을 추적한 논고이다. 이로써 우리는 『天台四敎儀』에 관한 이해의 폭을 크게 넓힐 수 있지마는, 씨의 주장에 의할 것 같으면 그것은 光宗의 專制政治와는 서로 맞지 않는 사상체계였다고 한다. 諦觀의 사상이 고려에 별로 영향을 주지 못했다는 씨의 종래 견해를 다시 확인하고 있는 셈이다. 그러나 한편 그의 학문적 역량은 이미 고려사회에서 길러졌다고 봄으로써 당시 고려의 天台敎學 수준에 회의를 품어왔던 입장은 한 발자국 물러서고 있다.

고려의 불교는 후기인 武臣執權期에 들어와 커다란 변화가 초래된다. 그 한 양상이 지금까지의 불교계에 대한 자각·반성 운동의 성격을 띠고 信仰結社가 이루어진다는 점이거니와, 秦星圭씨의 「高麗後期 修禪社의 結社運動」(『韓國學報』36)은 바로 이 문제를 취급한 논고로서 주목된다. 씨는 본고에서 修禪社 이전의 結社에 관해 간단히 언급하고 이어서 知訥의 생애를 살피면서 그가 25세 되던 1182년(明宗 12) 開京 普濟寺의 談禪法會에 참석했다가 結社에 뜻을 둔 이래로 마침내

修禪社를 결성하기까지의 과정과 배경, 그리고 그가 주창했던 定慧雙修의 뜻 등을 하나 하나 설명하고 있는 것이다. 이와 함께 蔡尙植씨는 「高麗後期 佛教史의 전개양상과 그 경향」(『歷史教育』35)에서 개괄적인 것이긴 하지만 같은 문제를 다루어 修禪社는 지방사회의 향리층·독서층을 중심세력으로 하고 있었으며, 了世에 의한 白蓮結社 역시 전남 康津의 토호세력인 崔彪 등의 지원을 받아 결성되었음을 지적하고, 아울러 두 結社와 武臣政權과의 관계를 설명하여 전자에게서 미진했던 점을 보충하여 주는 효과를 거두고 있다.

蔡尙植씨는 상기 논고에서 元 지배 이후의 고려 불교계는 일각에서 사회와 자신의 모순을 극복하려는 노력이 있었음에도 불구하고 핵심적인 교단세력이 보수적인 경향으로 일관하였을 뿐더러 사회사상으로서의 기능 역시 제대로 수행하지 못하여 주도권을 性理學에게 넘겨주지 않을 수 없게 되었다는 점까지 지적하고 있는데, 金海榮씨의 「鄭道傳의 排佛思想」(『淸溪史學』1)과 蔡楨洙씨의 「權近의 佛教觀」(『東亞大 大學院論文集』8)도 이와 관계가 있는 글들이다. 즉 전자는 鄭道傳이 『心問天答』·『心氣理篇』·『佛氏雜辨』등의 저술을 통해 불교의 功利主義를 비판하고 義理論을 내세우면서 새로운 社會理念으로서 性理學을 주창하게 된 배경에 대해 논하고 있는 것이다. 물론 설명 가운데는 科擧三層法을 科擧三場制로 잘못 표기하는 등의 작은 오류가 눈에 띠지만 이로써 우리들은 鄭道傳이 排佛論을 펴게 되는 사상적 기저가 무엇이었는가를 좀더 잘 이해할 수 있게 되지 않았나 생각되거니와, 후자에서도 그 같은 면이 약간 언급되고 있다.

다음 許興植씨의 「佛教와 融合된 高麗王室의 祖上崇拜」(『東方學志』45)와 秦星圭씨의 「高麗後期의 願刹에 對하여」(『歷史教育』36)는 불교가 지니는 사회적 기능의 일면을 다룬 논문으로 역시 주목되는 글들이다. 그 가운데 전자는 論題와도 같이 고려의 왕실이 조상숭배를 위해 儒敎的 禮制인 太廟 등을 세우기도 했지만 또한 개경 부근에 역대 왕과 왕비의 眞殿寺院을 설치하고 御眞을 안치한 뒤 명복을 비는 祭禮를 널리 행하였다는 사실을 밝힌 것이다. 이것이 곧 왕실의 願刹로서, 그 곳에는 국왕이 行香을 위해 자주 행차하게 됨에 따라 큰 규모의 시설을 갖추기도 했으려니와, 이처럼 眞殿寺院은 왕실과 밀접한 관련을 맺고 있었기 때문에 그것이 소속한 宗派의 隆盛과도 관계가 깊었음을 지적하고, 아울러 그들 寺院 하나하나에 대해서도 설명을 가하고 있다. 이에 비해 후자는 같은 주제를 취급하면서도 왕실의 願刹이 고려 후반기에 많이 건립되었고, 또 주로 國利民福이라는 護國的 性格과 관련을 가지고 있었다고 파악함으로써 앞서의 논지와는 약간 다른 점을 보여주고 있다. 그러나 여기서는 귀족층이 招福禳災를 위해 개인적으로 세운 願刹에 대해서도 논급하여 이 방면에 관한 이해의 폭을 넓혀주고 있다는 점을 간과해서는 안될 것 같다.

고려시대의 儒學에 관한 연구는 崔冲과 관련하여 논술된 李熙德씨의 「崔冲의 思想과 儒敎政治倫理」(『崔冲硏究論叢』)와 尹絲淳씨의 「朱子學 以前의 性理學導入問題-崔冲의 九齋와도 關聯하여-」(『上同』)의 두 편을 먼저 소개해야 할 것 같다. 이 가운데 前者는 崔冲의 儒敎政治思想을 顯宗의 治績에 대한 그의 史贊과 이미 成宗 때에 실시한 바 있던 六正六邪 및 漢刺史六條令의 榜示를 다시 건의한 사실 등을 통해 살펴본 것이고, 後者는 崔冲이 설립한 9齋의 명칭인 樂聖·大中·誠明 등이 性理學의 학문 경향을 짙게 풍길 뿐더러 金緣이 지은 『淸讌閣記』에 나오는 바 '三綱五常의 敎와 性命道德의 理'를 강론했다는 점 등으로 미루어 安珦·白頤正 이전에 이미 고려에는 性理學이 알려져 있었을 가능성이 많음을 검토한 논고이다. 당시의 유교정치이념과 유학수준 등을 알아보는 데 많은 시사를 주는 논문들로 평가된다.

　李範稷씨는 「高麗時期의 五禮-朝鮮初期 五禮 成立背景-」(『歷史教育』35)에서 당대에 시행되었던 吉禮·凶禮·軍禮·賓禮·嘉禮 등 五禮의 체계와 그 내용이 갖는 의미를 고찰하였다. 원래 고려에서 유교적인 五禮의 일부분이 만들어지고 시행된 것은 成宗朝였거니와, 그 뒤 睿宗 때의 정비를 거쳐 仁宗朝에 이르러 崔允儀가 만든 『古今詳定禮』에서 종합 정리가 이루어지게 되었다 한다. 물론 이를 맡아 정리한 崔允儀는 外戚이면서 동시에 여러 門閥들과 姻戚關係로 얽혀 있던 대표적 귀족가문인 海州崔氏家의 사람이라는 점을 감안할 때, 그가 "왕실과 귀족문벌 사이에 전개되어 온 미묘한 정치적 분위기에서 어느 문벌과도 연결이 덜한 관료적 성격이 강한 인물이었다"고 본 데는 이견의 여지가 없지 않지만, 어떻든 그것은 "고려초기 이래 文班官僚集團의 유교경전에 대한 이해와 고려왕실의 정치권력의 구현상황이 만들어낸 종합질서 이념"이라는 의미를 가지는 것으로서, 그 체계 또한 周禮 등에 나타나는 中國的 五禮의 기본적인 골격을 갖추고 있으면서도 거기에 고려의 전통적인 요소까지 포함시키고 있다는 언급 등은 중요한 지적이라고 생각된다. 논자는 이어서 科擧에서 시험보이던 策問 등을 분석하는 방법을 통해 그와 같은 儒敎的 禮가 麗末까지 지속적으로 확대 발전되어 갔다는 사실도 밝히고 있다.

　다음 吳錫源씨는 「易東 禹倬思想의 硏究」(『安東文化』5)에서 麗末의 性理學者로 알려진 禹倬의 생애와 사상 등을 논하였다. 여기서는 그의 義理論에 관한 설명이 주목되는데, 그러나 역시 전반적인 서술에서는 논자 자신이 지적하고 있듯이 자료에 관한 실증의 문제가 있고, 또 이와도 관련이 되는 것이겠지만 당해인의 긍정적인 면을 지나치게 강조한 듯한 느낌이 드는 대목도 없지 않다.

道敎를 비롯한 기타의 雜祀에 관한 논고로는 李世賢씨의 「麗代의 雜祀와 그 信仰性에 대한 硏究」(『群山大學論文集』7)가 찾아진다. 그리하여 여기서는 本命星宿醮・北斗七星醮・老人星醮 등 道敎의 醮祭와, 그리고 山川祭・巫祀들이 史料의 제시와 함께 소개되었는데, 그러나 이것들이 종래의 연구와 비교하여 그렇게 새로운 내용을 포함하고 있는 것 같지는 않다.

(7)

교육제도에 관한 글을 조사하여 보면 다음과 같은 세 편의 논문이 발표되었다는 사실을 발견할 수 있다. 즉,

① 申千湜,「高麗敎育制度史硏究－運營的 側面에서 나타나는 諸問題點을 中心으로－」(『關東史學』2).
② 孫仁銖,「韓國私學의 傳統과 崔冲의 位置」(『崔冲硏究論叢』).
③ 朴性鳳,「崔冲의 人間像과 私學 十二徒」(『上同』).

들이 그것으로서, 각기 國子監과 國學七齋 및 九齋學堂과 十二公徒 등 고려시대의 가장 중요한 교육기관들을 연구대상으로 삼고 있어서 주목하게 된다. 그렇지만 그 내용은 대체적으로 종래 연구자들이 논급하여 왔던 바를 나름대로 다시 확인한 정도로서 달리 새로운 면모는 보이지 않고 있다.

다음 시각을 바꾸어 史學쪽으로 눈을 돌리면 다같이 『海東高僧傳』을 주제로 삼은 金相鉉씨의 「『海東高僧傳』의 史學史的 性格」(『鄭在覺

古稀記念 東洋學論叢』, 고려원)과 金炯佑씨의「海東高僧傳에 대한 再檢討」(『南都泳華甲記念 史學論叢』, 太學社)가 발표되고 있어 흥미를 끈다. 이 둘은 주제도 동일하지만 그 논지 역시 저자인 覺訓이 華嚴宗의 고승으로 당대의 일류 文士인 李仁老・林椿 등과 깊은 교류를 했던 문장가였다는 것, 우리나라의 불교와 그 문화적 전통에 대하여 커다란 자부심을 가지고 저술에 임했다는 것, 그러나 史料의 검토나 실증은 주도면밀하지 못했다는 것 등의 면에서 견해를 같이하고 있다. 하지만 우리는 전자를 통해 『海東高僧傳』의 체제 등에 대해 좀더 잘 알 수 있는 반면, 후자에게서는 그것이 『三國史記』와 『三國遺事』가 나타내는 두 조류 사이의 과도기적 위치에서 양 史書가 지닌 성격을 아울러 띠고 있다는 지적을 통해 그의 사학사적 의미를 좀더 잘 이해하게 된다는 정도의 차이점은 찾을 수 있는 것 같다.

卓奉心씨는「『東明王篇』에 나타난 李奎報의 歷史意識」(『韓國史研究』44)에서 武臣執權時代인 明宗 말기에 李奎報가 저작한 敍事詩 『東明王篇』을 분석하였다. 그리하여 씨는 『東明王篇』이 明宗 말기의 정치적・사회적 혼란을 배경으로 하여 제작된 것으로서, 여기서는 高句麗의 繼承意識이 표방됨과 아울러 傳統的 神異史觀이 추구되었다는 점 등을 설명하고 있다. 물론 이와 같은 내용은 이미 선학들의 여러 연구에 의해 지적되어 온 터이지만, 씨는 이를 『東明王篇』의 구조적 분석을 통해 보다 구체적으로 제시함으로써 그에 관한 우리의 이해를 깊게 하여주고 있다.

그러면 다음으로 文學 관계의 논문들에 대해 잠시 살피기로 하자. 이에 관한 글로는

① 秦星圭,「林椿의 生涯와 現實認識」(『韓國史研究』45).

② 金慶洙,「李奎報와 當代의 文學的 背景」(『誠信女大 研究論文集』20).

이 보이는데, 그 가운데 ①은 유력한 가문에서 태어났으면서도 武臣亂을 당하여 불운한 生을 보내야 했던 天賦的인 詩人이요 文人인 林椿을 다룬 논고로, 그는 자기 가문에 대한 功名意識에 집착하여 현실을 헤쳐 나가지 못하고 결국 運命論에 빠져 비극적인 생애를 마쳤다는 사실과, 文風은 蘇東坡에 기울어 故事를 많이 인용하는 형식을 취했다는 점 등이 지적되고 있다. 文學作品과 관련된 글이어서 그런지 논자 자신의 문학적 표현이 매우 인상적이거니와, 한편 설명중에 林椿이 소유했었다고 하는 功蔭田에 관한 언급은 역시 좀 막연하다는 느낌을 준다.

②는 林椿보다 조금 뒤에 활동한 漢文學者로서의 李奎報에 대해 당시의 시대적 배경과 함께 논급한 글이다. 고려시대의 문학 일반에 관한 개괄적인 설명을 곁들인 本稿는 李奎報가 당시 대표적인 文人이었다는 점과 함께 그와 文學的 交友關係를 맺었던 사람들을 소개하고 있는데, 단 武臣執權期에 科擧가 계속 실시되었다고 하여 당시에도 그 전의 文風이 그대로 유지되었다고 본 점과 夏課 내지는 座主·門生 관계까지를 이끌어 文壇의 형성 문제를 논한 것은 좀 무리가 있지 않나 생각된다.

지금까지 소개한 논문 이외에도

① 許興植,「高麗의 梁宅椿墓誌」(『文化財』17).
② 洪潤植,「高麗佛畵에 있어 來迎圖와 授記圖」(『南都泳華甲紀念 史學論叢』, 太學社).

등이 찾아지나 구체적인 내용에 대한 언급은 피한다. 아울러 간행이 좀 늦어져 미처 소개하지 못한 글도 있으므로 아래에 그 論題나마 부기하여 둔다.

① 姜英哲,「高麗 驛制의 成立과 變遷」(『史學硏究』 38).
② 김현영,「'고려판정백성'의 실체와 성격」(上同).
③ 車勇杰,「高麗末 倭寇防守策으로서의 鎭戌와 築城」(上同).

(8)

　이상에서 1984년도에 발표된 고려시대 관계의 論著들에 대해 간략하게 살펴보았는데, 그러는 가운데에 가장 깊게 느껴지는 사항은 이전에 비하여 그 편수가 대폭 늘어났다는 점이었다. 이와 같은 현상은 첫머리에서도 지적했듯이 이 시대에 관심을 가진 연구자가 많아지고 揭載誌도 다양해지면서 京・鄕 각지에서 많은 저술들이 나왔고, 그 분야도 정치・경제・사회・사상・문학 등 각 방면에 걸치고 있다는 데서 온 결과였다고 생각되거니와, 이것은 어느 모로 보나 매우 고무적이고 환영할 만한 일이다.

　그러나 논문의 量에는 반드시 質이 따라야 한다는 문제가 있다. 다 아는 대로 논문은 새로운 사실의 천착이나, 또는 이미 논의되었던 과제라 하더라도 새로운 시각 내지는 해석 등 독창성이 수반되어야 하는 것이다. 하지만 필자가 살펴본 바로는 그렇지 못한 글들이 상당수 있었다. 어떤 피치 못할 사정이야 있었겠지만 學問을 한다는 입장에서는 극히 경계해야 할 일이라고 생각된다.

　요컨대 그와 같은 약간의 제약성에도 불구하고 고려시대사 연구의 전망은 밝은 것 같다. 이미 논문을 써온 분들뿐 아니라 특히 새로이 공부를 시작한 논자들 가운데에 묵묵히 진실을 밝히기 위해 노력한 흔적이 보이는 力作들이 많이 공표되고 있기 때문이다. 앞날이 더욱 기대된다 하겠다.

　끝으로 본 회고와 전망을 집필하면서 필자의 힘이 미약함을 다시 한번 느껴야 했다. 따라서 애는 쓰느라 했지만 논자 여러분의 뜻을 잘못 전했거나 혹 오해를 한 부분도 있을 듯싶고, 또 게으름으로 인해 이곳에 미쳐 언급치 못한 글 역시 있으리라 짐작된다. 이 점 아울러 寬恕 있으시기 바란다.

(『韓國史研究彙報』 51, 1985년 12월)

6

高麗의 中央政治機構에 대한 研究成果와 課題
－'3省'과 中樞院을 중심으로－

(1) 序　論

　　정치제도는 國家權力이 발동되는 매개체로, 예나 지금이나 한 사회의 본질을 이해하는 데 있어 먼저 해명해야 할 과제의 하나가 된다. 더구나 前近代 王朝國家인 高麗에서 국왕과 함께 나라를 경영하는 핵심적 위치를 차지했던 중앙의 상층 정치기구는 그 가운데서도 한층 중요성을 띠고 있었으며, 따라서 이들은 당연히 일차적인 연구대상이 되게 마련인 것이다.

　　고려의 중앙정치기구 중에서 근간이 된 것은 잘 알려진 대로 中書門下省과 尙書省의 이른바 '三省'과, 그리고 中樞院이었다. 이들이 발족하는 것은 成宗 때인데, 그에 앞서 초기에는 廣評省과 內奉省·內議省 등이 정치의 중추적 역할을 담당하였다. 그러므로 이들 각각은 주목을 끌 수밖에 없었고, 거기에 중서문하성의 하층부를 구성하였던 郎舍와, 그리고 이와 비슷한 업무를 담당했던 御史臺 및 宰樞의 會議機關인 都兵馬使와 式目都監도 주요 관심의 대상이 되었다. 이에 따라 지금은 그들을 주제로 다룬 硏究論文이 상당수에 이르고 있는 것이다.

본고는 이들 논문에서 밝혀진 내용을 살피면서 여러 연구자들 사이에 의견이 엇갈렸던 爭點 사항을 검토코자 하는 의도에서 출발하였다. 그런 과정에서 새로운 課題를 찾고 權力構造 문제도 얼마간 다루어 보았으면 하는 희망을 가지고 있지마는, 사실 이러한 의도는 그 동안 歷史學會와 國史編纂委員會에서 각각 발간한 『歷史學報』와 『韓國史研究彙報』의 「回顧와 展望」이나 또는 書評 등을 통해 이미 여러 차례 수행된 바 있다. 그럼에도 불구하고 이번에는 개별 官署에 따라 종합적으로 취급함으로써 앞으로의 이 방면 연구를 좀더 심화·확대시키는데 다소나마 도움이 되었으면 하는 뜻에서 붓은 들지만, 얼마만큼 소기의 목적을 달성할 수 있을까는 의문이다. 여러분의 많은 叱正이 있으시기를 바란다.

(2) 廣評省·內奉省·內議省

고려시대 정치의 핵심이 된 것은 위에서 지적한 대로 中書門下省과 尙書省의 이른바 '三省'이었는데, 그러나 이들은 건국의 당시(918)부터 존재하던 기구가 아니었다. 그들이 성립하는 것은 얼마의 기간이 지난 成宗 때의 일이며, 이전에는 廣評省과 內奉省·內議省 등이 중심이 되는 기구였던 것이다. 그런데 이들 셋 가운데에서 廣評省과 內奉

省은 고려 太祖 王建이 泰封國을 무너뜨리고 새 왕조를 세우는 데 성공한 뒤 6일 만에 단행한 인사조처에 나오는 12개의 省·部중 서열 제1·제2로 들어지고 있는 官府들이다. 이들이 그만큼 중요한 위치에 있었다고 하는 사실과 함께 泰封의 제도를 이은 기구라는 점도 그로써 대략 짐작할 수 있다.

이에 비하여 內議省은 太祖 13년에 이르러서야 처음으로 그 존재가 확인되는 官府이다. 『高麗史』卷76 百官志 1 門下府 舍人條에 "太祖 13년에 內議舍人을 두었다"고 한 기록이 찾아지기 때문이다. 이렇게 太祖 13년에 그 한 官員인 舍人을 설치하고 있으므로 그가 소속한 官府인 內議省은 당해년이나 또는 건국부터 이 때까지의 어느 시기에 始置되었다는 추측을 할 수 있다. 그러나 정확한 연대는 잘 알 수가 없는데, 하지만 그 뒤 太祖가 薨去할 때에 "百官이 內議省 門外에 列位하고 王規가 나와 遺命을 알렸다"[1]고 한 것을 보면 그가 매우 비중이 큰 관부의 하나였다는 점만은 어느 정도 분명하다.

이 같은 廣評省과 內奉省·內議省을 중심으로 하는 太祖代의 정치조직은 그들 상호간의 서열상에 얼마의 변동이 있은 듯 짐작이 가기는 하나 그 골격은 景宗代까지 그대로 유지되었다고 생각된다. 그것은 景宗 즉위년 10월에 작성된 바 신라의 마지막 왕인 金傅를 尙父로 책봉하는 「冊尙父誥」에 참여한 주요 관부가 역시 이들로 나타나기 때문이다.[2] 이들은 그 동안 光宗과 景宗代에 각각 새로이 등장하는 內史省 및 左右執政兼內史令制와 일정한 관련을 가지면서 존속하다가 成

---

1) 『高麗史節要』卷1, 太祖 26年 5月 丙子.
2) 「冊尙父誥」에 대해서는 木下禮仁,「『三國遺事』金傅大王條에 보이는 '冊尙父誥'에 대한 一考察—唐告身との 關聯性によせて—」(『朝鮮學報』93, 1979) 및 張東翼,「金傅의 冊尙父誥에 대한 一檢討」(『慶北大 歷史敎育論集』3, 1982) 참조.

宗 원년에 발족하는 內史門下省(뒤의 中書門下省)과 御事都省(뒤의 尙書都省)에 그 기능을 넘기고 소멸하는 沿革을 지니는 것이다.

이와 같은 광평성 등의 실체를 규명하여 감에 있어 그간 연구자들이 많은 관심을 보인 부분은 그들의 계통론과 직임 및 성격을 밝히는 일이었다. 그 가운데 첫번째의 계통론이란 광평성과 내봉성・내의성이 신라의 어느 관부와 관련되며, 또 고려의 핵심적 정치기구로 등장하는 내사문하성 및 어사도성과는 어떻게 연결되는가 하는 논의로서, 특히 前者의 문제를 둘러싸고는 의견이 매우 구구하였다. 즉, 광평성의 경우 執事部 내지 執事省과 유사한 계통으로 보는가 하면 和白會議의 전통에 견주기도 하며, 또 內奉省을 位和府에 比定하는가 하면 오히려 이것을 집사성에 비기는 견해가 개진되었고, 內議省은 中事省에 연결시키는 등3) 논자에 따라 각기 다른 주장들을 펴고 있는 것이다. 아직 이 문제는 해결을 보지 못한 채로 남아 있는 상태라 하겠다.

내사문하성 등과의 연결문제도 처음에는 비슷한 형편이었다고 할 수 있다. 이들의 계통에 대해서는『高麗史』卷76 百官志 1 門下府와 尙書省條에 밝혀져 있지만, 거기에 스스로 의문을 제기하는 문구도 함께 싣고 있어서 사료 자체에서부터 혼란이 초래되었기 때문이다. 즉,

  가) 門下府 : 百揆 庶務를 관장하며 그 郎舍는 諫諍과 封駁을 맡았다. 國初에는 內議省이라 칭하였는데, 成宗 원년에 內史門下省이라 고쳤으며, 文宗 15년에 中書門下省으로 고쳤다.
  나) 尙書省 : 太祖가 泰封의 제도를 그대로 따라 廣評省을 두고 百官을 摠領케 하였는데, 侍中・侍郎・郎中・員外郎이 있었다. … 成宗 원년에 廣評省을 고쳐 御事都省이라 하고, 14년에 尙書都省으로 고쳤다.

---

3) 이 같은 논점은 李基東,「羅末麗初 近侍機構와 文翰機構의 擴張－中世的 側近政治의 志向－」(『歷史學報』77, 1978), 29~32쪽에 정리되어 있다.

라고 하여 內議省은 內史門下省으로, 그리고 廣評省은 御事都省으로 이어졌다고 하면서도, 한편 나) 사료의 中略한 부분에 細註로 "太祖時에 또 內奉省이 있었는데, 三國史에 이르기를 內奉省은 곧 지금의 都省이라 하였으니 沿革이 이와 같지 않다"는 구절을 삽입하여 놓고 있는 것이다. 金富軾이 撰述한 『三國史記』에는 御事都省의 전신으로 廣評省이 아니라 內奉省을 들고 있어서 거기에 의문이 없지 않다는 기사이다. 『三國史記』卷50 列傳 弓裔傳에 실려 있는 泰封의 官制 가운데 內奉省에 "今都省"이라는 註記가 붙어 있어 『高麗史』의 細註는 확인이 된다.

이렇게 『高麗史』 撰者까지도 혼란을 일으켰던 이 문제는 그러나 꽤 오래 전에 벌써 해결의 실마리가 찾아졌다. 이 점에 대해 깊은 관심을 가지고 본격적으로 실상을 추구한 연구자는 李泰鎭인데, 그는 「高麗 宰府의 成立-그 制度史的 考察-」(『歷史學報』56, 1972)을 통해 고려 초기 정치정세의 변동을 염두에 두면서 중요 官府의 변천을 추적하여 金富軾의 견해가 옳았다는 주장을 펴고 있으며, 대부분의 학자들도 이에 동의하고 있기 때문이다. 그리하여 씨는 內議省뿐 아니라 廣評省의 기능도 左右執政兼內史令制를 거쳐 內史門下省에 흡수되고, 內奉省이 御事都省에 연결되었다는 결론을 내리고 있다.

그런데 李泰鎭은 같은 논문에서 그들의 기능·성격도 논하여, 廣評省은 "有力한 豪族들의 最高 出仕자리가 되어왔기 때문에 당시로서는 豪族勢力의 상징이나 마찬가지였다"고 [13쪽] 말하고 있으며, 內奉省은 人事業務를 관장한 기구였다고 [9쪽] 보았다. 이 같은 견해는 李基白이 「貴族的 統治機構의 整備」(『한국사』5, 국사편찬위원회, 1975), 18~20쪽에서 특히 광평성은 호족세력을 대변하는 국가의 정책결정기관이었을 것이라고 한 데서 다시 확인되고 있는데, 모두가 豪族聯合政權下의 고려 초기사회에서 제1의 官府였던 광평성의 기능·성격은 당연히 그러했으리라는 추단에서 나온 이해가 아닌가 짐작된다.

그러나 邊太燮은 이와 좀 의견을 달리하고 있다. 즉, 그는 「高麗初期의 政治制度」(『韓㳓劤停年紀念 史學論叢』, 知識産業社, 1981)에서 광평성은 정치를 널리 評議하는 공식적인 정부기구였다는 점을 강조하고 있는 것이다〔170쪽〕. 그 한 증거로 그는 太祖 초에 이 기구의 侍中이나 侍郎 등에 임명된 관원들은 호족출신의 開國功臣이 아니라 行政事務의 능력을 가진 사람들이었다는 사실도 아울러 지적하여 놓고 있다.

이렇게 광평성을 정무기관으로 본데 비하여 內奉省은 國王 側近에서 奉命 實踐하는 행정기구였을 것으로 이해하였다. 즉, 그것은 內部行政을 총괄하는 기능을 가지고 있어서 李泰鎭의 주장과 같이 인사업무를 관장하기도 했지만 內部行政의 감독 역시 맡아보았다고 파악하여〔170~171쪽〕 여기서도 약간의 의견차를 나타내고 있는 것이다.

요컨대 내봉성에 대해서는 의견을 같이하는 부분과 달리하는 부분이 뒤섞이고 있으나, 광평성에 대한 이해만은 상반되고 있다 하겠는데, 따라서 그 이후의 논의도 주로 후자의 문제에 집중되고 있다. 그 가운데에서 張東翼은 註2) 논문 68쪽을 통해 李泰鎭·李基白의 주장에 찬동하는 견해를 발표하고 있고, 趙仁成과 崔圭成은 각각 「弓裔政權의 中央政治組織-이른바 廣評省體制에 대하여-」(『白山學報』33, 1986)와 「廣評省考-高麗 太祖代 廣評省의 性格을 중심으로-」(『金昌洙華甲紀念 史學論叢』, 범우사, 1992)를 통해 邊太燮의 주장에 동의하는 입장을 피력하고 있거니와, 이와 같이 견해의 차이는 아직까지도 여전한 상태이다. 다만 趙仁成은 廣評省과 관련된 자료들을 면밀하게 검토하고 있고, 崔圭成의 경우도 廣評省 侍中이나 侍郎 등을 歷任한 인물 모두를 분석한 바탕 위에서 얻은 결과여서 이들의 주장에 좀더 신빙성이 가기는 한다. 그러나 그 논증과정에 문제점이 없지도 않은 듯하므로4) 앞으로의 과제는 여전히 남아 있는 셈이다.

이상에서 살펴보았듯이 광평성과 내봉성·내의성이 곧바로 내사문하성 및 어사도성과 연결된 것은 아니지만 그 前身으로서의 의미는 지닌다. 논자들의 노력에 의하여 그 같은 관계에 대한 『高麗史』 撰者의 잘못된 연결고리가 바로잡히고, 광평성 등의 기능·성격이 대략 밝혀짐과 동시에 내사문하성과 어사도성의 성립 배경·성격도 어느 정도 알 수 있게 된 것은 큰 성과라 할 수 있다. 물론 그 과정에서 연구자들 사이에 의견이 엇갈리기도 하였고, 또 논증에 있어 좀 미흡하다고 생각되는 부문이 눈에 띄는 듯도 하나 이런 작은 몇몇 문제들은 보다 세밀히 자료를 검토하여 가노라면 해결할 수 있는 길이 열리지 않을까 한다.

(3) 中書門下省

中書門下省은 唐나라의 三省制에서 이끌어 온 것이다. 즉 唐은 三省並立制로서, 詔勅을 작성하는 中書省〔처음에는 內史省〕과 이를 심의하는 門下省 및 그것을 맡아 집행하는 尙書省의 세 기구가 각기 제 기능을 하고 있었지만, 고려에서는 그 제도를 수용하되 前二者를 합쳐서 中書門下省〔內史門下省〕이라는 단일기구를 만들어 이용하였던 것이다. 이처럼 중서문하성은 직접적으로는 唐制의 영향을 받은 것인데, 그러

---

4) 朴龍雲, 「高麗期 政治史 硏究, 1989년~1993년의 回顧와 展望」(『韓國史論』 23, 1994), 252쪽.

나 그 기능·성격 등에서 國初의 內議省이나 廣評省 등과 깊은 관련을 가진다 함은 앞 대목에서 설명한 바와 같다.

이 중서문하성에 대해 많은 관심을 가지고 실체의 해명에 앞장선 연구자는 邊太燮이었다. 그 결과를 발표한 논문이 「高麗의 中書門下省에 대하여」(『歷史敎育』10, 1967);『高麗政治制度史硏究』(一潮閣, 1971)와 「高麗宰相考-3省의 權力關係를 중심으로-」(『歷史學報』35·36 합집, 1967);『高麗政治制度史硏究』(一潮閣, 1971)이거니와, 첫번째 논문에서 그는 우선 중서문하성이 상층조직인 宰府와 하층조직인 郎舍의 2重構造로 되어, 上·下의 구별이 있었음을 밝혔다. 그 宰府를 구성하는 관원은 省宰·宰臣·宰相이라 불렸으며, 郎舍를 구성하는 관원은 省郎·諫官이라 불렸는데, 품계상으로는 2품과 3품이 획선으로 되어 있었다. 그리하여 구체적으로 從1품인 門下侍中과 中書令, 正2품인 門下侍郎平章事와 中書侍郎平章事·門下平章事·中書平章事, 從2품인 叅知政事·政堂文學·知門下省事 등 9人이 省宰로서 국왕과 함께 중요한 국정을 의논 처리했으며, 正3품인 左右散騎常侍로부터 從6품인 左右拾遺까지의 14人이 省郎으로써 諫諍과 封駁·署經 등을 맡고 있었다. 이처럼 上·下의 구성원은 조직이나 기능상에서 뚜렷이 구분되었다. 물론 이들은 같은 관서의 성원인만큼 共議 合諫도 하고, 또 署經에 같이 참여하는 일도 있었다. 하지만 宰府와 郎舍는 구성이나 기능을 각기 달리하여 별개의 기관과 다름없는 異質的 存在였다고 규명하고 있는 것이다.

다음으로 左右의 구분에 대한 문제이다. 고려가 모범으로 한 唐의 경우 中書省과 門下省이 각각 右·左를 형성하여 並立되어 있었다고 했거니와, 고려도 외형은 그것을 그대로 따르고 있었다. 예컨대 그 조직을 볼 것 같으면

中書省 : … 中書令・中書侍郎・中書舍人・中書注書
門下省 : … 門下侍中・門下侍郎・給事中・門下錄事

와 같이 並列되어 있고, 또 左右로 된 직위도

中書省 : … 右散騎常侍・右諫議大夫・右補闕・右拾遺
門下省 : … 左散騎常侍・左諫議大夫・左補闕・左拾遺

와 같이 右職은 中書省에, 左職은 門下省에 領屬되는 것처럼 구성되어 있는 것이다.

하지만 그 같은 외형에도 불구하고 실제적으로 中書省과 門下省은 합쳐져서 하나의 기구로 기능하고 있었으며, 따라서 관원들도 左右로 나뉘어져 分屬한 것은 아니었다고 연구자는 설명하고 있다. 논자는 그 근거로, 中書省의 장관은 中書令, 문하성의 장관은 문하시중인 듯이 편제되어 있으나 사실 그 가운데 前者는 주로 致仕職이나 死後의 贈職으로 이용되었을 뿐 실무를 보는 時職이 아니었기 때문에 장관은 門下侍中 1人뿐으로써, 그가 一元化된 中書門下省의 首班이었다. 뿐 아니라 그 밑의 侍郎도 대개는 他省의 平章事를 겸하여 兩省의 구분은 해소되고 있었으며, 또 郎官도 左右의 구별없이 交錯하여 승진하고, 職務 역시 그들이 함께 보고 있어서 左右職이 각각 門下省과 中書省에 分屬하여 대립된 위치에서 일을 분담했다고 이해하기는 어렵다는 점 등을 들고 있다.

그런데 『高麗史』 등의 사료에는 '中書門下省奏〔內史門下省奏〕'와 함께 '門下省奏'・'中書省奏'도 나와 그 같은 이해에 난점이 되고 있다. 후자는 어떻게 보아야 할까. 이에 대해 논자는 簡稱 내지는 略稱이었다고 설명하고 있다. 內史門下省이 中書門下省으로 명칭이 바뀌는 것은 文宗 15년이거니와, 따라서 그 이전까지는 정식으로 부를 때 內史門下省이라 했지만 간략하게는 門下省이라고도 칭했으며, 이후에는 정식으로는 中書門下省이라 불렀으나, 또한 中書省이라 略稱되기도 했다는 것이다.

이와 같이 중서문하성의 실체를 규명하는 데 성과를 올린 논자는 이어지는 두번째 논문에서 그 곳 소속의 宰相職 하나하나를 보다 면밀하게 분석하고 있다. 그리하여 먼저 中書令이 수여된 인원들을 검토한 결과 그 한 부류는 王子·王弟 등 宗親들인데, 그것은 이들이 받은 封爵에 대응하여 겸하게 한 형식적인 명예직에 불과했으며, 또다른 한 부류인 臣下들의 경우도 위에서 지적했듯이 대체적으로 致仕職이나 贈職으로 수여되어 實務職이 아닌 예가 대부분이었다. 이에 비해 門下侍中은 실제로 職事하는 관직으로, 그가 首相이 되었다는 사실을 논증하고 있다.

다음 차관직인 中書侍郞平章事와 門下侍郞平章事는 百官志의 설명과는 조금 달리 同中書門下平章事[同內史門下平章事]를 두어 兩省의 평장사를 겸하게 한 경우가 많았다. 그리하여 실제로 평장사의 종류로는 위의 중서시랑평장사·문하시랑평장사와 더불어 中書侍郞同中書門下平章事·門下侍郞同中書門下平章事의 네 가지가 있었고, 그 정원도 각 1人으로 고정되지 않고 中書侍郞과 門下侍郞의 복수일 때가 많았으며, 그들 사이의 서열은 中書侍郞平章事가 초직이었고 門下侍郞同中書門下平章事가 최상직이었다.

이들 밑의 從2品 宰臣인 叅知政事·政堂文學·知門下省事 가운데 後二者는 唐制의 영향이 아니라 고려의 필요에 의해 뒤에 加置된 것들이었다는 점에서 주목된다. 그리고 평장사 이상이 단독직이었던 데 비해 從2品 宰臣職은 他職으로 겸하는 경우가 많았다는 사실도 염두에 둘 필요가 있다.

고려에서 흔히 '宰五'로 통칭되는 宰相은 이상의 門下侍中 이하 知門下省事까지의 中書門下省 5職을 말하였다. 그리하여 이들은 眞宰라고도 불리면서 國事를 의논하고 軍國의 機務를 叅決하는 위치에 있었는데, 그런 역할을 효율적으로 수행할 수 있도록 한 제도적 장치도 마련되어 있었다. 尙書6部의 判事制가 그것이었다. 즉, 국무를 집행하는 기관이던 尙書6部의 장관인 正3品 尙書 위에 따로이 判事를 더 두고 省宰들로 하여금 그 직위를 兼帶케 하였던 것이다. 그에 따라 班次 第1의 省宰가 判吏部事를 겸하여 首相이 되고, 班次 第2의 省宰가 判兵部事를 겸하여 亞相〔二宰〕이 되었으며, 이하 차례로 내려가 3宰・4宰・5宰・6宰가 각각 判戶部事・判刑部事・判禮部事・判工部事가 되었던 것이다. 이렇게 됨으로써 權力은 자연히 중서문하성에 집중되게 되었다는 게 그 主旨이다.

邊太燮의 이상과 같은 연구로 우리들은 중서문하성의 조직과 기능, 나아가서는 정치권력관계까지도 어느 정도 파악할 수 있게 되었다. 그만큼 이 방면의 해명에 대한 그의 공로는 크다고 생각된다. 하지만 그 이후에 연구가 더 진척되면서 보완하거나 수정을 고려하지 않을 수 없게 하는 異見이 제기되기도 하였다. 그 하나로 우선 周藤吉之의「高麗初期の官吏制度-とくに兩府の宰相について-」(『東洋大學大學院紀要』11, 1974):『高麗朝官僚制の硏究』(法政大學出版局, 1980)를 들 수 있다. 이 논문의 가장 커다란 특징은 門下侍中 이하 省宰의 實例를 모두 추출하고, 그들이 6部判事나 監修國史・修國史 등을 겸직한 상황에 대해 분석하고 있는 점인데, 비교적 하위의 宰相인 叅知政事가 判兵部事를 겸했거나, 최하위 재상인 知門下省事가 判刑部事를 겸한 사례를 제시하고 있는 것은 주목할 만한 내용이라 생각된다. 省宰들이 반드시 서열에 따라 6部判事를 겸했는가 하는 문제에 대해 좀더 검토해 볼

여지가 있음을 시사하여 주기 때문이다. 본고에서는 이밖에도 遷官 등에 대해 언급하여 우리의 이해를 돕고 있지마는, 그러나 그 자리에 임명되었던 인물이나 前職에 대한 분석 등 보다 다각적인 검토가 필요하지는 않았을까 하는 아쉬움은 남는다. 아울러 사료를 『高麗史』와 『高麗史節要』만 이용하고 있는 점도 분석의 내용이 지니는 일정한 한계성을 노출시킨 대목이라는 지적이 가능할 듯하다. 이런 몇몇 문제들은 역시 우리들에게 남겨진 과제들인 셈이다.

朴龍雲은 「高麗時代의 臺諫과 宰樞文武兩班」(『誠信女大論文集』 12, 1979) ; 『高麗時代 臺諫制度 硏究』(一志社, 1980)에서 省宰들의 臺諫職 兼帶 상황과 기능상의 상호관계를 살피고 있고, 崔貞煥은 「高麗 中書門下省의 祿俸規定과 그 運營實態」(『韓國史硏究』 50·51, 1985) ; 『高麗·朝鮮時代 祿俸制 硏究』(慶北大出版部, 1991)를 통해 祿俸制의 측면에서 省宰들을 검토하고 있다. 각각 中書門下省 宰府의 다른 일면을 추적한 논고들인데, 그 가운데서 후자는 政堂文學과 知門下省事가 『高麗史』食貨志의 祿俸條에 보이지 않는 점을 들어 그것들은 兼職이었다는 주장을 펴 주목된다. 만약에 이 같은 주장이 사실로 입증될 수 있다면 省宰는 말할 것 없고 현재 하나의 난제로 되어 있는 兼職制의 해명에도 커다란 진전이 있게 되겠기 때문이다. 하지만 이 문제를 그처럼 간단하게 단정하기에는 아직 주저되는 바가 많다. 百官志에서는 찾아지나 食貨志 祿俸條에 보이지 않는 관직 모두를 兼職이라고 단정하는 데는 난점이 따를 뿐 아니라 祿俸條에 나오는 두 관직이 한 사람에게 주어지는 경우 등 여전히 풀리지 않는 문제가 여럿 남아 있는 것이다. 이 역시 앞으로의 연구에 기대할 수밖에 없지 않나 하는 생각이다.

金泰旭은 「高麗 顯宗代의 宰樞」(『歷史學報』 144, 1994) 및 「高麗 顯宗代 宰樞의 사회적 기반」(『李基白古稀紀念 韓國史學論叢〔上〕』, 一潮閣,

1994) 등 두 편을 발표하고 있다. 여기에서 그는, 論題에서도 대략 드러나듯이, 顯宗代의 宰樞職을 조사하고 거기에 오른 인물들의 官職經路를 살피고 있으며, 이어서 그들의 사회적 기반인 世系와 出身地域 및 通婚關係 등을 검토하고 있다. 顯宗代는 이미 알려진 대로 成宗代의 체제 정비를 거쳐 고려 귀족사회가 자리를 잡아가는 중요한 시기이거니와, 그러한 때에 정치의 중심이 되었던 宰樞를 통해 官制의 연구수준을 넘어서서 당시 사회의 성격까지도 파악하고자 한 본고는 그 시각이나 방법상에 있어 큰 진전을 이룬 논문이라 평가해도 좋을 것 같다.

그러나 다만 구체적인 문제로 들어가 內史侍郎平章事와 內史侍郎同內史門下平章事 및 門下侍郎平章事와 門下侍郎同內史門下平章事를 동일한 직위로 이해한 견해는 어떨까 한다. 이 같은 의견은 앞에 든 周藤吉之도 제시한 바 있으나[28쪽] 邊太燮의 견해와는 다른 것인데, 제도사의 성격으로 미루어 이렇게 짧은 기간의 자료를 검토한 결과만을 가지고 단정지어진 데 대해 불안이 따르기 때문이다. 다른 시기, 또는 타 관직의 예도 살펴본 뒤에 결론을 내리는 것이 좀더 안전하지 않았을까.

논자는 顯宗代 宰樞의 官職經路에 있어 '樞臣'-본래의 명칭은 樞密-과, 宰臣으로 樞密을 거친 부류는 대체로 翰林院과 御史臺의 관직을 역임하였고, 宰臣중 樞密職을 거치지 않은 부류는 尙書・僕射 등 주로 尙書省의 관직을 역임하는 특징을 지녔으며, 따라서 前者는 학문적인 능력을 가졌고, 후자는 吏事에 능한 인물들일 것으로 추정하고 있는데, 이 주장에도 의문이 간다. 우선 그들이 밟았다고 하는 관직의 경로만 하더라도 논자가 말하는 것과는 다른 면이 너무나 많이 나타나기 때문이다. 예컨대 먼저 樞密을 거쳐 宰臣이 된 경우인 康兆에 대해 "추신기록부터 보이고 있어서 그 前職을 잘 알 수 없다"고 설명하고 있으나, 사실 그는 '中樞使·右常侍'와 '吏部尙書·叅知政事'를 지냈으므로 樞密·宰臣과 함께 中書門下省 郎舍職과 尙書省의 직위를 동시에 지니고 있었던 것이다. 王可道에 대해서도 "西京의 관직 등을 역임하다가 中樞副使를 역임했다"고 했으나 실제로는 西京留守判官과 함께 尙書右丞·左丞을 거쳐 同知中樞事·中樞使에 오르고, 다시 國子祭酒와 戶部尙書를 거쳐 叅知政事에 이르고 있어서 여러 차례 尙書省의 관직을 역임했음이 확인된다.

翰林院의 관직을 역임한 대표적 인물로 든 柳邦憲의 경우도 논자의 설명과 같이 國子主簿·四門博士와 翰林學士·判翰林院事를 지내고는 있으나 그 사이 사이에 右司員外郞·禮部郞中·禮部侍郞 등의 尙書省 관직과 起居舍人·右諫議大夫·散騎常侍 등의 中書門下省 郎舍職도 거치고 있다. 御史中丞을 지냈다고 하여 든 徐訥의 경우 역시 거기에 이어서 刑部侍郞·吏部侍郞·左諫議大夫·國子祭酒·知吏部事 등을 차례로 거치고 있다. 그밖에 蔡忠順은 吏部侍郞·禮部尙書·吏部尙書를, 崔沆은 吏部侍郞·吏部尙書를, 姜邯贊은 禮部侍郞·吏部尙書를 지내는 등 논자가 들고 있는 12명 가운데 尙書省의 관직을 역임하지 않은 인물은 한 명도 찾아지지 않는다. 물론 樞密을 거쳐 宰臣에 오른 대다수의 인원이 翰林院이나 御史臺의 관직을 역임한 것은 사실이나, 또한 尙書省이나 郎舍職을 거친 예도 그에 못지않기 때문에 그 점을 들어 이들의 성격을 규정짓는 것은 좀 문제가 될 듯싶은 것이다.

樞密을 거치지 않고 宰臣에 오른 경우도 선뜻 수긍하기 어렵기는 마찬가지이다. 이들이 주로 尙書·僕射를 거친 것은 사실이나, 달리 볼 수 있는 예도 꽤 많이 찾아지기 때문이다. 趙之遴은 尙書省의 관직과 함께 中樞院의 左承宣을 역임하고 있고, 李周憲은 御史臺와 郎舍의 관직인 監察司憲과 內史舍人을 거치고 있다. 그밖에 張瑩과 金審言도

郎舍職인 散騎常侍에 오르고 있지마는, 사실 이 郎舍職은 논자가 樞密을 거친 宰臣이 주로 역임했다는 御史臺의 그것과 기능·성격이 거의 같았던만큼5) 尙書省 관직의 상대적인 입장에 있던 직위로 보아 좋다고 생각된다는 점에서 문제가 될 수 있는 것이다. 거기에다가 郞將·親從將軍·上將軍 등을 역임한 武臣인 庾方도 비록 兵部尙書를 거치고는 있으나 尙書省의 관직을 지낸 점을 특징으로 삼는 그룹으로 분류하는 것은 아무래도 무리일 듯하다.6)

이제 그와 같은 시각을 염두에 두고 살폈을 때 전체 15人 가운데 尙書省 관직에의 在任 사실이 확인되지 않는 3人을 제외한 12人 가운데 尙書·僕射와 상대되는 관직도 함께 역임한 인원이 5人이나 되는데, 이 점을 무시하고 내려진 결론은 再考의 여지가 있을 듯싶은 것이다. 더구나 그 같은 결론이 이후의 논지를 전개하는 데 전제가 되고 있다는 사실과도 관련하여 좀더 신중을 기할 필요는 있지 않았나 생각된다.

끝으로 논자들 사이에서 깊이있게 다루어진 것은 아니지만, 史書에 가끔 '三省'이라는 말이 나오는 것도 문제라면 문제랄 수 있을 듯싶다. 중서성과 문하성이 합쳐져서 중서문하성이라는 단일기구가 되었다면 상서성과 더불어 '二省'이 되어야 할 텐데, 이런 문구는 보이지 않고 '三省'이라는 서술만이 자주 등장하는 것이다. 더구나 邊太燮도 언급하고 있듯이 仁宗 때 宋나라 사절의 한 사람으로 고려에 왔던 徐兢이『高麗圖經』에서, 尙書省 서편의 한 문안에 세 개의 청사가 있는데 가운데가 中書省이요, 왼쪽이 門下省, 오른쪽이 樞密院이라고 하여7)

---

5) 이 점에 대해서는 朴龍雲,「高麗朝의 臺諫制度」(『歷史學報』52, 1971) :『高麗時代 臺諫制度 硏究』(一志社, 1980) 참조.
6) 그에 대해서는 朴龍雲,「高麗時代의 茂松庾氏家門 分析」(『李丙燾九旬紀念 韓國史學論叢』, 知識産業社, 1987) 참조.
7)『高麗圖經』卷16, 官府 臺省.

중서성과 문하성의 청사가 따로 존재했음을 기록하고 있다. 또 고려후기에 직접 고위직을 두루 역임한 李齊賢이 『櫟翁稗說』에서, 인사를 위해 吏部와 兵部에서 政案을 작성하면 中書省에서 陞黜을 注擬해 上奏하고 門下省은 制勅을 받들어 행하였다고 하여8) 역시 중서성과 문하성의 기능이 분리되어 있었던 듯 말하고 있다. 이런 몇 가지 점을 감안하여 그들이 시기에 따라서는 제각각의 기능을 수행하는 별도의 기구로 존재했다고 볼 수 있는 가능성은 없는 것일까. 문제의 제기를 겸해서 의문의 일단을 피력해 둔다.

이상에서 살펴보았듯이 중서문하성은 핵심적인 정치기구라는 비중에 걸맞게 상당한 수준까지 연구가 진척되어 왔음을 알 수 있다. 그 과정에서 논자들 사이에 의견을 달리하는 몇 가지 문제가 노출되었지마는, 그것들은 물론 앞으로 면밀한 검토를 통하여 다시 고찰되어야 할 것이다. 그러나 여기에 그치지 않고 좀더 분석적인 작업도 이루어졌으면 한다. 예를 들면 門下侍中을 주제로 한다든지, 또는 6部判事를 과제로 삼은 연구 등이 그런 것들로 생각된다. 이렇게 보다 전문적인 논문들이 많이 축적될 때 중서문하성의 실체는 한층 선명하게 드러나리라 예상된다.

(4) 尙書省

'三省'의 하나로 집행기관이 되었던 尙書省에 대해서도 먼저 연구

---

8) 『櫟翁稗說』 前集 1.

를 진행시킨 이는 邊太燮이었다. 그 결과를 발표한 것이 「高麗時代 中央政治機構의 行政體系-尙書省 機構를 중심으로-」(『歷史學報』 47, 1970) ; 『高麗政治制度史研究』(一潮閣, 1971)와 앞 대목에서 이미 소개한 바 있는 「高麗宰相考-3省의 權力關係를 중심으로-」(『歷史學報』 35·36 합집, 1967) ; 『高麗政治制度史研究』(一潮閣, 1971)이지마는, 여기에서 논자는 尙書省의 成立과 組織·機能·行政體系 등 전반에 걸친 문제들을 면밀히 검토하고 있는 것이다.

그리하여 우선 상층부의 御事都省과 하층부의 選官·兵官·民官·刑官·禮官·工官 등 御事6官의 체제를 이룬 御事省이 中書門下省과 같이 成宗 원년과 이듬해에 걸쳐 성립했는데, 成宗 14년에 이르러 그 명칭이 각기 尙書都省과 尙書6部로 바뀌는 과정을 거쳐 文宗朝에 완성이 되며, 이 때에 처음의 9屬曹도 2屬司만이 남게 되어 결국 상서성은 尙書都省과 吏部·兵部·戶部·刑部·禮部·工部의 6部, 그리고 考功司와 尙書都官의 2屬司로 조직되었다고 정리하고 있다.

그런데 이와 같은 고려의 상서성 조직은 唐制의 그것과는 여러 가지 면에서 차이가 나는 것이었다 한다. 즉, 唐의 경우 상서성의 가운데에 都堂이 있고, 그 동편에 吏·戶·禮 3行이 있어 左司가 통할하고, 서편에 兵·刑·工 3行이 있어 右司가 통할했으나, 고려에서는 都省의 東西에 6部가 集中되어 있지도 않고, 또 左司 3部와 右司 3部가 整列되어 있지도 않았다. 아울러 6部의 序列도 唐은 周禮의 6典體制에 따른 吏·戶·禮·兵·刑·工의 순서로 되어 있었던 데 비하여 고려는 吏·兵·戶·刑·禮·工의 순으로 되어 있었으며, 屬司 역시 唐은 24司가 존재했으나 고려는 2屬司밖에 설치하지 않았음을 들고 있는 것이다. 이는 고려가 唐의 제도를 원용하면서도 자신의 현실적 여건에 맞게 재편한 데 기인하는 것으로, 고려의 제도가 지니는 특수성이 되기도 한다는 점을 강조하고 있다.

다음으로 尙書省의 인원구성을 보면 省의 장관은 從1품인 尙書令으로 편성된 데 비하여 6部는 正3품인 尙書이고, 屬司에는 正5품인 郎中 이하가 설치되어 3者가 단계적으로 조직되었음을 알 수 있다. 따라서 만약에 이 체제대로라면 상층기구인 도성이 6部 이하를 통할해야 하는 것이겠으나, 그러나 실제적으로는 그렇지가 않았다 한다. 상서도성을 구성하는 관원 가운데 편제상 가장 상급 직위로 되어 있는 尙書令은 中書令처럼 宗室에게 제수한 封爵에 따라 수여한 형식적인 명예직이었을 뿐 實務職이 아니었다. 그렇다면 바로 그 아랫자리에 위치한 正2품의 左·右僕射가 장관이 되어야 했겠는데, 하지만 그 역시도 田柴科나 祿俸·儀從의 丘史數 등에서 中書門下省과 中樞院의 從2품 宰相보다도 오히려 낮은 대우를 받은 閑職으로 宰相에 포함되지 않는 게 통상이었으며, 다만 司空이 가해질 경우에 한하여 그 列에 들었다. 左右僕射가 이러했으니 그 아래의 從2품인 知都省事는 더 말할 나위가 없는 것으로서, 논자는 편제상 都省에 4명의 宰相을 설치하도록 되어 있으나 실제로는 한 명도 존재하지 않는 셈이었다고 보았다.

이러한 사정은 都省의 기능과 밀접한 관련을 가지는 것이었다. 그것은 政務를 처리하는 데 발언권이 있는 권력기구가 되지 못하고 국가의 여러 行事를 주관이나 하고, 公文의 발송을 맡은 사무관청에 지나지 않았다는 것이다.

논자는 이 같은 都省에 비하여 행정의 중심이 된 기구는 오히려 하층부를 구성하는 6部였다고 주장하였다. 6部는 寺·監·倉庫를 통할하고 지방의 州縣에 直牒하기도 했지만, 국무를 집행하는 데 있어 都省이나 中書門下省을 경유하지 않고 직접 國王에게 奏請하고 처리했다는 것이 그 근거이다. 이 때 중서문하성은 품달된 안건에 대하여 논의하는 의정기관으로서의 역할을 하였으나, 행정체계상으로는 6部와 국왕이 直結되었으므로 그는 거기에서 배제되어 있었다는 이해인 것이다.

이상의 연구를 통하여 우리들은 상서성에 대해 상당한 수준의 지식을 얻을 수 있게 되었다. 위의 두 논고는 처음의 연구물임에도 불구하고 중요한 문제들을 망라하여 깊이있게 다루고 있는 것이다. 따라서 그 뒤에 발표된 周藤吉之,「高麗初期の宰相, 尙書左右僕射について」(『古代東アジア史論集』, 吉川弘文館, 1976):『高麗朝官僚制の硏究』(法政大學出版局, 1980)와 朴龍雲,「高麗時代의 尙書都省에 대한 檢討」(『國史館論叢』61, 1995)는 그것을 보완하는 정도의 성격을 지닌 논고들이라 생각된다.

그러나 다만 여기서는 각급 직위에 임명된 사례를 모두 추출하여 분석한 결과에 의거하여 종래와 좀 다른 異見이 제시되기도 하였는데, 그 하나로 左右僕射는 역시 宰相으로 이해해야 한다는 견해를 들 수 있다. 즉 이들의 승진이나 宰相職 겸임 등의 구체적 실례를 볼 때 좌·우복야는 중서문하성의 재신과 중추원의 判中樞院事·中樞院使보다 하위에 위치하는 존재였으나 知院事·同知院事와는 同級이었고 中樞院副使·簽書院事·中樞院直學士보다는 상위에 위치한 재상이었다는 것이다. 이는 종래 복야가 正3品인 6尙書와 더불어 8座를 구성하는 직위였다고 본 견해가 잘못이었다는 데서도 증명되며, 또 무엇보다 이들이 宰相들만 겸직하게 되어 있는 3司와 6部의 判事職을 띠고 있는 사례가 꽤 많이 찾아진다는 데서 그 점은 분명하게 입증된다는 사실도 지적하고 있다.

이와 함께 상서도성의 기능에 대해서도 좀 다른 시각이 제시되었다. 도성은 구체적으로 6部를 포함한 서울 소재의 官署가 지방으로 보내는 公貼을 관장하였고, 외국으로 보내지는 문서도 尙書都省牒으로 발송했으며, 또 일시적이기는 하지만 京畿의 諸縣을 관장하는 업무를 맡기도 하였다. 그런데 종래에는 이 일들을 단순한 기계적인 사무처리에 불과하였던 것으로 파악하였다. 하지만 지방으로 발송되는 公貼의 경우만 하여도 송부되어 오는 안건을 도성이 무조건 轉送한 것이 아니라 可否를 검토하여 타당하다고 판단될 때에 한하여 조처하도록 되어 있었다. 만약에 도성이 그렇지 않다고 판단하였을 경우에는 물론 지방으로 보내지지 않았을 것이다. 이런 점에서 그의 일정한 통제적 역할을 상정할 수가 있다.

국가를 대표하여 외국으로 문서를 보내는 일도 그렇게 대수롭지 않게 보아넘길 것이 못되며, 또 京畿의 諸縣이 도성에 '直隷'했다고 하였는데, 그 '直隷'를 公貼 行移과 같은 단순한 사무관계로 해석하는데도 무리가 따른다는 지적이 나오고 있다. 이밖에 도성에서는 국가의 祭禮와 禱雨 행사 등도 베풀어졌지마는, 이 역시 과거에는 "壯大한 都省廳이나 廣大한 都省庭을 이용한 행사였다"고[邊太燮 저서 25쪽] 하여 장소의 대여에 초점을 맞추어 파악했으나, 지금은 그와 달리 각 행사를 도성이 주관한 것으로 보려는 견해가 조심스레 비쳐지고 있기도 하다.

도성에는 正2品의 장관을 비롯하여 11人의 品官과 39人의 掾屬이 설치되고 있지마는, 이와 같이 대규모의 관리들을 둔 사실도 후자의 시각에 섰을 때 비로소 무리없이 수긍될 수 있다는 설명도 눈에 띈다. 상서도성은 중서문하성이나 중추원과 비교하여 상대적인 의미에서 권력이 약했다고 할 수는 있지만 그 나름 중요한 업무를 담당하고 있었다는 것이다.

다음으로 6部中心의 行政體系라는 주장에 대해서도 좀 논란이 되고 있다. 앞서 언급했듯이 邊太燮은 그 논거로 6部가 도성이나 중서문하성을 배제하고 안건을 왕에게 直奏했으며, 그리하여 결정된 사항도 왕으로부터 직접 전달받아 시행했다는 점을 들었지마는, 그러나 「高麗宰相考」에서는 이와 상반되는 논지도 펴고 있다. 즉, "省宰에 의한 6部判事의 겸직은 국무를 분담한 상서성의 권력을 중서문하성에 흡수시키는 결과를 초래하였다. 원래 6部에는 각각 正3品의 尙書가 장관이 되고, 이는 상서도성의 左右僕射의 통솔을 받게 되어 있었다. 그러나, 宰臣이 6部判事가 되어 각기 本府에 坐하여 중요사를 의론 결정하고, 각 尙書를 統領하는 직권을 가지고 있었기 때문에 상서도성은 무력화하고, 상서6부의 권력은 각 省宰에게 귀속하게 되었다. 이와 같이 상서도성의 장관인 左右僕射는 中書門下省의 省宰 밑에 위치하고, 또한 省宰가 6部判事를 兼帶하고 尙書6部를 통령함으로써 尙書省은 중서문하성에 예속하고 있었던 것이다"〔著書 82쪽〕라고 주장하고 있는 것이다. 이러한 두 논지간의 모순에 대해서는 著述을 書評하는 자리에서 이미 지적된 바 있거니와,9) 만약에 후자의 설명처럼 宰臣이 겸직하는 6部判事가 실제적인 권한을 가지는 제도였다면 6部直奏가 지니는 한계성은 뚜렷했으리라 짐작된다. 그런 점에서 이 문제도 앞으로 좀더 신중하게 검토해 보아야 할 과제의 하나라고 생각되는 것이다.

尙書6部는 편제상 도성의 하층부를 구성하는 형식을 띠고 있었지만, 실제적인 정치·행정상에서는 중서문하성 宰府의 통할을 받도록 짜여져 있었다. 그렇다면 도성과 6부 사이의 정치적·행정적 관계는 어떠한 것이었을까. 이 점은 아직도 모호한 상태 그대로라고 하여도 과언이 아닐 듯싶다. 뿐 아니라 행정의 집행을 담당한 중요 기구인 6

---

9) 姜晉哲,「書評, 邊太燮著 高麗政治制度史硏究」,(『歷史學報』52, 1971), 133~134쪽.

部에 대해서도 그 실체를 보다 구체적이면서도 세밀하게 추적한 논고 역시 잘 눈에 들어오지 않는다. 아마 문제 해결의 실마리는 이 후자에게서 찾을 수 있지 않을까 하는 생각이 많이 드는데, 앞으로 이 방면의 좋은 연구도 기대해 본다.

(5) 中樞院

中樞院은 시기에 따라 樞密院 또는 密直司라고도 불린 중앙관부의 하나로, 中書門下省과 어깨를 견줄 수 있을 만큼의 중요한 기구였다. 『高麗史』卷76 百官志 1 密直司條에 의하면 그것은 成宗 10년에 韓彦恭의 건의로 설치되었으며, "出納과 宿衛, 軍機의 政事를 관장하는" 일을 맡아보았는데, 그 요원으로 從2品인 判院事 이하의 여러 관원이 있어 거기에 종사한 사실 등을 대략 파악할 수 있거니와, 이 기구의 연구에 먼저 착수한 사람은 周藤吉之였다. 즉 그는 兩府의 宰相에 관한 연구라는 입장에서 中書門下省 소속의 宰相과 함께 中樞院의 그들에 대해서도 검토하여 그 결과를 앞서 소개한 「高麗初期の官吏制度－とくに兩府宰相について－」(『東洋大學大學院紀要』11, 1974);『高麗朝官僚制の硏究』(法政大學出版局, 1980)를 발표하고 있는 것이다. 그 내용은 中樞院使나 中樞副使 등에 임명된 사례를 모두 추출하여 그들이 어떤 관직을 겸직하였고 또 遷官 등은 어떠했는가를 살피는 작업으로 되어 있는데, 중국의 경우와 비교되어 우리에게 도움을 주기는 하나 너무 단순한 고찰로 그치고 만 느낌이 없지 않다. 그는 훨씬 뒤에 「高麗初期の中樞院, 後の樞密院の成立とその構成－唐末・五代・宋初の樞

密院との關連に於いて-」(『朝鮮學報』119·120 합집, 1986)를 발표하여 그 下位組織을 이루었던 承宣 등에 대해서도 검토하고 있지마는, 형식은 앞의 논고와 마찬가지로 되어 있다.

그러므로 중추원의 설치와 구조·직무·기능 등의 전반적인 문제는 邊太燮,「高麗의 中樞院」(『震檀學報』41, 1976)과 朴龍雲,「高麗의 中樞院 硏究」(『韓國史硏究』12, 1976)에서 이루어지고 있다. 이 두 논고는 발표된 시기도 그러하지만 논지 역시 유사하여, 우선 중추원이 成宗 10년에 발족한 이래 康兆의 政變과 더불어 中臺省으로 개편되었다가 顯宗 2년에 다시 복구되는데, 처음에는 直宿 등을 담당하여 近侍機構의 성격이 강했다는 사실을 논하고, 이어서 그것의 2元的 構造도 함께 밝히고 있다. 즉 중추원은 從2品의 判院事·院使·知院事·同知院事 및 正3品의 副使·簽書院事·直學士로 구성된 상층부의 樞府와 正3品의 知奏事[知申事]·左右承宣[承旨·代言]·左右副承宣[副承旨·副代言]으로 구성된 하층부의 承宣房으로 分立되어 있었으며, 그에 따라 업무도 전자가 주로 '軍機'를 관장한 데 비해 후자는 주로 '出納'을 맡아보았다는 것이다. 중추원의 직무와 관련해서 이밖에 禮司로서의 역할 등도 지적되고 있지마는, 특히 樞密은 넓은 의미의 宰相으로써 中書門下省의 宰臣과 함께 議政機能을 담당했다는 사실이 강조되어 있기도 하다. 이렇게 樞密이 宰相으로써 기능하게 되면 省宰는 자연이 견제를 받게 되며, 동시에 王權은 안정을 기할 수 있게 된다. 중추원 설치의 목적은 이런 면과도 관련이 깊었던 것인데, 그러나 門閥貴族社會인 고려에서는 오히려 양자가 결합되어 본래의 의도대로 기능하지 못하였다는 점도 같이 언급되고 있다.

두 논고는 이처럼 골격이 거의 같게 되어 있지만, 그러나 몇 가지 작은 문제들에서는 서로 다른 주장도 보여 얼마간 검토가 필요할 듯싶다. 그 하나로 顯宗 때 中臺省이 설치되는 사실과 관련하여『高麗史』百官志 密直司條에는 "罷中樞院及銀臺南北院"이라 기술하고 있는 데 비해『高麗史節要』卷2 顯宗 卽位年 2月條에는 "罷銀臺·中樞南北院"이라 기술하여 양자간에 좀 차이가 나타나고 있지마는, 이를 邊太燮은 '中樞院·銀臺·南北院'으로 해석한 데 비해 朴龍雲은 '銀臺·中樞南院·中樞北院'으로 해석한 것을 들 수 있다. 이후의 논자들 사이에서도 이 부분은 혹 전자, 또는 혹 후자와 같이 이해하여10) 혼선이 계속되고 있는 실정인데, 아마 전자의 견해가 좀더 타당성을 지니는 것은 아닌지 모르겠다.

　하층부를 구성하는 承宣들의 기구에 대해서도 邊太燮은 承宣房으로 본 데 비해 朴龍雲은 처음에 知奏事房이던 것이 나중에 承旨房으로 바뀌었다고 이해하여 역시 차이를 드러내고 있거니와, 후자가 그처럼 파악한 것은『高麗史』卷77 百官志 2 諸司都監各色條에 承旨房에 관한 기사가 실려 있고, 또『高麗史節要』卷14 熙宗 7年 12月條에는 知奏事房이 언급되어 있기 때문이었다. 그러나 비록 文集類이기는 하지만 전자에 의해 承宣房의 존재가 확인된 이상 이 견해가 옳겠다는 생각이 많이 든다. 명칭이 承宣일 때 그 기구는 당연히 承宣房이었을 것이며, 承旨房은 承宣이 承旨로 호칭이 바뀌었을 때의 기구였다고 이해되기 때문이다. 知奏事房은 아마 知奏事의 기구로 따로이 존재하지 않았나 판단된다.

　다음 직능의 하나였던 軍機, 즉 軍事機務에 대하여 중추원이 그 업

---

10) 위에 든 周藤吉之의 1986년 논문과 金炅希,「高麗前期 中樞院 承宣研究」,『梨大史苑』24·25 합집, 1989)에서는 전자를, 崔貞煥,「高麗 中樞院 樞臣의 祿俸規定과 그 運營實態」,(『人文科學』創刊號, 慶北大, 1985) ;『高麗·朝鮮時代 祿俸制 研究』(慶北大出版部, 1991)에서는 후자를 옳다고 보았다.

무를 수행한 것은 고려후기부터라는 데 두 논자가 의견을 같이하고 있으면서도 朴龍雲은 그 시기를 새로운 兩府體制가 이루어지는 忠宣王 復位 2年을 시발점으로 잡고 있는 데 반하여 邊太燮은 그보다 훨씬 앞서 일어난바, 崔忠獻 형제가 明宗을 廢하고 神宗을 迎立할 때 兵을 거느리고 樞密院에 들어가 諸衛將軍으로 하여금 毬庭에 주둔케 한 사실11)을 그 한 예로 들고 있으며, 나아가서는 고려초기부터도 중추원은 미약하나마 군사권과 관계가 있었다고 하여 이 점에서도 차이는 나타난다. 그러나 후자의 경우 "최충헌 형제가 兵을 거느리고 樞密院에 들어가 諸衛將軍으로 하여금 毬庭에 주둔케 한" 그 기사가 중추원의 군사적 기능을 직접적으로 설명하여 주는 사료인가 하는데 일말의 의문이 있을 수 있어서 문제가 그렇게 간단치는 않다. 만약에 이 자료를 부정적인 견지에서 처리한다면 그 이전의 사료 가운데에서 중추원의 군사적 기능을 뒷받침해 줄 수 있는 것은 하나도 없는 셈이 된다. 그런 점에서 고려전기에도 중추원이 군사업무를 담당했느냐의 여부는 좀더 신중히 검토해 볼 필요가 있는 앞으로의 과제인 것이다.

이와 함께 中樞院의 職官중 하나였던 執奏도 얼마간 문제가 되는 사항 가운데 하나이다. 그에 대하여 『高麗史』 百官志 密直司條에 "忠烈王이 처음 즉위하여 執奏를 두었다. 崔忠粹가 죽은 다음부터 執奏職을 폐지했었는데, 이 때 와서 회복한 것이다"라는 설명이 실려 있고, 여기에 보이는 崔忠粹에 앞서 이 직위에 임명되었던 인물로는 武臣亂의 장본인인 李高·李義方이 각각 大將軍·衛尉卿과 大將軍·殿中監으로 執奏를 겸한 사실이 확인되었다. 그러므로 두 논자는 執奏가 대체적으로 武臣亂 이후에 등장하는 것처럼 보아왔으나 이는 확실히 잘

---

11) 『高麗史節要』 卷13, 神宗 卽位年 9月.

못이었던 듯하다. 그전에 이미 그것을 역임한 구체적인 사례가 발견되기 때문이다. 즉 睿宗 11年에 鄭沆은 "王旨를 받고 執奏에 임명되어 마음가짐을 平直하게 하고 出納을 미덥게 했다"고 보이며,12) 仁宗 18年에도 "왕이 郞舍의 言事로 인해 執奏官 등을 파직했다"13)는 기사가 찾아지는 것이다. 그렇다면 이들이 처음 설치된 것은 언제인가가 문제인데, 그 점은 현재로서는 잘 알 수가 없으며, 또 고려전기에 있었던 掌奏事와의 관계도 의문이 가기는 마찬가지이다. 먼저의 오해에 대한 시정 겸 새로운 과제의 하나로 지적하여 둔다.

그러나 문제의 제기는 여기에서 그치지 않고 있다. 崔貞煥은 「高麗 中樞院 樞臣의 祿俸規定과 그 運營實態」(『人文科學』創刊號, 慶北大, 1985) ; 『高麗·朝鮮時代 祿俸制 硏究』(慶北大出版部, 1991)와 「高麗後期 宰·樞臣의 祿科規定과 그 運營實態」(『韓國史硏究』69, 1990) ; 上同書의 두 논고에서 종래의 학설에 대해 몇 가지 異見을 피력하고 있는 것이다.

그 하나가 文宗官制의 7樞 가운데 直學士는 樞密의 대열에서 제외시켜야 한다는 것인데, 그 이유는 그와 한 묶음이 되고 있는 직위가 4品이라는 데 두고 있다. 예컨대 '禮部侍郞中樞院直學士'·'密直學士秘書少監'과 같이 中樞院直學士와 한 묶음이 되고 있는-그의 표현대로는 實職이 되고 있는-禮部侍郞과 秘書少監이 각각 正4品과 從4品에 불과하기 때문에 그를 宰相의 하나인 樞密에 포함시키기는 어렵다는 것이다. 그러나 이 논리대로라면 그가 樞密로 인정하고 있는 中樞院副使도 당장 문제가 된다. 그가 들어놓고 있듯이 중추원부사는 殿中監·禮賓卿 등 3品官과 한 묶음이 되고도 있지만, 이와 달리 '吏部侍郞樞

---

12) 金龍善 編著, 『高麗墓誌銘集成』, 61쪽, 鄭沆墓誌銘.
13) 『高麗史節要』 卷10, 仁宗 18年 秋7月條.

密院副使'・'給事中中樞院副使'의 예처럼〔144~147쪽〕4品과 한 묶음이 되고도 있기 때문이다. 이와 같이 兼職에서는 통상적으로 品階가 좀 높기도 하고 또 낮기도 하였으므로 그것을 기준으로 삼아 논하는 데는 곤란한 점이 없지 않다. 따라서 直學士의 문제 역시 재검의 여지가 있다고 판단되는 것이다.

그는 또 用語에 있어 '樞密'보다는 '樞臣'이라는 말을 쓰는 것이 더 타당하다는 주장도 펴고 있다. 樞密이란 용어가 文宗朝 당시에는 사용되지 않았고, '宰臣'에 대해서는 '樞臣'이 더 잘 어울리며, '宰臣・樞密'・'僉議・密直'이라 했을 때의 樞密・密直이 사람을 지칭하는 것인지, 官府를 지칭하는 것인지 불분명하기 때문이라는 것〔171~172쪽〕이 그 이유이다. 그러나 처음의 주장만 하여도 어떤 오해가 있는 것 같다. 文宗 때는 관부의 명칭이 中樞院이었으므로 '樞密'이라는 말이 사용되지 않았던 것으로 이해한 듯싶지만, 中樞院 시기에 어떤 다른 용어가 따로이 있었던 것은 아니며, 또 '樞密'이 樞密院이라 불리는 시기에만 사용된 것도 아니라고 짐작되기 때문이다. 中樞院은 宋의 樞密院에서 이끌어 온 관부로 '樞密'이란 용어는 그 시기에도 사용되었다고 보는 것이 옳다는 생각이다.

또 중서문하성의 '宰臣'에 대해서 중추원의 경우 '樞臣'이라 부르는 것이 더 잘 어울린다고 했지만 이것은 논자의 감정일 뿐이라고 판단된다. 史書에는 엄연히 '宰臣'의 대칭어로 '樞密'이 널리 사용되고 있는만큼 그대로 지칭함이 역시 옳다고 생각되는 것이다. 다음 樞密・密直이 사람을 칭하는 것인지, 또는 官府를 칭하는 것인지 불분명하다고 했지만, 그들이 官府를 말하는 것이 아님은 분명하며, 그와 연결된 앞뒤의 문장을 함께 참작하면 사람을 지칭하는 말임도 대략 가려낼 수가 있다. 사실이 이러한만큼 '樞密'보다는 '樞臣'이란 용어가 더 타당하다는 주장에도 여전히 선뜻 동의하기가 어려운 것이다.
 이상 崔貞煥의 논지 일부에 대해 검토했지마는, 사실 그의 주지는 논제에서도 드러나듯이 이런 문제보다 樞密의 祿科規定을 통해서 본 그들의 運營實態에 두어져 있다. 다 알고 있듯이『高麗史』卷80 食貨志3 祿俸 文武班祿條에 文武官에 대한 祿科와 支給額數가 규정되어 있거니와, 그 가운데 文宗 30년의 제정에서는 7樞 가운데 院使·同知院事·副使·簽書院事·直學士만이 보일 뿐 判院事·知院事는 빠져 없으며, 仁宗更定祿制에서는 7樞 모두가 포함되지 않고 있다. 그는 이 점에 특히 주목하여, 그처럼 祿制에서 빠져 無祿官이 된 직위는 兼職으로 運營되어 따로이 實職을 지녔다고 파악하였다. 그러니까 고려전기에는 院使 등 5樞密만이, 그나마 仁宗朝 이전에 한해서 祿官이었다는 이야기인데, 그러면서도 그는 이들 역시 모두 他'實職'을 지녔었다고 말하고 있다.
 仁宗朝 이후 이렇게 無祿官으로 운영되던 7樞는 高宗末~忠烈王朝에 즈음하여 다시 祿官이 되어 단독직으로 기능하는 경우가 많게 되었다. 물론 이 때에도 樞密이 尙書 등의 직위를 지니기는 하지만 이 경우에는 어디까지나 樞密이 實職이고 尙書 등은 兼職이었다고 보고 있다.
 이와 같은 그의 논지는 樞密의 이해에 매우 중요한 새로운 시사를 주는 것인데, 하지만 설명 가운데에는 잘 납득되지 않는 대목도 눈에 띄어 역시 좀더 검토해 보아야 할 여지는 남기고 있다. 그 하나가 院使 등은 고려전기에도 祿官으로서 實職이었다고 하면서도 또한 다른 '實職'을 지녔다고 보는 데 따른 모순이다. 院使 등이 實職이면 그와 한 묶음이 된 다른 직위는 당연히 겸직이 되어야 하는 것이 아닐까. 判院事·知院事와 같이 無祿官이었다면 모르되 祿官인 院使 등도 그와 같이 보는 데는 의문이 없지 않은 것이다. 前期의 院使 등과 같이 모두 祿官이 된 후기의 樞密들 경우 실제로 그는 樞密이 실직이었고 他職은 겸직이었다고 말하고 있다.

논자는 또 前期의 상황을 설명하는 자리에서 顯宗 9년 5월에 "禮部尙書兼中樞使"가 된 梁積의 경우 禮部尙書의 實職으로 中樞使를 兼職했다고 이해한 반면, 靖宗 원년 7월에 "中樞使兼御史大夫"가 된 皇甫穎의 경우는 中樞使의 實職으로 御史大夫를 겸직했다고 보고 있는데〔179~180쪽〕, 이 점도 납득이 잘 가지 않는다. 어찌하여 그처럼 實職과 兼職이 바뀔 수 있는지 이해하기가 어려운 것이다. 혹 형식으로 보아서는 앞에 쓴 관직을 실직으로, 뒤에 쓴 관직을 겸직으로 간주한 듯싶기도 하지만, 그들을 뒤바꾸어 쓰는 사례는 흔히 찾아져 거기에 그렇게 큰 의미를 둘 수는 없을 것 같고, 또 梁積의 경우 中樞使보다 액수가 적은 禮部尙書로서의 祿俸을 받았을 것 같지도 않다는 데서 의문은 자꾸 증폭되기만 한다.

前期에 祿官이었던 院使 등이 단독직으로 나오는 경우가 많은데, 논자가 그들도 모두 他職을 지녔을 것이라고 이해한 대목 역시 좀더 신중을 기할 문제라 생각된다. 추정에 근거한 주장이기 때문이다. 논자는 그와 유사한 상황에서 나오는 고려후기의 樞密 단독직은 그대로 인정하고 있다.

이런 몇몇 의문점을 해결할 수 있다면 祿俸과 관련하여 樞密을 검토한 本稿는 앞서 지적했듯이 官制의 해명이라는 측면에서도 매우 의미있는 연구라고 판단된다. 兼職制의 문제 등을 염두에 두면서 樞密職 하나하나에 대한 면밀한 검토를 통하여 앞으로 그 실상이 좀더 선명하게 드러났으면 한다.

金炅希는 「高麗前期 中樞院 承宣硏究」(『梨大史苑』 24·25 합집, 1989)

에서 論題 그대로 承宣에 대해 집중적으로 조명하였다. 즉 이들이 담당했던 出納・近侍 업무와 堂後官의 설치에 따른 실무행정의 수행 측면 및 승선직 역임자의 兼職 상황이나 出仕路・王權과의 관계 등에 대해 하나하나 구체적으로 살피고 있는 것이다. 그리하여 종래의 연구보다 한 걸음 전진된 좋은 성과를 올리고 있지마는, 다만 먼저의 기회에도 언급했듯이[14] 이들의 기구가 군사적 직무를 띤 官署였다고 본데 대해서는 여전히 의문이 없지 않다는 점을 밝혀둘 필요가 있다는 생각이다.

지금까지의 검토로 확인되듯이 중추원의 연구는 점차 세부사항까지도 대상으로 삼으면서, 거기에 관여했던 인물들을 함께 다룸으로써 깊이를 더해 왔음을 알 수 있다. 이와 같은 분석적인 작업은 물론 앞으로 더 계속되어야 할 것이며, 그만큼 성과는 더 커지리라 짐작된다.

(6) 郎舍와 御史臺

郎舍는 중서문하성의 하층부를 구성하는 기구로, 거기에는 正3品의 左右散騎常侍〔左右常侍〕와 從3品의 直門下, 正4品의 左右諫議大夫〔左右司議大夫〕, 從4品의 給事中과 中書舍人, 從5品의 起居注와 起居郎・起居舍人, 正6品의 左右補闕〔左右司諫〕, 從6品의 左右拾遺〔左右正言〕 등이 소속하여 있었으며, 그들의 직임은 군주의 不可한 처사나 과오에 대하여 힘껏 諫言하는 諫諍과, 부당한 조칙을 封還하여 駁正하는 封駁 및

---

14) 朴龍雲,「高麗期 政治史 硏究, 1989년~1993년의 回顧와 展望」(『韓國史論』 23, 국사편찬위원회, 1993), 253쪽.

文武官의 임명이나 新法을 세우고 舊法을 고치며 喪中에 있는 人員을 起復시키는 데 심사·동의하는 서명을 하는 署經 등을 맡고 있었다 함은 앞 대목에서 언급한 바와 같다. 그런데 고려시대에는 이와 비슷한 직무를 띠고 있는 기구가 하나 더 존재하였다. 御史臺〔監察司·司憲府〕가 그것이었다. 여기에는 正3品의 判御史臺事와 御史大夫〔大司憲〕, 從4品의 知御史臺事와 御史中丞〔執義〕, 從5品의 雜端과 侍御史〔掌令〕, 正6品의 殿中侍御史〔持平〕, 從6品의 監察御史〔糾正〕 등이 있어 일을 보았지마는, 『高麗史』卷76 百官志 1 司憲府條에는 이들 臺官의 직능에 대해 "時政의 論執과 風俗의 矯正, 그리고 糾察·彈劾하는 직임을 관장하였다"고 규정하고 있다. 즉, 이들은 당시의 정치나 시책에 대한 언론과 常道를 벗어난 풍속의 단속 및 百官의 非違·不法을 규찰 탄핵하는 일을 맡았던 것이다.

그렇다고 한다면 御史臺의 臺官과 中書門下省 郎舍의 諫官, 곧 臺諫은 각기 그 직임이 조금씩 달랐다고 할 수 있다. 후자는 주로 군주를 대상으로 하여 간쟁을 담당했던 데 비하여 전자는 주로 관료들에 대한 감찰을 맡고 있었기 때문이다. 그러나 한편 살펴보면 양자의 職能 限界는 명확치 아니한 점이 나타난다. 臺·諫은 같은 言官으로서 다같이 時政의 得失을 논하고 있을 뿐더러, 간관이 관료의 非法·貪虐 등을 논죄하고 있는가 하면, 대관들도 군주에 대한 간쟁 등 간관의 직능을 수행하고 있는 것이다. 署經權도 물론 대·간이 공통적으로 가지고 있는 권한의 하나였다. 그리하여 '臺諫一體'라는 주장도[15] 나오게 되었다고 생각되지마는, 대간이라는 용어 자체에 단적으로 드러나고 있듯이 이들은 흔히 같이 상소를 올려 군주의 과실과 백관의 비위를

---

15) 『朝鮮太宗實錄』卷24, 太宗 12年 9月 戊子條.

논하여 서로 보조하는 입장에 있었다.

　이와 같은 대·간의 문제를 처음으로 다룬 연구는 金龍德,「高麗時代의 署經에 對하여」(『李丙燾華甲紀念論叢』, 一潮閣, 1956)이었다. 이 논문은 제목과 같이 대간의 직권중 하나인 署經에 중점을 두어, 거기에는 告身署經과 依牒署經이 있었으며, 전자의 경우 侍中 이하 전관료가 대상이었고, 누구도 署經을 받지 못하면 관직에 나갈 수 없었다는 사실, 그리고 不署告身으로 인한 대간의 被禍와 誤署의 責任 등 여러 사항을 검토하였다. 그러나 여기서는 그에 그치지 않고 상술한 대간의 구성과 職權 일반을 살핌과 동시에 대간의 임명에는 能力과 言動·勤務成績뿐 아니라 身分 등을 고려했으며, 일단 선발된 그들에게는 많은 特典이 주어졌다는 것과, 이들의 직권이 고려전기에는 잘 발휘되었으나 武臣亂 이후에는 그렇지 못했다는 것, 나아가서 대간제는 王朝側이 自己規制, 自己批判을 통하여 정치의 건전과 주권의 안태를 기하려는 목적에서 설치한 것이지만, 그들은 貴族勢力을 대표하여 王權을 제약하는 구실을 했다는 것 등 광범위한 내용을 취급하고 있다. 대간제와 관련된 거의 모든 과제를 다룬 셈인데, 그러다 보니 서술에 좀 소략한 면이 없지 않은 것 같고, 또 諫官을 常侍와 諫議大夫·補闕·拾遺로 한정시킨 것 등 다소의 문제점이 노출되고는 있으나 처음의 연구에도 불구하고 이 제도의 큰 줄기를 거의 모두 잡아놓은 공로는 높이 평가하여 좋다고 생각된다.

　그 뒤 邊太燮은 中書門下省을 검토하는 자리에서 당연히 省郞〔諫官〕도 취급하였다. 그 연구가 앞서 소개한 「高麗의 中書門下省에 대하여」(『歷史敎育』10, 1967) :『高麗政治制度史硏究』(一潮閣, 1971)이지마는, 그는 이 논고를 통해 省宰와 省郞은 異質的인 存在이면서도 동일한 中書門下省의 관원으로써 共議·合諫한 사실 등의 양자간 관계와 그들 구성원에는 散騎常侍・諫議大夫・補闕・拾遺 이외에 給事中・中書舍人과 起居注・起居郞・起居舍人도 포함되었음을 밝히는 등 이 방면에 대한 이해를 한층 전진시켰다.

그러다가 대간에 관한 좀더 면밀한 추적은 朴龍雲,「高麗朝의 臺諫制度」(『歷史學報』52, 1971):『高麗時代 臺諫制度 硏究』(一志社, 1980)와 宋春永,「高麗 御史臺에 관한 一硏究」(『大丘史學』3, 1971)에서 이루어졌다. 그 가운데 전자는 거기에 이어서「高麗時代 臺諫 機能의 變遷」(『史叢』17・18 합집, 1973):「臺諫制度의 成立」(『韓國史論叢』1, 1976):「高麗時代의 臺諫과 宰樞文武兩班」(『誠信女大論文集』12, 1979:『高麗時代 臺諫制度 硏究』, 一志社, 1980) 등을 발표하여 점차 관심의 범위를 확대하여 갔거니와, 요컨대 그 내용은 대간의 기원과 조직・직권을 하나하나 점검하고 身分과 함께 國王 및 宰樞와의 관계 등을 살피는 작업이었다.

그 가운데서 특히 대간직은 淸要職의 하나로, 이른바 貴族家門과 긴밀히 연결되어 있었을 뿐더러 사상적인 측면에서 儒敎政治理念에 바탕에 둔 제도였기 때문에 현실적으로 대간들은 강력한 직권을 가지고 王權까지도 規制하는 기능을 수행했다는 설명은 되새겨 볼 만한 대목이다. 宋春永은 그와 좀 달리 이해하고 있는 까닭이다. 즉 그는 "御史臺가 王權에 대해 어느 정도의 제약을 가하였던 것은 사실이다. 그렇다고 하여 그것을 전적으로 御史臺의 王權에 대한 제약적 기능으로 평가해서는 안된다. 왜냐하면 국왕은 御史臺의 諫諍을 德政的 自己反省의 계기로 삼은 데 지나지 않았고, 또 그것은 국왕의 행위나 정책을 올바른 방향으로 시정시킴으로써 王權을 强化하는 각도로도 그 효과를 나타내었기 때문이다"(32쪽)라고 논술하고 있는 것이다.

이에 대해 朴龍雲은 원래 대간제도란 王朝側이 自己補完의 한 방법으로 설치한 것이기 때문에 저들의 간쟁은 국왕이 반성하는 계기를 마련하고, 그리하여 국왕의 행위나 정책이 올바른 방향으로 나가게 한 것이 사실이었다는 점에서 일면 동조하고 있으면서도, 하지만 그것은 바라는 바의 目的論이요 結果論이며, 當爲性의 理論일 뿐 실제적인 권력관계는 그렇지 않았다고 비판한다. 고려시대의 역사적 현실은 국왕이 대간의 간쟁이나 서경문제 등을 德政的 自己反省의 계기로 삼은 예에 못지않게 政事에 자기의 의사를 관철시키고자 대간과 서로 날카롭게 대립한 사실이 허다했다는 것이다.

그러나 최근에 들어와서도 대간의 기능은 왕권에 대한 견제보다 그것을 강화하는 쪽에 더 비중이 두어졌다는 주장이 나오고 있다.16) 이렇게 대간의 기능을 둘러싸고 논자들 사이에서 상반된 견해가 계속하여 개진되고 있는 것은, 저들이 國王의 近臣으로 보좌하는 역할과 함께 규제의 기능을 아울러 수행했으므로 어느 쪽에 더 중점을 두고 보느냐의 차이에 기인하는 것 같은데, 필자로서는 고려의 사회적 여건으로 미루어 규제 쪽에 더 비중을 두는 견해가 여전히 옳다는 생각을 가지고 있다. 하지만 대간과 왕권의 정치적 관계는 時期나 事案에 따라 달라질 수 있는 문제이므로, 이 역시 보다 면밀한 분석을 요하는 앞으로의 과제로 남겨두는 것이 좋겠다.

(7) 都兵馬使와 式目都監

都兵馬使와 式目都監은 모두 中書門下省의 宰臣과 中樞院의 樞密

---

16) 邊太燮, 「중앙의 정치조직」(『한국사』 13, 국사편찬위원회, 1993), 91~93쪽.

로 구성되어, 전자는 대외적인 國防·軍事 문제를, 그리고 후자는 대내적인 法制·格式 문제를 다루는 회의기관이었다. 그런데 이 가운데 都兵馬使는 고려후기에 들어와 都堂으로 화하여 국정을 총괄하는 기구가 되지마는, 이들이 차지하는 비중 역시 그만큼 컸음을 능히 짐작할 수 있다.

저들에 관한 자료는 잘 알려진 대로 주로 李齊賢 著述의 『櫟翁稗說』에서 옮겨놓은 듯 보이는바, 『高麗史』卷77 百官志 2 諸司都監各色 조의 都評議使司 및 式目都監 항목에 실려 전한다. 그 내용은 먼저 都兵馬使의 경우 國初의 명칭으로서 文宗 때 官制가 정해졌는데, 侍中·平章事·叅知政事·政堂文學·知門下省事를 判事로, 6樞密과 職事 3品 이상을 使로 삼았고, 그 밑에 副使·判官·錄事 및 다수의 吏屬이 있었다는 것, 그리고 忠烈王 5년에 이르러 都評議使司로 개칭되었으며, 무릇 큰일이 있으면 使 이상이 모여 회의했으므로 合坐의 명칭이 있게 되었다는 것 등으로 짜여져 있으며, 式目都監에 대해서는 文宗 때 省宰로 使를, 3品官 이상으로 副使를 삼았고, 그 밑에 判官·錄事를 두었으며, 忠宣王 2년에는 敎를 내려 "式目으로 하여금 邦國의 重事를 管掌토록 했다"는 것 등으로 되어 있다.

이 같은 두 기관에 대해 먼저 관심을 보인 연구자는 末松保和였다. 즉, 그는 「高麗兵馬使考」(『東洋學報』39-1, 1956) : 『靑丘史草』1(笠井出版社, 1965)와 「'高麗式目形止案'について」(『朝鮮學報』25, 1962) : 『靑丘史草』1(笠井出版社, 1965)에서 비록 부수적으로 다루기는 했지만 이들에 대하여 각각 언급하고 있는 것이다. 그리하여 都兵馬使와 式目都監은 기록상 이미 顯宗朝부터 나타나는데, 그 가운데 전자는 兩界에 둔 兵馬使의 統帥部로서 軍事와 國防에 관한 일을 보았으며, 후자는 "通常의 法規로 律할 수 없는 大小의 事項을 合議하는 기관이었던 듯 생각된다"[246쪽]는 설명을 하고 있지마는, 그러나 이외의 언급은 『高麗史』百官志의 내용을 소개하는 수준에서 머무는 간략한 것이었다.

그러다가 이들에 대한 전반적인 해명을 기도한 작업은 역시 邊太燮에 의하여 이루어졌다. 「高麗都堂考」(『歷史敎育』11·12 합집, 1969) : 『高麗政治制度史硏究』(一潮閣, 1971)와 「高麗의 式目都監」(『歷史敎育』15, 1973)의 두 논고가 그것이었다. 그리하여 전자에서는 都兵馬使의 기원이 成宗 8년에 설치된 東西北面兵馬使의 判事制에 있다는 것과 그의 判事는 宰臣이, 使는 樞密이 임명되었지만 宰樞면 무조건 겸임한 게 아니라 특정한 사람이 별도로 임명되었으며, 회의에는 副使·判官도 참석했음을 지적하고, 이어서 兩界의 將卒에 대한 賞罰이나 변경의 州鎭民에 대한 賑恤의 건의 등 그가 수행한 기능을 구체적인 예를 들어가며 설명하고 있다. 이러한 都兵馬使가 武臣亂 이후에는 보이지 않다가 高宗 후년에 이르러 다시 등장하는데, 그러나 이 때에는 그의 성격이 전에 비해 많이 달라져서 이제는 宰樞 전원이 회의원이 되고, 그 관장사항도 군사문제에 한정하지 않고 국가의 大事 모두에 미치고 있다. 이러한 변질이 결국 忠烈王 5년에 있은 都評議使司[都堂]로의 개편을 초래했지마는, 이렇게 새로이 대두된 都堂은 그 구성과 기능이 더욱 확대 강화되어 僉議·密直과 함께 三司의 正員도 재추로서 都堂에 合坐하게 되고 여기에 商議까지 합하여 말기에는 구성원이 7,80명에 이르렀으며, 또 임시기관에서 상설기관으로, 그리고 議政機關인 동시에 국가의 서무를 직접 관장하는 行政機關으로 바뀌었고, 그것을 위해 6色掌 내지 6房錄事와 經歷司도 설치되었음을 밝히고 있는 것이다.

다음 후자에서는 式目都監도 고려의 기본적인 中央官制가 짜여진 지 얼마 되지 않는 成宗 後年부터 顯宗 초에 걸치는 사이에 설치되었으리라 추정하고, 구성원으로는 首相이 대표로서 使가 되고 3품직을 겸한 樞密이 副使가 되었으며, 확대회의에는 判官도 참여했다는 것, 그리고 그 기능은 역시 格式·制度를 전반적으로 총관하고 判案·資料를 保有·所藏하는 것이었다고 논하고 있다. 그런데 이 기관은 고려 후기에 들어와 都兵馬使가 都堂으로 변신하여 국정을 총괄하게 되자 無力化를 면치 못하게 되는데, 그럼에도 불구하고 그것은 앞서 소개했듯이 忠宣王 2년부터 "邦國의 重事를 관장하는" 권력기구가 되었음을 엿보게 하는 기사가 전해져 좀 문제가 되어왔지만, 논자는 그것이 어떤 오해에서 비롯된 것이 아니라 실은 당시의 권력구조 개편에 따라 일시 야기되었던 실제의 사실이라는 점도 아울러 입증하고 있다.

邊太燮은 최근에 都兵馬使 등과 함께 『高麗史』百官志 諸司都監各色條에 실려 있는 會議都監의 실체도 추적하여 그것은 都堂, 곧 都評議使司의 별칭이었다는 견해도 밝히고 있다. 「高麗의 會議都監」(『國史館論叢』61, 1995)이 그 논고이거니와, 이들 일련의 연구는 그들 기구 자체에 대한 해명뿐 아니라 고려시대의 權力構造와 官制의 特性을 이해하는 데도 많은 도움을 주는 큰 성과라고 평가된다. 다만 이들 기구의 각 직급에 임명되었던 인물들을 보다 면밀하게 분석했더라면 그들의 성격 등이 좀더 선명하게 부각될 수 있지 않았을까 하는 생각은 들지마는, 이 또한 후일을 기대해야 할 것 같다.

都兵馬使 등은 邊太燮의 검토 이후에도 여러 연구자의 관심을 끌었다. 그 하나가 金甲童의 「高麗時代의 都兵馬使」(『歷史學報』141, 1994)인데, 그가 여기에서 특히 주목한 것은 '都兵馬使'가 흔히 관직명으로 나오곤 한다는 점이었다. 이에 따라 그는 그의 기구 내지 관부 명칭은 '都兵馬'였으며 都兵馬使는 장관격에 해당하는 관직이라고 이해하였다. 말하자면 고려전기에는 주로 양계 지역의 군사문제를 협의하기 위해 都兵馬機構를 설치했는데, 그것은 判都兵馬事와 都兵馬使·

都兵馬副使·都兵馬判官을 구성원으로 하는 자체 회의기관이었으며, 그가 정식적인 宰樞合坐機構가 되는 것은 忠烈王 5년의 都評議使司 때부터였다고 파악하고 있는 것이다.

　매우 예리한 관찰이기는 한데, 그러나 이 같은 주장에도 미심한 일면이 없지는 않은 것 같다. 논자는 '都兵馬'의 대표자로 都兵馬使를 들고 있지만, 그렇다면 그보다 상급 직위인 判都兵馬事는 어떻게 보아야 하는가 하는 문제가 남는 것이다. 물론 논자는 그것은 다른 관부에서와 마찬가지로 유명무실했다고 말하고는 있으나 그에 관한 실증을 수반한 주장은 아니어서 불안감을 말끔히 씻어버리기에는 미흡하다는 생각이 든다. 뿐 아니라 만약에 '都兵馬'가 관부명이었다면 다른 기구의 예에 비추어 '都兵馬使奏'와 함께 적게나마 '都兵馬奏'도 있음직한데, 그런 표현이 아직까지 하나도 찾아지지 않는 점 역시 좀 이상하다. 본고는 이런 의문점에 대한 보다 확실한 설명이 필요하지 않나 싶다.

　都兵馬使 등에 대한 연구는 이 이외에도 더 있었다. 趙啓纘, 「朝鮮建國과 都評議使司」(『釜山史學』 8, 1984)와 文炯萬, 『高麗諸司都監各色硏究』(第一文化社, 1986)에 실려 있는 都評議使司·式目都監·會議都監 항목이 그런 것들이다. 그러나 이들에게서 제도에 관한 새로운 해석 등은 별로 눈에 띄지 않으므로 자세한 소개는 생략한다.

　요컨대 宰樞로 구성되던 都兵馬使와 式目都監에 대해서도 많은 노력을 기울인 力作이 발표되어 많은 부분이 해명되었음을 확인할 수 있었다. 하지만 그런 속에서도 어떤 문제는 논자들 사이에서 異見이 노정되기도 하였고, 또 논증상 미흡한 면도 없지 않았다. 이러한 몇몇 문제가 장차 우리들이 해결해 가야 할 과제가 됨은 다시 말할 필요가 없는 것이라 하겠다.

(8) 政治體制와 權力構造

　지금까지 '三省'과 中樞院을 중심으로 하여 각 기구들의 설치와 조직·기능 등에 대한 연구를 살펴보았거니와, 이들에 의해 연출된 정치체제나 권력구조는 어떠했는가를 끝으로 검토해야 할 과제인데, 이는 말하자면 종합·결론에 해당하는 부분으로 難易度는 그만큼 더 크게 마련이다. 아마 그 때문인 듯, 이들 문제를 대상으로 삼은 연구물도 그렇게 많이 눈에 띄지는 않는다. 李基白이 「貴族的 政治機構의 成立」(『한국사』5, 국사편찬위원회, 1975)에서 간략하게 언급한 것과 邊太燮, 「高麗의 政治體制와 權力構造」(『韓國學報』4, 1976) 및 朴龍雲, 「중앙정치체제의 권력구조와 그 성격」(『한국사 13, 고려전기의 정치구조』, 국사편찬위원회, 1993)이 찾아지는 정도인 것이다.
　이 가운데서 비교적 광범한 문제를 다룬 邊太燮의 시각부터 알아보면, 우선 그는 『高麗史』百官志 序文에 "宰相이 6部를 統轄하고, 6部는 寺·監·倉·庫를 統轄하였다"고 한 데서 단적으로 드러나듯이 고려의 중앙정치체계는 '宰相-6部-寺·監·倉·庫〔百司〕'의 上下統屬 關係로 되어 있었다고 말하고 있다. 그런데 여기서의 宰相은 中書門下省의 구성원을 뜻하며, 또 6部의 상층조직은 尙書都省이었으므로 그들까지를 감안하여 정치체계를 다시 도표로 그리면,

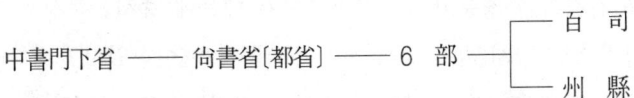

과 같이 된다. 즉, 국왕으로부터 나온 政令은 中書門下省을 거쳐 尙書都省으로, 거기에서 다시 6部로 下達되어 實行에 옮겨지는 체계로 되어 있었다고 할 수가 있다는 것이다.

하지만 이와 같은 형식상의 체계에도 불구하고 실제는 그와 상당히 달랐다 한다. 먼저 상서도성만 하더라도 조직상으로는 6部의 상층부를 이루고 있었지만 그것은 사무관청의 성격이 강하여 정치적으로 6部를 관할하는 기능과는 거리가 멀었다. 또 중서문하성도 6部에서 국왕에게 올린 案件을 의논·결정하는 議政機關으로서의 중요성은 충분히 인정되나 행정면에서는 국왕과 6部가 직결되어 있었으며, 이 점에서 다른 宰相의 司인 中樞院도 별다른 차이가 없었다는 것이다.

그러므로 논자는 고려의 행정체계가 6部중심이었다는 점을 특히 강조하고 있다. 그것을 뒷받침하여 주는 장치가 해당 政務를 6部가 직접 국왕에게 上聞하는 6部直奏制로서, 이에 따라 王權은 자연히 강화될 수 있었다. 뿐 아니라 고려전기에는 여러 정치기구가 각각 정상적인 기능을 발휘하였고, 같은 宰相의 司인 中書門下省〔宰府〕과 中樞院〔樞府〕이 對峙·並立되어 있었으며, 또 이들 각자도 상·하 2層으로 조직되어 있어 宰相權의 집중화를 제약함으로써 왕권에는 유리하게 작용했음도 지적하고 있다.

그러나 한편으로 宰樞의 권한이 매우 컸음도 인정하고 있다. 宰樞는 넓은 의미의 宰相으로서 국왕과 더불어 국가의 중요한 정책을 의논 결정하는 정치권력구조상의 정점에 위치하는 존재였던 것이다. 나아가서 宰臣은 尙書6部의 判事를 겸임하도록 제도화되어 있었고, 樞密은 尙書를 겸직하는 경우가 많았다. 그렇기 때문에 중서문하성과 중추원이 행정적으로 상서6부의 상급관서가 된 것은 아니었지만 그들 구성원인 宰臣·樞密은 각 부서를 統領하는 자리였음도 언급하고 있다.

그리하여 결국 논자는 "고려전기에는 관료적인 정치기구를 기반으로 한 국왕과 門閥貴族出身인 宰相 사이에 권력의 조화가 이룩된 政治體制라고 말할 수 있다"[32쪽]고 결론짓고 있다.

이어서 그는 이처럼 왕조의 지배력과 宰相權 사이에 권력의 균형이 유지되었던 정치체제와 권력구조가 1170년의 武臣亂 이후 100년간 계속된 武臣政權期에 무너지고, 다시 忠烈王 5년 이후에는 종래의 都兵馬使가 都評議使司[都堂]로 바뀌면서 국정을 총괄하게 됨에 따라 그것을 기반으로 하는 宰相權은 크게 강화된 반면 국왕권은 상대적으로 약화가 초래되었음도 같이 논하고 있지마는, 이 같은 정치체제와 권력구조 문제에서 논자 사이에 정작 제기된 견해차는 앞서도 지적했듯이 6部直奏制와 宰臣·樞密이 6부의 判事·尙書를 겸직하는 제도에서 비롯되는 논리의 모순에 관한 것이었다. 宰樞가 실질적인 6부의 실권자였던 判事와 尙書를 겸직하고 있는 상황에서 6部直奏制가 과연 어느 정도의 의미를 지닐 수 있는가에 대해 의문을 두는 견해가 발표되고 있는 것이다. 李基白이 앞서 든 논문에서 "6部는 3省에 소속되어 실무를 분담하는 官府였다"고 이해하고, "따라서 고려의 정치제도는 三省體制였다고 해도 좋으리라"[41~42쪽]는 의견을 말하고 있는 것이 그 하나이다. 朴龍雲 역시 유사한 입장에서 "고려시대의 정치체제는 재추 중심이었다는 이해가 가능할 듯싶다"[145쪽]는 견해를 내고 있거니와, 문제의 중요성과 광범위성에 비추어 좀더 숙고가 필요하다는 말로 일단 맺어둔다.

이밖에 朴龍雲은 臺諫과 國王 및 宰樞와의 관계에 대해서도 논급하고 있다. 그리하여 臺諫은 양자 모두에게 輔佐·協助하기도 하고 또 規制하기도 했지만, 대체적으로 국왕에 대해서는 후자쪽에, 그리고 宰樞에 대해서는 전자쪽에 기울어져 있었다고 보았다. 우선 고려 귀족제사회에서 대간직은 귀족들의 중요한 官路가 되고 있었을 뿐더러 조직면에서도 대·간의 장관을 재추가 겸임한다든가, 또는 간관이 省宰가 있는 중서문하성의 하급관원으로 존재하여 대간과 재추 사이에는 견제보다 유대관계가 긴밀했던 데 반하여 署經 등의 문제를 둘러싸고 대간과 국왕 사이에는 날카롭게 대립한 사실이 많았던 점으로 미루어 협조보다 규제에 더 비중이 두어졌다고 결론을 내렸던 것이다. 하지만 이에 대해서 반대하는 견해도 표명되어 있다 함은 앞 대목에서 이미 언급하여 둔 바와 같다.

    정치체제와 권력구조 문제를 다룰 때 尙書都省을 단순한 사무관청으로 치부하여도 좋을까는 좀더 신중을 기할 필요가 있다고 생각된다. 역시 앞서 각 기구들을 살피는 자리에서 소개하여 두었듯이 그것은 尙書6部의 직접적인 상층조직이었고, 또 그 곳 소속의 僕射가 宰相의 위치에 있었다는 주장도 나와 있기 때문이다. 나아가서 王命을 出納하거나 制撰하는 직임을 맡아 국왕과 밀접한 관계에 있던 承宣과 文翰官의 문제도 고려하지 않으면 안되며, 각급 정치기구 사이의 관계 또한 염두에 두어야 한다. 뿐 아니라 그것은 國家理念이나 社會性格과도 긴밀하게 연결되어 있었으리라는 점을 아울러 머리에 떠올리고 보면 이에 대한 연구는 아직 초보적 단계에 머물러 있다고 할 수 있으며, 그만큼 우리들에게 지워진 짐은 무겁다고 할 것이다.

(9) 結 語

    고려시대의 정치기구나 조직 등 官制 전반에 관한 내용을 정리하여 놓은 것이 다 아는 대로 『高麗史』 卷76·77의 百官志 1·2이다. 그 가운데 百官志 1은 三師·三公에서 시작하여 먼저 門下府〔中書門下省〕·尙書省·三司·密直司〔中樞院〕와 吏曹〔吏部〕 등 尙書6部, 그리고 司憲府〔御史臺〕·開城府를 차례로 설명하고, 이어서 藝文舘〔翰林院〕·春秋舘〔史舘〕·寶文閣·諸舘殿學士·成均舘〔國子監〕 등 舘翰·教育機關과 典校寺〔秘書省〕·軍器寺〔軍器監〕 등 15개의 寺·監 및 通禮門〔閤門〕·書雲觀〔司天臺·太史局〕·通文舘을 배열하는 형태로 되어 있다. 다음 百官志 2를 볼 것 같으면 寢園署〔太廟署〕·諸陵署 등 25개의 諸署와 豊儲倉〔右倉〕·廣興倉〔左倉〕·料物庫 등 16개의 倉庫가 먼저 나오고, 이어서 資贍司·寶源解典庫·大淸觀·五部·延慶宮提擧司·掖庭局·內侍府를 설명하고 있으며, 다음에 內職·宗室諸君·東宮官·諸妃主府·諸王子府와 함께 諸司都監各色條에서 都評議使司〔都兵馬使〕·式目都監 등 109개의 잡다한 관서를 정리하고, 거기에 잇대어 西班과 外職, 勳과 爵, 文散階와 武散階를 실어놓고 있다.

이 가운데에서 우리들은 첫머리에 나오는 '三省'과 中樞院 및 이와 관련된 몇 기구들에 관한 연구를 중심으로 하여 살펴왔는데, 비록 본고에서는 다루지 않았지만 저들 이외에도 官制에 대한 연구성과는 더 찾아진다. 예컨대 三司에 관한 것으로,

  邊太燮, 「高麗의 三司」(『歷史敎育』 17, 1975).
  周藤吉之, 「高麗朝における三司とその地位―宋の三司との關連において―」(『朝鮮學報』 77, 1975):『高麗朝官僚制の硏究』(法政大學出版局, 1980).

등이 보이며, 또 舘翰에 대한 연구로는

  周藤吉之, 「高麗初期の翰林院と誥院―宋の翰林學士·知制誥との關連に

おいて-」(『東洋學報』58-3·4, 1977) : 『高麗朝官僚制の硏究』(法政大學出版局, 1980).
　周藤吉之, 「高麗前期の寶文閣-宋の諸閣學士·直學士·待制などとの關連において-」(『朝鮮學報』90, 1979) : 『上同書』.
　崔濟淑, 「高麗翰林院考」(『韓國史論叢』4, 1981).
　邊太燮, 「高麗의 文翰官」(『金哲埈華甲紀念 史學論叢』, 知識産業社, 1983).

등이 눈에 띄는 것이다. 아울러 특정의 관부를 다룬 것은 아니라 하더라도

　張東翼, 「高麗前期의 兼職制에 대하여(上·下)」(『大丘史學』11·17, 1976·1979).

는 官制의 이해에 많은 도움을 주는 글이고, 朴天植의 「高麗前期의 寺·監 沿革考-太祖에서 文宗官制의 成立期間을 中心하여-」(『全北史學』5, 1981)와 文炯萬의 『高麗諸司都監各色硏究』(第一文化社, 1986)도 각각 諸寺監 및 諸司都監各色의 전반을 알아보는 데 참고가 되는 논고들이다. 이밖에 國子監은 교육제도와 관련하여 많이 연구되고 있으며, 倉庫는 經濟問題, 西班과 外職은 軍制 및 地方統治組織과 관련하여 고찰한 글들이 보일 뿐더러 勳과 爵, 文散階와 武散階를 주제로 삼은 연구들도 더러 대할 수 있는 것이다.

　하지만 이런 모든 논고들을 염두에 둔다 하더라도 아직 새로이 검토를 시작해야 할 기구·조직들은 상당수에 달한다고 할 수 있다. 그리고 이미 연구가 진행된 과제중에서도 앞서 기회 닿는 대로 설명했듯이 논자들 사이에 의견이 엇갈리거나, 또 좀더 분석적이고 현미경적으로 다루어야 할 문제들 또한 하나하나 지적하기 어려울 정도로 많

다고 판단된다. 이들 모두는 다시 말할 필요도 없이 앞으로 해결하여 가야 할 과제들인 것이다.

　정치의 기구・조직에 대한 史料는 『高麗史』百官志뿐만 아니라 世家・列傳・百官志 이외의 志・『高麗史節要』, 그리고 특히 墓誌와 각종 文集, 『東文選』과 『高麗圖經』, 古文書, 初期의 朝鮮王朝實錄과 中國側 資料 등 모든 기록에서 나오고 있다. 그러므로 이들을 빠짐없이 추출하여 비교・분석함과 동시에 거기에 在任했던 인물들도 같이 살피는 작업이 효과적이라고 생각된다. 그리고 나서 각 官署간의 관계, 그 가운데에서도 특히 아직까지 그렇게 선명하게 밝혀졌다고는 보여지지 않는 兼職制 등을 추적해야 한다. 이렇게 될 때 정치체제나 권력구조의 문제에 대한 이해 역시 상당한 진전이 있게 되리라 판단되는 것이다.

　근자에 들어와 다른 분야도 비슷하지만 고려시대를 전공으로 하는 연구자가 많이 늘어나고, 그에 따라 발표되는 논문의 숫자도 많아지고 있다. 고려시대사 연구의 전망을 밝게 해주는 고무적인 현상이다. 이러한 추세에 발맞추어 고려시대의 정치사에 대한 연구도 그리 머지 않은 장래에 더 큰 진전이 있을 것이라 기대해 보면서 이만 줄인다.

(『한국인문과학의 현황과 쟁점』, 1998년 2월)

7

北韓의
高麗時代史
敍述

(1)

　　북한에서는 우리의 역사를 어떻게 파악·서술하고 있을까? 그리고 또 그 연구수준은 어느 정도일까? 이러한 의문은 비단 한국사를 전문적으로 공부하는 학자들뿐 아니라 이 방면에 관심을 가진 사람이면 누구나가 궁금해 하는 문제의 하나였다. 그러나 얼마 전까지만 하여도 이에 관한 공식적인 논의는 정치적·사회적 제약 때문에 불가능했었다. 그러다가 극히 최근에 이르러 얼마간의 호전된 여건을 배경으로 이 문제가 정식으로 논의되기 시작하여 그 결과가 지면을 통해 공표되는 단계로까지 진전되고 있거니와, 이것은 매우 고무적인 현상이라고 생각된다. 북한에서의 한국사 연구와 서술 역시 우리 민족사에 대한 것임은 더 말할 나위가 없을 뿐더러 그것이 민족구성원 약 반수에 달하는 북한주민에게 절대적인 영향을 미치고 있으므로 어떤 의미에서이건 우리들은 그것을 알아야 하고, 또 알 필요가 있다고 판단되기 때문이다.

현재 우리들은 북한에서 출간된 꽤 많은 수의 역사서들을 대할 수가 있다. 그 가운데에서 필자는 근자에 전공분야와 관련하여 특별히 김석형 지음『조선봉건시대농민의 계급구성』〈일역본〉과 홍희유 지음『조선 중세 수공업사 연구』및『조선통사〈상〉』과『조선전사』중세편 등에 관심을 가지고 일독할 기회를 가졌지만, 거기에는 예상했던 대로 우리들이 지금 하고 있는 한국사 연구와 서술과는 체제나 내용면에서 다른 점이 상당 부분 있었다. 그런가 하면 공통되는 부분이 물론 많았으며, 또 그 동안 우리가 간과해 왔던 바를 일깨워 주는 내용도 없지 않았다. 본고는 북한에서의 한국사 연구와 서술을 중심으로 하여 이 같은 몇 가지 점들을 검토·소개하는 데 목적을 두고 집필되는 것이다.

그런데 여기서는 다루는 범위를 한국사 가운데서도 고려시대로 한정시키고자 한다. 한국사 전반에 관한 검토는 필자의 능력을 고려할 때 거의 불가능한 일이기 때문이다. 그리고 분석의 대상 역사서도『조선전사』를 중심으로 했으면 한다. 본서가 가장 최근에 출간된(1979~1980) 것일 뿐 아니라 내용도 비교적 자세한 종합적 저술이라는 점에서이다.『조선전사』33권 가운데 고려시대사는 권6〔496쪽〕과 권7〔455쪽〕에 수록되어 있는데, 이 두 책을 주대상으로 하여 살펴보고자 하는 것이다. 본고가 북한의 고려시대사 연구와 서술을 이해하는 데 조그마하나마 참고 자료가 되었으면 한다.

(2)

공산체제 사회인 북한에서는 역사를 唯物史觀, 즉 史的唯物論에 입각하여 파악하고 있다. 유물사관은 다 아는 대로 역사를 생산력과 생산관계 사이에서 발생하는 모순에 따른 계급투쟁의 과정으로 보며, 그 주체는 無産階級 내지 社會大衆이라고 주장한다. 그러므로 북한에서의 역사 파악 역시 이와 궤를 같이 한다고 할 수 있으며, 거기에 저들 특유의 애국주의와 민족 자주성의 강조가 또 다른 특징으로 가미되어 있다는 지적이 가능할 듯하다.

이러한 두 가지 측면은 실제로 고려시대사를 포함한 한국사의 파악·서술에서 일관되게 드러나고 있다. 사실 북한에서의 고려시대사 파악과 서술이 우리와 많은 차이점을 나타내게 된 것도 근본을 캐고 보면 여기에 因由하는 것으로서, 역사의 주체 문제 또한 마찬가지라고 생각된다. 저들은 자기네의 파악방식에 따라 역사의 주체를 '근로인민대중'으로 설정하고 있으며, 그리하여 전시기에 걸쳐, 또 거의 모든 분야에서 일방적으로 이들의 역할을 강조하고 있는 것이다.

그렇지만 이와 달리 남한에서는 대체적으로 정치적 내지 사회적 지배세력에 큰 비중을 두어 고려시대사를 파악하려는 경향을 띠어 왔다. 海上勢力과 軍鎭勢力 및 城主·將軍을 일컬은 세력 등 豪族勢力이 역사를 주도한 羅末麗初의 시기를 거쳐, 성종조(982~997)로부터 성립되기 시작하여 문종조(1047~1083) 이후 절정을 이루는 門閥貴族社會, 그에 이은 무신세력 중심의 武臣政權期(1170~1270)와 '權門世族'·新進士類가 주도한 13세기 말 이후의 사회 등과 같이 역사의 전개를 각 시기의 지배세력에 기준을 두고 서술하여 온 방식이 그것이다. 전근대 왕조국가인 고려의 역사에서는 귀족을 비롯한 이들 지배층의 역할이 가장 컸다는 판단에서인데, 지금 생각하여 보더라도 이러한 이해는 타당한 듯하다. 사실이 그와 같았기 때문이다.

지배세력의 역할이 사실로서 인정되는 이상 『조선전사』의 서술에서도 그들을 도외시만은 할 수 없었던 것 같다. 그러므로 얼마간의 언급은 되고 있는데, 하지만 가능한 한 간략하게 취급하는 것으로 그치고 있다. 예컨대, 호족세력의 한 갈래인 성주-저들은 '성우두머리'로 표현-와 장군에 대해서는 존재양상과 역할, 왕권과의 관계 등에 걸쳐 비교적 자세하게 설명하면서 '호족'이라는 칭호도 사용하고 있다[권6, 14~20쪽]. 그러나 그 이외의 호족세력에 관해서는 거의 언급치 않고 있는 것이다. 『조선전사』에서는 이들을 주로 '지방봉건세력' 또는 '봉건할거세력'으로 표현하고 있다.

문벌귀족에 관한 언급의 정도는 더욱 심하다. 이 부분에 있어서도 여러 가지 사실을 다루는 가운데에서 '봉건상층귀족'·'특권관료귀족'·'관료귀족'·'양반귀족'·'특권문벌'·'귀족관료'·'귀족' 등의 용어를 사용하고 있으며, 또 仁州李氏를 거론한 대목도 보이나, 이들 자체의 出自나 구성·성격·위치·역할 등에 관한 설명은 어느 곳에서도 찾아지지 않는 것이다. 이 점은 신분제를 취급하는 부문에서조차 良人 이하 鄕·部曲人·驛丁·奴婢 등만을 다루고 있는 데서도 잘 나타나고 있다. 왕족을 포함한 지배세력은 이른바 '봉건통치배'·'봉건통치계급'·'고려통치배'·'봉건관료'·'봉건지배층'으로서, 주로 부정적인 측면과 관련하여 언급이 되고 있다.

무신정권기의 집권자들에게는 '무신관료배'·'무신통치배'·'무신두목' 등의 용어가 사용되었다. 그리고 '권문세족' 대신에 '세신대족'이, 신진사류 대신에 '신진관료'라는 말이 혹간 쓰이고 있으나, 대체적으로는 역시 '양반관료'·'대양반관료'·'양반귀족'·'양반지배계급'·'봉건통치배'·'봉건관료' 등의 칭호가 이용되고 있는데, 여전히 이들의 출자·구성·성격 등은 밝혀져 있지 않다.

지배세력에 대한 북한의 이러한 서술 태도는 다음과 같은 점에서

문제가 될 듯하다. 우선 이들의 출자나 성격 등에 관한 해명이 없이 다만 봉건지배층 또는 봉건관료였다는 측면만의 강조로 일관함으로써 각 시기의 역사상이 제대로 부각되고 있지 못하다는 것이다. 고려전기의 문벌귀족사회와 그 이후의 무신정권기, 그리고 '권문세족'·신진사류가 주도해 간 사회는 각 시기 집권세력의 구성이나 성격·역할 등에 따라 매우 다른 점이 많은 역사가 전개되었다. 그런데 『조선전사』에서는 이러한 면이 거의 드러나지 않고 있는 것이다. 여기서는 그들이 이끌어 간 정부가 한결같이 '반인민적 봉건정권'으로 규정되고 있을 따름이다.

다음 또 하나의 문제는 고려시대사의 전개에서 그들이 과연 그렇게 소홀히 다루어져도 좋을 만큼 미미한 존재에 불과했는가 하는 점이다. 이는 결코 그렇지가 않았다고 생각된다. 위에서도 언급했듯이 왕조국가인 고려에서 지배층의 역할은 거의 절대적이었다고 판단되는 것이다. 정치적인 면은 말할 것도 없고 사회나 사상 등 어느 분야나 이들이 주도하여 갔다는 데는 의문의 여지가 없다. 물론 시각에 따라서 생산의 직접 담당자요, 사회구성원의 대부분을 차지하는 농민과 근로자들의 역할을 소수의 지배층보다 더 중시하는 주장은 가능하다고 이해된다. 그러나 이러한 논리가 고려사회에도 그대로 적용될 수 있을지의 여부는 재삼 숙고해 볼 문제인 것이다.

결론적으로 말해서 필자는 고려사회에 관한 한 지배세력의 역할을 더욱 중시하는 시각에서 이해하는 게 옳다고 판단하고 있지만, 일면 이는 그 동안 우리가 당시의 역사를 너무나 지배층 위주로 파악해 오지 않았나 하는 데 대한 반성의 계기를 제공했다고는 본다. 더구나 근래에는 構造史나 넓은 의미의 사회사를 강조하는 입장에서 드러나고 있듯이 역사의 전개에서 대중·民人들의 역할을 높이 평가하는 전반적인 추세와 연관지어 고려할 때 다시 음미해 볼 가치는 있다고 사려되는 것이다. 고려시대사를 파악·서술함에 있어 여전히 정치적·사회적 지배세력에 큰 비중을 두되, 근로대중에 관해서도 좀더 많은 배려와 관심을 베풀 필요가 있겠다는 생각이다. 이는 한 걸음 더 진전된 역사의 파악·서술을 위해서, 그리고 남북한 사이에 드러나고 있는 역사 파악·서술상의 틈을 될 수 있는 대로 좁혀 나가는 데 있어서도 하나의 방향이 되지 않을까 한다.

(3)

북한의 고려시대사에 대한 서술에서 특징적인 양상 가운데 하나를 든다면 먼저 대외관계사가 크게 강조되고 있다는 점일 것 같다. 유사한 현상은 물론 다른 시대사에서도 나타나고 있지만, 특히 高麗期史에서 이 점이 두드러지고 있는 것이다.

구체적으로 살펴보면, 권6의 제4장 전체가 거란과의 3차에 걸친 전쟁을 다룬 것으로서, 여기에는 전쟁 전후의 국제관계와 고려의 준비상황 및 하나하나의 전투 과정이 비교적 자세하게 소개되고 있다. 다음 제6장에서 역시 「11세기 대외관계의 발전」이라는 제목으로 거란이 압록강 동쪽에 쌓은 保州·宣州 두 성을 둘러싼 양국간의 관계와, 초기의 여진 및 송·일본과의 관계, 그리고 대외무역 등이 서술되고 있으며, 제8장에서도 11세기말~12세기초의 대내외 정세와 금[여진]과의 전쟁, 9성의 설치와 철폐 및 그 이후의 대책 등이 언급되고 있다. 이것은 양적인 면에서 보더라도 권6의 전체 496쪽 가운데 110쪽 가량이나 되어 어느 분야보다 비중이 크다.

　그런데 권7은 여기에서 한 걸음 더 나아가 몽고와의 전쟁을 서술한 제1장에 무려 100쪽이나 할애하고 있으며, 이어서 제5장에「13세기 후반기~14세기 전반기 고려-원 관계, 원나라 침략세력의 구축」을, 그리고 제6장에서 홍건적과의 싸움, 이성계 등에 의한 요동 원정, 왜구의 격퇴 문제 등을 70쪽 정도의 양으로 다루고 있다. 이것은 권7의 전체 455쪽 가운데 1/3을 훨씬 넘는 분량으로, 저들이 대외관계사에 얼마나 큰 비중을 두고 있는가를 잘 말해 주고 있다 하겠다.

　그러면 북한에서 이와 같이 대외관계사를 중요하게 취급한 이유는 무엇일까? 짐작컨대 그것은 아마 저들이 강조하고자 하는 '인민대중'의 역할이나 애국심과 자주성이 이 부문에서 가장 잘 드러난다고 생각한 때문인 듯하다. 이 점은『조선전사』의 머리말에서 "이 시기는 우리나라 봉건시대 전기간을 놓고 볼 때 력사의 창조자인 인민대중이 자주성을 위한 투쟁과 창조적 활동이 매우 활발하게 진행된 한 시기로 특징지어진다"라든가〔권6〕 "나라를 외래침략자들로부터 수호하고 고려사회를 전진시킨" "인민의 투쟁과 창조의 력사를 밝히는 데 기본을 두고 서술한다"고 한 것〔권7〕과, 또 章節의 제목을「거란침략자를 물리치기 위한 고려인민의 투쟁」·「12세기 초 나라의 동북지방과 압록강 요새를 되찾기 위한 고려인민의 투쟁」이나〔권6〕, 또는「13세기 봉건몽골침략자를 반대한 고려인민의 투쟁」·「14세기 후반기 외래침략자들을 물리치며 국토 완정을 위한 인민들의 투쟁」등으로〔권7〕 붙인 데서 짐작할 수 있다.

　그런가 하면 거란과의 전쟁에 대한 기술 가운데에는 "거란침략자들은 1012년 6월 고려에 6개 성을 떼어넘기라는 터무니없는 강도적 요구를 내놓은 이후 그 야망을 실현해 보려고 1017년까지 무려 일곱 번이나 침입하여 왔다. 그러나 애국적인 고려인민과 군대들은 적들의 횡포한 외교적강요나 집요한 군사적침략에도 굴하지 않고 완강하게 싸움으로써 침략자들에게 커다란 타격을 주고 나라를 영예롭게 지켰다."〔권6, 142쪽〕라든가, "반거란전쟁에서 고려인민이 승리할수 있은 요인은 무엇보다 먼저 인민대중이 열렬한 애국주의정신과 불굴의 기개를 발휘하여 용감하게 싸운데 있었다"〔같은 책, 151쪽〕라는 설명이 보인다. 아울러 몽고와의 전쟁을 기술하는 자리에서도 "몽골침략자를 반대하여 오래동안 진행된 고려인민의 투쟁은 가장 포악한 몽골침략군의 침입으로부터 나라의 독립을 지켜내기 위한 정의의 조국방위전쟁이었다. 애국적인 고려인민은 그 이전 세기들과는 달리 국력이 약화된 아주 어려운 형편에서도 흉악한 봉건몽골군의 계속되는 침략을 물리치고 나라를 끝까지 지켜냈으며 불굴의 투쟁정신과 애국심을 남김없이 보여주었다"〔권7, 9쪽〕는 설명을 가하고 있다. 비슷한 내용의 기사는 이밖에도 곳곳에서 찾아지거니와, 저들이 대외관계사에 그처럼 많은 배려를 한 의도를 이로써도 다시 확인할 수 있는 것이다.

그러면 북한에서 이렇게 대외관계사를 다른 분야보다 중요하게 다루면서 그를 통해 애국심과 자주성을 고취하고 '인민대중'의 역할을 강조한 것을 우리는 어떻게 이해하여야 할까. 다 아는 대로 고려 때는 여타 시기보다도 주변국가의 잦은 침략으로 인해 이민족과의 충돌이 심했었다. 따라서 그에 관한 서술도 어느 정도 많아지는 것은 당연한 일이겠는데, 그렇다고 하여 그것이 정치나 사회·경제 등의 문제보다 더 중요하게 취급되어서는 곤란하지 않을까 한다. 그것은 말하자면 역사의 주류를 國難克服史에 두려는 입장인 듯하지만, 이는 역사의 본질에서 상당히 벗어난, 바람직하지 못한 태도라고 생각되기 때문이다. 국난극복사는 어떤 개인이나 집단이 자신들의 정치적 목적을 위해서 강조하는 일이 많았지마는, 북한의 경우도 예외는 아닌 듯싶다. 만약

에 이와 같은 이해가 정확한 것이라면 그들이 애써 강조한 자주성이
나 애국심도 다시 검토해 볼 여지가 있게 되는 것이다.

　더구나 모든 면이 마찬가지지만, 역사를 통한 자주성이나 애국심의
고취도 더 말할 필요조차 없이 사실에 입각한 것이어야 할 것이다. 그
런데『조선전사』의 서술에는 목적론에 집착한 나머지 그렇지 못한 서
술 대목도 없지 않은 것 같다. 예컨대, 거란과의 제2차전은 우리의 主
將인 康兆가 사로잡혀 죽임을 당하였고 일시적이나마 수도인 개경이
함락당했으므로 크게 보면 패배한 전쟁이었다고 할 수 있다. 한데 이
부분은 간략하게 서술하는 것으로 그치고 우리가 이긴 전투를 많이
소개함과 동시에 "거란침략자들은 제1차침입의 참패에서 교훈을 찾을
대신 1010년 11월 16일 40만의 대군을 동원하여 침략하여 왔으나 나
라를 지키려는 우리 인민의 열렬한 애국적 충성심과 용감성을 꺾을수
없었으며 우리 인민을 굴복시키지도 못하였다"〔권6, 126쪽〕는 식의 서
술을 여러 곳에 삽입해 놓고 있는 것이다. 또 1104년(숙종 9년)에 林
幹과 尹瓘이 차례로 출정하여 함경도 일대에 침구한 여진과 대결한
싸움은 윤관 스스로도 시인하고 있듯이 우리 쪽이 진배나 다름없는
전투였다. 그렇기 때문에 새로이 別武班을 조직하여 몇 년 뒤에야 저
들을 내몰 수 있었던 것이다. 실제가 이와 같았음에도 불구하고『조선
전사』에서는 전자의 싸움을 "적에게 큰 타격을 주지 못함으로써 녀진
침략군은 정주성 밖에서 물러가지 않고 계속 도전하여 왔다"고 묘사
하고 있으며, 후자를 "고려군은 정주성 부근의 적을 격파하고 벽등수
까지 진격하여 적과 일대 격전을 벌리여 적지 않은 전과를 거두었다"
〔권6, 293쪽〕고 평가하고 있다.

　아울러 몽고와의 전쟁 관계를 설명하면서도 저들이 항복의 조건으
로 강요했던바, 고려 국왕의 '親朝'를 '방문'이라는 말로 대치시키고

있는가 하면〔권7, 60쪽〕, 그 결과로 실행되는 太子의 '친조'를 역시 '방문'으로 표현하면서 이는 "몽골의 봉건통치배들이 고려에 대한 침략야망을 완전히 포기한 것은 아니였지만 놈들이 무력으로써는 고려를 정복할수 없다는것을 보여준 사변이였다. 이것은 30년 가까이 진행한 고려인민의 피어린 투쟁에 의하여 이룩한 승리였다"〔권7, 77쪽〕고 적고 있는 것이다. 고려 태자의 몽고조정 入朝로 양국간에는 강화의 계기가 마련되지마는, 그 형식은 비록 강화라고 하나 사실은 항복이나 다름없는 것이었다. 이를 가리켜 '승리'라고는 도저히 말할 수 없는 것이다. 역사는 사실에 입각하여 정직하게 기술하는 것을 생명으로 하는만큼 저와 같은 일은 용인될 수 없으며, 따라서 그에 근거한 자주성이나 애국심도 별다른 의미를 가지지 못한다고 할 수밖에 없다.

실제로 진정한 자주성·애국심은 사실을 사실대로 정직하게 전달하는 과정에서 이룩되는 게 아닌가 한다. 우리들은 외적의 침략에 즈음하여 용감하게 싸워 물리친 위인이나 일반백성들의 역사를 보면서 뿌듯한 자부심과 함께 그들을 본받아야 하겠다는 생각을 가지게 될 것이다. 그런가 하면 패배·굴욕의 역사를 대하면서는 의분을 느끼며 다시는 그런 일이 없게끔 다짐을 하리라 보거니와, 이런 것이 온당한 자주성·애국심의 고취가 아닐까 이해되는 것이다. 만약에 패배·굴욕의 역사를 승리·영광의 역사로 호도했다면, 그것은 이미 역사가 아닐뿐더러 진실이 밝혀졌을 경우의 결과가 어떠할까는 가히 짐작할 수 있는 일이다. 이런 의미에서 북한의 대외관계사 서술은 상당한 문제가 있다고 생각된다.

다음으로 항전의 주체를 '인민대중'으로 파악하는 시각에 관한 것인데, 몽고와의 전쟁에 한정시키는 한 이는 정당하다고 평가된다. 몽고의 제1차 침입이 있은 뒤 崔怡를 중심으로 하는 당시의 무신정권은 백성들을 山城과 海島로 入保토록 명하고 자신들은 천도지인 강화도로 들어가 그 곳에서 항몽전을 계속하였다. 그런데 일단 江都에 자리잡은 집권 무신세력은 통일적인 항몽전선을 구축하여 투쟁해 나간 것이 아니라 시종 소극적으로 대처하면서 자기들의 안일과 향락만을 추구하였다. 반면에 육지에 남은 일반백성들은 갖은 고난을 겪으면서도 침략군에 대항하여 용감히 싸워 많은 전과를 올리기도 했던 것이다. 이는 廣州의 항몽전이나 處仁城과 忠州城의 전투 및 多仁鐵所民의 항쟁 등 많은 사례를 통해서 확인되고 있거니와, 그러므로 우리들도 현재 항몽전의 주체를 일반백성들로 파악 서술하고 있다.

그렇지만 이와 전혀 양상을 달리했던 거란·여진과의 전쟁도 동일하게 취급할 수는 없을 것 같다. 그것은 조정 상·하와 백성들이 단결하여 적군을 물리친 싸움이었던 것이다. 따라서 『조선전사』에서도 都巡檢使 楊規와 龜州別將 金叔興 등의 분전과 元帥로 출정했던 徐熙·姜邯贊 등의 전공을 기리는 내용을 비교적 자세하게 서술하고 있다. 그러면서도 저들은 항전의 주체가 여전히 '인민'이었음을 누누이 강조하면서, 지배층 가운데에서는 '애국적지휘관'〔권6, 152쪽〕 또는 "량심적인 봉건관료"〔권6, 112쪽〕를 지적하여 그들 일부만의 공로를 인정하려는 태도를 취하고 있는데, 이것은 옳은 견해라고 보기가 어렵다. 하지만 이 문제는 앞 장에서 이미 다룬 주제이므로 여기서는 더 자세한 언급을 피한다.

요컨대 북한에서는 고려시대사의 서술에 있어 대외관계사를 매우 중시하고, 거기에서 드러나는 인민의 역할과 그들의 자주성 및 애국심에 대하여 높은 평가를 하고 있음이 확인된다고 하겠다. 물론 그 같은 이면에는 현재 지도층의 정치적 의도가 많이 작용한 것 같고, 그렇기 때문에 사실을 호도해 가면서까지 지나치게 강조한 면도 있어서 그것은 일정한 제약성을 지니는 것이었다. 그렇지만 저들 역시 우리 민족사에 대한 깊은 애착과 높은 자긍심을 가지고 있음을 엿볼 수 있었으며, 아울러 유물사관적인 當爲論에서가 아니라 사실에 충실하여 얻어진 것이라면, 대외항쟁에 있어서의 일반백성들의 역할을 강조하는 입장 또한 수긍될 수 있다는 점에서 우리들은 여러 가지 시사를 받는다.

(4)

역시 다른 시대사에서도 발견되는 현상이지만 사회경제사 면에서 북한의 고려시대사 서술은 생산의 성장 문제와 함께 수취의 강화 및 그에 수반된 농민·천민의 항쟁에 중점을 두고 있다는 것이 또 하나의 특징으로 지적되어 좋을 듯하다. 그 같은 사실은『조선전사』가 매 시기마다에 이들 문제를 다룬 장절을 설정하고 있는 데서 단적으로 드러나거니와, 이는 우리의 서술 태도와 상당히 다른 부문인 것이다.

그러면 이 가운데에서 먼저 생산의 성장 문제부터 살펴보면, 일찌감치 권6의 제2장에 「후삼국통일후 생산의 장성」이라는 제목의 절을 둔 데 이어서 거란과 전쟁 이후의 본 과제를 취급한 제5장 「전후 인민대중의 창조적 로동에 의한 생산의 장성, 천리장성의 축조」 단원에는 각기 농업과 수공업 및 상업을 다룬 절을 따로이 설정하고 이들에 관해 비교적 자세하게 기술하고 있다. 그리고 고려후기사에서도 「13세기 말엽~14세기의 경제발전」 단원에 동일한 제목을 두고 있거니와, 그 가운데 수공업 분야 같은 것은 내용도 꽤 충실하여 주목할 만하다.

하지만 당시의 주된 산업이었던 농업생산의 성장에 대한 것은 많은 관심을 기울인데 비해 우리가 기대한 만큼 성과가 나타나 있지는 못하다. 고려전기의 경우, 제목에서도 드러나듯이 이 문제를 주로 후삼국 통일전쟁이나 거란과의 싸움과 연결지어 그들 전쟁이 종결됨으로써 농업인구가 늘고 농경지는 개간될 수 있었으며 저수지가 복구되어 생산이 늘어났다는 정도의 설명에 머물고 있기 때문이다. 혹간 농업기술과 영농방법의 개선에 관한 언급도 있기는 하다. 그리고 그 한 예로『高麗史節要』권2 성종 11년 9월조에 실려 있는바 登州에서 벼 이삭의 길이가 7치, 기장 이삭의 길이가 1자 4치나 되는 게 있다고 보고한 기사를 증거로 삼아 다수확 품종의 개발을 말하고 있다[권6, 48쪽]. 그러나 이 보고에 접하여 群臣들이 국왕에게 하례하려 했다는 사실로 미루어 보건대 그것은 하나의 신기한 祥瑞事로 인식되고 있었을 뿐이라는 짐작이 들므로, 그 점을 가지고『조선전사』에서처럼 "이것은 당시 농민들의 창조적로력에 의하여 영농방법이 크게 개선된 결과에 얻어진 결실이였다"고 평가하기는 어렵지 않나 생각된다. 또 1054년(문종 8)-『조선전사』에는 1053년으로 되어 있으나 이는 잘못임-의 기사에 不易田에 관한 이야기가 나옴을[『高麗史』卷78, 食貨志1 田制 經理 文宗 8년 3월] 들어 당시에는 '불역전농법'이 널리 보급되어 있었다는 설명을 부가하고 있지만[권6, 158쪽], 거기에는 一易田·再易田도 보이는 바, 연구자에 따라서는 상당히 다른 방향으로 해석하기도 하므로 그와 같이 단정하는 데는 역시 곤란한 면이 없지 않다. 고려전기 농업기술의 발달과 생산의 성장에 관한 서술은 논거가 충분치 못하다는 이야기다.

    그러나 후기에 있어서는 어느 정도까지 이러한 문제점의 해소가 가능하다. 그러므로 이 시기 농업기술의 발달과 생산의 성장에 대한 서술은 보다 구체성을 띠어서, 국가의 농업장려책과 농기구의 개량·陳田 및 황무지의 개간 문제와 더불어 모내기 농사법의 보급·水車의 사용·施肥法 등에 이르는 여러 가지 내용이 설명되고 있거니와〔권7, 106~107쪽〕, 이는 우리 쪽에서도 근자에 관심을 가지고 해명에 진력하고 있는 과제들로서 긍정적으로 보아 좋을 듯하다. 요컨대, 북한에서는 논증상 얼마간의 무리가 뒤따라 그대로 인정하기 어려운 내용을 포함하고는 있지만 일찍부터 생산의 성장 문제를 중요 주제로 다루어 왔으며, 그것이 『조선전사』의 서술에도 반영되어 한 특징을 이루고 있다 할 것이다.

그런데 검토해 보면 북한에서 생산의 성장 문제를 이처럼 중시하여 연구·서술한 것은 그들의 유물사관적 역사파악과 관련이 깊은 듯하다. 그렇기 때문에 이에 대한 서술 뒤에는 예외없이 이른바 봉건통치배들에 의한 수탈상이 장황하게 설명되고, 그로 인해 '인민대중'은 비참한 생활을 면치 못하였으므로 결국은 봉기하여 항쟁하게 되었다는 순서로 이어지고 있다. 말하자면 생산력의 발전에도 불구하고 사회모순은 한층 격화되어 계급투쟁이 전개되었다는 논리요, 서술도 그에 따라 진행시키고 있는 것이다.

하지만 역사의 전개를 이와 같은 입장에서 파악하는 것은 하나의 견해에 불과하다는 점을 염두에 둘 필요가 있다. 따라서 이와 다른 측면에서 이해하려는 의견도 얼마든지 있을 수 있는 것이다. 그러나 이 문제는 워낙 크고 어려운 과제이므로 이 자리에서 더 언급하지 않으려 하지마는, 다만 『조선전사』에서는 자기네의 그 같은 입장을 강화하기 위하여 수탈상과 백성들의 어려운 처지를 과도하게 서술하고 있을 뿐 아니라 사실을 호도한 듯한 예도 보인다는 점은 지적해 두어야 할 것 같다. 구체적으로 "남의 땅을 소작하는 농민인 경우에는 생산량의 절반을 지주에게 바쳐야 하였을 뿐 아니라 지주들을 대신하여 조세까지 부담하게 됨으로써 가을에는 생산량의 거의 전부를 빼앗기고 빈손으로 나앉아야 했다"〔권6, 52쪽〕는 대목이 그 한 부분이다. 동일한 내용의 기사가 271쪽에도 실려 있지마는, 여기에서 소작인이 수확량의 1/2을 지주에게 바쳐야 했다는 설명은 타당하나 다시 조세까지 물어야 했다는 주장은 옳지 않다. 그것은 당연히 지주가 부담해야 하는 것이었기 때문이다. 결국 농민들은 "생산량의 거의 전부를 빼앗기고 빈손으로 나앉아야 했다"는 점을 강조하기 위해 그와 같이 해석한 듯하나 사실이 정말로 그러했는지는 의문인 것이다. 또 51쪽에 보면, 처음에는 1/10租만을 받는다고 표방했다가 992년(성종 11)에 이르러 조세율을 1/4로 끌어올렸다는 대목도, 실은 그런 것이 아니라 1/10은 民田租였는데 비해 1/4은 公田을 소작주었을 경우의 地代로 생각된다는 점에서 사실과는 다른 설명임을 알 수 있다.

　이렇게 실제와는 달리 백성들에 대한 착취를 지나치게 강조하다 보니 국가의 농업 장려책은 수탈의 원천을 더 많이 확보하기 위한 수단으로만 파악되고, 자연재해시의 면세 규정은 기만책이요 얼림수로, 그리고 심지어는 賑恤機關인 義倉과 물가조절 기구인 常平倉 등도 수탈 기관으로 설명하는 무리를 낳고 있다. 물론 고려왕조의 租稅·貢賦·力役 등에 의한 수취가 가혹했다는 것은 대략 인정되고 있는 바이지만, 그렇다고 농업장려책과 災免規定 등을 저와 같이 해석하는 것은 너무나 자의적인 일방적 이해이며, 또 의창의 운영에 있어 賑貸의 경우는 무이자였다고 생각될 뿐더러 무상의 賑給도 실시했음을 감안할 때 도저히 그것을 고리대 기관으로 보기는 어려운 것이다.

　그러나 어떻든 북한에서는 그 같은 사실에 구애됨이 없이 당시에는 봉건적 억압과 착취가 심하였음을 강조하면서, 그에 따라 전 시기에 걸쳐 전개되었다는 '인민들의 투쟁'을 소개하고 있다. 권6의 제7장 제6절「봉건적 억압과 착취를 반대한 인민들의 투쟁」과 제10장「12세기 후반기~13세기초의 전국적인 대농민전쟁」 및 권7의 제4장 제1절 「13세기 후반기~14세기 봉건적 압박과 착취를 반대한 인민들의 투쟁」 이 그것을 다룬 단원들이다.

고려시대사의 전개 과정에서 무신정권 초기인 明宗·神宗 연간에는 민란으로 일컬어지는 농민·천민의 봉기가 광범하게 일어났다. 당시에는 이러한 사회현상이 역사의 한 큰 줄기였던 것이다. 그러므로 우리들도 이에 많은 관심을 베풀어 亡伊·亡所伊의 봉기와 私奴 萬積의 항거운동 등 대소의 민란을 비교적 자세하게 소개하고, 그것들이 지니는 역사적 의의도 상당히 높게 평가하여 왔거니와, 이 부문에 있어서는 북한의 서술 태도 역시 마찬가지이다. 위에 든 제10장 「12세기 후반기~13세기 초의 전국적인 대농민전쟁」이 바로 그것을 취급한 단원인데, 우리보다 좀더 내용이 자세하다거나 과격한 표현이 많다는 정도 이외에는 별다른 차이점이 발견되지 않는 것이다.

그런데 한편으로 이를 전후한 시기에 발생한 민란의 경우는 우리들이 역사적 의미가 별로 크지 않다고 생각하여 유의하지 않았던 데 비해 북한에서는 그것들도 중요 사건으로 간주해 세밀하게 다루어 좋은 대조를 이루고 있다. 이것은 역시 위에서 지적한 것처럼 역사를 파악하는 기본적인 입장의 차이에서 인유한다고 생각되지만, 거기에는 사실을 어떻게 해석하느냐에 따른 논거의 문제도 얼마간은 있는 것 같다. 고려전기의 경우가 특히 그러한데, 예를 들면 『조선전사』에서 그 가장 큰 사건으로 들고 있는 巨身의 정변 기도만 하더라도 주동자인 거신이 하위직이기는 하나 武班職인 校尉〔正9品〕의 지위에 있었고, 또 같이 모의한 사람이 宰相인 平章事 王懋崇 등이었을 뿐 아니라 그 목적도 당시 국왕인 문종을 내쫓고 그의 親弟인 平壤公 基를 세우려 한 사건인데, 비록 그 정변 기도에 거신의 '黨' 1천 명이 참여했다고 하지만 그것을 '인민'들의 투쟁과 같은 계열에 속하는 "반봉건적 성격이 농후한 하층군인들의 반정부투쟁이였다"〔권6, 282쪽〕고 보기에는 난점이 따르는 것이다. 또 당시에 사형을 언도받은 죄인이 다수였다는 것과 화재가 자주 일어난 사실도 주로 봉건적 억압과 착취에 항거하여 싸운 '인민'들의 투쟁과 관련지어 해석함으로써 민란 빈발의 한 논거로 삼고 있지마는〔권6, 279~280쪽〕, 거기에도 달리 이해할 수 있는 여지는 많다고 생각된다.

지금까지의 설명에서 드러나듯이 북한에서의 고려시대 사회경제사 서술은 유물사관의 시각에 따라 생산력의 발전 문제나 가혹한 수취에 수반되는 사회모순의 격화와 농민·천민의 항쟁 같은 계급투쟁의 노출에 중점을 두는 특징을 지닌 것이었다. 그렇지만 이는 하나의 견해에 지나지 않는다는 점을 염두에 두어야 하고, 더군다나 구체적인 서술에 있어서는 자기네의 입장을 강조하기 위해 사실을 자의적·일방적으로 해석하거나 왜곡한 듯한 부분도 꽤 많이 눈에 띈다는 데서 그것은 숙고의 여지를 내포한 것이었다는 지적이 가능했다. 반면에 그 동안 북한에서 많은 관심을 쏟아온 데 비하여 남한에서는 비교적 소홀히 다루어 왔던 농업기술이나 영농방법 및 수공업 분야는 史觀의 차이에도 불구하고 해명되어야 할 중요 과제이므로, 이런 점에서 저들의 연구·서술은 우리에게 하나의 자극제가 되는 것이기도 하였다.

(5)

북한의 고려시대사 서술에서 한 가지 더 특징적인 점은 우리의 예상과는 달리 문화면에 많은 배려를 하고 있다는 것이다. 『조선전사』에서는 권6에 「10~12세기의 문화」를, 권7에 「13~14세기의 문화」를 다루고 있는데, 전자가 100쪽, 후자가 150쪽에 달하는 것이어서 우선 양적인 면에서 관심의 정도를 짐작케 해주고 있다. 물론 여기에는 우리들이 따로 떼어내어 소개하기도 하는 사상사와 교육사가 포함되어 있다. 그러나 이 점을 감안하더라도 전체 분량에 견주어 문화사가 차지하는 비중은 상당히 높은 편인 것이다.

다음 내용을 보아도 두 책 모두 제1절에 「기술과 과학」, 제2절에 「말과 글」, 그리고 이어서 「문학」·「미술」·「음악과 무용」을 소개하고, 다시 권7에는 따로이 연극과 의·식·주·민속놀이 등의 생활 풍습을 취급한 절이 첨가되어 있는 등 매우 다양하다. 이 가운데에서 특히 말과 글 및 의·식·주 문제는 우리들의 경우 역사를 기술하는 자리에서는 별로 유의하지 않았던 부문들인데, 북한에서는 사료의 부족에도 불구하고 『고려사』나 『고려도경』 등의 사서뿐 아니라 문집에 전하는 몇 안되는 자료와 심지어는 당시의 그림들까지 이용하여 이들의 해명에 진력하고 있어 주목되는바, 이는 온당한 조처로 생각된다. 그리고 첫머리에 기술과 과학을 서술하고 있는 것은, 북한에서 무엇을 중시하는가를 시사하는 것으로서, 앞서와는 또다른 차원에서 우리들로 하여금 눈여겨보게 하는 대목이 되고 있기도 하다.

이와 함께 문화재에 대한 서술에서 제작 담당자의 역할을 강조하고 있는 점 역시 우리와는 좀 다른 면이어서 눈길이 간다. 다음의 고려청자에 관한 설명은 그 좋은 한 예이다. 즉 "이 시기 푸른사기가 발전하고 성행할수 있은것은 우리 인민이 좋아하는 아름답고 우아한 푸른색을 인공적으로 얻기 위한 고려 도자공들의 창조적인 지혜와 탐구, 헌신적인 노력의 결과이다. 그것은 또한 푸른사기를 생산할만한 기술적토대와 경험이 전시기에 일정하게 이룩된것과 이 시기 상대적으로 생산력이 높아진것과 관련되였다. 이밖에 봉건귀족들이 더욱 호화사치한 생활을 추구한데로부터 자기제작에서도 그 실용성에만 만족하지 않고 보다 예술적으로 완성된 가치있는 자기들을 요구한 사정과도 관련되여있다"〔권6, 468쪽〕고 한 것과 "이러한 환경에서 고된 로동에 시달리기만 하던 사기생산자들의 창발적열의는 남김없이 발휘될수 없었다. 그러나 사기 수공업자들은 그처럼 불리한 조건에서도 여러가지 그릇들의 새로운 형태를 고안하기도 하고 무늬도 다양하게 놓았다"〔권7, 313쪽〕고 한 데서 그 같은 사실을 잘 볼 수가 있다. 우리들은 고려청자를 주로 이 문화의 배경이 되는 귀족적 요소와 관련지어 설명하였고, 또 그것이 지니는 색깔이나 형태·무늬 등의 우수성을 강조하는 데 치중했으나, 북한에서는 보다시피 그보다는 오히려 그러한 작품을 만들어 낸 도자공〔인민〕의 기술과 노고를 높이 평가하고 있는 것이다. 팔만대장경에 대하여, "물론 이 대장경은 봉건통치배들이 이른바 '부처'의 도움으로 원침략자를 물리쳐보려는 목적에서 만들어진것이였지만 그 목적의 허황성에도 불구하고 거기에 수많은 인쇄수공업자들의 창조적지혜와 인민대중의 헤아릴수 없이 많은 피땀이 스며있으며 그 인쇄기술이 우수한것으로 하여 우리 인민의 자랑스러운 문화유산의 하나로 되고있다"〔권7, 309쪽〕고 한 서술 역시 마찬가지 예이다. 이들 이외의 문화 유산에 대한 설명도 대체적으로 유사한 형태를 취하고 있거니와, 요컨대 이것 또한 그 같은 문화재 제작의 직접 담당자인 '인민대중'과 그것이 만들어질 수 있는 배경이 됨과 동시에 주 향유층이었던 지배계층 가운데 어느 쪽에 더 비중을 두느냐의 문제로 이해된다. 하지만 생각컨대 문화의 창조는 이 두 요소 가운데 어느 하나와 더욱더 긴밀한 관계가 있다기보다는 양자의 결합에 의한 소산이라고 보는 게 타당할 듯하다. 이런 점에서 북한의 서술은 역시 긍정적인 면을 지닌다고 할 수 있다.

그러나 북한의 이 방면에 관한 서술이 그처럼 긍정적인 평가를 받을 만한 내용으로 되어 있는 것만은 아니다. 여기서도 여전히 그들의 이념과 정치적 성향 또는 역사 파악의 기본 입장에 따른 편향된 설명이 여러 곳에 보이고 있기 때문이다. 그 가장 대표적인 예는 아마 불교에 관한 서술일 듯싶다. 다 아는 대로 고려 때는 불교가 국교적 위치를 점하고 크게 번성하여 신앙생활에서뿐 아니라 정치적·사회적으로도 많은 영향을 미쳤었다. 하지만 기본적으로 종교를 부정하는 유물사관의 입장에서 볼 때 그것은 하나의 支配 이데올로기로서 '인민'의 계급투쟁을 약화시키는 '반동적인 사상'〔권7, 336쪽〕에 지나지 않는 것이었다. 그렇기 때문에 『조선전사』에서는 불교의 발전과정이나 종파·교리 등에 대하여는 아예 언급치 않거나 간략한 서술에 그치고, 그의 해독성을 강조하는 데 역점을 두고 있다. 예를 들면, 불교개혁운동을 전개하여 큰 영향을 미쳤던 義天에 대하여 "그의 이 불성론은 당시 고려봉건통치배들의 반동적인 불교시책으로 리용되어 수많은 사람들을 불교신앙에 끌어들일수 있게 하였다. 이리하여 그것은 사람들을 정신적으로 노예로 만들고 무위도식하는 충으로 만들어놓음으로써 인민들의 계급의식을 마비시키고 생산발전과 국방강화에 막대한 해독을 끼쳤다"〔권6, 433쪽〕고 비판하고 있으며, 또 새로운 曹溪宗의 宗旨를 마련하고 信仰結社運動을 전개하여 불교 발전에 크게 기여한 知訥에 대하여도 "그는 교종불교에 비하여 일정하게 신비성을 없애고 보다 간편하고 쉬운 방법으로 불교를 전파시킬수 있는 방법을 내놓음으로써 사회의 각계각층속에 커다란 해독적영향을 주었다"〔권6, 436쪽〕고 비난하고 있는 것이다. 아울러 당시에 크게 유행하였던 풍수도참설을 단순히 허황된 미신으로 돌려버린 것도 유사한 예이거니와, 그것은 인간의 정신세계와 신앙생활을 전적으로 무시한 反歷史的인 思考로, 납득하기 어려운 주장이라 생각된다.

　그런데 저와 같은 면은 종교·사상에 그치지 않고 문학이나 미술 등에서도 나타나고 있다. 이 가운데 문학의 경우에는 '반침략애국주의 주제의 작품'이라고 여겨지는 설화들이 많다는 것을 한 특징으로 파악한다든가〔권6, 454~456쪽〕, 현실비판 내지는 "압박받고 천대받는 인민대중의 생활과 사상감정의 묘사"에 관심을 돌렸다고 생각되는 작품들의 소개에 지나치게 많은 지면을 할애하고 있는 것〔같은 책, 457~460쪽〕, 그리고 "평양의 아름다움과 관련한 설화들과 시들이 많음"을 특기하고 있는가 하면〔같은 책, 463쪽〕, 반대로 耆老會 회원들의 문학을 '반동적 경향'으로 질타하고 있는 것〔권7, 365~366쪽〕 등에서 그 같은 모습을 볼 수가 있다. 아울러 불상조각에 대하여 설명하는 자리에서 그것은 "불교를 널리 퍼뜨리기 위한 반동적 목적에서 만들었다"〔권6, 485쪽〕는 서술을 덧붙이고 있다든가, 공민왕 무덤의 조각품에 대한 설명에서는 그에 대해 김일성이 칭찬했다는 내용을 함께 소개하고〔권7, 417쪽〕, 또 '통덕진출진무'라는 무용을 특별히 설명하면서 "이 춤은 인민들의 전투적기백과 용감성을 보여주는 훌륭한 춤"〔권6, 494쪽〕이라고 평가하고 있는 것들도 유사한 종류의 서술들로, 거기에는 평양을 수도로 하는 북한정권의 이념 내지는 정치성이 짙게 반영되어 있다고 생각되는 것이다.

　이상의 검토에서 알 수 있듯이 북한의 고려시대 문화에 대한 서술에는 긍정적인 면과 부정적인 면이 함께 내포되어 있었다. 이 가운데서 긍정적인 내용은 물론 계승·발전시켜 나가야 하겠지마는, 일면 부정적인 내용으로 비쳐진 사항들도 근본을 캐고 보면 그 알맹이는 우리들이 오랜 동안 공유해 온 민족문화들이라는 점에 주목할 필요가 있을 것 같다. 따라서 우리들이 앞으로 해야 할 일은 그들 민족문화에 씌워진 이념이나 정치성의 外皮를 제거하면서 그에 관한 보다 깊이 있는 인식을 하여가는 게 아닐까 생각된다.

(6)

위에서 몇몇 사항을 살피는 동안 『조선전사』의 서술에는 사실을 왜곡 또는 호도한 듯한 대목이 있음을 지적했지만, 그 같은 고의성에서가 아니라 사실 자체를 바르게 이해하지 못하여 설명도 잘못되었다고 생각되는 부분 역시 눈에 띈다. 북한의 고려시대사 연구·서술은 고증 또는 실증면에서 그다지 철저하지 못했던 게 아닌가 짐작되는 것이다.

그러면 구체적인 몇 가지 예를 통해 그 실상을 좀더 추적해 보기로 하거니와, 우선 중앙통치기구의 근간이었던 3省·6部·9寺-『조선전사』에는 7寺라 했으나 사료에는 9寺로 되어 있음-6衛가 태조 2년 (919)에 설치되었다는 설명이〔권6, 60쪽〕 그 하나가 되겠다. 물론 이러한 서술이 있게 된 것은 『조선전사』에서도 밝히고 있듯이 『고려사』권 76 백관지 서문에 그와 같이 나와 있기 때문이다.

하지만 이것은 잘못된 사료에 틀림없는 것 같다. 『고려사』地理志 王京條에는 이 해에 송악을 수도로 삼아 開州라 하고 거기에 궁궐 등을 세운 기사가 보이는데 이것이 원문이고, 같은 내용을 전하는 『高麗史節要』에는 그 뒷부분에 "置六衛"가, 그리고 『고려사』世家에는 백관지 서문과 마찬가지의 "置三省 六尙書官" 이하의 기사가 첨가되어 있지마는, 이것은 어떤 오류로 인해 덧붙여진 것에 지나지 않는다는 사료비판이 이미 이루어지고 있는 것이다. 3성·6부의 실제적인 설치 시기는 다른 사료에 의해 분명하게 확인되듯이 태조 2년보다 훨씬 뒤인 성종 원년(982)~2년이었다. 이를 의식한 듯, 『조선전사』에서는 그 3성을 唐制에서 이끌어 온 中書省·門下省·尙書省이 아니라 國初에 있었던 廣評省·內議省·內奉省이라 설명하고 있다. 그러나 태조 2년 당시에는 내의성이 존재하지 않았을 뿐더러 『조선전사』에서 전거로 든 백관지 서문에도 그것은 "대략 당제를 모방한 것"이라고 하여 분명히 당제의 3성임을 명시하고 있으므로 그처럼 해석할 수는 없다. 이 점에서도 『조선전사』는 혼란을 일으키고 있는 셈이다.

군사조직인 6위 역시 마찬가지이다. 이것이 성립된 시기는 여러 자료를 검토한 결과 대략 성종 14년(995)이라는 결론에 도달하고 있거니와, 따라서 上記한 60쪽의 서술과 그것을 되풀이하고 있는 80쪽의 태조 2년설은 모두 잘못된 내용임을 알 수 있다. 하기는 근자에 그 시기는 성종 14년보다 좀더 거슬러 올라갈 수 있다는 주장도 나오고 있지만, 설사 그렇다고 하더라도 太祖代까지로 올라갈 가능성은 거의 없는 것이다. 이와 관련시켜 볼 때, 거란의 침략 위협에 대비하여 定宗朝에 편성한 光軍에 6위의 군대도 편입되어 있다는 81쪽의 설명 또한 수긍하기 어렵게 된다. 더구나 6위는 중앙의 京軍인데 비해 광군은 지방의 州縣軍과 연결을 가지므로 아무래도 그와 같이 파악할 수는 없다고 본다.

다음 內史門下省은 내의성에서, 御事都省은 광평성에서 비롯한다는 설명도〔권6, 65쪽〕유사한 사례가 아닐까 생각된다. 물론 이 역시도 『고려사절요』권2 성종 원년 3월조와 『고려사』권76 백관지 1 門下府

및 尙書省條에 의거한 것이지만, 후자의 상서성조에는 어사도성이 혹 내봉성에서 비롯했다는 설도 있음을 註記로 밝혀놓았다. 이에 따라 연구자들은 그 시비를 가리기 위해 세밀한 검토를 행한 바 있거니와, 그 결과 주기의 설명이 옳았고, 아울러 내사문사성은 광평성과 내의성 모두와 연결되었다는 점을 확인하기에 이르렀다. 하지만『조선전사』에서는 이에 관한 아무런 설명없이『고려사절요』의 기사를 그대로 옮겨놓고 있는 것이다.

이밖에 고려 때의 位階秩序를 표시하는 文散階가 940년(태조 23)부터 쓰이기 시작했다는 설명〔권6, 67쪽〕또한 잘 납득이 가지 않는 대목이다. 그것은 실제로는 광종조부터 사용되다가 성종 14년에 이르러 공식적인 官階로 정착되기 때문이다.『조선전사』에서는 그 이전 시기부터 나타나는 문산계의 예를 제시하고 있으나 그것은 고려에 의해 수여된 게 아니라 중국으로부터 받은 것이라 판단되므로 이에 근거한 설명은 적절치 않다고 본다. 그리고 四色公服制에 관한 기술에서 元尹 이상은 푸른색 옷, 中壇卿 이상은 비취색 옷을 입었다고 한 것과〔권6, 69쪽〕, 성종 2년(983)에 설치된 지방의 12牧에 節度使가 배치되었다고 한 설명도〔권6, 75쪽〕역시 옳지 못한 내용이다. 원윤 이상은 푸른색 옷이 아니라 자주색 옷〔紫衫〕을, 중단경 이상은 비취색 옷이 아니라 붉은색 옷〔丹衫〕을 입게 되어 있었으며, 또 성종 2년에 설치된 12목에 배치된 지방관은 절도사가 아니라 牧使였기 때문이다. 절도사는 12목이 12軍으로 바뀐 성종 14년에 파견된 지방관의 명칭이다. 이러한 것들은 비록 사소한 오류이긴 하지만 어떻게 보면 기본적인 문제이기도 하다는 점에서 일단 지적하여 둔다.

교육과 科擧에 대한 설명에서도 몇 가지 문제점이 발견된다. 먼저 교육의 경우 최고기관인 國子監에는 7품 이상 문무관리의 자손들만

입학하게 되어 있었으므로 양인의 자식들이 거기에 들어가는 것은 "상상도 할수 없는 일이였다"고 하고, 이어서 "이때의 규정에는 서민〔평민 즉 량인〕의 자손들이 8품 이하의 자손과 함께 다만 법률, 글씨, 수학 등 실무적인 학문만을 배울수 있다고 되여있으나 그것은 극히 부분적인 서민의 상층에나 해당되는 것이였다"〔권6, 264쪽〕고 기술하고 있으며, 또 과거에 대하여서도 양반관료의 자손만이 응시가 가능하고 '인민대중'은 그 대상에 끼여들 수 없도록 엄격하게 금지되어 있었다고 하면서〔권6, 264 및 450쪽〕, 그 같은 금지조항 몇 대목도 함께 소개하고 있다.

하지만 위의 설명중 교육에 관한 서술만 하더라도 그 자체가 모순된다. 양인의 자손도 입학이 가능한 律學·書學·算學 역시 국자감 소속의 학부였기 때문이다. 그리고 여기에는 '서민의 상층'만이 입학한다고 했는데, 이 점도 잘 이해가 안 간다. 서민들도 상층과 하층으로 구별되어 차별대우를 받았는지의 여부를 알 수 없는 까닭이다. 나아가서 과거제에 관한 설명의 경우도 이 곳에서는 賤類들의 赴學禁止條項만을 들고 있지만, 이와 달리 白丁과 庄丁이 明經科와 雜科에 응시할 수 있었음을 알려주는 사료 역시 전해 오므로〔『高麗史』卷73, 選擧志 1 科目 仁宗 14년 11월 判〕 그 설명은 타당하다고 볼 수 없는 것이다. 현재 우리의 학계에서는 과거과목 가운데서 가장 중시했던 製述科에 양인들이 응시할 수 있었는지의 여부만이 논란되고 있을 뿐, 명경과와 잡과에 대하여는 별다른 이견이 없다. 『조선전사』에서는 양인〔인민대중〕들이 억압과 착취의 대상이었다는 데 서술의 초점을 맞추고 있다. 위에서 지적한 바 교육과 과거에 관한 오류도 이와 같은 전반적인 추세에 맞추다 보니 그렇게 된 것인지, 아니면 사실 자체를 잘 이해하지 못한 데서 연유하는 것인지 그 이유는 분명하지 않지마는, 다만 과거

응시자가 4祖의 성명을 써내게 되어 있는 그 4조를 4대 조상으로 해석한 것은〔권6, 449쪽〕후자의 예에 속한다. 4조는 4대 조상〔父·祖·曾祖·高祖〕이 아니라 부·조·증조·外祖였기 때문이다. 이런 몇몇 가지 점들은 좀더 신중한 고려가 필요하지 않았나 생각된다.

다음, 시각을 좀 바꾸어 토지문제로 돌려보면, 우선 문종조에 잠시 이루어지는 京畿의 확대가 田柴科에 따른 토지지급과 관련된다는 설명이〔권6, 236쪽〕그 하나가 될 것 같다. 전시과에 따라 지급되는 科田이 경기지역의 토지로 충당되었다는 주장은 일찍이 50년대 초반에 일본인 학자에 의하여 제기되었으나 그 부당성이 지적되어 우리 학계에서는 이미 오래 전에 시정의 과정을 거친 바 있다. 그럼에도 여기서는 舊說이 그대로 소개되고 있는 것이다.

1076년(문종 30)에 更定되는 전시과의 지급대상에 鄕吏가 포함되었다는 서술도〔권6, 262쪽〕유사한 사례이다. 이러한 이야기가 나오게 된 것은 그 지급규정에 大相·元甫·正甫 등의 鄕職이 포함된 데 기인하는 것이지만, 그러나 그 이후 향직은 향리의 職 또는 階가 아니라는 사실이 밝혀짐으로써 이 주장은 논거를 잃어버리게 되었다. 물론 향리들에게 職田이 지급된 사실은 다른 사료에 의하여 확인되지마는, 그것과 更定田柴科에 나오는 향직과를 직접 연결시켜 생각할 수는 없게 된 것이다. 그런데 『조선전사』에서는 이전의 논리를 그대로 답습하여 서술하고 있다. 아울러 祿科田制에 대하여도 "봉건정부는 1257년(고종 44) 6월에 처음으로 경기지방에 있는 사전을 회수하여 그것을 록봉대신에 주는 수조지인 록과전으로 충당하는 조치를 취하였다"〔권7, 156쪽〕고 설명하고 있으나, 몇몇 사료를 더 주의깊게 검토하면 문제점은 곧 찾아진다. 그것은 녹봉 '대신에' 주었다기보다는 '보완해 주는' 제도였고, 시기도 高宗 44년보다는 元宗 12년(1271)으로 보는 게 더 적절하며, 지급된 토지 또한 주로 경기지역의 墾地였다는 점에서이다. 이 부분 역시 좀더 고증에 철저해야 하지 않았을까 하는 느낌이다.

사회 방면에 관한 서술에서도 꽤 많은 문제점이 발견된다. 그 가운데에서 한두 가지만 들어보면, 먼저 靖宗 5년(1039)에 정해지는 賤者隨母法에 대한 이해가 잘못되었다는 점을 지적할 수 있다. 즉『조선전사』에서는 그것을 "천민의 신분은 자기 어머니 편을 따른다는 법"〔권 6, 266쪽〕으로 해석하고 있는데, 그러나 이것은 그와 같은 신분법이 아니라 천민소생 자녀의 소유에 관한 귀속법으로 알려져 있는 것이다. 이에 대해서는 북한에서도 이미 오래 전에 연구가 되어 그 결과가 발표된 바 있음에도 불구하고 여기서는 제대로 반영되지 못하고 있다.

다음, 가계와 재산의 상속에 대하여는 원칙적으로 맏아들이 받게 되어 있었다고 언급하면서,『고려사』권84 刑法志 1 戶婚條에 실려 있는바, 토지상속의 우선순위가 嫡子 → 嫡孫 → 同母弟 → 庶孫 → 女孫으로 되어 있었다는 기사도 소개하고 있는데〔권7, 445쪽〕, 이 역시 잘못된 이해이다. 고려 때는 嫡·庶의 구별이 없었으므로 사료 자체도 문제이지만, 당시의 재산상속에 관한 학자들의 연구는 대략 子女均分相續 내지 分割相續으로 결말이 지어져 가고 있는 것이다. 다시 한번 고증의 불철저성을 확인시켜 주는 예라 하겠다.

더 말할 나위도 없이 역사는 사실에 근거하여 기술하게 된다. 그런데 그 사실을 전하는 사료에는 왜곡 또는 오류가 있을 수 있으므로 그것들은 비판을 거쳐야 한다. 이러한 사료비판과 함께 사실을 사실대로 파악하고자 하는 실증작업이 제대로 이루어짐으로써 올바른 역사의 서술이 가능해지는 것이지마는, 북한의 역사학은 이런 점에서 좀 문제가 있다고 생각되는 것이다. 물론 위에서 지적한 것들은 북한에서는 그리 중요하지 않다고 생각하는 부분이어서 그렇게 되었는지 모르겠으나, 이들 이외에도 검토를 요하는 대목은 더 많은 숫자가 눈에 띄는 바, 빠른 시일내에 시정이 되어야 하리라 본다.

(7)

이상에서 『조선전사』를 통해 북한의 고려시대사 파악과 서술에 대하여 주로 비판적인 입장에서 살펴보았다. 그리하여 저들은 이미 알려진 대로 유물사관적 시각과 더불어 애국주의와 민족자주성을 강조하는 기조 위에서 고려시대사를 파악・서술하고 있음을 다시 확인할 수 있었으며, 그것이 구체적으로는 일반백성[인민대중]을 주체로 하는 대외관계사와 민족문화, 그리고 수탈관계나 농민・천민의 봉기 등에 중점을 두는 서술로 나타남으로써 우리의 그것과는 상당한 차이가 있음도 알게 되었다.

생각컨대 저와 같은 북한의 역사파악과 역사서술 역시 하나의 견해로 제시될 수는 있으며, 내용도 부분적으로는 동감이 가는 데가 없지 않다. 그러나 우리는 기본적으로 그 같은 물질주의적・계급투쟁적 역사의 파악과 서술에 반대하여 왔으며 지금도 그 점에서는 변함이 없거니와, 부가하여 역사를 통한 맹목적 애국주의의 추구에도 동의하기가 어렵다. 전자에 대해서는 이미 여러 先學들이 다각도로 비판한 바 있으므로 이 자리에서는 다시 언급할 필요가 없을 것 같고, 후자 역시 북한지도층의 정치적 입지와 관련하여 나온 면이 많은 것으로, 역사적 본질과는 거리가 있는 내용이라고 생각되기 때문이다.

이런 관점에서 북한의 고려시대사 파악・서술을 볼 때 우선 대외관계사나 수취체제 및 농민·천민의 봉기에 지나치게 비중이 두어졌다는 점을 지적할 수 있다. 저들은 자기네의 이념과 정치적 목적이 이 방면에 가장 잘 반영될 수 있다고 믿어 그것들을 중점적으로 서술함으로써 여타 분야와는 균형이 맞지 않는 역사가 되고 만 것이다. 더군다나 여기서는 그 같은 입장이나 목적을 정당화 내지는 강조하기 위하여 역사적 사실들을 왜곡·호도한 듯한 부분도 꽤 많이 눈에 띤다는 데서 문제는 한층 확대된다. 북한의 역사학은 일반적으로 고증성·실증성이 약하다는 지적이 있어왔지만, 이러한 사실의 왜곡과 호도는, 특히 역사의 해석·서술에서 이른바 김일성의 교시를 전제로 하는 난센스와 더불어 저들이 극복해야 할 가장 큰 과제가 아닐까 생각된다.

그러나 한편으로 이 같은 사관의 차이나 약점에도 불구하고 북한의 고려시대사에 대한 파악과 서술에서 우리는 몇 가지 눈여겨볼 만한 대목도 있음을 간과해서는 안될 것 같다. 그 하나가 역사의 진행과정에서 사회대중이 차지하는 역할에 좀더 관심을 돌려야 할 필요성을 환기시켜 주었다는 점이다. 물론 前近代 왕조국가인 고려사회에서 역사를 주도한 계층은 정치적·사회적 지배세력이었으므로 이들을 중심으로 역사를 서술하는 것은 온당한 조처라고 믿고 있지만, 그러나 비록 북한쪽의 주장처럼 역사의 주체를 '근로인민대중'으로 볼 수는 없다 하더라도 사회구성원의 대부분을 이루는 이들의 역할도, 대외전쟁에서 잘 드러나듯이 그렇게 무시할 정도는 아니었다고 판단되는 것이다. 이런 점에서 북한의 역사서술은 그간 우리들이 너무나 지배층 중심으로 구성해 온 고려시대사의 이해체계를 반성하여 보는 계기를 마련해 주었다고 생각된다. 그리고 남한에서와는 달리 그 동안 저들이 많은 관심을 베풀어 업적을 쌓아온 생산력의 발전이나 농업기술 및 수공업 관계의 연구는 비록 일정한 한계는 있다 하더라도 우리들에게 한 자극제가 되는 것이었다. 그것들은 유물사관적 시각과는 별도로 산업사 내지 농업사의 중요 문제들로서 우리들이 해결해 가야 할 과제들이라는 점에서이다. 아울러 문화사에 대한 다양한 서술도 우리보다 한 걸음 앞선 태도로서 주목되거니와, 이처럼 북한의 고려시대사 파악과 서술에서 우리들은 여러 모로 유익한 점을 발견할 수 있는 것이다.

하지만 북한의 고려시대사 파악과 서술을 대하면서 얻는 무엇보다 의미있는 일은 남북한이 역사공동체요 문화공동체라는 사실을 새삼스럽게 인식한다는 데 있지 않을까 한다. 삼국시대와 근래의 40여 년간을 제외하면 우리들은 오랜 동안 역사와 문화를 같이하여 왔으므로 그 공동체 의식은 너무나 당연한 것이다. 그럼에도 불구하고 그것을 새삼스럽게 느꼈다는 사실 자체가 그간의 서로에 대한 우리의 정책·인식·태도가 잘못되어 왔음을 증명하는 것이지만, 이는 물론 하루 속히 시정되어야 하리라 본다.

현재 남북 양쪽은 고려시대사의 해석·서술에 있어 의견을 같이하는 사항과 달리하는 사항을 함께 노정하고 있지만, 그것을 통해 서로가 자기보완에 더 주의를 기울이는 슬기로움을 보여야 할 것이다. 나아가서 견해를 달리하는 사항도 그 밑바탕이 되는 역사적 사실은 물론 하나라는 것을 마음에 되새겨 볼 필요가 있다. 그리하여 우리는 그 하나인 역사적 사실에 씌워진 이념이나 정치성을 가능한 한 조화시키거나 배제하도록 노력하면서 역사공동체·문화공동체로서의 인식을 더욱 새롭고 깊게 하여가는 게 중요하다고 보며, 이것이 우리들에게 가장 큰 과제의 하나로 지워진바, 분단을 극복하고 통일로 향하는 모색이 되지 않을까 한다.

(『북한이 보는 우리 역사』, 1989년 10월)

8
書 評

(1) 李成茂著,『朝鮮初期 兩班研究』
(一潮閣, 1980, 424쪽)

1)

韓國史學界는 年前에 李成茂教授의 『朝鮮初期 兩班研究』를 얻어 큰 경사를 맞은 바 있다. 저자인 李教授는 오래 전부터 朝鮮時代의 最高支配身分層인 兩班에 대하여 큰 관심을 베풀고 그와 관련된 學制와 官制·身分制度·科擧制度 등을 연구하여 왔거니와 이제 그것들을 체계적으로 종합·정리하여 한 권의 책으로 묶어냄으로써 朝鮮初期 兩班社會를 이해하는 데 지대한 공헌을 하고 있는 것이다. 史學界가 온통 그의 연구업적에 대하여 敬意와 祝賀를 보낸 것은 그럴 만한 충분한 이유가 있었다.

李교수는 本書에서 朝鮮初期 兩班의 實體를 해명하기 위하여 그들의 成立過程으로부터 兩班과 官職, 兩班과 軍役, 兩班과 土地所有와의 관계 등을 추구하고 있는데, 그 첫걸음은 거의 예외없이 高麗時代의 내용을 알아보는 일에서부터 시작하고 있다. 사실 兩班制를 처음 채택한 것이 高麗朝일 뿐더러 朝鮮初期의 儀章과 法制는 太祖가 언명했듯이〔『太祖實錄』卷1, 太祖 元年 秋7月 丁未條〕고려의 그것에서 연유한 것이 대부분이었던만큼 이와 같은 이해방식은 매우 합리적이라 생각된다. 따라서 本書는 高麗朝의 사실을 설명하는 데 상당한 紙面을 割愛하고 있지마는, 그것은 대체적으로 지금까지의 연구성과를 종합하는 형식을 취한 것임에도 불구하고 새로운 문제를 제기한 면이 많다. 그런 점에서 『朝鮮初期 兩班硏究』는 高麗時代에 대해 공부하고 있는 사람들에게도 많은 도움과 큰 자극을 주기에 충분한 것이다.

本書는 이미 『韓國史硏究』 30(1980. 9)에 큰 줄거리가 소개된 바 있다. 그럼에도 지금 새삼 이를 논의의 대상으로 삼으려는 것은 本書가 상기한 바와 같은 내용을 담고 있기 때문이다. 그러므로 여기서는 高麗期에 관한 서술을 중심으로 다시 한번 살펴보고자 하는 것이지만, 그렇게 되고 보니 자연 本末이 顚倒된 감도 없지 않고 또 너무 枝葉的인 문제에 대해 언급하게 되지 않을까 우려도 된다. 이 점 미리 著者의 양해를 구해 두고자 한다.

2)

『朝鮮初期 兩班硏究』는 緖論과 結論을 포함하여 모두 5章으로 구성되어 있다. 아래에 그 큰 目次를 소개하면 다음과 같다.

第1章 緖論

1. 머리말
2. 良身分과 賤身分
3. 兩班의 槪念
4. 兩班層의 成立過程
第2章 官界에 있어서의 兩班의 地位
 第1節 兩班과 科擧
 第2節 兩班과 官階組織
 第3節 兩班과 官職
第3章 兩班과 軍役
 第1節 兩班과 軍役編制
 第2節 兩班과 特殊軍
第4章 兩班과 土地所有
 第1節 公田・私田・民田의 槪念
 第2節 科田法에 있어서의 兩班收租地
 第3節 兩班私有地의 發達과 그 經營
第5章 結論-朝鮮初期 兩班의 身分的 地位

 이들 가운데 高麗期에 관한 설명은 第1章 緖論의 대부분과, 第2章 3節의 「(2) 高麗時代의 散職」 부분, 그리고 第4章 第1節 「公田・私田・民田의 槪念」에 집중되고 있으나 여타의 곳곳에도 조선초기와 비교 검토하는 관점에서 자주 言及한 것이 눈에 띈다. 이제 그 내용을 잠시 살펴보면, 먼저 「良身分과 賤身分」에서 우리나라 재래의 良・賤制身分法이 고려시대에 이르러 唐制의 영향을 받아 더욱 확연해진 점을 지적하고, 다시 그 良身分중에서 科擧나 吏職을 통하여 良人에 앞서 支配身分의 지위를 차지한 부류가 兩班으로 分化된 사실을 밝히고 있다. 그런데 이 兩班에는 두 가지 뜻이 있었다 한다. 하나는 官制上의 文班과 武班을 지칭하는 개념이요, 다른 하나는 支配身分層을 지칭하는 개념의 두

가지로 쓰였다는 것이다. 잘 알려져 있듯이 兩班의 文字上 기원은 高麗 景宗 원년(976)의 田柴科에 나오는 文班·武班의 구분에서 비롯하는 것이지만, 이것이 成宗 14년(995)에 唐의 文·武散階를 채용 실시하게 됨에 따라 官制上의 文武兩班體制로 정비되기에 이르렀다 한다. 그리하여 고려시대에 兩班이라 하면 이 官制上의 文·武班을 지칭하는 경우가 많았으나 麗末에는 支配身分層을 지칭하는 용어로도 쓰였음을 설명하고 있다. 이어서 이 兩班은 士大夫, 혹은 士族·士類·士林이라고도 불렸다는 사실을 아울러 설명하고 있다. 그 가운데 士大夫에 관한 서술이 특히 관심을 끌지마는, 본래 士大夫란 文班의 4品이상을 大夫, 5品이하를 士〔郞〕라 한 데서 나온 명칭이며, 따라서 이것은 원래 文班官僚만을 지칭하는 술어였으나 실제로는 文武兩班官僚 전체를 부르는 명칭으로 사용되었다 한다. 이러한 견해들은 士大夫에 대한 종래 우리의 이해와 좀 다른 각도에서 살핀 뜻있는 연구이며, 또 兩班의 개념이나 文·武散階에 대해서도 새롭게 인식시켜 주고 있다는 점에서 우선 주목하게 된다.

다음「兩班層의 成立過程」에서도 高麗期의 兩班에 대해 몇 단계로 구분하여 서술하고 있다. 즉, 고려초기에는 豪族〔鄕吏〕系列과 新羅 六頭品系列이 兩班의 주류로 등장하는데, 그 뒤에 이들은 왕실 또는 양반 상호간의 폐쇄적인 婚姻關係를 통하여 門閥貴族으로 성장한다. 그 대표적인 家門이 慶源李氏를 포함하여 그와 혼인을 맺은 몇몇 집안들이지마는, 이들 門閥貴族들은 兩班으로서의 지위를 확고히 하기 위하여 蔭叙制와 功蔭田柴法을 마련하고 특권적인 科擧準備敎育機關으로서 私學도 설치하였다. 이어서 武臣執權時代가 되면서 재래의 文臣貴族과 더불어 武臣貴族, 能文能吏의 新興文臣層, 그리고 元의 支配를 받게 되자 親元勢力이 대두하여 모두가 兩班家門에 편입되게 된다. 忠

宣王 卽位敎書에 보이는 '宰相之宗'은 그 가운데 뚜렷한 존재들이다. 그런데 麗末로 접어들면서 崔氏政權下에서부터 성장해 온 새로운 文臣勢力이 新興士大夫로 등장, 특히 이들은 恭愍王朝 이후로 활발히 진출하여, 같은 시기에 戰亂을 통해 성장한 武將勢力과 함께 朝鮮朝 兩班 형성의 주류가 되었다는 것이다. 이와 같은 서술은 대략 지금까지의 學界 業績을 정리한 것으로 보이는데, 그 각 시기에 활동한 인물들을 구체적으로 들고 있는 점이 매우 인상깊다. 더욱이 여기에는 장차의 과제로 미루어져 왔던 麗末의 이른바 新興士大夫層에 대한 분석까지 포함되고 있어서 우리들의 관심을 모은다.

다음으로 第2章 3節에서는 高麗時代의 散職에 대한 종합적인 설명을 들을 수 있다. 교수는 高麗時代의 散職을 流內散職과 流外散職의 두 종류로 파악하고 前者의 범주에 속하는 同正職과 檢校職・添設職들에 대해 정리하고 있는 것이다. 물론 이들 설명 역시 종래의 연구성과를 종합한 것이긴 하지만 새로이 流外散職의 존재를 지적한 것이나 散官과는 구별되는 散職의 개념을 분명히 해준 점 등은 특기할 만한 내용으로 손꼽아진다.

끝으로 高麗・朝鮮 시대의 「公田・私田・民田의 槪念」에 대해서도 폭넓게 비교 검토하고 있다. 그리하여 교수는 결론적으로 公田과 私田은 "① 王土로서의 公田, ② 收租權의 귀속을 기준으로 구분되는 公田과 私田, ③ 所有權을 기준으로 구분되는 公田과 私田의 세 가지 개념으로 쓰였다"고 하고, "그러나 收租權은 王土로서의 公田意識을 근거로 발동되는 것이었으므로 公田과 私田의 개념은 크게 收租權의 귀속을 기준으로 구분되는 公・私田과 所有權을 기준으로 구분되는 公・私田으로 구분할 수 있다." 그런데 "高麗初期에는 所有權을 기준으로 구분되는 公・私田의 개념이 많이 쓰였고, 科田法下에서는 收租權의 귀속을 기준으로 구분되는 公·私田의 개념이 많이 쓰였으며, 田柴科體制下에서는 이 두 가지 개념이 비슷하게 쓰이고 있었다"고 설명하고 있다. 이 같은 상황에서 民田은 처음에 所有權에 입각하는 私田－私有地였으나 收租權에 입각해서 토지를 구분할 경우 그 租가 國庫 또는 個人의 어느 곳에 귀속하느냐에 따라서 公田이 될 수도 있고 私田으로 될 수도 있었으며, 그에 대한 收取는 什一稅法에 의거하고 있었다 한다. 이것은 종래 고려시대의 民田을 公田－三科公田으로 파악하고 그 收租는 地稅의 개념에 해당하는 4分의 1 公田租率의 적용을 받았다고 이해하여 온 바와는 크게 엇갈리는 새로운 견해로 매우 주목되는 것이다.

이상 몇 가지 점을 소개하여 두었지마는 그 내용은 하나같이 모두 高麗時代史를 이해하는 데 핵심적인 것들이다. 교수는 그와 같은 문제들을 매우 요령있게 종합·정리한 위에 조선초기와 비교 설명함으로써 論旨를 선명히 하여 우리들을 크게 啓發시켜 주고 있다. 그런 점에서 우선 本書의 가치가 드러나고 있지만, 앞서 중간에 잠시잠시 언급했듯이 새로이 개척한 분야도 적지 않다. 『朝鮮初期 兩班研究』는 高麗時代史에 대한 연구서적으로서도 손색없는 귀중함을 지니고 있다 하겠다.

3)

本書의 연구성과에 비하면 너무 작은 것들이긴 하지만 약간 異見의 여지가 있는 곳도 몇몇 눈에 띄어 다음에 덧붙여 둘까 한다. 高麗의 文·武散階가 成宗 14년(995)에 처음으로 제정된 것이라는 견해는 그 하나의 예일 것이다. 그 같은 견해에 따라 교수는 "물론 金石文에는 이 이전에도 文散階를 사용한 흔적이 보이나 羅末麗初의 人物들이 띠고 있던 文散階는 入唐使者나 遣唐留學生 등이 唐에서 받아온 것이거나 唐制를 모방한 修辭的 名稱에 불과하였다"[8쪽]는 설명을 곁들이고 있다. 이 설명은 末松保和씨의 「高麗初期의 兩班について」(『東洋學報』36-2, 1953 ; 『青丘史草』第1, 1965)에 의거한 것인데, 그러나 이 문제에 대해서는 그와 다른 의견이 제시된 바가 있었다는 점도 고려되어야 하지 않았을까 생각된다. 武田幸男씨는 「高麗初期の官階」(『朝鮮學報』41, 1966)라는 論考를 통해, 文散階는 이미 光宗朝부터 高麗 고유의 官階와 함께 倂用되어 오다가 成宗 14년에 이르러 前者의 전면적인 채용·정비가 이루어짐에 따라 後者는 鄕職化되고 말았다는 사실을 밝히고 있는 것이다. 실제로 光宗朝 이후부터 成宗 14년까지의 사료에서 文散階를 호칭한 실례를 10여 개 찾을 수 있지마는, 필자가 보기에도 이들이 "唐에서 받아온 것이거나 唐制를 모방한 修辭的 명칭"인 것만은 아닌 것 같다.

다음 恭愍王 18년의 文散階制가 "高麗 최후의 文散階"[75쪽]라는 설명도 이와 비슷한 예가 아닌가 한다. 『高麗史』卷77 百官志 2 文散階 條에 "[恭愍王] 21년에 또 階號를 바꾸었는데 考究할 수가 없다"고 한 바와 같이 그것은 王 21년에 한번 더 개정되었기 때문이다. 여기서 개정된 내용은 考究할 수가 없다고 했지만, 그러나 당시에 사용된 구체적인 예를 검토해 보면 이번의 제도도 거의 전부 파악할 수 있으므로 이 사실을 들어 또 한번의 개정을 무시하여 버릴 수는 없지 않나 생각된다. 부가하여 本書 73쪽[주 131)]에 제시하고 있는 「高麗初期 武散階表」의 正6品上階인 耀武將軍은 耀武校尉로, 從6品下 振武副尉는 振威副尉로, 從7品上 翊威校尉는 翊麾校尉로 고치는 것이 좋을 듯하여 細說을 무릅쓰고 添記한다. 물론 이 도표는 『高麗史』卷77 百官志 2 武散

階條에 의한 것이다. 그러나 이에 대해서는 이미 旗田巍씨가 「高麗の 武散階」(『朝鮮學報』21·22 合倂號, 1961 : 『朝鮮中世社會史の硏究』, 1972) 에서 『高麗史』撰者의 잘못을 지적한 바 있거니와, 그 體系나 唐의 武散官과 비교하여 볼 때도 上記한 대로 시정해야 하리라는 생각을 쉽게 버리기가 어렵다.

　　교수는 고려전기의 "門閥貴族은 '모두' 文臣貴族들이었다"[21쪽] 고 이해하여 武班은 거기에서 제외시키고 있다. 그렇기 때문에 고려사회가 큰 전환을 겪는 "武臣執權時代에는 文臣貴族과 아울러 武臣貴族이 '새로운' 兩班層으로 성장하게 되었다"[22쪽]는 설명도 하게 된 것 같다. 이 같은 견해는 오래 전부터 高麗 前期社會의 특성으로 논의되어 오던 학설을 재확인한 것이지만 그러나 이에 관해서는 좀 다른 의견을 표명하는 연구자도 있다. 비록 武班의 家門이 文班보다 좀 떨어진다 하더라도 고위의 武班은 역시 貴族으로 보는 것이 옳다는 것이다. 엄연히 고려 지배체제의 큰 한 부분을 차지하고 있으면서 功蔭田柴의 대우나 子弟의 蔭叙 및 國子監·太學에의 입학 등에 있어서 文班과 꼭 같은 특권을 보유하고 있는 武班을 貴族身分에서 제외해야 할 아무런 이유가 없다는 논지이다. 최근에는 武班家門중에서 文班仕路를 걷고 있는 인물을 배출한 예가 발견되기도 하고 또 文班家門과 혼인관계로 서로 얽혀 있는 집안도 찾아지고 있어 이러한 주장을 펴는 입장이 더욱 강화된 인상을 주고 있다. 이 점에 대해서는 필자의 「高麗前期 文班과 武班의 身分問題」(『韓國史硏究』21·22, 1978)가 혹 조금 참고가 될 듯하므로 附記해 둔다.

　　이 문제와 관련하여 교수는 당시의 門閥貴族으로 慶源李氏와 그리고 그와 혼인을 맺었던 安山金氏·慶州金氏·光陽金氏·海州崔氏·坡平尹氏·江陵金氏·平山朴氏를 들고 있다[21쪽]. 이처럼 고려전기의 名

門巨族으로 8家門을 드는 일은 藤田亮策씨가 「李子淵と其の家系」(『靑丘學叢』13·15, 1933·1934)에서 밝힌 이래로 흔히들 써왔는데, 그러나 이 논문은 金石文과 같은 기본사료가 채 정리되지 않은 1930年代의 것이라 보완해야 할 곳이 꽤 있다. 당시의 名門으로 손꼽히고 있던 南平文氏나 樹州李氏·定安任氏 등과의 通婚關係를 간과해 버린 것이 그 한 예이다. 나아가서, 사실 고려전기의 家門에 관한 연구는 귀족사회의 실체를 해명하는 한 좋은 방법으로 간주되어 그간에 상당한 진척이 있었다. 邊太燮敎授의 「高麗朝의 文班과 武班」(『史學硏究』11, 1961 ; 『高麗政治制度史硏究』1971, 一潮閣)을 비롯하여, 李樹健敎授는 「高麗時代 '土姓' 硏究(上)」(『亞細亞學報』12, 1976)에서 50여 家門을 분석하고 있고, 필자도 「高麗 家産官僚制說과 貴族制說에 대한 檢討」(『史叢』21·22, 1977)에서 20家門 가까이 살펴본 일이 있지마는, 이것들 이외에도 이 방면에 관한 논문은 몇 편 더 있는 것으로 알고 있다. 이와 같은 지금의 상황을 염두에 두고 생각해 볼 때 藤田씨가 지적한 8家門만을 기준으로 한 듯한 고려전기 貴族家門에 대한 설명은 그 내용을 좀더 풍부하게 할 수도 있지 않았을까 하는 아쉬운 느낌을 준다.

고려사회는 武人亂(1170)을 계기로 커다란 社會轉換을 겪지마는, 그 뒤의 武臣執權時代에 이른바 能文能吏의 文臣層이 새로운 지배세력의 한 갈래로 등장한다 함은 이미 앞에서 언급해 두었다. 교수는 이 점에도 유의하여 구체적으로 李奎報·崔滋·李公老·李藏用 등 17人의 登科文臣들을 그 같은 부류로 지목하고[23쪽], 이어서 忠宣王의 卽位敎書에 보이는 15家門—교수는 14家門이라 했지만 실제로는 15家門—의 '宰相之宗' 중에 孔巖許氏·橫川趙氏·鐵原崔氏를 역시 能文能吏의 新興文臣家門으로 分類해 놓고 있다[24쪽]. 그러나 여기에는 약간의 문제가 있는 것 같다. 우선 崔滋와 李藏用의 경우만 하더라도

『高麗史』卷102의 그들의 傳記에 분명히 나타나 있듯이 兩人은 각기 고려전기의 최대 閥族家門인 海州崔氏와 慶源李氏家의 후손들이기 때문이다. 이들은 아마 新興文臣層으로 分類하기보다는 오히려 前期의 門閥貴族으로서 후기에까지 그대로 세력을 온존해 온 부류에 넣어 파악하는 것이 옳을 것 같다. '宰相之宗' 중의 孔巖許氏와 鐵原崔氏도 마찬가지 경우라고 생각된다. 孔巖許氏는 太祖功臣의 후예로 肅宗~仁宗朝에 활동하여 亞相까지 지낸 許載로부터 번창하는 家門이며, 鐵原崔氏 역시 太祖功臣의 후예로 文宗朝부터 毅宗年間에 벼슬하여 각기 首相과 亞相까지를 역임하는 崔奭·崔惟淸 이후로 크게 떨친 家門인 것이다. 이들에 대해서는 拙稿, 「高麗時代의 海州崔氏와 坡平尹氏 家門 分析」(『白山學報』23, 1977) 및 「高麗時代의 定安任氏·鐵原崔氏·孔巖許氏 家門 分析」(『韓國史論叢』3, 1978)이 혹 조금 참고될지 모르겠다.

다음은 士大夫에 관한 문제인데, 교수는 종래 이를 고려후기에 대두하는 學者的 官僚 내지는 官僚的 學者로 이해하여 왔던 바와는 좀 달리 해석하고 있다. 그것은 文武兩班官僚를 지칭하는 用語였다는 것이다. 생각해 보면 士大夫란 워낙 다양한 뜻을 가지고 있어서 한 마디로 정의하기란 매우 어려운 일이지만 일단은 필자도 교수의 해석에 찬동하고 싶다.『朝鮮世宗實錄』卷52 世宗 13年 5月 戊辰條에 4品 이상을 大夫, 5品 이하를 士라고 부른다는 사료가 전하고 있는 것을 보아 그에 대한 어느 정도의 확신이 서기 때문이다. 그런데 교수는 이와 같은 정의와 함께, "士大夫는 특히 朱子學을 支配思想으로 하는 高麗末 이후의 文班官僚를 뜻하며", 그렇기 때문에 "士大夫란 用語가 高麗末 이후에만 나타난다"[15쪽]고 하여 그 사용 시기까지 못박고 있는데 이 점에 대해서는 좀 의아심이 간다. 士大夫가 文武兩班官僚를 뜻하는 평범한 용어이고, 더구나 그것은 교수가 지적하고 있듯이 中國 古代에

연원이 있는 것이라면〔86쪽〕高麗末 이전부터도 사용되었을 가능성은
예상할 수 있기 때문이다. 그리고 실제로 이 같은 예상은 다음과 같이

○〔文宗 元年 6月〕乙卯에 王이 公卿 大夫를 거느리고 奉恩寺에 갔다.
〔『高麗史』卷7, 世家〕
○〔韓安仁은〕睿宗이 즉위함에 미쳐 舊恩으로써 가까이서 用事하여 恩
寵이 두터웠으므로 兄弟 親戚이 모두 이로 인해 要路에 分據하니 士大
夫로 勢利를 좇는 자들은 아부하지 않음이 없었다.〔『高麗史』卷97, 列傳
韓安仁傳〕

고 한 고려전기의 사례에 의해 사실로써 증명도 된다. 내용상의 문제
가 있기는 하지만 여기서 大夫·士는 官僚를 지칭한 것임에 틀림이
없어 보이는 것이다. 요컨대 高麗前期社會에서 이미 士大夫의 존재가
확인된다는 이야기인데 이와 같은 결론은 앞서 "士大夫라는 用語가
高麗末 이후에만 나타난다"는 주장과는 좀 다른 것이며, 나아가서 고
려후기에 등장하여 朝鮮朝 건국의 중심세력이 된 특정의 부류를 일컬
어 '新興士大夫'라 이름하여 왔던 데도 재검토의 여지는 있지 않은가
하는 생각에까지 미치게 된다.

이 문제는 한두 개의 사례를 살핀 결과만을 가지고 어떤 단정을
내리기는 어려운 중요하고도 복잡한 과제이므로 뒷날의 더 깊은 연구
를 기다리기로 하고, 이어서 교수가 구체적으로 들고 있는 이른바 麗
末의 '新興士大夫'들에 대하여 잠시 더 살펴보도록 하자. 교수는 그들
을 恭愍王 이전과 그 이후의 두 시기로 나누어 前者의 인물로 安珦·
權溥·李兆年·申君平·李齊賢·李達衷 등 21名을 들었고, 後者의 인
물로 역시 李穡·鄭夢周·李仁復·趙浚 등 21名을 지적하고 있다
〔25~27쪽〕. 이 고려후기 '新興士大夫'의 실체에 대해서는 그 동안 여

러 사람이 궁금하게 생각해 왔던 문제인데, 금번 교수의 지적으로 그 윤곽이 어느 정도 드러나게 된 셈이지만, 그러나 이런 인물중에는 좀 더 신중히 다루어야 할 사람도 포함되어 있는 것 같다. 예컨대 趙浚은 이미 閔賢九 교수의 「趙仁規와 그의 家門」(『震檀學報』42·43, 1976·1977)에 깊이 연구되어 있는 바와 같이 親元分子로 得勢하여 대표적 '權門世族'의 하나로 성장한 平壤趙氏의 후손이며, 權溥 역시 曾祖父인 權守平 이래로 本人은 물론 父親과 子孫 여럿이 재상위에 오른 權門 安東權氏出身이었다〔『朝鮮金石總覽』上, 642쪽. 權溥墓誌 등 참조〕. 京山李氏의 예를 하나 더 보더라도 李兆年은 비록 鄕吏의 子弟로서 起身했으나 자신과 아들 李褒가 宰相을 역임한 이후 孫인 仁復·仁任·仁立·仁敏 등이 각기 首相 내지 宰相位에 올라〔『高麗史』卷109, 李兆年傳:『朝鮮金石總覽』上, 678쪽. 李仁復墓誌 등 참조〕閔族으로 성장해 있었다. 비슷한 경우는 여러 사람에 더 해당되는 것 같은데, 그렇다면 '新興士大夫'의 그 '新興'이 어디에 기준을 둔 것이냐 하는 문제부터가 먼저 검토의 대상이 되어야 할 것 같이 보여지거니와, 각 개인에 대한 성격규정도 家門의 背景이나 起身의 經緯·政治理念·思想 등 여러 부면의 分析이 선행된 뒤에 이루어져야 하지 않을까 생각된다. 이 과제는 역시 시간을 두고 앞으로 하나하나 풀어가야 할 숙제는 아닐까.

고려시대의 散官과 散職은 교수의 연구에 의하여 서로 다른 개념임이 분명히 드러나 있다. 즉, 散官은 단순히 散階〔文散階·武散階〕를 의미한 데 비하여 散職은 檢校職·同正職·添設職 등의 官職을 나타내는 말이었던 것이다. 이러한 사실은 朝鮮初期의 사례에 비추어 보면 더욱 확실하다는 것을 알게 되거니와 필자도 그 같은 구분에 동감이다. 그런데 여기에는 한 가지 유의해야 할 점이 있다. 高麗期의 史料중에는 散官이 散職과 같은 뜻으로 사용된 예가 가끔 보이기 때문이다. 벼슬이 "散官으로 檢校軍器監에 이르렀다"〔『韓國金石文追補』, 171쪽, 金閱甫墓誌銘〕느니, "散官인 直長同正이었다"〔『東國李相國集』卷20, 雜著 盧克淸傳〕고 한 사례가 그러한 것들이다. 그와 같은 연유에서인지는 잘 몰라도 교수는 『高麗史』卷75 選擧志 3 銓注 明宗 11年 正月條의 "中書門下郞舍議奏 舊制 文吏散官外補者 皆有年限 … 請限及第登科者 閑五年 自胥吏爲員者 閑八年以上 許得施行"에 나오는 散官은 散職으로 해석하고 있는〔140쪽〕한편 같은 『高麗史』卷78 食貨志 1 田制 功蔭田柴條의 "文宗三年五月 定兩班功蔭田柴法 一品門下侍郞平章事以上 田二十五結 柴十五結 … 散官減五結 樂工·賤口放良員吏 皆不得與"에 나오는 散官은 散階와 같은 것으로 보고 있다〔21쪽〕. 필자의 견해로는 두 경우의 해석을 서로 바꾸는 게 어떨까 생각되기도 하는데, 어떻든 穆宗 원년의 改定田柴科에 보이는 '散'字가 붙은 관직을 散職으로 해석하고 있으면서도〔137쪽 註360〕-필자도 이 해석에 찬동한다-다른 곳에서는 같은 내용을 가지고 散官으로 표기하는〔141쪽〕등 개념상에 혼란을 빚고 있는 것은 사실인 성싶다. 실상을 미리 밝혀 정리해 두었어야 이러한 혼란을 피할 수 있지 않았을까 사려된다.

　　교수는 이미 高麗中期부터 '權門世族'들이 土地兼倂과 壓良爲賤으로 대규모의 農莊을 소유하고 있었다는 설명을 하고 있다.〔28쪽〕여기서 그와 같은 현상이 일어난 高麗中期란 어느 때를 말하는 것인지 잘 알 수는 없으나 그것이 142面에서의 지적과 같이 顯宗朝(1010~1031) 이후라는 의미일 것 같으면 이 설명은 잘못된 것이라고 볼 수밖에 없다. 그러나 대규모의 농장이 있었다는 高麗中期가 顯宗朝 이후를 뜻한 것 같지는 않다. 顯宗朝부터를 高麗中期로 보기도 어렵지마는, 著者가 근거한 宋炳基敎授의 「高麗時代의 農莊」(『韓國史硏究』3, 1969)에 의하건대 그것은 仁宗朝(1123~1146)를 두고 이른 말일 것으로 추측되기 때문이다. 만약에 이러한 추측이 옳은 것이라면 교수의 표현대로 '權門世族'들에 의한 土地兼倂과 壓良爲賤으로 대규모의 農莊이 성립한 때가 仁宗朝 이후라는 이야기인데, 아마 당시의 현실은 그렇지 않았던 것 같다. 仁宗朝, 특히 李資謙의 執權期 이후로 田柴科體制가 크게 동요된 것은 사실이지만 그것이 무너져 본격적인 農莊制로 轉移되는 것은 일반적으로 武臣執權時代부터라고 알려져 있는 것이다. 내용상 약간의 수정이 필요하지 않나 생각된다.

아울러 功蔭田柴를 文·武 五品以上官의 子에게 지급했다는 서술〔21쪽〕과 武臣執權時代가 12세기말부터 13세기초까지 있었다는 설명〔22쪽〕에서도 한두 글자 고쳤으면 한다. 功蔭田柴法은 5품以上官의 '子'가 아닌 官僚 그 자신에게 지급하는 제도였으며, 武臣執權時代도 12세기 말(1170)부터 13세기 '초'가 아닌 '말'(1270)까지 1세기 동안 계속되었던 때문이다. 다음은 學說이나 內容上의 문제가 아니라 단순한 인쇄과정에서 비롯된 것으로 추측되는데, "武班에는 三品以上職이 실제로 없었다"〔9쪽〕고 한 부분에서 '三品以上職'은 '二品以上職'의 잘못일 것이며, 閑人田이 五品以下의 官吏의 子女에게 지급한 토지라는 설명에서도〔315쪽〕 '五品以下'는 '六品以下'의 오식인 것 같다. 또 24面의 '宰相之宗'을 설명하는 가운데 '鐵原李氏'가 두 곳 나오지마는 이 경우도 같은 이유로 해서 '鐵原崔氏'가 그와 같이 잘못된 것으로 판단된다. 蛇足과 같은 이야기이지만 필자 자신이 이해하는 데 꽤 많은 시간을 소비해야 했던 기억이 나 添附한다.

이상 本書를 읽으면서 느끼고 생각했던 몇 가지를 적어보았다. 혹 그간에 著者의 논지를 잘못 이해했거나 그릇된 견해를 가지고 비평 비슷한 언사나 일삼지 않았는지 매우 염려스럽다. 전체적으로는 필자도 교수의 논지에 적극 찬동하고 있으며 다만 그 큰 줄기 속에 있는 자질구레한 몇몇 사실에 대해 조금 의견을 달리하고 있을 뿐인 것이다. 더구나 그 조금 다른 의견이란 것도 실은 어떤 깊은 연구를 바탕으로 한 것은 아니기 때문에 이로 인해 저자의 큰 업적이 조금이나마 덜어지리라고는 생각지 않는다. 거듭 말하거니와 『朝鮮初期 兩班研究』는 朝鮮時代 兩班의 실체를 파헤친 점에서는 더 말할 나위도 없지만 高麗時代史에 대한 연구서적으로서도 높은 값어치를 지니고 있다. 필자 자신도 本書에 의하여 많은 啓發과 큰 감명을 받았다. 거대한 學問的 成果를 거둔 李교수에게 다시 한번 祝意의 뜻과 함께 깊은 감사를 드린다.

(『亞細亞研究』24-2, 1981년 7월)

(2) 金龍善 編著, 『高麗墓誌銘集成』
(翰林大學校 아시아文化研究所, 1993, 684쪽)

1)

역사는 사료에 의하여 연구 서술되는 것이므로 그 중요성을 새삼 강조할 필요는 없으리라고 본다. 金石文은 그 같은 사료의 일부분인데, 조선시대처럼 王朝實錄 등이 전해 오지 않아 상대적으로 빈약한 형편에 있는 고려의 경우는 그 중요성이 한층 높아지게 마련이다. 더구나 그것들은 당대에, 직접적인 관련자들이 중심이 되어 제작한 것이다. 그만큼 사실에 충실한 사료라고 할 수 있다. 물론 당해자들이 중심이 되어 제작한 때문에 부분적으로는 거기에서 비롯되는 제약성도 감안해야 하지만 어떤 점에서는 후대에 만들어진 『高麗史』나 『高麗史節要』보다도 더 기본적인 사료가 되는 것이다.

그와 같은 무게가 점하고 있는 金石文 가운데에서 이번에 金龍善 교수가 墓誌銘만을 따로이 모아 『高麗墓誌銘集成』이라는 제목의 책으로 내놓았다. 귀중한 자료들을 옆에 두고 편리하게 이용할 수 있게 된 것이다. 編著者로서는 책을 엮는 과정에서 많은 노력과 시간을 들였겠지만 그만큼 역사연구에 공헌이 크리라고 보며, 비슷한 길을 걷고 있는 필자와 같은 사람들이 고마워하는 마음도 그에 못지않으리라 짐작된다.

금석문의 가치와 중요성은 비교적 일찍부터 인식되어 이미 17세기 중엽인 肅宗 때에 郎善君 李俁가 수집한 것들이 『大東金石帖』으로 나왔다가 다시 『大東金石書』로 정리된 바 있다. 그러나 이것은 書體 등에 중점이 두어진 편집이었고, 정작 塔碑나 墓誌 등의 전체 내용이 소개되어 보다 널리 이용할 수 있는 저작은 淸의 金石學者 劉燕庭이 19세기 초엽에 시작하여 劉喜海·劉承幹에 의해 1922년에 출간된 『海東金石苑』과 日本 朝鮮總督府가 1919년에 편집하여 내놓은 『朝鮮金石總覽』이었다. 그 뒤 우리의 손에 의해 1968년에는 李蘭暎 編 『韓國金石文追補』가, 다시 1976년에는 黃壽永 編 『韓國金石遺文』이 출간되어 위의 두 편집물은 대폭적으로 보강이 이루어졌지만, 늘상 이들 서적을 대해야 했던 필자로서는 그 때마다 마음에 부끄러움을 느껴야 했다. 다행스럽게도 그로부터 얼마 뒤인 1984년에 許興植 교수가 金石文 전체를 새롭게 정리하여 『韓國金石全文』을 내놓았고, 또 道別로 편집한 서적도 출간되었다. 거기에 이어서 金龍善 교수가 비록 墓誌銘에 한정된 것이긴 하나 보다 체계적이고 풍부한 내용을 담은 『高麗墓誌銘集成』을 우리에게 제공한 것이거니와, 이는 學界의 경사로서 그의 쾌거를 축하하여 마지않는 바이다.

2)

『高麗墓誌銘集成』은 다음의 몇 가지 점에서 매우 특징적이고 많은 장점을 지닌 사료집이라고 생각된다. 우선 그 하나가 가장 많은 숫자의 묘지명을 싣고 있다는 점이다. 여기에는 종래의 編著에서 다루었던 묘지명 이외에도 그간 여러 연구자들이 발굴해낸 것과 또 이미 拓本이 되었거나 文集에 실려 있었음에도 불구하고 어떤 이유에서인지 누락되었던 것 등이 모두 수록되고 있다. 사실 편저자인 金龍善 교수 스스로도 1988年刊『歷史學報』117집에「新資料 高麗 墓誌銘 17點」에서 역사적으로 널리 알려진 인물인 鄭穆・金周鼎・金深・金台鉉・金方慶・金恂・金永暾・朴全之・朴遠・洪奎・吳潛 등의 묘지명을 소개한 일이 있지만, 그밖에 閔賢九・許興植・張東翼・辛鍾遠 등의 諸氏에 의해 비슷한 성격의 글이 발표되어 추가된 숫자가 꽤 여럿이었다. 그리고 蔡仁範墓誌銘〔13쪽 수록〕과 尹珤妻 朴氏 墓誌銘〔438쪽 수록〕처럼 拓本이 되어 있었으나 종래에는 미처 싣지 못했던 것이 찾아지며, 또『拙藁千百』에 올라 있는 다른 묘지명과는 달리 編著 과정에서 누락되었던 閔宗儒墓誌銘〔447쪽 수록〕 등이 있는가 하면, 蔡謨墓誌銘〔414쪽 수록〕과 같이 族譜에서 새로 발견되는 것 등도 상당한 숫자에 달하는데, 이들을 빠짐없이 챙겨서 소개하고 있는 것이다. 그리하여 전체 306명에 이르는 묘지명을 수록하고 있거니와, 그에 따르는 이용상의 편리함은 차치하고라도 추가된 자료들이 고려시대사에 대한 우리들의 이해의 폭을 넓히는 데 크게 기여하리라 믿어진다.

本書는 이 묘지명들을 수록하는 데 있어 가능한 한 原資料와 마찬가지 형식을 취하고 있는데, 바람직한 방향이라고 생각된다. 그럼으로써 이용자들에게 실물을 대하는 것과 비슷한 효과를 주어 그것에 한층 가까이 접근할 수 있도록 하겠기 때문이다. 형식뿐 아니라 내용의 글자까지도 될 수 있으면 원상태대로 표기하고자 노력하고 있지마는, 본래의 모습 그대로를 제공하여 주는 것이 최선의 자료라는 원칙에서 볼 때 이 역시 온당한 조처였다고 평가하여 좋을 것 같다.

다음으로 눈길이 가는 것은 종래의 編著에서 잘못되었던 여러 부분을 이번에 새로이 정리하면서 바로잡고 있다는 점이다. 그 이전에는 「尹知墓誌銘」으로 알려졌던 것이 실은 「金復尹墓誌銘」(100쪽)이었음을 밝혔다든가, 「金克諧墓誌銘」은 「兪克諧墓誌銘」(409쪽)의 잘못이었음을 지적한 대목 등이 그 단적인 예들이다. 年代를 바로잡은 것도 여럿이어서, 예컨대 任懿墓誌銘(43쪽)의 제작 시기는 睿宗 10年이 아니라 同 12年이었으므로 그와 같이 수정하고 있으며, 韓惟忠墓誌銘(87쪽)의 경우 毅宗 1年을 同 卽位年으로, 金義元墓誌銘(133쪽)은 毅宗 6年을 同 7年으로, 崔褒伯墓誌銘(292쪽)은 仁宗 23年이 아닌 熙宗 元年으로 각각 고쳐놓고 있다. 그리고 문장중에 나오는 숫자 가운데도 20쪽 15행의 '淸寧三年己亥'는 '淸寧五年己亥'가 옳다고 판단되며, 25쪽 6행에 나오는바, 崔士威가 卒去한 해는 '重熙十二年'이 아니라 十年이므로 모두 바르게 고쳐놓았다. 글자를 수정한 곳도 상당수에 이르고 있는데, 한두 가지만 예를 들면 19쪽 3행의 '可得言而究矣'는 문장의 내용상 '皆得言而究矣'로 고친 게 옳은 듯싶고, 任忠贇의 祖父名(253쪽 5행)은 任顯이 아니라 任顗이었으므로 역시 이 곳에서는 고쳐져 있다. 비슷한 사례는 여기에 일일이 다 열거할 수 없을 정도로 다수 찾아지거니와, 이것들은 당해 묘지명에 대한 이해뿐 아니라 그와 관련된 역사적 사실의 해석에 영향을 미치리라는 것은 쉽게 짐작이

가는 일이다. 엄밀한 작업을 통하여 그 같은 문제점들을 대폭 제거한 이번의 정리는 그 점에서도 높은 평가를 받을 만한 것이었다고 생각된다.

그런데 本書에서는 그에 그치지 않고 많은 노력을 경주하여 묘지명의 주인공이나 제작 연대를 밝히고 또 缺落되었던 부분을 다수 찾아 보완하고 있는 점 또한 지나칠 수 없는 공로라고 판단된다. 전자의 예로는 267쪽에 실려 있는 「□章弼墓誌銘」의 주인공이 文章弼이었고, 345쪽에 실린 「鄭邦輔墓誌銘」의 제작 시기가 高宗 13年이었음을 밝힌 것 등을 비롯하여 그 숫자는 더 찾아진다. 후자의 경우는 묘지명에 자주 쓰이는 문장투나 내용 및 일정하게 나오는 관직명, 관련이 있는 다른 자료와의 비교 등을 통해 보완할 수가 있는데, 물론 여기서도 그 점을 놓치지 않고 있다. 43쪽 2행의 '□□□□三重大匡'이라 한 곳의 缺落 부분에 들어갈 말이 '佐理功臣'이라는 것, 79쪽 6행의 '儒□郎'에서 缺落된 글자가 '林'이라는 것, 그리고 123쪽 3·4행의 "戶部□書三司使金公諱義元之長女也皇祖門下□郎平章事良鑑"에는 각각 '尙'과 '侍'가, 145쪽 1행의 "朝議大夫檢校尙□□□射右散騎□□"에는 '書右僕 또는 書左僕'과 '常侍'가, 187쪽 34행의 "賜金銀□□段鞍馬布□"에는 '器匹'과 '貨'가, 228쪽 18행의 "賜緋衣銀□□寅歲今□由藩邸卽王位"에는 '魚庚'과 '上'이, 338쪽 19행의 "特加守太保開府儀同三司門下侍郞同中書門下□□事判兵部事仍令致□"에는 '平章'과 '仕'字가 각각 들어감을 밝힌 것이 그런 몇몇 사례들이다. 이렇게 보완한 부분 역시 이 자리에서는 모두 열거할 수 없을 정도로 다수에 이르고 있는데, 本書가 많은 시간을 할애하여 치밀한 고증을 거쳤음을 보여주는 증거이기도 하다. 그만큼 이 編著의 값어치는 올라가게 마련인 것이다.

本書에서는 또 각 묘지명이 수록되어 있는 典據나 所在處 및 그 소재처의 所藏番號 또는 정리번호를 적어놓고 있다. 아울러 '揭載' 항목을 설정해 그들이 활자화되어 실려 있는 선행 編著의 쪽수, 그리고 '參考' 항목에는 그들에 관한 연구 論著와 『高麗史』列傳에 실려 있는 지의 여부 등을 밝히고 있다. 이용자들이 참조하도록 하기 위한 세심한 배려에서이다. 編著者가 이 책에 쏟은 정성과 친절을 가히 짐작할 수 있게 한다.

이제 우리들은 이 한 권의 編著를 통하여 당해 묘지명에 관한 한 가장 많은 정보를 얻을 수 있게 되었다. 다음의 과제는 그것을 이용하여 연구를 크게 진척시키는 일이다. 이 책의 출간이 지니는 의미는 역시 그런 점에서 찾아야 하지 않을까 생각해 본다.

3)

『高麗墓誌銘集成』은 위에서 설명했듯이 치밀한 계획하에서 많은 노력을 투자해 제작된만큼 그 구성이나 내용의 정리에 있어 하자라고 할 만한 점은 거의 눈에 띠지 않는다. 그러나 좀 지나친 요구일 듯싶기는 하지만 다음과 같은 몇 가지 면들은 고려해 볼 가치가 있지 않았을까 생각된다.

그 하나가 시기를 고려 때 제작된 것으로 너무 엄격하게 한정시키고 또 대상을 묘지명으로 제한한 데 따라 제기되는 불편이다. 本書는 묘지명의 제작 시기에 기준을 두어 고려조(918~1392)에 만들어진 것에 한하여 수록하고 있는데, 책 제목이 『고려묘지명집성』인 이상 어떻게 보면 당연한 조처라고 할 수 있다. 하지만 이렇게 할 경우 羅末麗初에 걸쳐 활동한 인물의 것은 수록될 수 있는 데 반하여 고려말에 주로 활동하다가 조선조가 개창된 이후에 세상을 뜨거나 麗末鮮初에 걸쳐 활약한 인물들의 묘지명은 제외되게 마련이다. 그리하여 실제로 우리들이 알고 있는 몇몇 묘지명뿐 아니라 『東文選』 卷129와 130에 실려 있는 閔霽墓誌銘과 河崙·許稠·安純 등의 묘지명이 모두 本書에는 수록되고 있지 않지마는, 그것들도 한결같이 고려사를 연구하는 데 필요한 귀중한 자료들인 것이다. 혹 '고려'의 시간적 개념을 묘지명의 제작 연대가 아니라 당해 인물들이 활동했던 기간으로 좀 넓혀 몇몇 묘지명을 포괄할 수는 없는 것인지 모르겠다. 만약 그렇게 하는 것이 적절치 않게 생각된다면 附錄으로 넣거나 따로이 계획을 세워 편집할 수도 있을 것이다. 물론 어떤 의무나 책임이 있는 것은 아니지만 本書에서는 이에 관한 언급이 전혀 없어 한 가지 의견으로 제안하여 둔다.

수록의 대상을 묘지명으로 제한하는 문제에 있어서 編者는 책머리의 「일러두기」를 통해, 원칙적으로는 이들만을 싣되 일부의 買地券과 石棺誌는 수록했음을 밝혀, 이 점에 있어서만은 약간의 융통성을 두고 있다. 하지만 그러면서도 원칙론에 입각하여 내용상 묘지명과 거의 같다고 할 수 있는 塔碑銘들은 모두 제외시켰다. 塔碑銘은 모두 高僧들의 것이지만 일부 官僚들의 것으로 廉悌臣과 李子春의 神道碑가 전해오며, 또 주로 고려기에 활동했으나 조선초에 卒去하여 뒤에 만들어진 것으로 李穡과 沈德符의 神道碑가 알려져 있고, 좀 특수한 것으로는 方臣祐祠堂碑와 趙仁規祠堂記 등이 있는데, 이들 역시 귀중한 자료가 된다는 것은 더 말할 필요가 없다. 그러므로 저들에 대해서도 앞서 제안한 어떤 방법을 이용하여 정리하여 두는 게 좋았으리라는 생각을 해보는 것이다.

참고로 문화재관리국에 의해 「坡州瑞谷里 高麗壁畵墓」 발굴이 있어 그 보고서가 1993년에 간행되었는데, 거기에는 발굴시에 나온 權準墓誌銘도 소개되어 있다. 이렇게 새로이 발굴 내지는 발견되는 묘지명은 앞으로도 계속 나오리라 예상된다. 물론 계획이 세워져 있겠지만, 이들도 기회 닿는 대로 추가하여 수록되어야 할 것이다.

다음으로 내용의 정리에 있어 原資料는 가능하면 그대로 싣되 文集이나 族譜 등에 수록된 묘지명 가운데에서 誤字가 분명하다고 판단되는 것은 編者가 適意에 따라 수정했다고 밝히고, 실제로 그와 같이 바로잡은 곳이 꽤 여럿 눈에 띈다. 그러나 아직 미진한 부분이 좀 있는 듯하며, 또 비단 文集이나 族譜 등에 수록된 것뿐 아니라 拓本을 가지고 옮겨 실은 묘지명 가운데도 잘못된 글자가 혹간 발견된다. 이런 부분은 원자료를 존중하는 입장에서 그대로 싣고 그 옆에 옳은 글자를 함께 적어두는 게 어떠했을까 한다. 아마 그렇게 하는 것이 이용자들에게 보다 편의를 제공하는 길이라 짐작되기 때문이다. 그런 뜻에서 몇몇 추가로 찾아지는 글자들을 도표로 제시하면 다음의 페이지와 같다.

쪽수	행수	正으로 생각되는 글자 〔고딕체 글자〕	誤로 판단되는 글자 〔고딕체 글자〕
88	3	金紫光**祿**大夫	金紫光**錄**大夫
184	20	妙**淸**	妙**精**
259	1	金紫光**祿**大夫	金紫光**錄**大夫
270	5	趙**位**寵	趙**爲**寵
313	13	金**吾**衛錄事	金**午**衛錄事
379	1	金紫光**祿**大夫	金紫光**錄**大夫
379	13	銀青光**祿**大夫	銀青光**錄**大夫

398	16	祝髮爲浮圖	祝髮爲浮啚
413	7	密直副**使**	密直副**史**
421	2	版**圖**判書	版**啚**判書
430	9	版**圖**司	版**啚**司
430	10	版**圖**摠郞	版**啚**摠郞
441	25	密直**司**右承旨	密直**使**右承旨
441	26	密直**司**左承旨	密直**史(事)**左承旨
441	27	密直**司**副使	密直**史(事)**副使
445	8	金紫光**祿**大夫	金紫光**錄**大夫
454	6	開府**儀**同三司	開府**議**同三司
459	8	〃	〃
460	34	匡**靖**大夫	匡**正**大夫
497	5	〃	〃
503	24	至順**一**年庚午	至順**二**年庚午
578	25	妙**淸**	妙**精**
588	6	新羅王金**傅**	新羅王金**溥**

묘지명 가운데 어떤 것은 缺落된 부분이 있으므로 편자는 그 방면의 보완에도 많은 노력을 기울여 다대한 성과를 거두고 있다 함은 앞서 언급하였다. 그런데 사실 이 같은 작업은 매우 어려운 것이어서 힘을 쏟은 만큼 결실을 얻지 못하는 경우도 있을 수가 있다. 本書의 경우 53쪽 1행에 나오는 "□書吏部尙書"라는 대목의 빈칸에 '中'字를 넣고 있는데, 그것은 잘못일 가능성이 많다. '中書吏部의 尙書'나 '中書와 吏部의 尙書'라는 말은 있을 수 없기 때문이다. 거기에는 아마 '尙'字를 넣는 것이 옳았을 것이다. 그러면 '尙書吏部의 尙書'라는 말

이 되어 모순이 없게 된다. 103쪽 13·14행의 '尙書□□員外郞'에도 尙書吏部나 兵部·戶部 등의 員外郞을 상정하여 두번째 □에 '部'字를 넣고 있다. 그러나 이 경우도 잘못되었다고 말할 수는 없지만 그것은 尙書 '左司'나 '右司'의 員外郞일 가능성도 충분히 있다. 그러므로 이런 때에는 가능성이 있는 '部'나 '司'를 함께 넣어주었어야 오해가 없었을 것이다. 233쪽 2·3행의 "尙□□御"도 비슷한 경우이다. 편자는 여기에 '舍奉'을 넣어 '尙舍奉御'라는 관직으로 보고 있으나 '尙食奉御'와 '尙藥奉御'도 있으므로 역시 다른 글자가 들어갈 가능성을 배제할 수는 없다. 이 곳에도 같이 표시하여 두는 게 좋지 않았을까 생각되는 것이다.

편자도 이런 고충을 많이 느끼고 있었던 것 같다. 그 때문인 듯, 보충하여 넣을 여지가 상당히 있는 부분임에도 그대로 남겨둔 것이 꽤 여럿 눈에 띄는 것이다. 비록 위험성은 있다 하더라도 이용자들이 참고하여 보라는 의미에서나마 표기하여 주는 게 더 좋지 않았을까. 그런 취지에서 몇 경우를 예시하면, 因議令〔19쪽 4행〕, 中甲午年春場 別賜乙科因第〔131쪽 3행〕, 國學養正因生〔157쪽 4행〕, 李公墓因〔234쪽 1행〕, 因中大夫〔236쪽 4행〕, 賜紫因魚袋〔278쪽 1행〕, 知樞密院因〔333쪽 58행〕, 監察侍因〔405쪽 16행〕 등을 들 수 있다. 이들은 일정하게 되어 있던 명칭이나 묘지명에서 흔히 쓰이는 문구 등을 염두에 두기만 하면 비교적 쉽게 보완할 수 있는 글자들이다. 또 240쪽 31·32행에 나오는 "遷禮部尙書·翰林學士 至丙□ 知禮部貢擧 牓進士秦獻衣等三十四人爲及第"도 李文鐸이 知貢擧로써 科試를 주관한 해가 丙申年인 明宗 6년이므로 □의 글자가 '申'임을 찾아낼 수 있다.

아울러 다음과 같은 예도 보인다. 221쪽에 실려 있는 「崔惟淸 墓誌銘」의 경우인데, 그 15~19행은

及仁考卽□ 外舅李資謙 專執□ 陰圖纂逆 大臣有不附□□ 輒以討誅竄 平章事韓皦如 □□□□□罪□□ □喬公之姉也 鄭□□□相之表弟也 □□坐□□ 公亦因是失職焉 及資謙敗 召入內侍.

로 되어 있다. 그런데『高麗史』卷99 列傳에 올라 있는 그의 전기를 볼 것 같으면 동일한 사실을 전하는 매우 유사한 기사에 접할 수 있다. 즉,

仁宗卽位 李資謙謀逆 大臣有不附己者 輒以討誅竄 平章事韓皦如 號剛正 非罪見流 惟淸姉壻鄭克永 爲皦如表弟 連坐貶斥 惟淸亦失職 及資謙敗 召入內侍.

가 그것이지마는, 이 열전의 기록을 참작하면 묘지명의 缺落된 글자 가운데 이미 채워진 것 이외에도 상당수를 보충할 수 있을 듯싶다. '卽位'의 '位'· '不附己者'의 '己者'· '號剛正' 모두와 '非罪見流'의 '非'와 '見流'· '鄭克永'의 '克永'· '連坐貶斥'의 '連'과 '貶斥'이 그 같은 글자들이다. 사실『高麗史』列傳의 기록과 묘지명의 그것은 이처럼 유사한 내용과 어투로 꾸며져 있는 부분이 매우 많다. 동일한 자료에 의거하여 기술되었기 때문이라 생각된다. 따라서 여기에는 하나의 예만 들었지만, 좀더 면밀히 비교·검토하면 묘지명의 缺落된 부분을 꽤 많이 보충할 수 있는 가능성은 많다고 본다. 이런 점에서 일말의 아쉬움이 남는 것이다.

끝으로 校正과 관련된 문제를 한 마디 더 첨가하여 두고자 한다. 일반 서적에 있어서도 마찬가지지만 특히 本書와 같은 資料集의 경우 정확성이 생명이라고 해도 과언이 아닌데, 그 점에 있어 만족할 만한 수준에 이르지는 못한 듯 보여지기 때문이다. 워낙 방대한 분량인 데

다가 까다로운 한자 자료임을 감안할 때 일면 이해가 되기도 하나 誤字나 脫字가 생각보다는 좀 많이 찾아지는 것이다. 면밀하게 조사한 것은 아니지만 혹 本書의 이용자들이나 앞으로의 수정 과정에 도움이 될 듯싶기도 하므로 그것들을 도표로 만들어 제시해 둔다.

쪽수	행수	正으로 생각되는 글자 〔고딕체 글자〕	誤로 판단되는 글자 〔고딕체 글자〕
17	23	**卒**于私第	**辛**于私第
20	15	己亥二月初六**日**	己亥二月初六**月**
21	11	賜**緋**	賜**誹**
21	13	加刑部**吏**部二員外	加刑部**二**部二員外
39	15	**溱**	**湊**
54	3	成宗卽位**之**十二年	成宗卽位**六**十二年
66	22	輟視朝一**日**	輟視朝一**日**
66	24	門下侍郎**平**章事	門下侍郎**辛**章事
92	9	上坐**內**閤	上坐**全**閤
96	16	**誠**有可採內	**試**有可採內
99	12	**俄**遷衛尉少卿	**我**遷衛尉少卿
99	19	十一月八日**辛**	十一月八日**辛**
105	11	大金天**會**十年也	大金天**曾**十年也
120	2	光**祿**大夫	光**錄**大夫
120	5	殿中內給**事**	殿中內給**使**
200	5	純**若**	純**孝**
218	16	公使對**日**	公使對**日**
240	35	**尙**衣直長	衣直長〔'尙'자 누락〕
283	2	**墓**誌	**暮**誌
285	揭載	**朝鮮**金石總覽	**韓國**金石總覽
298	17	**衛**尉少卿	**尉**尉少卿
309	17	**墾**田	**懇**田
311	6	季**幼**未嫁	季**幻**未嫁

311	9	君自**幼**齡	君自**幻**齡
311	11	**司**馬試	**可**馬試
312	1	金**吾**衛	金**午**衛
325	8	殿中內給**事**	殿中內給**使**
331	30	必**待**登宰府者	必**侍**登宰府者
337	2	贈**諡**戴肅公	贈**謚**戴肅公
337	3	**諡**忠愼公	**謚**忠愼公
376	15	凡講和文字皆**任**之	凡講和文字皆**壬**之
376	17	十二**月**入相	十二**日**入相
391	22	**曰**松筠	**日**松筠
397	5	禮**部**郞中	禮郞中〔'部'자 누락〕
398	15	公姒**左**僕射	公**左**姒僕射
398	2	判典理**司**事	判典理**可**事
398	12	太子**司**經	太子**可**經
398	19	判三**司**事	判三**可**事
405	17	知制**誥**	知制〔'誥'자 누락〕
422	14	知制**誥**	知制**詔**
424	8	至**卄**三年	至**卅**三年
443	10	蓋**華**言勇力士也	蓋**萃**言勇力士也
452	典據	拙藁千**百**	拙藁千**白**
452	1	上**護**軍	上**讓**軍
453	11	〃	〃
460	26	僉議**政丞**	僉議**丞政**
460	29	堂**後**官	堂**后**官
465	6	出**牧**完山州	出**犯**完山州
465	8	**公**以門資	以門資〔'公'자 누락〕
515	7	酒**次**其世系	**次**酒其世系
515	18	**嘗**選本國名賢所著	**常**選本國名賢所著
515	20	先**娶**	先**取**
515	21	後**娶**	後**取**
534	20	**甲**亦訕	**申**亦訕

535	37	對日先王不返	對日先生不返
537	10	第三甲七人	第第三甲七人
543	4	酒薑降帝女	酒薑陵帝女
561	23	僉議參理	僉參理〔議'자 누락〕
585	49	先生入臺	先生人臺
588	18	以大尉留京師	以六尉留京師
590	49	次日達尊	次日達尊
597	26	監察執義	監察執議
606	8	監修國史	監修國使
613	13	冬十月丁父憂	冬十日丁父憂

　　이상과 같은 몇몇 작은 未備點들이 지적되었다 하여 本書의 값어치가 떨어지는 것은 아니라고 생각된다.『高麗墓誌銘集成』은 그 이전에 출간되었던 유사한 편저들 어느 것보다도 그러한 미비점을 많이 보완한 우수한 서적이라고 판단되는 것이다. 각고의 노력 끝에 훌륭한 자료집을 학계에 제공한 編著者에게 다시 한번 감사와 함께 축하를 드리며 이만 줄인다.

(『歷史學報』144, 1994년 12월)

(3) 李佑成 著,『韓國中世社會硏究』
(一潮閣, 1991, 297쪽)

1)

　　이번에 한국사학계는 다시 한 차례의 경사를 맞게 되었다. 이우성 교수의 저술,『韓國中世社會硏究』를 접할 수 있게 된 때문이다.

다 아는 대로 한국사의 연구는 해방 이후에도 6·25의 혼란을 거치고 1950년대 후반기를 시발로 하여 1960년대에 들어와 본격화되면서 그 방향 역시 커다란 전환이 이루어져 갔다. 당시 저자는 30대 후반에서 40대 전반의 연령에 걸치는 중견학자로서 그 같은 조류에 부응하여 투철한 문제의식을 가지고 밀도있는 논고들을 발표하였다. 이 책은 주로 이 때 쓰여진 고려시대에 관한 논문들을 중심으로 해서 묶은 것인데, 주제와 관련된 공부를 할 때는 늘상 옆에 놓고 교과서처럼 읽었던 글들이지만 이제 책을 대하여 다시 본즉 논고 하나하나에 담긴 깊은 역사성과 참신함, 정치한 논지의 전개, 해박한 지식 등이 새삼 느껴진다.

우리들의 학업에 한 길잡이가 될 이 책과 같은 저술은 보다 일찍 출간되어야 했다고 생각된다. 그러나 논고의 무게에도 불구하고 좀더 내용의 완벽을 기하려는 신중함과 남에게 잘 드러내려 하지 않는 저자의 선비적 풍모가 출간 시기를 많이 늦추게 한 듯싶지마는, 이런 점 역시 대수롭지 않은 글들을 쉽게 책으로 내는 일이 흔한 요즘의 우리들에게 여러가지를 생각하게끔 한다. 하여튼 학술적으로 중요한 위치를 점하게 될 이 책의 출간에 즈음하여 후학의 한 사람으로서 감사와 함께 祝意를 드리면서, 조심스런 마음으로 몇 자 적어 소개하는 말로 삼고자 한다.

2)

먼저 내용부터 보면, 이 책은 크게 3부로 꾸며져 그 각각에 몇 편씩의 논문을 수록하는 형식으로 되어 있다. 즉, 제1부 '土地所有'에 「新羅時代의 王土思想과 公田」 및 「高麗의 永業田」을 싣고, 제2부 '社

會諸階層의 動向'에「高麗時代의 村落과 百姓」,「高麗 田柴科制度下의 閑人·白丁」,「高麗 官人體制下의 '吏'」,「高麗時代의 部曲과 그 住民」,「李朝時代 密陽古買部曲에 대하여」를 수록하고 있으며, 이어서 제3부 '說話와 文學'에는「三國遺事所載 處容說話의 一分析」과「高麗中期의 民族叙事詩」,「高麗末期의 小樂府」,「高麗末·李朝初의 漁父歌」를 배열하여, 도합 11편의 논문으로 구성하고 있는 것이다.

제1부의 첫번째 논문에서는 신라 元聖王의 陵域을 조성함에 있어 그 부근의 땅이 "비록 왕토라고는 하나 실상 公田이 아니므로" 후한 값을 치르고 사 보태야만 했다는 「大崇福寺碑」의 내용과, 憲康王 때의 승려 智證이 "자기의 전지〔我田〕"인 '莊田〔田莊〕' 500결을 사원에 희사한 「鳳巖寺智證大師碑」의 내용 등을 들어 "모든 것이 왕의 땅"이라는 왕토사상은 관념의 산물이었을 뿐이었고 실제로는 사유지가 존재했다는 사실을 밝히고 있다. 이러한 신라기의 사유지와 성격을 같이하는 토지가 고려왕조에서는 '永業田'이라는 명목으로 보이고 있다. 두번째 논고는 바로 그 실체를 추구한 것으로, 여기서는 양반의 영업전으로 功蔭田柴를 지목하고, 이어서 鄕吏와 軍人의 영업전에 대해서도 확인함과 동시에 그들 토지의 경영 문제 등을 다루었다.

사실 이들 논문이 발표되는 1965년도까지만 하여도 전근대 한국의 토지소유관계는 주로 일제관학자들이 불순한 동기를 가지고 수립하여 놓은바, 모든 토지는 공유·국유였다는 이른바 공전제도=토지국유제설이 학계를 풍미하고 있었다. 이 같은 상황에서 교수는 자료의 면밀한 검토를 통해 사유지의 존재를 입증함으로써 그를 극복·타파하는 단서를 열게 된 것이거니와, 이는 그 이후의 토지제도사 연구에 줄곧 커다란 영향을 미친 매우 주목되는 작업이었다.

제2부에서는 제목 그대로 고려시대의 사회 제계층을 취급했는데,

그 가운데 閑人・白丁에 관한 연구는 역시 새로운 시각에서 추구해 들어가, ① 한인은 6품 이하의 하급관리 자녀로 '未仕未嫁者'를 가리 키는 말이었으며 그들에게 지급된 토지가 한인전이라는 것, ② 이 한 인전에 상대되는 토지가 공음전시로서, 그것은 5품 이상의 고위관료 에게 지급했다가 자손에게 세습시키도록 했다는 것, ③ 백정은 일정 한 職役이 없는 계층을 뜻하였고, 따라서 그들에게는 국가로부터의 토지지급도 없었다는 점 등을 입증・확인하려 한 것이었다. 그 가운 데 특히 ②항의 공음전시 지급대상과 관련하여 『고려사』 권78 식화지 1 전제 공음전시 문종 3년 5월조에 나오는 '1품'・'2품' 등의 '품' 을 품종과 같은 뜻으로 해석하여 제시된 종래의 5단계설을 비판하고, 官品・品秩의 '품'으로 보아 5품이상관설을 정립한 것은 의미가 크 다. 이 문제는 그 뒤에 고려사회의 성격론과 직접 연결되면서 논의의 한 초점을 이루었기 때문이다. 그리하여 이에 대해서는 아직도 논란 이 계속되고 있기는 하지만, 그럼에도 불구하고 위의 몇 가지 제안들 은 당대의 사회계층론과 토지제도 양면을 정리하여 가는 데 하나의 지표 역할을 할 만큼 높은 평가를 받고 있다.

「고려 관인체제하의 '吏'」는 중앙과 지방에서 행정의 말단을 맡아 실무를 보던 이속층에 관한 연구로, 먼저 그들의 성분과 관인으로서의 진출 등이 다루어졌다. 이 글에서 특별히 주목을 끈 부분은 文・武와 는 출신을 달리하여 고려 관인체제하에서 여러 가지로 제약을 받아 吏務를 담당하는 데 그쳤던 이들이 무신정권기부터 향리층이 중심이 되어 '能文能吏의 신관료'로 등장하고 있다는 점을 지적한 것이다. 무 신정권의 성립 이후 출신 여하를 중시했던 그 전과는 달리 능력을 기 준으로 관인을 서용하게 되면서 '능문능리', 즉 문학에도 능하고 이무 [행정실무]에도 능한 사람들이 이상적 관인형으로 환영을 받았다 한다.

이에 적합한 집단이 지방 향리층으로, 그들은 "刀筆을 家業으로 삼아 오던 실무기술적 전통 위에 문학적 교양을" 쌓아 과거에 급제, 중앙의 정치무대에 대거 등장하게 되었다는 것이다. 저자는 이들을 '사대부계급'이라 부르고, 이들이 고려 후기에서 말기로 접어들면서 정치적 사회적 기반을 굳히고 나아가서는 조선을 건국하는 주동세력이 되었다고 보고 있다. 뒤에 설명하는 바와 같이 이들이 대두한 시기에 대해서는 이견이 없지 않지만, 한 시대를 이끌어 간 주도세력의 갈래를 잡아낸 중요한 논고였다.

이들에 앞서 발표된 「고려시대의 촌락과 백성」은 사료상에, 其人·鄕吏·人吏 등과 並稱되어 나오는 '百姓'은 일반 인민을 뜻한 게 아니라 『고려사』와 『고려도경』에 보이는 촌장·촌정·민장을 가리키는 말이었음을 밝힌 논고이다. 아울러 그들 촌장·촌정 등이 지배하는 고려시대의 촌은 자연촌락이었으나 시기와 지역에 따라 그 몇 개씩이 합쳐져 '지역촌'을 형성하였을 가능성이 높으며 그것이 아마 행정 파악의 대상이 되었으리라는 지적도 하고 있어 눈길을 끈다.

다음 「고려시대의 부곡과 그 주민」은 여말인 禑王 즉위년(1375)에 鄭道傳이 유배되어 일시 머물렀던 羅州牧 소속의 居平部曲을 예로 삼아 부곡의 실체를 해명하려 한 것이다. 특수행정구획의 일환을 이루고 있던 부곡에 대해 종래의 연구에서는 그의 가장 커다란 특징을 그 곳 주민이 신분적으로 천인이었다는 데서 찾았다. 그러나 정도전이 謫居生活을 하면서 접촉한 거평부곡의 주민들에게서는 전혀 그와 같은 천민적 성격을 찾을 수 없었다고 하여 재래의 주장에 강한 의문을 제기한 것이 이 글의 주지이거니와, 그 이후 이러한 저자의 견해는 여러 연구자에게서 동조를 받았다. 저자는 꽤 시일이 지나 다시 「이조시대 밀양고매부곡에 대하여」를 발표하여 부곡의 발생이 越境處=飛地에서 비롯되었다는 사실을 밝혀 본인의 이전 견해를 한층 뒷받침하고 있다. 물론 전쟁포로나 投化人·범죄자들로 이루어진 부곡은 천민집단으로 취급되었겠지만 이러한 부곡은 소수에 불과했고 대부분은 월경처를 정리하여 지방행정의 한 단위로 편성되었던 일반 부곡들로, 이 곳의 주민은 천인과는 거리가 멀었다는 것이다. 촌락의 구조와 부곡의 연구에 대한 새로운 방향의 제시였다고 하겠다.

제3부 '설화와 문학'에서 첫번째로 다룬 처용설화에 대한 분석은 그것을 단순한 설화로서가 아니라 거기에는 여러가지 역사 사실이 굴절된 형태로 반영되어 있다는 생각에서 그를 통한 史實의 발굴을 시도한 자못 흥미있는 논고이다. 그리하여 설화의 장본인이며 東海龍의 아들인 처용을 나말의 동해안 지방 豪族의 아들로 보고, 그가 신라의 중앙 골품귀족과 타협이 이루어져 御駕를 따라 入京해 王政을 보좌했다는 데서 고려시대 其人制度의 원형을 찾고 있는가 하면, 疫神을 당시의 병든 도시 경주와 그 곳에서 타락한 생활을 하던 화랑 등을 상징적으로 나타내어 준다는 등의 설명을 하고 있다. 설화를 역사학의 측면에서 접근한 예로 주목된다 하겠다.

다음 「고려중기의 민족서사시」는 李奎報가 명종 23년(1193)에 지은 英雄詩인 『동명왕편』과 李承休가 충렬왕 13년(1287)에 지은 역사시인 『제왕운기』에 관한 연구이다. 이들은 우리나라의 대표적인 서사문학작품으로서 연구자 사이에 이미 상당한 논의가 있어 왔는데, 저자는 그것들을 '민족' 서사시로 파악한 점이 좀 특이하다. 저자 스스로도 지적하고 있듯이, 이것들은 "민족서사시로서의 역사적 한계"가 뚜렷한 만큼 그에 대해서는 이견도 공표되어 있지만, 그러나 저들을 당시의 역사 전개와 깊은 관련 속에서 이해하려 한 점은 모두가 유념해 둘 만한 사항이라고 생각된다.

이어서 수록된 「고려말기의 소악부」와 「고려말·이조초의 어부가」는 이른바 '사대부문학'의 일면을 다룬 것이다. '소악부'는 고려의 속요를 7언절구의 詩 형식 속에 담은 것으로 여기서는 李齊賢과 閔思平의 작품을 취급하고 있으며, 江湖文學=처사적 문학인 '어부가'에서는 그것이 창으로 불리게 되는 배경·과정과 그 대가의 한 사람이었던 孔俯의 공적 등을 서술하고 있다. 당시 문학세계의 일단을 이해하는 데 큰 도움이 되는 글들로 짐작된다.

3)

이상에서 각 논고들을 극히 간략하게 살펴보았지만, 그것들은 하나하나가 학설사적으로 커다란 의미를 지니고 있다고 생각된다. 1960년대는 앞서 잠시 언급했듯이 한국사 연구가 본격화됨과 동시에 식민사학의 청산과 새로운 연구방향 및 방법의 모색이 활발하게 이루어지는 시기이거니와, 이 책에 실린 글들은 그런 점을 충실하게 반영한 역작들이라고 판단되기 때문이다. 토지국유제론의 극복이나 촌락의 구조 및 부곡제에 대한 연구, 그리고 처용설화에 관한 다양한 해석 등에서 그 같은 점을 잘 엿볼 수 있는 것이다.

그러나 이렇게 本書의 글들이 학설사적으로 의의를 지닌다고 해서 이미 그것들이 과거의 학설로 묻혀버린 게 아니라 현재에도 강한 생명력을 가져 많은 영향을 미치고 있다는 데서 더욱 큰 의미를 찾을 수 있을 것 같다. 저자가 제안한 각 학설들은 지금까지도 한국사를 서술하는 데 기여가 클 뿐더러 후학들의 연구에서 많은 경우가 그것의 보완 내지는 재확인하는 작업으로 이루어지고 있다는 사실이 그 점을 잘 말해 준다.

하지만 한편으로 이 책에 실린 글들이 공표된 지 2·30년을 경과하는 동안 한국사의 연구는 여전히 활발하게 진행되어 많은 성과를 거둔만큼 저자가 제시한 견해 가운데는 부분적으로 이미 극복되었거나 수정을 요하는 내용들도 없지 않은 듯하다. 예컨대 토지의 嫡長子單獨相續을 전제로 한 백정의 설명은 그 하나가 아닐까 한다. 저자가 백정에 관한 논고를 쓸 때는 토지의 적장자단독상속설이 많은 지지를 얻고 있었으나 그 이후 연구가 진척되어 지금으로서는 받아들이기 어려운 것으로 판명이 나 있는 듯싶은데, 이 책의 당해 글에서는 字句만을 수정하고 논지는 그대로 둠으로써 자칫 독자에게 오해를 불러일으킬 염려가 없지 않다고 생각되는 것이다.

또 '사대부'의 등장 시기를 무신집권기에 두고 있는 데 대해서도 약간의 논란이 있는 것 같다. 물론 新進士人이 대두하는 시원은 이 때까지로 거슬러 올라갈 수 있을지 모르지만, 그러나 그들은 대부분이 보수화하여 이른바 '권문세족'으로 변신하고, 이들과는 성격을 달리하는 '사대부층'이 한 세력으로 성장하여 정치적·사회적으로 제 기능을 담당하는 시기는 그보다 훨씬 뒤인 공민왕조에 이르러서의 일이라는 견해가 여러 논자들에게서 나오고 있는 것이다. 그리고 '사대부층'의 성원 가운데 지방 향리출신의 비중이 그렇게 압도적이었을까에 관해서도 의문이 제시되는 등 이미 이견이 제기되었거나 또는 논의가 계속되고 있는 사항도 몇몇 눈에 띄고 있다. 이런 대목들에 대해서는 책으로 묶는 차제에 補論 내지는 補註를 첨가하여 독자들에게 오해의 소지를 남기지 않았더라면 더욱 좋았을 것이라고 한다면 혹 지나친 이야기가 되지는 않을는지 모르겠다.

저자인 이우성 교수는 '序'에서 이 책이 "후학들이 새로운 역사학의 좌표를 정립하는 데 조그만 보탬이 될 수 있었으면" 하는 희망을 피력했는데, 아마 그 바람을 훨씬 능가하는 저서가 될 것임은 의심의 여지가 없다고 판단된다. 학계의 원로이신 선생님께서는 본인의 학문적 정진도 정진이지만 저희 후학들에게 전과 다름없이 학문적·인간적 지도도 계속하여 주실 것으로 믿으며 이만 붓을 놓는다.

(『역사비평』, 1991년 겨울)

찾아보기

〈ㄱ〉

家別抄集團 213
가산관료제 55
家族 88
──構造 86 190
覺訓 232
諫官 18 244 267
諫諍 18 244 266
監務 61 138 139 207
監試 209
監察司 18 267
監察御史 267
姜邯贊 250
姜吉仲 163
江東6州問題 92
江陵金氏 320
姜性文 96
姜聲媛 136
姜順吉 70 81
姜玉葉 135
江原正昭 61
岡田英弘 36
康兆 249
姜芝嫣 68
姜晉哲 21 47 72~76 183 234
江湖文學 346

江華 천도 94
姜喜雄 54
開城府 40
改定田柴科 72
거란과의 전쟁 289
巨身의 정변 298
居平部曲 344
結負法 77
兼幷 문제 76
兼若逸之 77
兼職制 60 248 265
京軍 63 144 146
京畿 40 41
──右道 40
──左道 40
──統治制 137
慶大升 150
經歷司 272
京別抄 147
京山李氏 324
『慶尙道地理志』 138
經筵 102
經營奴婢 189
慶源李氏 134 316 320 322
更定田柴科 72
慶州金氏 320
慶州民 봉기 91
慶州崔氏 123

京倉 186
계급투쟁 296 299
界首官 38 39 61
考功司 253
『古今詳定禮』 230
『高麗科擧制度史硏究』 47
 169~171
『高麗光宗硏究』 55 170 174
『高麗敎育制度史硏究』 47
『高麗貴族社會와 奴婢』 47
『高麗貴族社會의 形成』 116
『高麗對蒙抗爭史硏究』 48
 116 164
『高麗圖經』 251
『高麗墓誌銘集成』 117 328
 329 332 340
『高麗武人政權硏究』 47 150
『高麗兵制史硏究』 12
『高麗佛敎史硏究』 47 50
『高麗史』百官志 279
『高麗史'의 硏究』 47
『高麗社會史硏究』 47 86
 169 190
『高麗時代 科擧制의 運營과
 變遷에 관한 硏究』 117
『高麗時代 奴婢硏究』 47
 169 187
『高麗時代 臺諫制度 硏究』 47

高麗時代史 11
『高麗時代史』 49
『高麗時代 蔭叙制와 科擧制 研究』 116
『高麗時代의 后妃』 116
「高麗式目形止案」 180
『高麗兩界地方史研究』 116
『高麗王室族內婚研究』 47
『高麗郵驛制研究』 116
『高麗儒敎政治思想의 研究』 47
『高麗儒敎政治理念의 研究』 203
『高麗儒學史』 47 204
高麗律 132 133
『高麗蔭叙制度研究』 47 57 116
『高麗音樂史研究』 47 110
『高麗李朝史の研究』 48
『高麗前期 二軍六衛制研究』 116
『高麗政治制度史研究』 12
『高麗朝官僚制의 研究』 48
『高麗地方制度의 研究』 47
『高麗牒狀不審條條」 181
고려청자 300 301
『高麗土地制度史研究』 47 183
『高麗刑法史研究』 48
『高麗後期 世族層과 그 動向에 관한 研究』 48 69
『高麗後期世族層研究』 116
高柄翊 34 37
高錫元 96
告身署經 268
高翊晉 100 101

高昌錫 95 216
高惠玲 71 156 177 215
工官 253
公奴婢 188 189
恭愍王 178
──개혁정치 28 159~161
工部 253
孔俯 346
貢賦 79
孔巖許氏 322
貢役 221
供役奴婢 188
功蔭田 74 185 326 342 343
功蔭田柴法 316
公田 182 218 219 317 318
──제도 342
──租率 183
科擧制 56 57 129 131 170~172 208 210 307
官階 60
官當收贖法 133
官屯田 219
관료제사회설 56
管理奴婢 189
館職 173
官職體系 60 174
光軍 305
光陽金氏 320
광종 왕권강화책 124
廣州의 항몽전 293
廣評省 58 59 126 173 238~243
敎定都監 23 31 67 151 152
敎定別監 31 152
敎宗五敎 97
具山祐 124

9城 93
九齋學堂 231
國家財政 78
國難克服史 290
국왕권 277
國子監 106 231
國子監試 57 130 209 210
國學七齋 231
軍機 259 260
軍屯田 219
軍班氏族 63 144
軍班制說 63 144
郡司 140
軍需屯田 219
軍營 146
軍人田 144~146
軍制 63
郡縣領屬關係 138
郡縣制度 38 60 137
郡縣主屬關係 137
宮嶋博史 75 77
弓裔 51
──政權 122 206
權奇悰 100
權務官制 127
權門 69 155
'權門世族' 25 26 69 70 154~156 286
權溥 324
──墓誌銘 334
權守平 324
權延雄 102
權寧國 81 147
歸法寺 195
貴族家門 88 192 321
貴族身分 320

貴族制 55
────사회설 56
歸鄕 29
────刑 132
歸化漢人 162
糾正 267
均如 194
『均如華嚴思想硏究』 47
金屬活字 111
給事中 266
起居郎 266
起居舍人 266
起居注 266
祈雨祭 197 198
其人制度 345
旗田巍 37 67 90 192 320
畿縣 40
吉熙星 99 100
金甲童 53 60 116 118 120 122 137 273
金庚來 95
金慶洙 233
金炅希 127 265
「金公行軍記」 198
金光洙 52 53 60 92
金光植 133 153
金光哲 48 69 70 116 154 157 158 211
金九鎭 92 95 165
金基德 84 123
金琪燮 73
金基泰 111
金南奎 39 64 65 116
金塘澤 47 63 66 67 72 91 100 109 150 155 157 174 195

金大中 67
金到勇 51
金東洙 74 88 138 184 210 212
金東哲 81
金東賢 110
金杜珍 47 55 97 98 194 226 227
金甫當亂 66
金福順 124
金福姬 128
金奉斗 106 163
金庠基 31 33
金相鉉 98 101 108 231
김석형 284
金成俊 32 36 47 108
金世潤 85
金壽泰 89 118 191
金審言 250
金蓮玉 88
金煐泰 98 99
金英夏 89
金永炫 105
金鎔坤 103
金龍德 18 83 179 268
金龍善 47 50 56~58 74 97 115~117 131 194 328 329
金容燮 72 182
金容完 92
金渭顯 164
金潤坤 32 61 67 68 75 94 95 181
金允侯 214
金銀坡 89
金毅圭 68 107 153 176
金日宇 137

金在滿 91 92
金載名 73 80
金貞子 162
金鍾國 22
金宗鎭 215
金周成 52 53
金昌謙 123
金昌洙 28
金昌賢 127
金哲埈 108
金忠烈 47 204
金泰植 108
金泰永 73 76
金泰旭 248
金翰奎 151
金海榮 101 228
金鉉龍 199
金炫榮 84 234
金烱佑 108 232
金惠苑 159
金皓東 61 91 153
金昊鍾 96

〈ㄴ〉

羅恪淳 140
羅滿洙 66 152
『羅末麗初의 文人知識層硏究』 117
『羅末麗初의 豪族과 社會變動硏究』 116
懶翁 101
羅鍾宇 68 92 93 96 163 181 217
南北國時代 217
南仁國 68 135 208

南平文氏　321
郎階　174
郎官　245
郎舍　18 244 266
內藤雋輔　30 37
內奉省　58 173 238~243
內史門下省　240 241 243~246 306
內史省　239
內史侍郎同內史門下平章事　249
內史侍郎平章事　249
內侍制　206 207
內議舍人　239
內議省　173 238~241 243
內宰樞制　15
來投 契丹人　217
盧啓鉉　159 163
盧明鎬　56 86~88 157 191
奴婢　85 187 189
──文書　188
──制　188
──戶籍　189
盧鏞弼　70 123 125 211
祿科田制　308
祿官　264
祿俸　78
──制　79
祿邑　75
農耕奴婢　189
농민·천민의 봉기　298
농업기술　77 295 299
농업생산의 성장　294 295
농업 장려책　297
農莊　76 326
能文能吏 신관료　343

　　　　〈ㄷ〉

多仁鐵所民의 항쟁　293
達魯花赤　37
堂後官　266
大家族　87
臺諫　18 19 267
──과 國王　277
──機能　269
──制度　19 268 269
──職　278
大京畿　41
──制　40
臺官　18 267
『大東金石書』　328
『大東金石帖』　328
『大東地志』　138
對蒙抗爭　164 214
大夫階　174
大司憲　267
大禪師告身　196
大崇福寺碑　342
代言　259
貸借關係　186
都觀察黜陟使　38 40 41
道敎　105 231
都堂　13~15 18 271~273 277
都房　31 33 67 152
都兵馬副使　274
都兵馬使　13~15 270~274 277
都兵馬判官　274
都巡問使　64
道制　38
도참사상　105
──의 文臣層　321

都評議使司　13 14 18 207 271 272 274 277
禿魯花　180
頓悟漸修　99
同內史門下平章事　246
東寧府　95 165 215
──征伐　96
東堂監試　57 172
東萊鄭氏　206
『東明王篇』　108 232 345
『東文選』　333
東西大悲院　90 198
同中書門下平章事　246
同知中樞院事　259 264
杜門洞 72賢　162
屯田　75 219 220
──經略司　164
藤田亮策　24 321

　　　　〈ㅁ〉

馬別抄　31
萬卷堂　197
萬戶　148
──府　64 148
末松保和　14 39 271 319
모내기 농사법　296
木版印刷術　110
木下禮仁　58
몽고와의 전쟁　290
墓誌銘　117
妙淸亂　65
武班　23 24
──家門　84 320
巫祀　231
武散階　319

武臣貴族　316
武臣亂　20~22　25　65　66
　149　150
武臣政權　22　23　31　65~67
　150
무신집권자　286
戊午擧事　23
武人政治機構　31
武人執權期 文士　176　177
武人執政　23
武田幸男　319
門客　22
文璟鉉　51　104
文明大　110
文廟制　103
文武班祿　79
文班家門　320
文班과 武班　25
門閥貴族　286　316　320
────社會　25
文散階　60　174　306　319
門生　210
文秀鎭　53　123
門蔭　171
文喆永　74　104
門下省　243~246　251　252
────청사　252
門下侍郎同內史門下平章
　事　249
門下侍郎同中書門下平章
　事　246
門下侍郎平章事　244　246
　249
門下侍中　244~246
門下平章事　244
文學　109

文翰官　278
文憲公徒　107
文炯萬　29　57　59　274　280
문화공동체　312
民間信仰　105
民官　253
民亂　90　91　298
閔丙河　22
閔思平　346
민장　344
民田　74　183　318
閔霽墓誌銘　333
閔賢九　25　28　50　64　70　111
　123　159　160　177　204　324
　329
密教信仰　98
密直司　16　258

〈ㅂ〉

朴杰淳　90　226
박경안　76
朴敬子　51　53
朴國相　73　74
朴焞　96
朴敏子　89
朴相國　111
朴性奎　65　107　109　231
朴守卿　126
朴禮在　77　184
朴玉杰　147　162
朴龍雲　16　19　47　49　55~57
　59　60　84　88　116　128　129
　131　173　248　255　259~261
　269　275　277　321
朴恩卿　62　132　212

朴貞柱　125
朴宗基　60~63　83　84　121
　135　136　139　179　222
朴鍾進　73　78　80　90　217
　218
朴贊洙　103　107
朴菖熙　56　109　121　153
　205
朴天圭　109
朴天植　59　71　74　106　128
　173　280
朴晴湖　170
朴春植　75
朴漢男　163　206
朴漢卨　51　52　162
朴虎男　101
朴洪培　95
反武臣亂　66
班主　64
發兵權　143
渤海遺民　217
方東仁　92　93　95　165　215
防戍軍　64　148　180
方臣祐　215
────祠堂碑　333
배종도　138
白蓮社　99　100　228
白善淵　190
百姓　344
白承錘　89　224
白頤正　104
백정　343
法相宗　97　98　194　195
法眼宗　97
邊東明　148
邊太燮　12~17　21　23　24　39

40 47 58 59 61 66 136
173 242 244 247 249 251
253 257 259~261 268 272
273 275 279 280 321
別武班 147
別抄軍 147 148
兵官 253
兵馬使 39 62
兵馬判事制 272
兵部 173 253
普愚 101
覆試 210
僕射 278
福源宮 105
本과 居住地 190
本貫 191
――制 89 193
封駁 18 244 266
鳳巖寺智證大師碑 342
奉翊大夫 174
封爵制 84
鳳停寺 極樂殿 110
父系親族觀念 191
部曲 83 84 179 223 344
――의 발생 345
――人良人說 84
――制 137 139 222
副代言 259
浮屠 110
府兵制說 63 144
府司 140
浮石寺 無量壽殿 110
浮石寺 祖師堂 110
副承旨 259
北進政策 92
北村秀人 34 80 84

북한의 고려시대사 연구 284
북한의 대외관계사 288 292
북한의 문화사 서술 300 303
북한의 불교 서술 302
북한의 역사서술 310
북한의 역사학 311
分道制 39
『佛氏雜辨』 228
飛地 345
浜中昇 48 61 72~74 76~
78 120

〈ㅅ〉

史館 59
私奴婢 188
士大夫 27 28 69 70 155
156 316 322 323 344 347
――문학 346
――政治 27
使令奴婢 189
『史料로 본 韓國文化史』 204
士流 156
士類 316
士林 316
詞林院 27
赦免制度 133
事審官 62 224
――制 140
寺院勢力 22
寺院田 75 220
4宰 247
賜田 76
私田 182 183 218 219 317
318
――改善論 221

――改革論 221
――問題 222
四祖戶口式 224
士族 156 316
私學 316
司憲府 267
散官 325
散騎常侍 244
散職 317 325
山川祭 231
三科公田 183 185
『三國遺事』 108
三別抄 33 67 68 180 181
三司 17 18 279
三省 251 305
3宰 247
喪禮 89
尙書 254
――都官 253
――都省 17 240 253~257
275~278
――令 254
――省 16 17 238 243 253~
255
――6部 17 253 254 257 276
――6部判事制 247
――戶部 17
尙藥局 198 199
상업 81
常傜 221
『詳定古今禮文』 111
喪・祭 225 226
常平倉 90 297
相避制 88 211
上戶長 62 141
署經 244 267 268

──權 18
西京 62
──勢力 52
──學校 107
徐吉洙 81 186
徐訥 250
婿留婦家 86
書房 31 67 152
徐首生 111
徐閏吉 98 99 101
石塔 110
選官 253
選軍 63
禪宗九山 97
成均館 106
省郎 18 244 268
性理學 103 197 228 229
性相融會 97 194
────사상 194 195
姓氏集團 192
省宰 18 244 248 257 268
성주 120 286
成衆愛馬 29
世族 69 155
所 83 84 222 223
小家族 87
小見山春生 62
소악부 346
所有權理論 218
屬郡司 141
屬郡縣 138 139
屬縣 138
──司 141
孫仁銖 107 231
孫弘烈 48 80 90 95 181 198
率居奴婢 188

率婿家族 86
松廣寺 196
宋芳松 47 110
宋炳基 325
宋錫球 100
宋有仁 150
宋寅州 148
宋俊浩 83
宋昌漢 101 102
宋春永 19 107 269
輸京價 186
守庚申 105
수공업 294 299
水軍 64
수령 61
首相 246 247 272
修禪社 99 100 196 227 228
隨院僧徒 220
收租率 183 184
樹州李氏 321
水車 296
首戶長 141
徇軍部 58 59 142 143 173
拾遺 244
僧階制度 99
僧軍 208
僧錄司 196
升補試 210
承宣 127 259 260 266 278
──房 259 260
僧政體系 196
承旨 259
──房 260
寺・監 174
侍御史 267
市廛商業 81

始定田柴科 72
柴地 75
式目錄事 15
式目都監 15 270~272 274
食邑 75
辛旽 28
『新羅末 高麗初 豪族研究』 116
新羅復興運動 91
新羅律 132
身分構造 190
身分制 82
申守楨 59
申安湜 147
信仰結社運動 99 227
神義軍 33 67
辛鍾遠 329
『新增東國輿地勝覽』 138
新進士大夫 27 69 154 212 317 323 324
新進士類 69 154 212 286
申千湜 47 106 231
申澄植 108
辛虎雄 48 106 133 208
申虎澈 51 89 116 118 120 121 175 225
實職과 兼職 265
『心氣理篇』 228
沈德符神道碑 333
『心問天答』 228
瀋陽王 36 96
──制 95
瀋王擁立運動 158
심재석 120 151
十二公徒 231
12漕倉制 80

什一租法　183
雙城總管府　95　165

〈ㅇ〉

亞相　247
惡少　28
安東權氏　324
按廉使　38
安秉佑　75　78　219
安山金氏　320
安純墓誌銘　333
安永根　119　150
按察使　38　39　61
安珦　104
也窟　214
夜別抄　67
野澤佳美　67
兩界　39　40　62
──兵馬使制　137
兩班　315~317
──家戶籍　224
──科田　222
──田　219
──制　314
兩府體制　261
良身分　315
──層　83
梁寧祚　85
梁銀容　105
量田事業　77
量田制　77
良・賤制身分法　315
良賤制理論　82
兩側의 親屬　87　191　192
어부가　346

御史臺　18　267　269
御史大夫　267
御事都省　240　241　243　253
御事省　253
御事6官　253
御史中丞　267
言官　18　267
嚴成鎔　54
『麗・元關係史 研究』　116
麗元王室通婚　159
呂恩暎　77　128
麗・日關係　182
女眞　182
역사공동체　312
역사 연구　42
歷史意識　198
歷史認識　107
역사 주체　285
歷史編纂　198
『櫟翁稗說』　109　198　252　271
連作農法　77
鹽法　81　82
廉悌臣神道碑　333
永業田　342
禮官　253
禮部　253
禮部試　171　172
──登科錄　171
五道　39
──按察使制　39　137
五禮　230
五服制　87　191
吳錫源　104　230
吳星　55　174
吳瑛燮　125
5宰　247

吳宗祿　64　148
奧村周司　99
王可道　250
王建　51　206
──집권　123
왕토사상　342
倭寇　96
外居奴婢　188
外官　139
──祿　78
──屬官制　139
了世　99　228
徭役　79
──制　221
右別抄　33
右倉　80
禑昌非王說　162
禹倬　230
『圓鑑錄』　197
元鳳省　174
願刹　229
元昌愛　61　207
越境處　345
魏恩淑　77
威化島回軍　30
儒敎政治思想　102　229
劉明鍾　109
유물사관　285　299
庚方　251
柳邦憲　250
兪炳基　205
柳錫永　209
劉善浩　116
劉承幹　328
劉承源　83
劉燕庭　328

俞瑩淑 100
柳在泳 109
有井智德 48
柳昌圭 64 67 153 213
유학 102
柳浩錫 57 117 129 130 209
  210
劉喜海 328
6房錄事 272
6部中心 행정체계 256
6部直奏 257
─── 制 276 277
6部判事 247 257 277
6色掌 272
60浦制度 80
6衛 144 305
6宰 247
尹瓘 93 134 147
尹斗守 162
尹武炳 38
尹絲淳 104 229
尹瑢均 20
尹龍爀 48 91 94 95 116
  163 214
尹以欽 105
律令 208
銀靑光祿大夫 174
蔭叙 224
─── 制 56 57 131 185 208
  316
音樂 110
邑司 140 141
鷹坊 37 95
醫療制度 199
義倉 90
義天 98 133 134 302

依牒署經 268
李景植 75~77 221
李穀 215 216
二科公田 185
2軍 144
2軍6衛 143 145 146
李奎報 108 109 232 233 345
李根花 62
李起男 27
李基東 58
李基白 12 49 55 110 116 125
  170 174 204 241 242 275 277
李楠福 58 209
李東歡 109
李萬烈 88
李範稷 103 198 230
李炳赫 104 109
李炳熙 75
吏部 253
李相佰 30
李相瑄 75 99 220
李稙神道碑 333
李成桂 24 28 213
李成茂 72 74 182 313
李世賢 105 231
吏屬層 343
李樹健 47 88 140 179 321
李樹鳳 199
李淑京 159
李純根 53 62 119
李昇漢 147
李承休 108 345
李延馥 30
李永東 64 180
李永子 98 10
李龍範 91 92

李佑成 27 68 84 340 347
李源明 104
李義旼 150
李義方 150
李益柱 70 157
李仁任 178
이인재 139
利子 186
李資謙亂 65
이자 문제 81
李子春神道碑 333
李藏用 321
이재범 153
李在云 124
李載昌 98
李貞信 51 91 205
李貞熙 79 220
E.J. Schultz 65
李齊賢 104 109 178 197 198
  346
─── 勢力 160
李兆年 324
李鍾旭 55 174
李周憲 250
李重孝 129 130
李智冠 100
李泰鎭 52 69 77 90 241 242
李褒 324
李鉉淙 93
李亨雨 161
李惠玉 61 79 80 220
李勛相 62
李義權 60 89
李熙德 47 102 105 197 203 229
李熙勉 52
印刷文化 110

仁州李氏 195
一科公田 185
日官制度 127
一利川 戰役 145
日本征伐 164
一夫多妻制 87
一夫一妻制 87
一然 101
一賤則賤 원칙 188
林允卿 66
林椿 109 233
立省策動 158

〈 ㅈ 〉

子弟衛 212
雜端 267
雜祀 105 231
장군 120
張東翼 57 58 60 61 63 95
  99 116 159 165 196 242
  280 329
掌令 267
葬禮風俗 226
莊舍 76
張世原 94 95 214
張叔卿 68 177
張瑩 250
張日圭 123
莊田 342
莊・處田 75 218
災免規定 297
宰府 244
財産相續 224
宰相 16 18 244 276
──權 276 277

'宰相之宗' 25 26 156 317
  321 322
宰臣 16 244 249 272
再雕大藏經 111
宰樞 14 276
──兩府 16
赤縣 40
全基雄 52 55 72 117 123
田壽炳 81
田柴科 71~73 218 308
────성격 72
────체제 74
全用宇 110
田莊 342
田丁 77
殿中侍御史 267
田品制 183 184
全海宗 92 162
鄭璟娥 108
鄭景鉉 54 59 63 108 116
  121 142 144
鄭求福 107~109 198
鄭起燉 92
鄭吉子 89
政堂文學 244 246 248
鄭道傳 228
征東行尙書省 34
征東行省 34~36 95 165
──────左丞相 36
征東行中書省 34
鄭杜熙 60 67
鄭夢周 161
政房 30~32 152
淨事色 105
鄭尙均 109
鄭修芽 67 133

定安任氏 321
鄭永鎬 110
鄭玉子 104 197
鄭容淑 47 52 55 85 116
  157 159 205 208
鄭仲夫 150
鄭鎭禹 59 95
鄭淸柱 51 53 116 119 122
整治都監 70
정치제도사 42
鄭誠 190
定慧社 99
定慧雙修 99 228
鄭希仙 158
諦觀 227
祭禮 89
帝釋信仰 98
제술과 응시자격 129
『帝王韻紀』 108 345
濟用財 78
濟危寶 90
『濟州道誌』 216
曹溪宗 99 196
趙啓纘 71 207 217 274
趙南國 102
趙東元 50
漕船 80 186
『朝鮮古代の經濟と社會』
  48
『朝鮮金石總覽』 328
『조선봉건시대농민의 계급
  구성』 284
『조선전사』 285 287 289 293
  294
──────의 서술 291
  296 304

─────── 중세편 284
『조선 중세 수공업사 연구』
　284
『朝鮮初期 兩班硏究』 313
　314 318 327
『조선통사(상)』 284
租稅 79
趙榮濟 62
漕運 80
───制 186
趙位寵亂 66
租의 용례 218
趙仁規祠堂記 333
趙仁成　58 64 67 179 242
曺佐鎬 171
趙浚 324
趙之遴 250
漕倉 80 186
朝請郎 174
族黨勢力 157
『拙藁千百』 329
左別抄 33
左右諫議大夫 266
左右補闕 266
左·右僕射 254 255 257
左右副承宣 259
左右司諫 266
左右司議大夫 266
左右散騎常侍 266
左右常侍 266
左右拾遺 266
左右承宣 259
左右正言 266
左右執政兼內史令制 239
　241
座主 210

左倉 80
州 60
周藤吉之　17 48 247 249 255
　258 279 280
州司 140
朱碩煥 71
朱雄英　102 104
朱子性理學　103 104
鑄錢政策 134
州鎭軍 148 180
周采赫　94 104 164
州縣軍 143 148
州縣屯田 219
中家族制 87
中臺省 259
重房　23 30 31 64 152
中書令 244~246
中書門下省　13 238 240 243~
　247 252 275 276
中書舍人 266
中書省 243~246 251 252
────청사 252
中書侍郎同中書門下平章
　事 246
中書侍郎平章事 244 246
中書平章事 244
中樞副使 258 259 262 264
中樞院　13 16 127 258 266
　276
─── 기능 16
─── 使 258 259 264
池內宏　33 34 37
知訥　99 227 302
地代 73 218
知都省事 254
知門下省事 244 246~248

지방관 61
地方別抄 147
지방상업 81
地方統治組織 60 136
地方品官 212
地稅 73 218
知申事 259
知御史臺事 267
지역촌 344
知印房 32
知奏事 259
───房 260
知中樞院事 259 264
智證 342
持平 267
直門下 266
『直指心經』 111
直學士 259 262~264
眞覺國師 慧諶 196
晉康府 152
進士 130
鎭司 141
秦星圭　100 109 153 197 227
　228 232
晉陽府 151 152
秦榮一 102
眞宰 247
陳田 75
眞殿寺院 229
陳澕 109
賑恤 226
執奏 261 262

〈ㅊ〉

車勇杰 234

差率收租 219
箚子房 32
叅知政事 175 244 246 247
蔡尙植 98 99 101 108 228
蔡雄錫 89
蔡印幻 98
蔡楨洙 228
蔡忠順 250
「冊尙父誥」 239
처사적 문학 346
처용설화 345
處仁城 전투 293
斥佛論 228
薦擧制 130
天文·五行說 203
천민집단 345
賤身分層 83
天因 100
天人合一說 197
賤者隨母法 188 309
天頣 100
天台敎學 98 227
『天台四敎儀』 227
天台宗 98 100 133 134 196
千惠鳳 111
鐵原崔氏 322
簽書院事 259 264
淸要職 269
醮祭 231
初雕大藏經 110
村落 63 137 179 344
촌장 344
촌정 344
촌주 53
崔圭成 51 55 93 126 142
  181 205 242

崔根成 64
崔根泳 51 52
崔柄憲 98 101 105 194
崔承老 102 124
『崔承老上書文硏究』 116 125
崔承老 時務策 125
崔信浩 199
崔氏政權 23
崔完基 80 186
崔允儀 230
崔怡 33 150
崔壹聖 64
崔滋 109 321
崔在錫 86 89 191 224 225
崔貞煥 79 127 248 264
崔濟淑 59 173 280
崔鎭錫 100
崔昌茂 90
崔冲 102 229
崔忠獻 150
崔沆 250
崔惠淑 58
秋萬鎬 207
樞密 16 249 259 263~265
  272 273 276
樞密院 16 251 258
樞府 259
樞臣 249 263
忠宣王 개혁정치 27 28 37
  158
忠勇衛 64 180
忠州奴軍 180 181
忠州城 전투 293
忠州劉氏 118
冲止 100
「忠憲王世家」 198

親族構造 86 87
친족 조직 88 190~192 226

〈 ㅌ 〉

卓奉心 108 232
坦文 227
耽羅國招討司 216
『耽羅星主遺事』 216
耽羅總管府 95 165
塔碑銘 333
泰封 51
太醫監 198 199
太祖 結婚政策 206
土姓 88 179
토지국유제설 342
土地相續 89 191 309
土地子女均分相續 192 225
土地嫡長子單獨相續說 191
  192 347
通直郞 174

〈 ㅍ 〉

坡平尹氏 320
判工部事 247
判都兵馬事 273
判兵部事 247
判三司事 17
判三司左右使 17
判御史臺事 267
判禮部事 247
判吏部事 247
判中樞院事 259 264
判刑部事 247
判戶部事 247

8萬大藏經 111 301
八祖戶口式 224
8座 255
'便民十八事' 211
平山朴氏 320
平壤趙氏 324
浦 186
品官權務 127
풍수지리 105
必闍赤 15

〈ㅎ〉

河崙墓誌銘 333
河炫綱 47 65 116 149 175
『韓國金石文大系』 50
『韓國金石文追補』 328
『韓國金石遺文』 50 328
『韓國金石全文』 328
『韓國佛敎全書』 49
『한국사』 45
『韓國史論』 45
『韓國史學史의 硏究』 108
『韓國上代古文書資料集成』
  49
『한국의 古文書』 49
『韓國中世史論』 116
『韓國中世史硏究』 47
『韓國中世社會史硏究』 47
『韓國中世社會硏究』 341
『韓國中世의 醫療制度硏究』
  48
『韓國中世政治法制史硏究』
  47
韓圭哲 92 216
韓基汶 97

翰林院 59 173
──官 173 174
韓彦恭 258
韓永愚 83
韓容根 132
閑人 74 343
──田 74 343
限職制 224
韓忠熙 56
降魔軍 147 220
抗蒙主體 94 181 214 293
海島入保策 94
『海東高僧傳』 108 231 232
『海東金石苑』 328
海州崔氏 320 322
鄕 83
鄕校 107
鄕吏制度 62 140
許穎墓誌銘 333
許興植 47 49 50 56 57 64
  67 83 86 89 97~99 169
  170 190 195 213 228 233
  328 329
縣司 140
玄化寺 195
玄暉 227
刑官 253
刑法 132
刑部 253
慧德王師 韶顯 195
惠民局 90 198
慧諶 100
戶口單子 190
戶部 253
호장 141
戶籍制度 89 224

豪族 51 52 54 118~120
  206
──세력 53 286
──聯合政權 54
'豪族聯合政權說 54 120~
  122 205
紅巾賊 96
洪善杓 110
洪淳權 75
洪承基 47 63 67 73 76 84
  90 122 140 169 187 189
洪榮義 148 160
洪元基 144
洪潤植 99 233
洪子藩 211 212
洪鍾佖 81
洪之 164
紅牌 129
홍희유 284
華嚴思想 194
華嚴宗 98 195
丸龜金作 36
黃秉晟 65 66
黃善榮 54 55
黃壽永 50 328
黃雲龍 85
황인규 138
會議都監 273 274
孝思想 203
후백제 51
『後百濟 甄萱政權硏究』
  116
勳制 128
休閑農法 77
黑倉 90
興王寺 195